8° Lf 1 2 (2)

Dareste de la Chavanne

Histoire de l'administration en France et des progrès du pouvoir royal

Tome 2

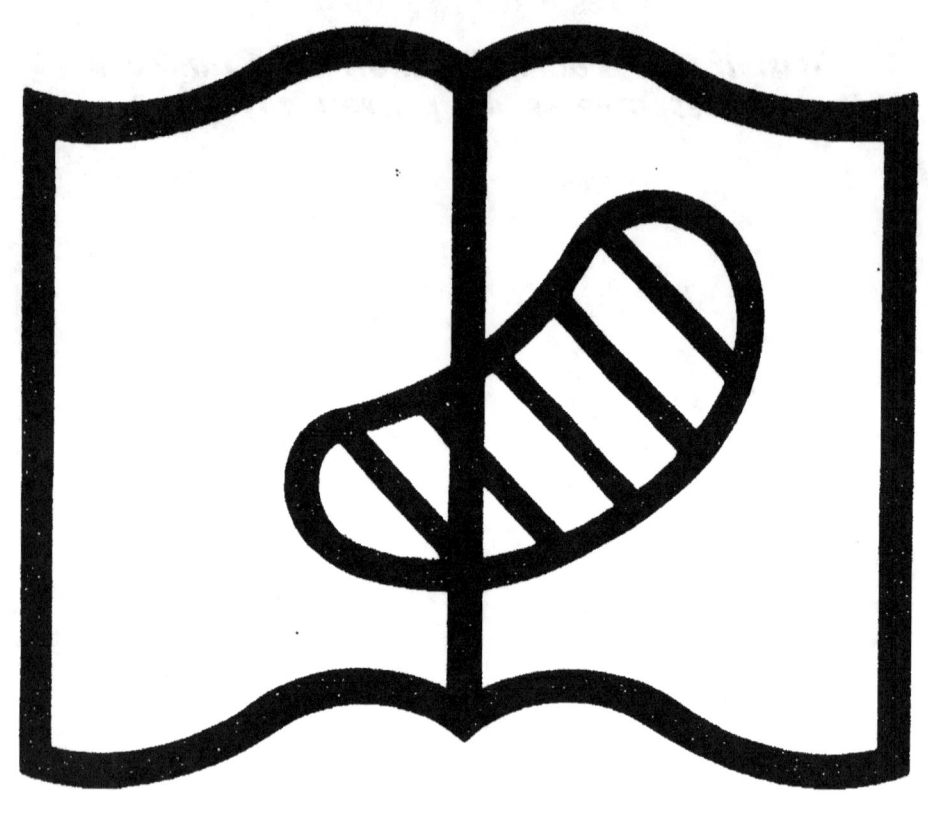

Symbole applicable
pour tout, ou partie
des documents microfilmés

Original illisible

NF Z 43-120-10

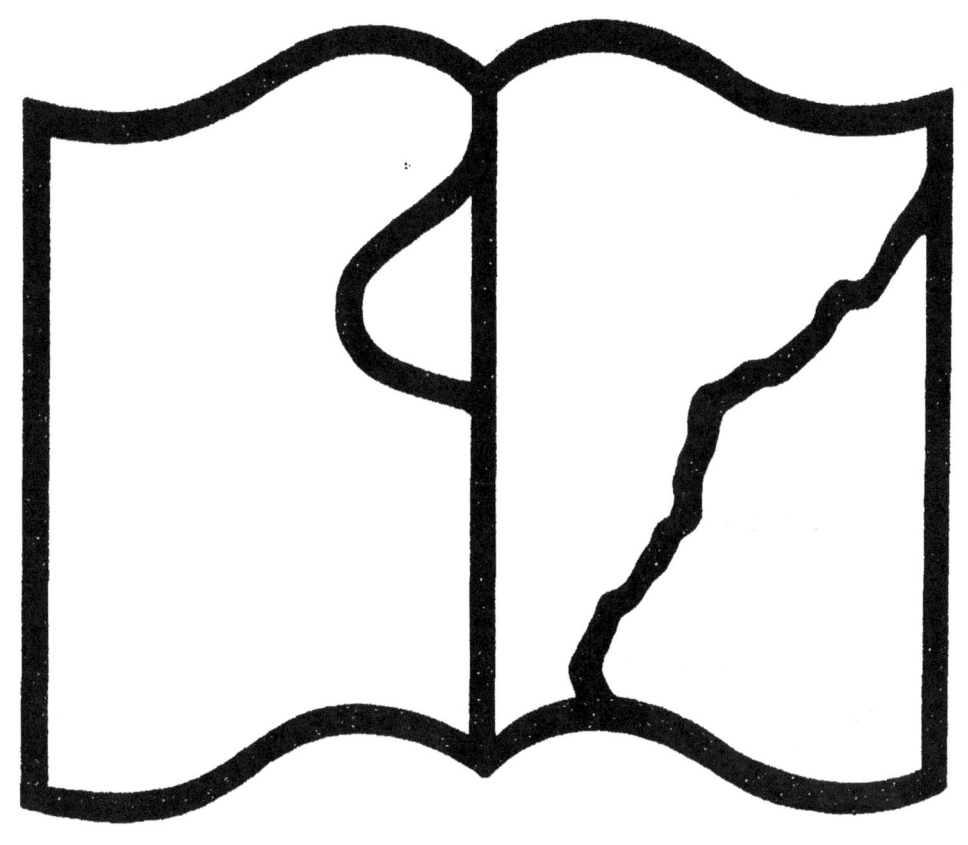

Symbole applicable
pour tout, ou partie
des documents microfilmés

Texte détérioré — reliure défectueuse

NF Z 43-120-11

L f ½

HISTOIRE
DE
L'ADMINISTRATION EN FRANCE.

II.

DE L'IMPRIMERIE DE BEAU,
à Saint-Germain-en-Laye.

HISTOIRE

DE

L'ADMINISTRATION

EN FRANCE

ET DES PROGRÈS DU POUVOIR ROYAL,

DEPUIS LE RÈGNE DE PHILIPPE-AUGUSTE JUSQU'A LA MORT DE LOUIS XIV,

Ouvrage couronné par l'Académie des sciences morales et politiques,
dans sa séance du 5 juin 1847;

PAR

M. C. DARESTE DE LA CHAVANNE,
PROFESSEUR D'HISTOIRE A LA FACULTÉ DES LETTRES DE GRENOBLE.

TOME DEUXIÈME.

PARIS,

CHEZ GUILLAUMIN ET Cⁱᵉ, LIBRAIRES,

Éditeurs du *Journal des Économistes*, de la *Collection des principaux économistes*,
du *Dictionnaire du Commerce et des Marchandises*, etc.
Rue Richelieu, 14.

1848

ERRATA.

Page 23, ligne 14. Rétablis, *lisez* : rétablies.
— 31 — 12. Qu'exigeaient, *lisez* : qu'exigeait.
— 46 — 25 et 26. Comme le service militaire, avait été remplacé par la subvention, *lisez* : comme le service militaire avait été remplacé par la subvention.
— 68 — 17. Le xviiie siècle, *lisez* : le xviie siècle.
— 101 — 19. Proportionné, *lisez* : proportionnée.
— 110 — 20. 1597, *lisez* : 1577.
— 136 — 2. A recourir, *lisez* : à y recourir.
— 144 — 9. Il en suspendit, *lisez* : il suspendit.
— 166 — 2. Accélérait au contraire, cette exportation, *lisez* : accélérait au contraire cette exportation.
— 235 — 11. Entretenue, *lisez* : entretenu.
— 311 — 4. Qu'il joua le premier dans la politique, *lisez* : qu'il joua le premier, dans la politique.
— 311 — 25. Puisqu'on avait, *lisez* : puisqu'on l'avait.
— 364 — 18. Sous tous ses formes, *lisez* : sous toutes ses formes.

HISTOIRE
DE
L'ADMINISTRATION EN FRANCE.

CHAPITRE X.

DU DOMAINE ROYAL.

L'État, ou plutôt la royauté, n'avait dans l'origine d'autre revenu que celui du domaine, avec les droits pécuniaires qui y étaient attachés. Plus tard on y annexa encore de nouveaux droits, qu'on disait levés en raison de la police générale que les rois exerçaient dans le royaume, et l'on distingua une seconde classe de revenus, celle des impositions, qui eut une administration séparée, et ne fut pas gouvernée par les mêmes règles.

Le domaine et les impositions doivent donc être l'objet de deux chapitres distincts.

Le domaine royal comprenait, dans l'acception la plus large du mot, tout l'ancien revenu ordinaire, quoique le nom même de domaine fût plus spécialement applicable au fonds qui produisait ce revenu. On le divisait de la manière suivante. On distinguait : 1° le domaine proprement dit, ou, pour prendre le langage des anciens légistes, le domaine corporel, consistant en fonds de terre et en seigneuries; 2° le domaine incorporel, composé de différents droits. Ces droits furent à leur tour rangés en trois classes : les droits seigneuriaux ou féodaux, dont le roi jouissait en qualité de seigneur; les droits domaniaux dont il jouissait en qualité de souverain ; enfin les droits qu'il dut établir, en raison de la police générale qui lui appartenait.

Section Ire — *Du Domaine proprement dit.*

Le domaine corporel, administré d'abord tout entier par les prévôts et les baillis, fut lui-même divisé vers la fin du xiiie siècle : les forêts, qui par leur nature exigeaient une administration particulière, furent confiées à des agents distincts.

§ 1er. Du Domaine. Comment fut constituée son administration. — § 2. Des règles de l'administration domaniale. Des aliénations et de leur rachat. — § 3. Des eaux et forêts.

§ 1er. — Du domaine. Comment fut constituée son administration.

Les prévôts furent, comme administrateurs, ordonnateurs et comptables, les premiers intendants du domaine ; plus tard les actes d'administration supérieure appartinrent exclusivement, dès le temps de saint Louis et de Philippe le Bel[1], aux baillis, qui réunirent les mêmes attributions à un degré plus élevé. La direction centrale du service fut réservée à son tour vers la même époque aux trésoriers. Trésor et domaine sont des mots synonymes dans l'ancienne langue financière.

Les baillis affermaient toutes les parties du domaine au plus offrant et dernier enchérisseur, en prenant caution pour un cinquième. Ils en percevaient les revenus, les uns en argent, et les autres, comme les blés et les grains, en nature. Ils réglaient les dépenses d'entretien, la plupart de leur propre chef ; quelquefois ils étaient obligés d'obtenir l'autorisation du roi.

Vers 1320, le maniement des fonds fut attribué à des receveurs spéciaux. Les baillis et les prévôts cessèrent alors d'être comptables et ne conservèrent que les fonctions ad-

---

[1] Ordonnances de saint Louis sur les baillis, de 1254 et 1256. — Ordonnance de Philippe le Bel de 1309.

ministratives. Ce premier partage d'attributions fut irrégulier, car on confia aux receveurs le soin de faire les baux et les marchés; mais une division des pouvoirs mieux entendue le fit bientôt rendre aux baillis. Afin d'empêcher toute fraude dans la confection des baux, on défendit aux officiers royaux de se présenter comme fermiers (1371), et la présence du procureur du roi du bailliage fut exigée pour les enchères (1399).

Quand la création des receveurs eut séparé la comptabilité de l'administration proprement dite, on crut devoir en séparer aussi la juridiction. On établit une distinction entre les trésoriers. Les uns, appelés *trésoriers sur le fait des finances*, demeurèrent, comme administrateurs, ordonnateurs et inspecteurs[1], les supérieurs des baillis[2]; les autres, appelés *trésoriers sur le fait de la justice*, eurent le contentieux dans leurs attributions. Cette distinction créée en 1389, puis effacée plusieurs fois, fut définitivement rétablie par la force même des choses[3]; mais elle n'exista d'abord qu'au rang le plus élevé de la hiérarchie, et les divers pouvoirs demeurèrent longtemps encore confondus dans les rangs inférieurs.

La chambre du trésor, composée des trésoriers sur le fait de la justice, exerça sa juridiction à Paris et dans un certain ressort d'une manière exclusive, et partout ailleurs, concurremment avec les baillis, sur lesquels on lui reconnut un droit de préférence. Mais la souveraineté de ses arrêts fut contestée par la chambre des comptes et surtout par le Parlement de Paris, qui prétendit recevoir ses appels. Fran-

[1] Le *Rec. des Ordonnances* renferme plusieurs commissions données à des inspecteurs du domaine, en 1367, pour la Normandie; en 1380, pour le Languedoc.
[2] Le premier président de la chambre des comptes reçut, en 1462, le titre de garde général et conservateur du domaine; mais on ne peut dire quelles fonctions étaient attachées à ce titre.
[3] Les trésoriers sur le fait de la justice furent supprimés en l'an 1401, mais ils étaient déjà rétablis en 1413.

çois Ier admit cette prétention, et créa tout exprès dans ce Parlement une chambre du domaine (1543) pour juger en appel les causes domaniales [1].

En 1627, la juridiction domaniale de première instance fut enlevée, dans les provinces, aux tribunaux des bailliages, et attribuée aux bureaux de finance de chaque généralité[2] ; ces bureaux de finance étaient composés de présidents et de trésoriers. Au reste ce ne fut pas seulement de la juridiction, mais de tous les pouvoirs administratifs des baillis qu'ils héritèrent. Les trésoriers qui en faisaient partie furent chargés des adjudications et des baux. On leur donna aussitôt, pour les surveiller et les assister dans ces fonctions, des contrôleurs et des commis, d'abord pour chaque généralité, puis pour chaque bailliage, enfin pour chaque bureau particulier. L'administration des domaines fut alors embarrassée de nombreux offices que l'on y créa et que l'on y supprima tour à tour, la plupart d'entre eux n'ayant, de l'aveu même des chanceliers, qu'un but fiscal.

Colbert supprima toutes ces charges nouvelles qui étaient plus nuisibles qu'utiles. Il réserva le pouvoir de faire les baux au conseil des finances assisté des intendants, et il institua, pour veiller à leur exécution, deux trésoriers généraux et deux contrôleurs généraux près de chaque chambre des comptes. Il crut même devoir simplifier encore l'administration domaniale en enlevant la recette du domaine aux anciens receveurs[3] pour la confier aux tréso-

---

[1] La chambre du trésor fut supprimée en 1693, mais remplacée par une chambre du domaine, qui était composée de la même manière, qui avait les mêmes attributions, et qu'il ne faut pas confondre avec la chambre du domaine, créée au Parlement de Paris par François Ier.

[2] La Bretagne exceptée. Voir au surplus le chapitre précédent.

[3] C'étaient alors les receveurs généraux, créés par François Ier, en 1542, et qui avaient remplacé les receveurs spéciaux du domaine. C'est en 1388 qu'il est, pour la première fois, question de contrôleurs placés près des recettes domaniales.

riers, qui redevinrent de cette manière administrateurs et comptables tout à la fois (ordonnance de 1669). Mais il fut obligé de rétablir, dès l'année 1673, deux receveurs pour chaque généralité dans le ressort trop étendu de la chambre des comptes de Paris, et ses successeurs ne tardèrent pas à rétablir à leur tour des charges de receveurs et de contrôleurs généraux dans chacune des autres généralités. La fiscalité fit même déclarer ces charges alternatives, puis triennales en 1701, et en fit encore imaginer et vendre de nouvelles. Quand le ministre Pelletier forma le plan d'un tableau décennal pour indiquer les mutations survenues dans l'état des domaines, les difficultés que présenta l'exécution de ce plan motivèrent la création de conservateurs inspecteurs des domaines aliénés ; ces nouveaux offices devinrent aussitôt triennaux : ils furent toutefois supprimés en 1715. En 1707, on trouve des inspecteurs généraux du domaine ; mais ce titre était alors porté par deux avocats au Parlement de Paris, chargés de la défense et de la poursuite des causes domaniales.

Les domaines furent toujours affermés, et l'on ne voit en ce qui les concerne aucune trace de mise en régie. Tous les ministres s'occupèrent d'améliorer le mode des fermes, et entr'autres Sully et Colbert. Au temps de Sully la plupart des fermiers traitaient avec des sous-fermiers, et le prix des sous-baux s'élevant à peu près au double de celui des adjudications, l'Etat se trouvait lésé de tout le profit que faisaient les fermiers adjudicataires. Sully rapporta les sous-baux, et les interdit à l'avenir. Il renouvela l'usage mal observé de mettre les fermes aux enchères, et la défense faite depuis longtemps aux membres du conseil d'y avoir aucun intérêt. Colbert obtint des fermiers, par les mêmes moyens, des conditions plus avantageuses, et comprit en 1666 dans un seul et même bail tous les domaines qu'il avait fait rentrer dans la main du roi.

§ II. — *Des règles de l'administration domaniale. Des aliénations et de leur rachat.*

La première condition de l'administration du domaine était d'avoir un cadastre ou un *terrier* en règle, et de faire subir à ce cadastre des modifications périodiques. Dans ce but les baillis durent contraindre les détenteurs de fiefs et d'arrière-fiefs à fournir de temps à autre aux chambres des comptes des aveux et dénombrements, c'est-à-dire un état de leurs fiefs, avec indication de la contenance et de la valeur [1]. Mais il résulte, des fréquentes lettres circulaires adressées aux baillis pendant le xive siècle, que cette opération était mal exécutée et le terrier des domaines inféodés très-imparfait. Quant à celui des domaines affermés, il n'en est pas question dans les ordonnances.

On ne réussit pas mieux dans les époques suivantes, où la fréquence des aliénations ne fit qu'ajouter aux difficultés du cadastre. Le gouvernement se priva même quelquefois des moyens de l'achever. Sous Charles IX, le clergé, se prétendant lésé par les recherches que faisaient les commissaires, demanda et obtint qu'on l'exemptât de fournir les aveux et dénombrements des terres qu'il possédait (1574); on lui accorda ce privilége, parce qu'on avait obtenu de lui qu'il se chargeât de payer l'intérêt de la dette publique.

Au xviie siècle on fit une tentative nouvelle. Une déclaration royale ordonna, en 1656, sous Mazarin, la confection d'un terrier du domaine dans le ressort de la chambre des comptes de Paris, et en 1657 on créa une nouvelle chambre appelée chambre souveraine du terrier du domaine. Elle

---

[1] Lettres de juillet 1353. « Advoamenta feodorum, seu tenementa, » singulas partes et valores eorumdem. » Voir des lettres au bailli d'Auvergne (1337); des lettres circulaires adressées aux baillis et aux sénéchaux (1353, 1371); plusieurs ordonnances semblables, en 1539, 1540, 1541, 1549. François Ier offrait une prime à quiconque dénoncerait une fausse déclaration.

fut chargée de rechercher les biens usurpés et d'y faire rentrer le roi, mais elle n'eut que douze ans d'existence, et Colbert lui-même ne put vaincre toutes les difficultés qu'une opération aussi considérable présentait. D'ailleurs les procès sans nombre qu'elle soulevait dans les provinces étaient compliqués par la multiplicité des juridictions et par la diversité de la jurisprudence des Parlements.

Une des questions les plus graves qu'eut à trancher l'administration domaniale fut celle de savoir si le roi pouvait conserver un domaine privé distinct de celui de la couronne. Jusqu'à Louis XII cette distinction ne fut jamais faite, et l'on considéra même les biens personnels du roi comme dévolus à la couronne le jour de son avénement. Cependant l'usage s'établit dès le règne de Philippe le Long, que la maison du roi eût des trésoriers spéciaux chargés de l'administrer, et d'après le système ordinaire des affectations, quelques branches de revenus qui lui fussent particulièrement affectées. La séparation des revenus du palais et de ceux de l'État était tellement imminente que l'ordonnance de réforme de 1413 prit à tâche de la prévenir, et voulut qu'ils fussent tous administrés de la même manière et par les mêmes agents. Dans cet état de la législation, Louis XII refusa de soumettre au droit de dévolution les biens de la maison d'Orléans qui lui étaient personnels; il les donna, en 1509, à sa fille Claude de France, et rendit à cet effet des lettres patentes qu'il força le Parlement d'enregistrer : le procureur général, qui devait défendre les droits de la couronne, ne fut pas même entendu. Cette première dérogation n'eut aucune suite, parce que le mariage de Claude de France avec François 1er confondit les biens de la maison d'Orléans avec ceux de la couronne, et qu'ils ne furent plus séparés depuis. Mais la question se présenta une seconde fois, en 1590, lorsque Henri IV renouvela les prétentions de Louis XII, voulut conserver la propriété distincte de ses biens patrimoniaux, et ordonna au Parlement d'enregistrer une déclaration dans ce sens. Le Parlement refusa d'obéir, et fit même une résistance tellement vive que le roi prit le parti d'annuler sa déclaration (1607). Dès ce moment la règle de dévolution, fondée sur l'usage ancien, fut proclamée comme une des lois fondamentales de la monarchie, et les légistes enseignèrent que chaque roi contractait à son avénement un mariage politique avec la couronne.

Mais les aliénations et leur rachat furent l'occupation principale de l'administration du domaine, et le fait permanent de son histoire.

Les constitutions d'apanages peuvent être considérées comme une première classe d'aliénations, et ce n'étaient pas les moins dangereuses, puisqu'elles pouvaient entraîner, comme sous les deux premières races, le morcellement du domaine et peut-être le partage de la monarchie. Aussi dès le XIIIe siècle, la raison politique et la crainte d'affaiblir la couronne firent-elles constituer la dot des princesses en argent. Un siècle plus tard, Charles V établit formellement la même règle pour les princes, et déclara que tous leurs apanages consisteraient en argent et en revenus sur le trésor (1374). On voit Charles VI, en 1414, donner à l'un de ses fils, en vertu de cette loi, la Touraine, mais seulement *en aides et domaine* comme on disait alors, ce qui veut dire que la terre demeure au roi, et que le revenu seul est aliéné; encore l'aliénation est-elle réversible.

Les aliénations proprement dites, telles que ventes, engagements, ou donations de domaines, furent beaucoup plus communes et se renouvelèrent jusque dans une époque plus rapprochée, parce que, de toutes les ressources extraordinaires que put employer l'ancienne monarchie, elles étaient la plus facile. Au reste, elles ne furent jamais perpétuelles; les ventes ne se faisaient qu'à réméré; les engagements étaient temporaires, et les donations réversibles. Les lois romaines déclaraient le domaine impérial inaliénable et imprescriptible : ces deux règles furent transportées au domaine des rois de France, et appliquées par le gouvernement pour la première fois sous le règne de Philippe le Long. En 1318, toutes les aliénations faites depuis saint Louis furent révoquées ; les baillis reçurent l'ordre de se faire remettre les titres des possesseurs, et de les envoyer à la cour du roi [1] pour y être vérifiés. Nombre de ces titres furent invalidés sous prétexte de lésion et de surprise [2]. Les pensions furent à leur tour limitées à la vie des donataires. En 1322, en 1331, les titres des aliénations furent de nouveau révisés et la plupart d'entre elles révoquées. C'était l'usage que ceux qui obtenaient un don du trésor, l'échangeassent contre la jouissance de fonds domaniaux jusqu'à concurrence d'une somme équivalente ; cela s'appelait avoir des *rentes par assiettes de terres*. Philippe de Valois prohiba ces sortes de rentes d'une manière absolue, et entoura la concession des dons royaux de formalités qui devaient empêcher les surprises [3]. Le cumul de deux *bourses* du roi, c'est-à-dire de deux pensions, fut interdit en toute circonstance (1334).

Les États généraux de 1356 reconnurent les deux règles de l'inaliénabilité et de l'imprescriptibilité du domaine, leur donnèrent une sanction publique, et demandèrent qu'elles fussent strictement observées. En conséquence Charles V,

[1] C'est le Parlement dont la chambre des comptes faisait encore partie.
[2] « Il appert clairement que les donateurs, et nous, qui représentons leurs personnes en la succession desdits royaumes, eux et nous, avons été défraudés et déçus moult grandement. »
[3] Les lettres de donations de biens du domaine devaient être adressées à la chambre des comptes ou au Parlement, ce qui fut plus tard entre ces deux cours une nouvelle source de conflits (voir l'ordonnance de 1484). La chambre des comptes exerçait un droit de remontrances, dont le roi se servait comme d'une arme contre l'importunité des solliciteurs. — Louis XII déclara, en 1499, que les dons faits par le roi ne seraient jamais expédiés que pour moitié par les officiers de finance.

alors dauphin, fit entreprendre la réunion de toutes les parties du domaine aliénées ou échangées depuis Philippe le Bel. Il n'admit que trois exceptions, l'une pour les biens donnés à l'Église, l'autre pour les biens donnés aux princes du sang en certaines circonstances, la troisième pour les biens donnés aux particuliers en raison des services rendus par eux à l'État. Cette opération fut encore accompagnée d'une révision générale des dons et des pensions. Elle fut étendue aussi aux domaines du Dauphiné, et l'on ne reconnut comme valables que les aliénations faites par échange, ou en faveur de propriétaires de franc-aleu, lorsque ces propriétaires avaient consenti à convertir leurs aleux en fiefs, encore admit-on certaines restrictions [1]. — Les fiefs, les aumônes [2], les rentes de grains constituées sur le domaine, furent dès 1360 déclarés rachetables à chaque transmission de titres. L'achat de ces rentes fut interdit aux officiers royaux (1388).

Raconter ici toutes les aliénations et toutes les mesures prises pour les révoquer ou les racheter, serait chose longue et sans aucun intérêt. Qu'il suffise de dire que jusqu'à l'établissement de l'usage des emprunts, c'est-à-dire jusqu'au XVI° siècle, le gouvernement n'eut presque pas d'autre ressource que celle des aliénations pour les dépenses extraordinaires et imprévues. Aussi les vit-on se multiplier rapidement dans les temps de détresse, pendant la présence des Anglais en France, sous Charles VI et Charles VII [3]. Quand les temps redevenaient favorables, on nommait des

---

[1] Il est inutile de rappeler toutes les ordonnances de révocation. On en trouve en 1349, 1360, 1364, 1378. En 1374 ordre aux juges royaux de vérifier tous les titres de possession des évêques. (Voir aussi des ordonnances de 1402, 1403, 1410, 1412 et 1418.)

[2] Ordonnance du 27 mai 1320. Les aumônes sont, suivant Laurière, des rentes assignées sur le trésor du roi. Les fiefs sont des rentes pareilles, tenues du roi en foi et hommage.

[3] Ordonnances d'aliénations : 7 décembre 1418, mars 1422, or-

commissaires pour leur recouvrement [1]. Mais ces recouvrements ne s'opérèrent presque jamais que par des mesures plus ou moins violentes, qui, enlevant aux acquéreurs leur sécurité, compromettaient les aliénations à venir et rendaient nécessairement leurs conditions onéreuses. Il fallut donc à chaque nouvelle vente de domaines rendre la confiance aux acheteurs, et violer même les règles établies. Ainsi François Ier, chargeant une commission d'aliéner des terres domaniales jusqu'à concurrence de 278,000 livres, déclare que les ordonnances de révocation ne seront en aucun cas applicables aux aliénations faites à cause de la guerre. En 1521, il autorise, contrairement aux anciennes règles, les officiers royaux et même les commissaires désignés pour les aliénations, à acquérir des portions de terre domaniale.

Au seizième siècle, la multiplication rapide des ventes de domaine, causées par l'accroissement des dépenses extraordinaires, fit écrire dans les lois les deux principes d'imprescriptibilité et d'inaliénabilité, dont l'application semblait plus nécessaire que jamais. Le premier fut écrit dans l'ordonnance de 1539, et le second dans l'édit de Moulins, de 1566, que l'on peut regarder comme le code de l'administration domaniale. L'édit de Moulins ne permit l'aliénation que dans deux cas seulement, celui de constitution d'un apanage, et celui de dépenses motivées par les besoins urgents d'une guerre [2].

---

donnance de 1432 sur le domaine du Dauphiné. Autres exemples : En 1404, 1514, 1519, 1521, 1566, 1569, 1570, 1574. En 1575 on exigea des acquéreurs un supplément de prix.

[1] Exemples : En 1433, pour le Dauphiné, le Valentinois et le Diois ; en 1356, 1461, 1483, 1498, 1517, 1521, 1529. — En 1539 on déclara que la possession des domaines aliénés était viagère et par conséquent réversible à la couronne au décès du premier acquéreur. On trouve encore des révocations en 1539, en 1552, en 1559.

[2] D'après un autre édit de la même année (1566), nulle terre ne

Toutes les fois que les États généraux ou particuliers furent consultés sur la situation financière, ils présentèrent le rachat des aliénations comme urgent [1]. On prétendait qu'avec le seul revenu du domaine le roi de France serait le prince le plus riche de l'Europe, et que le rachat des aliénations lui permettrait de supprimer tous les impôts : on rappelait à ce sujet l'origine des impôts qui, formant le revenu extraordinaire de la couronne, ne devaient être levés qu'en temps de guerre, et on pensait que les rois n'avaient pu rendre leur perception permanente que par une usurpation et un abus.

Plusieurs essais furent tentés pour opérer le rachat sur une vaste échelle. Les plus remarquables furent ceux qui eurent Sully et Colbert pour auteurs.

Le nombre des domaines aliénés ou engagés était fort considérable au temps de Sully. Les guerres de religion avaient fait recourir périodiquement à ce moyen, même pendant les premières années du règne d'Henri IV [2]. En 1591, l'aliénation avait même été faite à perpétuité, mais cette dernière clause, contraire à une loi expresse, ne fut pas jugée valable. En 1594, on avait mis en vente, avec faculté de rachat, il est vrai, non-seulement le domaine et les droits domaniaux, mais encore toutes les aides et les impositions des généralités situées dans le ressort du Parlement de Paris. Sully avait donc beaucoup à réparer. Comme il savait que les engagistes ne tiraient pas des droits dont ils

put être érigée en duché, marquisat ou comté, qu'à la charge de retourner à la couronne, en cas d'extinction de la descendance mâle légitime. La raison alléguée était d'empêcher la noblesse de devenir trop commune ; mais on voulait aussi réserver toutes les chances d'extension possibles pour le domaine Au reste, il était permis d'insérer dans les lettres d'érection une dérogation spéciale à cette règle, et la dérogation devint de style dans la plupart de ces lettres.

[1] Exemple : États généraux de 1484 ; états de Blois de 1479, de Saint-Germain de 1483.

[2] Années 1591, 1592, 1594.

étaient détenteurs tout le parti possible, il commença par déclarer que le trésor paierait à chacun d'eux une somme égale au produit de ces droits, d'après l'évaluation faite dans les contrats; quand il eut ainsi désintéressé les acquéreurs, il rendit aux officiers royaux l'administration des droits engagés. Cela seul suffit pour assurer au roi un important bénéfice. Il fit ensuite vérifier tous les contrats d'aliénations; ce qui était nécessaire, parce que beaucoup de domaines étaient détenus sans titre ou acquis à vil prix. Les contrats jugés nuls ou insuffisants furent résiliés, et l'on exigea des dommages-intérêts. On résilia aussi les engagements contractés de bonne foi, toutes les fois que des enchérisseurs se présentèrent; mais dans ce cas on indemnisa les premiers engagistes. Les marchés conclus à des conditions exorbitantes furent réduits, et l'on imputa sur le capital tout ce dont les acquéreurs avaient joui, au delà du prix fixé par la réduction. Ces mesures ne s'exécutèrent pas au reste sans de vives plaintes. Les engagistes prétendaient que l'Etat était lié par les contrats qu'il avait signés, et qu'il devait s'en prendre à lui-même de les avoir signés à des conditions onéreuses; ils crièrent à la violence, et peut-être auraient-ils obtenu gain de cause, mais Sully prouva qu'un grand nombre de ces contrats étaient frauduleux. On évaluait la quantité de domaines, rachetée en 1609, à 80 millions.

Les états de 1614 insistèrent pour que cette grande opération du rachat, commencée par Sully, et interrompue après sa retraite, fût continuée. Mais leur vœu ne fut pas rempli, et les aliénations redevinrent très-fréquentes durant les premières années de Louis XIII. Comme on sentait la nécessité de les justifier, on les appuyait sur des raisons plus ou moins spécieuses : on disait que le roi retirant à peine de certains domaines de quoi couvrir les frais d'entretien, trouvait plus d'avantage à les aliéner ou à les vendre avec clause de rachat ; on calculait encore que le prix moyen des aliénations s'élèverait, si l'on profitait de la paix pour les faire [1]. Ces raisons ou plutôt ces prétextes n'empêchèrent pas qu'elles ne se fissent à très-bas prix, et en général au denier dix, comme le prouva l'enquête ordonnée par d'Effiat. Encore ce prix était-il fictif et supérieur au prix réel, parce que les acquéreurs stipulaient la jouissance à partir du jour du contrat, lors même que le contrat était signé après plusieurs quartiers échus, deux sous pour livre destinés au paiement des frais, et la remise d'un sixième en garantie des risques. Quand les aliénations se faisaient argent comptant, c'était au denier sept, au denier six, et jusqu'au denier quatre. En effet, la propriété des acquéreurs n'était jamais sûre ; on exigeait d'eux souvent et sous divers prétextes un ou plusieurs centimes du prix d'achat [2] ; enfin ils vivaient sous la menace perpétuelle d'une expropriation. Un greffier des eaux et forêts, nommé Erambourg, proposa en 1622 à Schomberg, et à d'Effiat en 1626, de faire un bénéfice de plus de dix millions en exécutant une ordonnance d'Henri IV, d'après laquelle il n'y avait de bail et d'aliénation valable pour le domaine qu'au denier vingt. On aurait déclaré tous les détenteurs débiteurs d'une somme nouvelle qui aurait été ajoutée à leur prix d'achat [3].

D'Effiat mit un terme aux aliénations pour quelque temps, mais ne put opérer le recouvrement d'une manière suffisante. On se servit alors d'un expédient remarquable. Le code Michaud permit aux communes d'acheter aux engagistes les domaines aliénés, et d'en jouir avec toute franchise,

---

[1] Fonds des Cinq-Cents, n° 51.
[2] Louis XIII exige en 1622 six sous pour livre du prix d'achat, sous prétexte de rendre le domaine aliéné franc et quitte de toute charge. — Fonds Béthune, n° 9563.
[3] Fonds Béthune, idem. — Dans les Cinq-Cents de Colbert l'auteur du projet est nommé Crutzembourg.

à la condition d'un terme fixé après lequel l'Etat redeviendrait propriétaire.

Les aliénations recommencèrent sous la minorité de Louis XIV, et les faits suivants peuvent montrer combien la jouissance des engagistes était précaire et troublée. En 1643, on exigea d'eux qu'ils se libérassent des charges qui les grevaient en payant au roi une somme égale à la valeur de ces charges. En 1644, on leur demanda de surcroît le douzième du prix et deux sous pour livre, faible sacrifice, porte la déclaration, après une jouissance si longue et si rarement troublée; en 1648 et 1652, on leur demanda le revenu d'une année; en 1655, cinq nouveaux sous pour livres.

Colbert fit d'abord examiner par la chambre de justice les titres des détenteurs et des engagistes. Puis il annonça, en 1667, sa résolution de racheter successivement tous les domaines aliénés, de rétablir dans son intégrité le patrimoine royal et d'en augmenter le revenu, ce qui permettrait de diminuer les impôts. Dans ce but il établit une distinction précise entre les différentes classes du domaine, et régla pour chacune de ces classes les conditions du remboursement et les formes de la réunion. L'année suivante (arrêt du conseil du 18 février 1668), il appliqua les mêmes règles aux rentes constituées sur les fonds domaniaux. Mais ce plan ne put recevoir d'exécution complète. Les besoins de la guerre et quelquefois le crédit des détenteurs firent abandonner le système des réunions : on se contenta d'établir quelques nouvelles taxes que l'on mit en traités, et dont le gouvernement ne tira que de faibles secours. Colbert reconnut lui-même, en 1672, que la plupart des petits domaines[1] étaient sans utilité pour la couronne, et que les frais

[1] On comprenait au nombre des petits domaines les maisons, les boutiques, les places, les étaux ou les landes et les marais enclavés dans les propriétés soit des particuliers, soit des communes, ou enfin divers droits que le roi partageait avec les seigneurs.

d'administration et d'entretien absorbaient à peu près leur revenu; il jugea donc leur aliénation avantageuse, et l'autorisa d'une manière générale. En 1674, il nomma une commission pour les vendre, soit à titre de fiefs, soit même à titre de censives.

Ainsi Colbert ne put exécuter qu'imparfaitement la grande mesure du rachat. Ses successeurs semblèrent prendre à tâche de détruire son œuvre[1], qu'il fallut plus tard recommencer encore, efforts inutiles pour fermer un gouffre qui se rouvrait toujours.

Les anciens engagements furent confirmés moyennant finance (1690); et de nouvelles taxes successivement imposées sur les détenteurs du domaine (taxe du dixième, 1691; supplément de prix d'une année de revenu et de deux sous pour livre, imposé aux acquéreurs des domaines aliénés précédemment à titre incommutable, 1696). Il n'y eut que fort peu de tentatives de rachat.

Après la signature de la paix d'Utrecht, l'administration put rentrer dans une meilleure voie. Elle annula dès le 1ᵉʳ janvier 1714 un grand nombre de ventes de domaines et de droits domaniaux, sous prétexte de lésion éprouvée par l'État, et la plupart des droits aliénés furent recouvrés par le même moyen.

§ III. — Des Eaux et Forêts.

L'administration des Eaux et Forêts ne paraît pas avoir été originairement séparée de celle du domaine; les prévôts et les baillis faisaient sans doute les ventes et les principaux actes d'administration. On trouve cependant au xiiiᵉ siècle des officiers spéciaux, appelés forestiers, chargés d'une par-

---

[1] Exemples d'aliénations en 1695, 1702, 1708, 1712. En 1702, on comprit dans l'aliénation les justices locales, en mettant, il est vrai, certaines conditions à leur acquisition

tie de l'aménagement des bois et de la garde des chasses royales[1].

Sous Philippe le Bel, des maîtres des eaux et forêts, agents responsables, sont placés à la tête d'un service distinct et particulier au domaine du roi; ils choisissent eux-mêmes les officiers inférieurs désignés sous les noms de *gruyers* ou de *verdiers*, ainsi que les sergents ou gardes.

Les plus anciens codes royaux de la pêche datent de 1291 et de 1326; la première loi complète sur le régime des forêts de 1319. Ainsi ce fut à la même époque environ que le service fut constitué et que ses règles furent établies. Entre autres règles, Philippe le Long ordonna de faire toutes les ventes aux enchères, et fixa un maximum aux dons qui pouvaient être accordés à des particuliers soit en argent, soit en nature sur ces mêmes ventes.

En 1333, les baillis et les sénéchaux reçurent dans leurs attributions la surveillance des rivières, des étangs et de la pêche, enlevée aux maîtres des eaux et forêts qui ne conservaient plus que les bois dans leur département; mais les eaux et les forêts furent réunies de nouveau en 1346 pour ne plus être séparées.

Philippe de Valois révisa toute la constitution de ce service[2]; il divisa le domaine en dix maîtrises[3], il régla la juridiction supérieure des maîtres dont les appels devaient être portés au Parlement, et la juridiction inférieure des verdiers et des sergents. Les officiers inférieurs durent compter devant les maîtres deux fois par an, et ceux-ci durent compter à leur tour devant la chambre des comptes. Les maîtres seuls faisaient les ventes; ils pouvaient affermer les étangs, et ce que l'on appela plus tard le petit domaine, mais avec l'assistance du bailli du lieu ou du procureur du

---

[1] Voir une ordonnance de 1280. — [2] Ordonnance de 1346.
[3] Au reste, le nombre de ces maîtrises fut très-variable. Il était de deux en 1317, de dix en 1346, de six en 1375, de dix en 1381, etc.

roi, ou de leurs lieutenants. Pour faciliter les ventes, on exempta les acheteurs du paiement de tous les péages qui pouvaient gêner les transports.

Un des résultats de l'ordonnance de 1346 fut la création d'une nouvelle chambre au Parlement de Paris. Cette chambre, qui siégeait à la table de marbre du palais, jugea en dernier ressort les appels de la juridiction forestière; elle fut présidée par un souverain maître et inquisiteur général et réformateur des eaux et forêts, qui eut en outre la direction administrative supérieure [1].

Il était difficile que cette administration, constituée d'abord pour le domaine seul, ne songeât à s'étendre par degrés, et à exercer un jour son action sur la France tout entière. Les seigneurs craignirent de voir leurs forêts particulières soustraites à leurs juridictions patrimoniales, et ils se firent confirmer ces juridictions en 1355 [2]. En 1367, ils stipulèrent que les maîtres des eaux et forêts ne pourraient poursuivre les délits de pêche sans l'assistance des justices locales. Quelques villes, comme Montauban, se firent reconnaître le privilége d'une juridiction forestière indépendante [3]. Mais ces concessions retardèrent seulement de quelques années une révolution inévitable. Ainsi beaucoup de bois particuliers étaient soumis envers le roi à une redevance que l'on appelait droit de tiers et danger; les ordonnances de 1376, de 1388 et de 1402 réglèrent la part qui appartenait aux maîtres des eaux et forêts et à leurs agents dans l'administration de ces bois. Les officiers royaux furent déclarés compétents pour tous les délits de chasse. La police de la pêche dans tout le royaume leur fut aussi attribuée en 1388, le soin de garantir la conservation des rivières étant,

[1] Du moins cette charge existait en 1384.
[2] Ordonnance rendue sur les représentations des États de la Langue d'Oïl.
[3] Priviléges de Montauban (1370).

disait-on, d'intérêt public, et par conséquent *de droit royal*.

Ces ordonnances ne renfermaient pas seulement les grandes règles de l'administration forestière ; elles ne se contentaient pas de déterminer l'époque des coupes, le mode de réserve nécessaire pour repeupler les forêts ou assurer des bois à la marine. Elles avaient encore pour but de régler l'exercice des droits dont pouvaient jouir les particuliers dans les forêts royales, tels que celui de *pacage*, qui consistait à y envoyer paître des bestiaux, ou celui de *ramage*, qui consistait à y couper et prendre du bois. Elles réglaient les pouvoirs des verdiers et des sergents, afin de prévenir les contestations. Les justiciables se plaignaient des procès nombreux qui leur étaient intentés pour obtenir d'eux des compositions pécuniaires.

Le code des eaux et forêts fut révisé et publié de nouveau à différentes époques, entre autres, en mars 1516, en 1519, 1561 et 1583, mais avec des modifications de détail seulement. On remit chaque fois en vigueur le système des enchères publiques auquel il était sans cesse dérogé ; les coalitions des marchands dans les ventes et la connivence des officiers royaux furent prévenues, la pénalité réglée avec soin (1518). Un tiers des bois du royaume dut être conservé en haute-futaie (ordonnance royale de 1561). Un agent spécial, appelé garde-marteau, fut institué par Henri III, et chargé de marquer les arbres destinés à la réserve (1583).

Les questions de la chasse et de la pêche continuèrent de soulever des difficultés nombreuses pendant le XV° et le XVI° siècle. Les seigneurs voulaient garder leurs garennes privilégiées et même en faire de nouvelles [1]. Les communes demandaient la suppression des nouvelles garennes et voulaient quelquefois racheter les anciennes. Il ne paraît pas que ces questions aient été tranchées suivant des règles bien

---

[1] Sur le droit de chasse, voir le chapitre III, *De la Noblesse*, § III.

fixes, et la législation qui les concerne est souvent contradictoire ; mais elles favorisèrent l'extension de la juridiction royale, à laquelle elles appartenaient exclusivement.

Cette juridiction fit encore un nouveau progrès sous François Ier, qui déclara, en 1543, les tribunaux de maîtrise seuls compétents dans les matières des eaux et forêts, sans distinction entre le domaine de la couronne et les terres des princes, des prélats ou des communautés [1]. Dès 1523, des procureurs du roi avaient été institués près de ces tribunaux. Des tables de marbre furent créées au Parlement de Rouen, sous Louis XII (1508) ; et sous Henri II, en 1554, dans ceux de Toulouse, de Bordeaux, d'Aix, de Dijon, de Grenoble et de Bretagne. Ces tables de marbre jugeaient sans appel les causes ordinaires, et les causes plus importantes en première instance. Henri II avait imaginé d'établir à Paris, pour recevoir leurs appels, une chambre mi-partie, composée d'un Président du Parlement ou d'un maître des requêtes, et de dix juges dont sept au moins pris parmi les conseillers ordinaires. L'édit ne fut enregistré que sous François II, avec des modifications qui eurent pour effet d'attribuer au Parlement la connaissance de presque tous les appels des tables de marbre.

Le grand maître des eaux et forêts, résidant à Paris, continua d'avoir la direction supérieure du service [2]. Il en nommait tous les officiers, droit que Louis XI lui enleva, sous prétexte de fraudes dont l'administration était victime, et que Charles VIII lui rendit. Au xvie siècle, presque tous

---

[1] La même règle fut établie en 1546 dans la Bretagne qui venait d'être assimilée, pour l'administration des eaux et forêts, au reste de la France. Il fut interdit formellement aux juges ordinaires de prétendre à l'exercice de la juridiction forestière.

[2] L'ordonnance de réforme de 1413 supprimait sa charge, et la remplaçait par six offices de maîtres ordinaires, mais elle n'eut pas d'exécution.

les emplois cessèrent d'être donnés par commission du grand-maître, et furent érigés en titre d'offices.

Sous les fils de Henri II, l'administration des eaux et forêts passa par les mêmes phases et tomba dans le même désordre que celle du domaine : on y retrouve les mêmes faits, la difficulté d'un cadastre [1], l'irrégularité des coupes et des ventes qui engageaient l'avenir, la multiplication des nouveaux offices. Ainsi Henri III supprima, en 1575, l'office unique de grand maître enquêteur et réformateur général, pour le partager entre six personnes : les six offices ainsi créés subsistèrent malgré leur suppression nominale en 1579 (ordonnance de Blois), et furent même rendus alternatifs en 1586, ce qui porta leur nombre à douze. La plupart des nouveaux officiers, ayant acheté cher leurs charges, s'indemnisèrent par le pillage, et des plaintes s'élevèrent de toutes parts.

Une première réforme eut lieu sous Henri IV. On fit, en 1597, un réglement nouveau pour les coupes et les ventes ordinaires : les concessions d'usage et de chauffage furent déclarées nulles ou restreintes : nombre d'offices créés sous les derniers Valois furent supprimés ou remboursés.

Henri IV créa, en 1597, pour rétablir l'unité de direction, une charge de surintendant des eaux et forêts de France, avec l'autorité administrative supérieure et le soin de régler le budget particulier du service. Il voulait supprimer les six grandes maîtrises, qui avaient du moins cessé d'être alternatives; mais il n'en put rembourser que deux, celles de l'Ile de France et de la Normandie.

Colbert acheva la réforme commencée sous Henri IV; les besoins nouveaux de la marine exigeaient d'ailleurs un aménagement spécial des bois, et les forêts n'avaient pas été

---

[1] La formation d'un terrier des eaux et forêts est ordonnée inutilement en 1571.

épargnées dans les aliénations du domaine, abus qui avait déjà excité vivement les plaintes des États de 1614. Dès l'an 1661, des commissaires furent nommés pour préparer une nouvelle organisation, et Colbert ne tarda pas à établir une hiérarchie uniforme des agents de ce service. En 1667, il supprima les charges de grands maîtres en titre d'office, et fit un nouveau département des maîtrises, qu'il conféra par commission. Il réduisit le nombre des officiers à cinq dans chaque siége : savoir, un maître particulier, un lieutenant, un procureur du roi, un garde-marteau et un greffier. Chaque forêt isolée et placée hors de la surveillance des maîtrises fut confiée à un gruyer. Colbert régla également les attributions et la compétence de ces officiers à tous les degrés, et les conditions de leur nomination, qui appartint aux grands-maîtres après information préalable à la table de marbre du département. Les grands maîtres, qu'il fut au reste obligé de rétablir en titre d'office, durent envoyer annuellement au roi les résultats de leurs visites, et plusieurs états de leurs actes administratifs, ce qui assura l'efficacité de la direction centrale attribuée au surintendant.

Enfin Colbert refondit dans l'ordonnance générale des eaux et forêts, qui fut rendue en 1669, tous les anciens règlements, et les remplaça par un code simple, uniforme, comprenant les lois administratives qui devaient être appliquées également, sauf quelques modifications de détail, aux bois de l'État, à ceux du clergé et des gens de mainmorte, à ceux des paroisses ou des particuliers[1].

Beaucoup de charges, supprimées par Colbert, furent ré-

[1] Au nombre des réformes accomplies par cette ordonnance, il faut citer la suppression de tous les droits établis sur les rivières depuis cent ans et non justifiés par des titres solides. On rédigea des pancartes pour les droits conservés, et l'on déclara qu'un certain nombre d'objets, tels que les chevaux, les équipages, les bateaux, ne pourraient être saisis pour le paiement de ces droits (Voir au surplus le chapitre suivant, section dernière).

tablies après lui. Le nombre des grandes maîtrises fut porté à seize en 1689 et à dix-huit en 1720. En 1691 on créa des receveurs particuliers auprès des tables de marbre.

Un édit royal de 1704 enleva aux tables de marbre leur droit de juger en dernier ressort jusqu'à concurrence d'une somme fixée; le dernier ressort pour la juridiction forestière fut attribué à une chambre des eaux et forêts, qui dut être établie dans chaque Parlement. Toutefois l'édit ne reçut pas de complète exécution. Les Parlements de Besançon et de Douai eurent seuls des chambres des eaux et forêts; ceux de Rennes et de Toulouse se contentèrent d'augmenter le nombre de leurs conseillers aux chambres des requêtes. Mais les tables de marbre de Paris et de Bordeaux furent rétablis dans leur droit en 1704 et 1705, et celles des autres villes ne cessèrent pas de l'exercer.

SECTION II. — *Des droits seigneuriaux ou féodaux.*

Les droits seigneuriaux étaient fort nombreux, et variaient partout suivant les usages; ils échappent donc à l'énumération. Il suffira d'indiquer ici ceux d'entre eux qui avaient quelqu'importance et qui faisaient une part essentielle du revenu du roi.

On distinguait les droits payés par les roturiers, et les droits payés par les vassaux nobles. Les roturiers payaient : 1° le cens personnel, appelé capage ou chevage; 2° le cens territorial, qu'on distinguait lui-même en chef-cens ou champart, suivant que les terres étaient affermées ou louées à des colons partiaires; 3° les dîmes des fruits, des animaux et de divers produits; 4° les droits de mutation, appelés ordinairement droits de lods et ventes; 5° certains droits pour les autorisations de mariage, les affranchissements, les permis de chasse ou de pêche, etc....

Indépendamment de ces droits, qui se payaient quelquefois en nature, mais plus souvent encore en argent, les roturiers étaient astreints à certains services, comme les corvées qui devaient durer un nombre déterminé de jours tous les ans, et à certaines obligations, comme celles de se servir du four et du moulin du seigneur. Le seigneur pouvait encore exercer le droit de gîte, c'est-à-dire se faire héberger lui et sa suite par les hommes de sa seigneurie, le droit de prise, c'est-à-dire prendre à crédit pendant plusieurs jours toutes les choses nécessaires à la vie, etc., etc.

Les vassaux nobles payaient un droit de mutation, appelé *relief, quint et requint* (les évêchés et les abbayes payaient des régales temporelles et spirituelles), et un droit de garde quand le seigneur administrait le fief pendant la minorité du propriétaire. Dans certaines provinces ils payaient le tiers et danger des bois, c'est-à-dire un tiers et un dixième du revenu forestier, ce qui équivalait à un impôt foncier.

On comprenait encore dans les droits seigneuriaux [1] les *forfaitures* : on appelait ainsi les amendes prononcées par les juges inférieurs et dont les baillis envoyaient un état chaque mois à la chambre des comptes ; les *sceaux et écritures*, c'est-à-dire les charges de chanceliers et de notaires, charges qui étaient vendues aux enchères ; les amendes du Parlement, le droit de confiscation, les saisies sur les marchands forains qui vendaient ailleurs qu'aux halles, etc....

Ces droits furent d'abord réglés par les usages, puis les usages eux-mêmes furent écrits dans les chartes de communes et de priviléges, et dans tous les actes émanés des rois, depuis les Établissements de Saint-Louis [2]. En mettant les usages par écrit, on les corrigea ; ils devinrent peu à peu moins arbitraires, moins vexatoires et plus uniformes.

[1] Voir l'ordonnance de 1318, la première qui fasse l'énumération de ces droits.
[2] Voir le chapitre 47 de ces Établissements.

Plusieurs de ces droits seigneuriaux se transformèrent en impôts réguliers; d'autres, au contraire, finirent par disparaître.

Les droits de mutation doivent être rangés dans la première catégorie. La variété des actes et des coutumes qui les concernent atteste qu'à l'origine la plus grande irrégularité régnait, soit dans leur mode de perception, soit dans la manière dont on fixait leur quotité. Cependant le roi Jean fit le premier quelques ordonnances générales à leur égard, et il les changea en un impôt, qui fut étendu successivement après lui à tout acte de vente ou d'échange, à l'abandon de la propriété d'un débiteur, à la cession d'un bien tenu en emphytéose, etc.

Le droit de confiscation, un de ceux contre lesquels les priviléges locaux avaient protesté le plus souvent, et dont la plupart des villes étaient exemptes dès le xive siècle, fut peu à peu restreint dans des limites plus étroites. Les seigneurs cessèrent à la longue de l'exercer, et lorsque François Ier fit, en 1539, un édit pour en régler la perception, on doit croire qu'il était devenu exclusivement droit royal. Beaucoup d'autres droits, féodaux à l'origine, eurent le même sort (voir plus bas).

Parmi ceux qui disparurent ou se modifièrent, les plus considérables peut-être furent ceux de prise ou de pourvoirie. Paris et les grandes villes s'en affranchirent les premières. Une ordonnance de 1308 en régla l'exercice, et détermina quelles personnes pourraient exiger le logement, les vivres, etc., « au prix du roi. » Les États de 1355 firent écrire dans l'ordonnance rendue sur leur requête [1], « que chacun » pourrait y résister de fait, en appelant aide des voisins et des villes prochaines. » Enfin ces droits, suspendus trois fois sous Charles VI [2], furent abandonnés tacitement ou atténués

[1] Ordonnance du 28 décembre 1355.
[2] En 1399, 1407 et 1412.

dans leur rigueur : on voit cependant qu'ils excitaient encore des protestations au xvii° siècle[1].

SECTION III. — *Des droits domaniaux.*

Les premiers droits féodaux dont les rois s'attribuèrent la jouissance exclusive reçurent plus spécialement le nom de droits domaniaux. On comprit aussi sous ce nom quelques impôts de date plus récente.

§ 1er. Droit d'amortissement. — § 2. Droit de francs-fiefs. — § 3. Droit de nouvel acquêt, d'aubaine et de bâtardise.

§ I. — Droit d'amortissement.

Un seigneur ne pouvait permettre aux gens de mainmorte qui ne meurent jamais et qui n'aliènent point d'acquérir des fonds situés dans sa mouvance, sans *abréger son fief*, c'est-à-dire sans en diminuer la valeur, puisqu'il se privait des droits de mutation que les détenteurs laïques de ces fonds lui auraient payés. L'usage prévalut donc et les Établissements de Saint-Louis le confirmèrent, que nul ne pût abréger son fief sans autorisation de son suzerain ou seigneur supérieur : sinon la partie du fief abrégée ou diminuée devait être dévolue à ce seigneur supérieur. Comme la règle était appliquée de degré en degré, en remontant jusqu'au roi placé au sommet de la hiérarchie féodale, il fallait, pour amortir valablement, payer finance au seigneur

---

[1] Un des plus curieux documents qui nous restent sur l'abolition des droits féodaux est la confirmation des priviléges du Briançonnais en 1381. Les habitants stipulent que les redevances en grains seront converties en redevances pécuniaires que l'on fixera au prix moyen des vingt années précédentes. De même pour les lods et ventes, etc. Le texte de l'acte originaire porte que les habitants remettaient au dauphin *le péché*, que lui, ses prédécesseurs, son père, son frère ou ses oncles avaient pu encourir en les accablant d'exactions, d'impositions, de gabelles, etc.

immédiat, puis à tous les seigneurs médiats, et enfin au roi.

Mais la multiplicité de ces droits pécuniaires était onéreuse aux acquéreurs et gênait les transactions qui avaient la terre pour objet. Dès que les rois purent faire acte de souveraineté, ils réduisirent le nombre des taxes payées aux seigneurs intermédiaires, en attendant de pouvoir les supprimer, et déclarèrent que le droit de confirmer les amortissements faisait partie de leur domaine. Philippe le Hardi confirma ceux qui avaient été autorisés par trois seigneurs médiats; il garantit aux églises la propriété de toutes les acquisitions qu'elles avaient faites depuis vingt-neuf ans, pourvu qu'elles lui payassent en argent la valeur des fruits de deux années, si les biens avaient été acquis à titre d'aumône, et de trois années, s'ils l'avaient été à titre onéreux (1275). Il ôta aussi aux pairs de France le droit d'amortir toute autre terre que leurs arrière-fiefs.

Des ordonnances semblables furent rendues par ses successeurs [1], mais pour les terres du domaine seulement. On distingua les amortissements d'alleux ou de fiefs. Quand un alleu était amorti, le droit n'était payé qu'au roi directement, puisqu'il n'y avait pas de seigneurs intermédiaires; alors il était plus considérable. Il était aussi plus élevé dans le Languedoc que dans le reste de la France, parce que les terres y avaient plus de valeur; dès 1320 on les estimait au denier vingt.

Ce fut Charles V qui fit disparaître les derniers droits seigneuriaux d'amortissement au profit exclusif du droit royal. Il fut l'auteur de cette doctrine « qu'au roi seul et pour le tout appartenait, amortir en tout son royaume [2]. »

---

[1] En 1291, 1321, 1324, 1326.
[2] Instruction adressée au gouverneur de Montpellier, le 8 mai 1372. En voici l'article 2 : « Car, supposé que les pairs, barons, ou autres seigneurs sujets du roi, amortissent, en ce qui les touche, ce qui

Prétention nouvelle qui dut être soutenue par l'envoi de commissaires spéciaux dans les provinces, et surtout dans le Languedoc et le Dauphiné, et dont Charles VI ne tarda pas à faire une large application [1]. Invoquant la règle qui défendait de prescrire contre le roi, il mit dans sa main toutes les acquisitions faites depuis quarante ans par les églises dans son domaine sans l'assentiment de ses prédécesseurs.

Quand le droit d'amortissement eut été ainsi déclaré propriété exclusive du roi, on entreprit d'en régler le tarif. D'après l'ordonnance de 1402, toute personne qui voulut amortir, dut abandonner au domaine un tiers de la valeur de la propriété amortie; sinon, la propriété était dévolue tout entière à la couronne. Au reste, cette quotité ne fut pas tout à fait invariable; on distingua longtemps encore les terres qui relevaient immédiatement, et celles qui relevaient médiatement du roi; le chiffre de l'impôt était plus faible pour ces dernières.

L'usage s'établit ensuite que le clergé de toute une province payât pour l'amortissement général de ses propriétés une somme convenue de gré à gré avec le roi. Louis XI passa de semblables conventions avec le clergé de Normandie, en 1470, et avec celui de la province de Tours, en 1480. On trouve des exemples semblables d'amortissements généraux sous François Ier, sous Henri II, sous Louis XIII[2]. On évitait par là les recherches difficiles et coûteuses qu'exi-

est tenu d'eux, toutefois, ne peuvent ni ne doivent les choses par eux amorties avoir l'effet d'amortissement, jusqu'à ce que le roi les amortisse : mais le roi peut faire contraindre les possesseurs à les mettre hors de leurs mains dans l'an et jour, et les mettre en son domaine s'ils ne le font; ce que fera le gouverneur si le cas arrivait. »

[1] Instruction générale aux commissaires envoyés pour visiter le domaine (1386).

[2] En 1523, 1551 et 1636.

geait le cadastre des propriétés ecclésiastiques. Ce cadastre était à refaire à peu près tous les vingt ou trente ans, et chaque fois on reculait devant l'obstacle.

Sous Louis XIV, il fut établi que le droit d'amortissement serait payé au fur et à mesure de l'ouverture, c'est-à-dire aussitôt que seraient signés les contrats et autres titres translatifs de propriété.

La perception des droits d'amortissement appartint d'abord aux receveurs ordinaires du domaine[1], et depuis le règne de François Ier aux receveurs généraux.

Toutes les causes qui les concernaient étaient jugées par le conseil d'État[2].

§ II. — Droit de franc-fief.

On regardait un fief comme *abrégé*, quand il passait entre des mains roturières, parce que les roturiers étaient en général trop pauvres pour remplir les services attachés à la propriété féodale. Tout roturier acquéreur d'un fief devait donc obtenir l'autorisation du seigneur et lui payer une indemnité qui représentât plus ou moins la valeur de ces services. Tel était le droit de franc-fief, qui présentait une grande analogie avec celui d'amortissement et se payait comme lui, non-seulement au seigneur immédiat, mais à tous les seigneurs médiats, en remontant de degré en degré jusqu'au roi. Les croisades lui donnèrent plus d'importance en rendant l'acquisition des fiefs par les roturiers plus fréquente.

Dans l'origine les grands vassaux regardaient leur autorisation comme suffisante pour valider les acquisitions fai-

---

[1] Voir des lettres de 1379 et d'avril 1394, qui aliènent le produit de ces droits dans l'Anjou, le Maine et la Touraine en faveur du duc d'Anjou, dans le Poitou en faveur du duc de Berry. Voir l'ordonnance de 1408.

[2] Delagarde. *Traité de la Souveraineté du roi* (1754).

tes sur leurs terres, et contestaient au roi l'exercice d'un pouvoir semblable, ailleurs que dans son domaine. Mais au xiii° siècle, les baillis, sénéchaux et autres officiers royaux commencèrent à saisir partout les fiefs acquis sans l'autorisation royale[1]. Cette prétention, vivement combattue, souleva des troubles à la suite desquels l'impôt des francs-fiefs cessa d'être considéré comme droit féodal, et fut converti en un droit domanial que l'on fit reposer sur un principe nouveau. Les légistes enseignèrent, que l'autorisation du roi étant nécessaire pour l'anoblissement des roturiers, l'acquisition de terres nobles deviendrait, si elle n'était soumise à la même condition, un moyen d'éluder cette loi et de prescrire la noblesse[2]. Philippe le Bel exigea donc en 1291 de tous les roturiers acquéreurs de terres nobles, le paiement du droit domanial des francs-fiefs, que les services féodaux fussent remplis ou non. Mais l'établissement du droit domanial ainsi justifié n'empêcha pas de lever le droit seigneurial concurremment, quand il y eut abrégement de fief; car on voit que dans ce dernier cas la taxe était plus forte, et consistait en quatre années de revenu au lieu de trois[3].

Le droit d'anoblir et celui de francs-fiefs, entre lesquels existait une connexion intime, furent déclarés droits royaux exclusifs sous Charles V[4]. L'acquisition de la noblesse par

[1] Philippe le Hardi confirma, en 1275, les acquisitions de fiefs nobles par les roturiers, pourvu qu'elles eussent été autorisées par trois seigneurs médiats.
[2] « Nul, dit Bouteiller, ne se peut anoblir sans l'autorité du roi en son royaume, s'il ne vient d'extraction noble, et pour acquérir noblement, il semble qu'ils s'anobliraient par longtemps les tenir. »
[3] Voir les ordonnances de 1291, de 1320.
[4] Les lettres d'anoblissement avaient besoin pour leur validité d'être expédiées par la chambre des comptes. — Les rois avaient non-seulement le droit d'anoblir, mais aussi celui de réhabiliter moyennant finance. C'est ainsi que Louis XIV réhabilita, en 1692, moyennant finance, tous ceux qui avaient été exclus de la noblesse

les roturiers exigeait la possession d'un fief pendant trois générations.

La quotité de l'impôt des francs-fiefs fut très-variable. On le faisait consister d'ordinaire en une année de revenu payée tous les vingt ans. Il avait pour principal avantage de mettre à l'acquisition de la noblesse une condition de plus, et de remplacer pour une partie des terres nobles la taille qu'elles ne payaient pas.

Cependant beaucoup de villes et quelques provinces s'en firent exempter à prix d'argent ou d'autre manière : ainsi le Languedoc en stipula l'exemption formelle en 1484. Les recherches qu'exigeaient le cadastre des terres anoblies, présentaient autant de difficultés que celles du cadastre des terres amorties, et les commissaires qui en étaient chargés reculaient sans cesse devant une impossibilité matérielle [1]. D'une autre part les classes bourgeoises qui songeaient à s'anoblir, se plaignaient vivement des obstacles que le droit de franc-fief leur imposait, et les États généraux furent les interprètes de ces plaintes.

Les Etats de 1614 ayant représenté que son mode d'assiette était fort onéreux, parce qu'il n'était pas également réparti sur toute la durée de la jouissance d'une terre, on s'occupa d'y porter remède. On décida, en 1652, qu'au lieu d'être acquitté par le paiement de la vingtième année du revenu, il le serait par celui d'un vingtième annuel ; mais les difficultés de l'évaluation restaient les mêmes et les frais de perception devenaient plus considérables. En conséquence une déclaration de 1656 porta renonciation du droit en faveur de tous les acquéreurs de biens nobles, fiefs, arrière-fiefs, héritages, rentes, dîmes inféodées, qui paieraient deux années de revenu. Cette déclaration fut mal exécutée à son

---

par les précédentes réformations. La confirmation de titres usurpés fut vendue souvent à prix d'argent.

[1] Par exemple, en 1551.

tour ; elle ne faisait d'ailleurs que valider les acquisitions antérieures, sans rien statuer sur l'avenir. Le droit de franc-fief subsista donc et fut levé comme par le passé d'une manière très peu uniforme : on exigea tantôt une année de revenu tous les vingt ans et tantôt le vingtième annuel. Seulement le privilége des villes et des provinces qui en étaient exemptes fut généralement violé, et on les obligea pour la plupart de contracter en échange un abonnement avec le roi. Les intendants furent chargés des évaluations, que l'on rendit plus faciles, en forçant les acquéreurs à faire sous des peines graves la déclaration immédiate de leurs acquisitions.

Si l'on rapproche les droits de lods et ventes perçus lors des acquisitions de terres roturières, ceux d'amortissements lors des acquisitions faites par l'Église, et ceux de francs-fiefs lors des acquisitions de terres nobles par des non-nobles, on voit que l'impôt sur les mutations était à peu près généralement établi. Louis XIV semble avoir voulu le rendre plus général encore, car il essaya d'y soumettre les terres nobles qui n'étaient pas possédées féodalement, et que l'on appelait francs-aleux, francs bourgages ou franches bourgeoisies. Un édit de 1692 déclara que ce mode de tenure dérogeait aux lois, que le roi avait la mouvance et la directe universelle sur toutes les terres de son royaume ; qu'en conséquence il exigeait le paiement de la valeur d'une année du revenu de chacune d'elles pour valider les titres de propriété des détenteurs. Cependant ce nouvel impôt ne fut pas levé dans les pays où le franc-aleu existait de toute ancienneté.

§ III. — Droits de nouvel acquêt, d'aubaine et de bâtardise.

On rangeait encore au nombre des droits domaniaux, après ceux d'amortissement et de francs-fiefs, ceux de nouvel acquêt, d'aubaine et de bâtardise.

Tant que la recherche des amortissements n'eut lieu qu'à des époques éloignées et irrégulières, les héritages possédés par des gens de mainmorte et non amortis furent réputés *nouveaux acquêts* ; comme tels, ils durent payer un droit réglé d'après le temps écoulé entre l'acquisition de la propriété et l'amortissement, sur le pied d'une année de revenu pour vingt ans de jouissance. L'origine de cet impôt remonte (suivant Laurière) à une ordonnance de Philippe le Long, du 24 février 1317. Quand le droit d'amortissement fut affermé et perçu d'une manière régulière, celui de nouvel acquêt fut abandonné, ou du moins ne s'exerça plus que sur les biens dont les gens de mainmorte avaient l'usufruit ou l'usage.

Le droit d'aubaine [1] paraît être dérivé de cette ancienne règle admise chez les Barbares que les lois étaient personnelles et non territoriales. L'étranger, n'étant pas protégé par celles du pays dans lequel il venait s'établir, manquait de garanties pour l'exercice de ses droits personnels, et se trouvait obligé de rechercher le patronage, le *mundium* d'un homme puissant, qui acquerrait en retour un droit particulier sur ses biens. Le régime féodal aggrava la condition de l'étranger ou de l'*aubain*, le frappa dans ses biens d'une confiscation immédiate et complète, le réduisit presque partout en servitude. Cette condition fut même étendue à tous ceux qui abandonnaient le diocèse où ils étaient nés pour aller vivre dans un autre. Quand le régime féodal se modifia, elle s'améliora en fait, sans changer en droit, ce qu'exprima brièvement une ancienne règle des Coutumes : « L'aubain vit libre et meurt serf. »

Dès le XIIIᵉ siècle, le roi prenait les aubains sous son *avouerie* ou protection royale ; il recevait leur aveu et s'en-

---

[1] Voir l'*Encyclopédie du droit* de MM. Sebire et Carteret. — Article de M. Rossi sur le droit d'aubaine.

gageait à les garantir contre les entreprises et les violences des seigneurs particuliers. Les légistes ne tardèrent pas à prétendre que les aubains ne pouvaient se faire d'autre seigneur que le roi [1]; puis, quand les bourgeoisies furent regardées comme étant toutes de droit royal, les aubains, qui dans mainte circonstance étaient assimilés aux bourgeois, furent regardés à leur tour comme ne dépendant que du roi seul, et leur succession lui fut dévolue. Tous les efforts des seigneurs pour défendre ce qu'ils croyaient être un attribut de leur haute justice ne purent empêcher cette règle de s'établir et de triompher. Philippe le Bel ne levait encore les droits d'aubaine que lorsque la possession royale était reconnue; mais les déclarations de Charles VI portèrent qu'au décès des aubains, leurs biens meubles et immeubles appartenaient au roi nécessairement, en quelque lieu qu'ils fussent situés [2].

Le droit de bâtardise présente beaucoup d'analogie avec le droit d'aubaine. Les bâtards étaient gens mainmortables, et les Coutumes leur refusaient ou ne leur reconnaissaient que très-imparfaitement la faculté de tester; leur succession appartenait donc aux seigneurs. Les légistes soutinrent que les bâtards ne dépendaient que du roi, et que leur succession devait être dévolue à lui seul.

Voilà comment le fisc du roi l'emporta sur le fisc des seigneurs; et quand cette révolution fut opérée, les jurisconsultes inventèrent après coup de nouvelles doctrines pour la justifier. Comme le roi était le *souverain fieffeux* du royaume, il n'y eut sorte de subtilité à laquelle on ne recourût, de paradoxe qu'on ne soutînt en sa faveur. Suivant Loiseau, le droit d'aubaine est évidemment un droit royal exclusif, parce que la loi politique, faite dans l'inté-

---

[1] Établissements de Saint-Louis, titre 31.
[2] Déclaration de 1386 pour le comté de Champagne.

rêt de l'État, a pu seule empêcher les étrangers d'exercer en France leur droit naturel de disposer de leurs biens. Aussi ce genre d'impôts fut-il classé quelquefois parmi les droits établis en raison de la police générale qui appartenait au roi dans le royaume.

Au commencement du xvi° siècle, la question était encore indécise. Quinze des Coutumes rédigées à cette époque attribuent le droit d'aubaine aux seigneurs; dix-sept l'attribuent au roi; les autres ne se prononcent pas. Dumoulin penchait pour les seigneurs; mais la jurisprudence des Parlements déclara bientôt, et dès ce siècle même, le droit d'aubaine *domanial, inaliénable, imprescriptible, un des fleurons de la couronne du roi.*

Au reste, le droit d'aubaine était un abus, et devait comme tel être de bonne heure l'objet de nombreuses protestations. Il fut restreint dans son exercice par les dispositions diverses des Coutumes, par des priviléges vendus à des particuliers [1], priviléges que les rois seuls accordaient et qui facilitèrent le triomphe des prétentions royales sur celles des seigneurs; enfin par des exemptions conférées à des villes étrangères, comme Cambrai (1406) et Tournai (1547), ou même à des pays étrangers, tels que la Savoie, le Milanais, la Flandre et la Franche-Comté, sur lesquels les rois firent valoir des titres de souveraineté. Les pays de droit écrit jouissaient aussi à cet égard d'une franchise complète pour leur territoire. Le Languedoc protesta, sous Charles VII et sous Louis XI, contre toutes les entreprises des agents royaux qui pouvaient porter atteinte à cette franchise.

---

[1] Ces priviléges faisaient simplement rentrer les étrangers dans le droit commun d'une manière plus ou moins directe. (Voir des lettres de 1315, 1350, 1363, 1364, 1366, 1378, 1380, 1382). Souvent les étrangers achetaient ces lettres en se soumettant à des droits spéciaux, tels qu'un *chevage* ou capitation annuelle, un droit de *formariage,* s'ils voulaient se marier, etc.

Les exemptions se multiplièrent depuis le xvᵉ siècle par une conséquence naturelle de la faveur accordée au commerce, à l'industrie, et par la nécessité de rendre les communications avec les étrangers plus faciles. On en accorda aux marchands étrangers qui venaient en France trafiquer aux foires de Champagne et à celles de Lyon [1], et plus tard, sous Louis XIV, à ceux qui se rendaient à Dunkerque et à Marseille [2]. On exempta, surtout à partir du règne de Henri IV, les ouvriers étrangers qui prenaient du travail en France dans les industries privilégiées. On fit jouir du même avantage les Écossais et les Suisses de la garde du roi, les matelots étrangers [3]. On déclara que les rentes sur l'État acquises par des étrangers n'étaient pas sujettes au droit d'aubaine [4].

Quand des relations commerciales régulières commencèrent à s'établir entre les divers pays de l'Europe, le droit d'aubaine devint un obstacle grave, et les traités internationaux stipulèrent d'abord sa suspension, puis sa suppression. A la mort de Louis XIV il avait déjà été aboli par des conventions réciproques que la France avait signées avec l'Angleterre [5], avec l'Espagne pour la Catalogne [6], avec la Turquie [7] pour les provinces turques proprement dites et

---

[1] Les Recueils d'Ordonnances renferment une foule d'exemples d'exemptions accordées aux étrangers qui viennent aux foires de Lyon. On en trouve en 1443, 1462, 1463, 1550, 1552, 1569, 1574, 1578, 1583, etc.

[2] Dunkerque (1669), Marseille (1662 et 1716).

[3] Exemples en 1481, 1534, 1547, 1551, 1561, 1687.

[4] Ordonnances de 1586, 1674, 1715.

[5] Le droit d'aubaine est suspendu entre la France et l'Angleterre par les traités de 1572, de 1606, ce dernier rompu en 1648; de 1655, de 1702. Tous ces traités furent confirmés plusieurs fois.

[6] Voir le traité des Pyrénées (1659). L'abolition du droit d'aubaine, entre l'Espagne et la France, eut lieu en 1761; et ce fut une des clauses du pacte de famille.

[7] Voir le traité de paix de 1604, les capitulations de 1673, les trai-

pour les régences barbaresques, avec les provinces belges [1], les Provinces-Unies [2] et la république de Genève [3]. Cependant la plupart de ces traités d'abolition n'avaient encore qu'une durée limitée, et ce fut plus tard seulement, vers la fin du xviii° siècle, que le gouvernement s'occupa de la suppression définitive d'un droit que Montesquieu qualifiait d'*insensé*.

Terminons cette histoire des principaux droits domaniaux en observant que si plusieurs d'entre eux tendirent à disparaître par le simple progrès du temps, ils formèrent toujours l'exception, et que, dans toutes les contestations soulevées à leur égard, la cause du fisc était privilégiée. Ce fut par exemple un axiome des légistes, axiome cité encore par de La Garde au xviii° siècle, que « en matière de droits de la couronne, il suffisait au roi d'être en possession, sans qu'il fût obligé d'en alléguer de raisons ni de preuves, qui se présumaient nécessairement. »

On peut ajouter encore aux droits domaniaux déjà énumérés :

Celui de déshérence, qui était déjà droit royal exclusif en 1413 [4];

Celui de recueillir les épaves et les choses perdues par leurs maîtres, qui le devint vers la même époque [5].

Celui de s'approprier les trésors découverts, les *fortunes d'or et d'argent*, comme disent les Établissements de Saint-Louis, qui attribuent les premières au roi exclusivement, et partagent les secondes entre le roi et le seigneur du lieu où la découverte a été faite.

---

tés de 1665 pour Tunis, de 1684 pour Alger, de 1685 pour Tripoli, et de 1689 pour le Maroc.

[1] Traités de 1529, 1544, 1714.
[2] Traités de 1662, 1678, 1713.
[3] Traité de 1608.
[4] Ordonnance de réforme de 1413.
[5] Voir les ordonnances de 1360, 1364, 1413.

SECTION IV. — *Des droits établis en raison de la police générale qui appartenait au roi.*

§ 1ᵉʳ. Ventes d'offices et de lettres de maîtrise. — § 2. Droits ayant pour but d'assurer la validité et la publicité des actes.

§ 1. — *Ventes d'offices et de lettres de maîtrise.*

Le plus ancien de ces droits était le droit de greffes. On comprenait sous ce nom, outre les dépôts où étaient conservés les minutes, les registres et les actes des différentes cours, les offices de greffiers avec les revenus qui y étaient attachés. Or la plupart de ces offices, ainsi que ceux de notaires ou de tabellions, furent aliénés et constitués à titre héréditaire. Le droit de greffe consistait donc simplement dans la faculté de les aliéner ou de les vendre. Ces aliénations eurent le même sort que celles des fonds domaniaux. Philippe le Long révoqua, en 1317, toutes celles qui avaient été faites avant lui; en 1318, il déclara les greffes et les sceaux des chancelleries partie intégrante du domaine, et en cette qualité, sujets à être vendus et rachetés. La clause de l'inaliénabilité leur fut applicable, comme elle l'était aux autres parties du domaine. Toutes les nouvelles charges de ce genre, que créèrent les successeurs de Philippe le Long, furent réunies au domaine successivement [1].

[1] Voir l'ordonnance de Louis XII qui réunit au domaine les *greffes, sceaux, geôles* et *prisons*. — Voir encore un édit de Henri III, de mars 1580, autorisant les ventes avec clause de rachat perpétuel.

C'est ici le lieu de remarquer que les prévôtés étaient vendues ou affermées, mais très-rarement données *en garde* ou à titre de simple commission. Charles V en explique la raison qui était toute fiscale. « Quòd nobis longè majora reddunt emolumenta, quùm traduntur » ad firmam quàm aliter. » (Ordonnance de 1357). Mais les villes qui traitaient avec le roi, aimaient mieux stipuler qu'elles auraient des prévôts à garde, avec des gages suffisants. Les États provinciaux qui accordaient des aides insérèrent souvent la même clause dans leurs conventions. Enfin, les rois furent obligés d'accorder aux justiciables,

La création de nouveaux offices et leur vénalité s'expliquent de la même manière que le droit de greffes. Ces offices, considérés comme faisant partie du domaine, étaient dès lors susceptibles d'être vendus avec clause de rachat perpétuel. Jamais les acheteurs ne manquèrent, soit spéculation, soit vanité ; car l'achat des charges offrait toujours ou l'occasion de faire un gain, ou l'appât des honneurs et des privilèges. C'était une des ressources les plus fatales que l'État pût employer, parce qu'elle enlevait à l'impôt d'un côté ce qu'elle lui donnait de l'autre, parce qu'elle multipliait les sinécures, fortifiait les préjugés établis contre les professions mécaniques, enlevait enfin une partie des capitaux dont l'industrie et le commerce auraient pu profiter. Les abus qu'elles entraînaient dépassèrent même toute mesure au xvi⁰ siècle, lorsqu'on vendit le même office à deux ou trois acheteurs (*titulaire, alternatif, triennal*), qui exerçaient à tour de rôle [1]. Ce genre d'impôt eut cependant un avantage : il était volontaire, et les riches le payaient seuls. Si les acheteurs manquaient, ce qui était rare, on désignait les personnes de la cour qui devaient être tenues de prendre quelques-uns des offices nouveaux ; c'était alors une sorte d'emprunt forcé. Il eut aussi un résultat politique fort remarquable, et que j'ai déjà signalé ; il attribua successivement au roi la libre disposition de toutes les fonctions administratives.

La multiplicité des créations et des ventes de charges, qui ne permet pas de les énumérer, souleva de très-vives protestations, surtout de la part des États généraux et des Parlements [2]. On leur reprochait avec raison d'engager l'avenir

---

dans les édits *pour le bien du royaume*, force garanties contre les prévôts qui avaient acheté leurs charges.

[1] Il y eut même des offices quatriennaux en 1643.

[2] Plût à Dieu ! s'écrie l'avocat général Bignon, orateur du Parlement, devant Louis XIII, en 1633, que V. M. sût combien cette

financier du pays, l'État consommant sur-le-champ le capital dont il s'engageait à payer la rente. Le droit royal fut donc souvent contesté et l'aliénation des offices prohibée [1]. Mais les prohibitions ne furent pas observées, et les adversaires du droit s'attachèrent bien moins à le combattre qu'à réparer ses mauvais effets. Les États de 1614 s'occupèrent beaucoup de la suppression et du remboursement des offices inutiles, sans réussir à résoudre cette question, malgré le projet soumis à l'assemblée par le traitant Beaufort [2]. D'ailleurs ce remboursement était, comme le rachat des domaines, une œuvre à recommencer sans cesse, parce qu'il y avait autant de créations que de suppressions.

Le gouvernement, convaincu des difficultés que présentait une pareille entreprise, y renonça plusieurs fois, d'une manière avantageuse, au moyen de l'*annuel* ou de la *paulette*, c'est-à-dire en imposant aux pourvus d'offices l'obligation de payer au roi chaque année un soixantième du prix d'achat [3]. Cette seule condition rendait leur propriété

multiplication d'offices apporte de préjudices, qu'elle dépeuple vos armées, qu'elle diminue le commerce et augmente l'oisiveté dans l'esprit de ceux qui se pourraient occuper à d'autres emplois plus utiles au bien et à la puissance de l'État, qu'elle consomme les familles et en épuise toute la fortune, et qu'elle corrompt nos cœurs et les porte dans le luxe, qui n'est déjà que trop grand parmi nous, qui sommes nourris dans les désordres. » Fonds des Cinq-Cents de Colbert, n° 285.

[1] Elle l'est par l'ordonnance de Blois de 1579, rendue sur les plaintes des députés des trois ordres.

[2] Ce projet consistait à rembourser les offices de judicature et de finance à la mort de chaque titulaire, en prenant pour base le prix auquel la charge avait été constituée, et à rétablir ces offices dans le nombre fixé en 1576, mais au choix et sans vénalité. On devait augmenter les gages des officiers judiciaires et supprimer les épices. Les États rejetèrent ce plan; ils prétendirent que les propriétaires seraient injustement dépouillés, si après avoir acheté ces charges à un prix supérieur à celui de leur première constitution, ils étaient remboursés sur un autre pied que sur celui de leur valeur actuelle.

[3] Voir le chapitre VIII, *De la Justice*.

de viagère héréditaire. Mais la question de l'hérédité des charges, qui se trouvait ainsi décrétée indirectement, souleva une vive polémique, et la paulette, créée en 1604, puis rétablie en 1621 après une suppression de trois ans, ne subsista en définitive qu'un temps assez court.

Un usage assez constant obligeait encore les pourvus d'offices à payer lors de chaque nouvel avénement un droit de confirmation.

La vente des lettres de maîtrise présente une grande analogie avec celle des offices. C'était une ressource fiscale déjà ancienne lorsqu'Henri III en rendit l'emploi presque régulier. Le célèbre édit de 1581, confirmé plus tard sur la demande de l'assemblée des notables de 1597, fit de l'autorisation de travailler un droit *royal et domanial*, et déclara l'achat de ces lettres obligatoire pour tous les chefs d'industrie. On battait monnaie en créant des maîtrises de chaque métier, dans chaque ville, au premier prétexte : pour l'avénement du roi, pour sa majorité, pour son mariage ou celui d'un prince du sang, etc... La suppression des nouvelles maîtrises fut demandée comme celle des nouveaux offices par les États généraux de 1614, mais sans plus de succès.

Au reste, la déclaration du droit domanial servit en cette circonstance à couvrir l'établissement d'un impôt sur l'industrie, impôt correspondant à notre impôt actuel des patentes. La doctrine du droit domanial, trop absolue dans la forme, avait quant au fond beaucoup de rapports avec la doctrine aujourd'hui admise et suivant laquelle l'État, assurant au travail la protection qui lui est nécessaire, doit percevoir une part dans ses profits. Tel fut le véritable caractère de la vente des lettres de maîtrise [1].

[1] Les maîtrises furent d'ailleurs une des institutions dont le gouvernement se servit pour réglementer l'industrie. (Voir le chapitre XVII).

§ II. — **Droits ayant pour but d'assurer la validité et la publicité des actes.**

Il faut citer encore parmi les droits qui appartenaient au roi à raison de la police du royaume, ceux qui avaient pour but de garantir l'authenticité des actes et d'assurer leur publicité.

Tel fut le droit d'insinuation ou de centième denier. L'insinuation ou la transcription sur un registre public fut établie par François Ier, comme une formalité nécessaire pour la validité et la publicité des donations, surtout en ce qui regardait les hypothèques (1539). En 1563, cette formalité fut étendue d'une manière générale à tous les actes de dispositions entre vifs ou de dernière volonté. Comme le droit était d'un pour cent, on l'appela droit de centième denier. Les registres d'insinuation furent tenus d'abord par les greffiers des justices royales, puis après le règne d'Henri II par des greffiers spéciaux auxquels était attribuée une partie du droit perçu, et que l'on pourrait comparer à nos conservateurs des hypothèques. Au reste, leurs offices furent supprimés, en 1710, lorsque la ferme des insinuations eut été comprise dans le bail des fermes générales du domaine.

Le droit de contrôle des actes des notaires, qui équivaut à peu près à notre droit actuel d'enregistrement, fut établi sous Henri III, en 1581. Ces actes ne faisaient foi à l'égard des tiers, quant à leur teneur et surtout quant à leur date, qu'après le contrôle. Le contrôle appartint d'abord aux tribunaux ordinaires de la justice royale; après 1693, on le confia à des bureaux spéciaux que l'on établit dans toute la France, excepté dans les provinces récemment acquises, comme l'Alsace, la Flandre, l'Artois et le Hainaut. Les créations d'offices se multiplièrent dans ces bureaux pendant les dernières années de Louis XIV, et presque tout le produit de l'impôt se trouva absorbé par les taxations des titulaires. Cela obligea de faire, en 1708, un nouveau tarif; on régla les taxations, et le droit fut affermé au profit du roi.

Bien que ces droits fussent de création royale, il faut remarquer qu'ils n'avaient pu être établis ni perçus dans toutes les provinces de la même manière, et que les réglements de Louis XIV leur donnèrent seuls quelque uniformité [1].

Après avoir soumis au contrôle les actes notariés, on y soumit les actes sous seing privé (ordonnance de Moulins) (1566), toutes les fois du moins qu'ils étaient passés pour une somme excédant cent livres; ce fut une des conditions de leur validité. Le contrôle des actes sous seing privé fut d'abord confié aux notaires; on le leur enleva, en 1705, pour l'attribuer aux contrôleurs des actes notariés.

Le droit de contrôle des exploits des huissiers et des sergents (édits de 1654, 1669), encore établi dans le but de garantir les tiers contre les antidates, passa par les mêmes vicissitudes.

On établit, en 1653, un droit de *formule*, c'est-à-dire de timbre sur tous les papiers et les parchemins qui devaient servir à l'expédition des actes judiciaires; on avait imaginé de faire imprimer en tête de chaque feuille des formules pour ces actes, ce qui aurait servi en même temps à rendre partout la procédure uniforme. L'édit de 1653 n'eut pas d'exécution et fut renouvelé sans succès en 1671; Colbert crut alors avantageux de supprimer ce droit et de le remplacer par un autre que l'on perçut à la fabrication sur tout le papier et le parchemin qui sortaient des manufactures françaises. Mais il ne tarda pas à comprendre le préjudice qu'éprouvaient ces manufactures; il revint donc lui-même

---

[1] La perception du droit d'insinuation fut quelquefois suspendue en fait, par exemple après 1645. On avait voulu l'aliéner, et l'on n'avait pas trouvé d'acquéreurs.

à l'ancien système, et rétablit le droit de timbre, qui conserva, très-improprement du reste, le nom de droit de *formule* ; car le projet de rédiger des formules d'un usage général fut abandonné.

L'exploitation des maisons de jeu était soumise à un droit fiscal ; et ce fut une raison d'autoriser souvent l'établissement de ces maisons, au mépris des arrêts nombreux que les Parlements rendaient contre elles [1].

Enfin on pourrait ajouter un assez grand nombre de droits particuliers attribués à divers offices, et dont la police générale fut la cause ou le prétexte ; mais leur énumération n'aurait pas d'intérêt.

Les mesures administratives qui concernaient ces droits appartinrent successivement aux bureaux de finance et aux intendants. Les intendants reçurent le serment des officiers, et furent même en partie juges du contentieux pour cette branche du domaine [2].

CHAPITRE XI.

DES IMPOSITIONS.

Le revenu du domaine et le produit des droits domaniaux devaient suffire pour les dépenses ordinaires du roi ; mais les dépenses extraordinaires, celles de la guerre, par exem-

---

[1] « Quarante-sept brelans autorisés, dont le lieutenant civil touche de chacun une pistole. » *Journal de l'Estoile*, 12 avril 1611.

[2] Voir les déclarations de 1706 et de 1710 réglant les attributions des intendants, en ce qui concerne le contrôle des actes, et l'insinuation laïque.

ple, exigeaient d'autres ressources. On y subvenait par le moyen des impositions.

Ce qui distingua longtemps les impositions des revenus domaniaux, c'est qu'elles étaient extraordinaires, tandis que ces revenus étaient permanents.

Du reste, on les confondait en général sous le nom d'*aides* et de *tailles*, qui ne paraissent pas avoir eu dans la langue financière primitive un sens bien déterminé. Suivant Ducange, la différence des tailles et des aides consistait en ce que les premières étaient levées arbitrairement, et les secondes consenties par les contribuables. Le nom de taille paraît s'être appliqué aussi de préférence à l'impôt payé par les roturiers, et le nom d'aide à celui que payaient les nobles. C'est à partir du xv° siècle seulement qu'on a réservé la désignation plus spéciale de taille à l'impôt direct, et celle d'aide à l'impôt indirect.

Il est impossible de séparer l'histoire des impôts directs et indirects avant le règne du roi Jean, époque où la force des choses obligea pour la première fois de faire entre eux une distinction qui demeura d'ailleurs incomplète jusqu'au temps de Charles VII.

SECTION Ire. — *Des tailles et des aides jusqu'au roi Jean.*

§ 1er. En quoi consistaient les impositions dans chaque seigneurie.
§ 2. Premières impositions levées par les rois.

§ Ier. — En quoi consistaient les impositions dans chaque seigneurie.

Dans les siècles féodaux, chaque seigneur vivait, comme le roi vécut plus tard, de son domaine. Mais en temps de guerre tous les hommes de sa terre, francs ou serfs de corps, devaient l'assister.

L'aide semble avoir consisté originairement dans l'obligation où étaient les vassaux de mener leurs hommes d'armes à l'appel du seigneur. Plus tard, vers le XII° siècle, quand l'usage d'enrôler des compagnies mercenaires de routiers prévalut, l'obligation du service militaire personnel changea de nature, et fut transformée en obligation pécuniaire ; sa conversion en argent fut un premier progrès de l'économie publique. Toutefois, l'aide ne cessa pas d'être encore levée dans plusieurs circonstances sous sa première forme. Ainsi, au XIV° siècle, la ville de Paris promet à Philippe de Valois quatre cents gens d'armes, s'il se met en personne à la tête de l'armée [1] ; au XVII°, pendant la Fronde, elle s'oblige à équiper un cavalier par porte cochère [2].

L'aide levée en argent et destinée à tenir lieu du service militaire, portait plus particulièrement le nom de *subvention*.

On appelait encore aides les présents que les vassaux faisaient à leurs seigneurs dans certaines circonstances, et on les distinguait en aides légales et aides gracieuses. Les aides légales étaient obligatoires et payées au seigneur lors du mariage de sa fille aînée ou de la chevalerie de son fils aîné.

Les serfs de corps et les bourgeois des villes sujettes qui leur étaient assimilés, ne devant pas de service militaire, étaient en retour corvéables, c'est-à-dire que le seigneur pouvait exiger d'eux tels travaux que bon lui semblait. Peu à peu ces corvées furent remplacées par le paiement d'une obligation pécuniaire, la taille, comme le service militaire, avait été remplacée par la subvention. La taille, à son origine, était arbitraire ; mais l'intérêt qu'avaient les seigneurs d'augmenter le nombre de leurs sujets, en leur assurant des

---

[1] Il est vrai que la condition ne s'étant pas réalisée, l'équipement des 400 gens d'armes fut remplacé par une taxe sur les marchandises.

[2] En 1597, Sully propose à Henri IV d'obliger les provinces du nord, comme plus exposées aux attaques de l'ennemi, à lever et entretenir pendant un certain temps des régiments à leurs frais.

garanties, modifia cette règle dans son application; les serfs payèrent en beaucoup de pays une *taille abonnée*, c'est-à-dire fixée de gré à gré pour l'année entière, ce qui fut un acheminement à la permanence de l'impôt. La clause de l'abonnement pour la taille était une de celles auxquelles les villes sujettes attachaient le plus de prix, et la première qu'elles fissent insérer dans leurs chartes de priviléges. Quant aux villes qui obtinrent leur affranchissement, elles n'en continuèrent pas moins de payer des tailles, mais se firent reconnaître le droit de les consentir.

L'impôt, subvention ou taille, était direct. Les officiers de chaque seigneurie faisaient des rôles annuels, et fixaient la cote de contribution de chacun des habitants. L'évaluation ne devait pas être fort régulière; mais elle était faite, du moins pour les serfs, à raison des personnes et de l'étendue des fonds taillables : l'impôt était donc personnel et territorial tout à la fois.

§ II. — Premières impositions levées par le roi.

Le roi exerçait dans ses domaines les mêmes droits que chaque seigneur dans les siens. Mais l'usage s'établit aussi, probablement vers le xii° siècle, qu'il levât comme roi dans la France entière une aide générale lors de circonstances déterminées, telles que les croisades. La plus ancienne des aides royales dont l'histoire ait gardé le souvenir est la *dîme saladine*, levée, en 1188, par Philippe-Auguste avant son départ pour la Terre-Sainte. Quiconque refusa de se croiser dut payer pendant un an le dixième de ses revenus et le dixième de sa fortune mobilière. Le clergé et les nobles chevaliers (*milites*) furent rangés au nombre des contribuables; on n'exempta que les lépreux, l'ordre des Chartreux, ceux de Cîteaux et de Fontevrault.

Quand cet usage fut établi et que le roi, non content de

lever la taille comme seigneur dans ses domaines, en leva une seconde à titre de roi, dans tout le royaume, pour chacune des guerres qu'il dut soutenir, on distingua la taille seigneuriale et la taille royale. D'ailleurs cette dernière fut répartie et levée comme la précédente par les seigneurs qui en faisaient passer le produit entre les mains des agents royaux [1].

On admit dès l'origine un certain nombre de priviléges ou de motifs d'exemption. Les croisés étaient exempts, parce que la croisade était la cause de l'impôt. Les clercs étaient exempts de la taille personnelle, parce que les règles canoniques leur interdisaient l'exercice du commerce et de l'industrie; mais tout fait de commerce entraînait pour eux déchéance de ce privilége [2], qu'on étendait aux gentilshommes par une raison semblable et avec les mêmes conditions [3]. Enfin les clercs étaient exempts de la contribution foncière, sans doute en vertu de clauses renfermées dans les anciennes donations. Mais on mit des restrictions à la faculté qu'avait l'Église de faire des acquisitions territoriales, qui auraient diminué le revenu des tailles. Philippe-Auguste rendit, avec l'assentiment des barons et des clercs du royaume, une ordonnance portant qu'un fils ecclésiastique ne pourrait jamais recueillir plus de la moitié de la succession paternelle.

Le communes et les villes affranchies furent chargées, comme les seigneurs, de répartir et de livrer elles-mêmes la taille royale; saint Louis leur en reconnut le droit. Il leur permit aussi de l'élever plus haut que le chiffre fixé par le roi ou par leurs traités d'abonnement, et d'employer l'excé-

---

[1] Philippe-Auguste, à la veille de partir pour la Terre-Sainte, ordonne aux barons et aux prélats d'attendre son retour pour faire remise de la taille à leurs sujets.

[2] Ordonnance de 1214.

[3] Voir les Établissements de Saint-Louis.

dant à acquitter leurs dettes, principal et intérêts. Son ordonnance entre dans le détail des formes de la répartition. Trente ou quarante bourgeois, élus par les notables, doivent choisir à leur tour douze *asséeurs*, et ces douze asséeurs, après avoir fixé la cote de contribution de chacun, doivent désigner quatre personnes pour régler la leur propre.

Telle était la taille royale dans les premiers temps de son établissement. Mais les rois s'efforcèrent, à plusieurs reprises, de se délivrer, pour sa perception, de l'intervention des seigneurs et des villes franches, comme le prouvent les plaintes assez fréquentes des intéressés. Les seigneurs de Normandie se plaignirent à Charles le Bel, en 1325, que ses officiers levassent la taille royale sans leur intervention dans les villes qui leur appartenaient [1]. Ils n'obtinrent que de faire changer l'assiette de la taille ; elle fut convertie en un droit indirect, dont la perception fut attribuée aux commissaires royaux, en concurrence avec les officiers seigneuriaux, sans qu'on pût invoquer d'usage contraire.

Il faut ajouter que jusqu'au règne de Charles VII la taille demeura impôt extraordinaire, et que plusieurs villes obtinrent d'en être affranchies d'une manière plus ou moins complète, à titre gratuit ou à prix d'argent.

Sous Philippe le Bel, la continuité des guerres soutenues contre les étrangers rendit plus fréquente la levée des aides générales, et, comme il paraît avoir été d'usage que ces aides fussent votées par les seigneurs et les prélats, Philippe le Bel réunit à Paris à cet effet les premiers États généraux de son domaine, auxquels il fit assister les principaux représentants de la bourgeoisie [2]. Les *subventions* qu'il obtint en 1303 pour les guerres de Flandre furent payées par tous les ha-

---

[1] Les villes *baléices*, comme les appelle l'ordonnance.
[2] Voir le chapitre II.

bitants du territoire, excepté par les nobles qui préférèrent servir en personne. La contribution était du cinquième pour un revenu de cent livres tournois en fonds de terre, et du quart pour un revenu de cinq cents livres tournois en objets mobiliers. Le roi insiste, dans le préambule de l'édit, sur l'avantage qu'offre cette contribution substituée au service personnel, et il recommande à ses commissaires de ménager les barons, en leur laissant lever eux-mêmes l'impôt, avec l'assistance, toutefois, d'un prud'homme par lui désigné [1].

Philippe le Bel et ses successeurs levèrent fréquemment des aides semblables, soit dans le royaume entier par le moyen des États généraux, soit dans telle ou telle province par celui des États particuliers. Les seigneurs stipulaient seulement que ces concessions ne pouvaient leur porter de préjudice et ne constituaient aucun droit en faveur du roi. La répartition avait lieu proportionnellement aux facultés de chacun, *faite compensation du riche au pauvre* [2]. Les nobles déclaraient leur fortune par serment [3], et les riches devaient être taxés de préférence [4]. Une des plus considérables de ces aides fut celle que leva Philippe de Valois, en 1347, après la bataille de Crécy, sur tous les non-nobles du royaume. Souvent les villes remplaçaient l'aide par un octroi temporaire, qu'elles établissaient avec l'autorisation royale, comme fit Paris en 1324 et en 1349.

Les aides continuaient donc d'être des taxes extraordi-

---

[1] Ordonnance du 25 mars 1303. « C'est à savoir que vous devez être avisés de parler au peuple par *douces paroles*. — En toute manière montrez à nos sujets comment par cette voie de finer (payer finance) ils sont hors du péril de leurs corps, des grans coûts des chevaux et de leurs dépens, et pourront entendre à leurs marchandises et les biens de leurs terres administrer. »

[2] Ordonnance du 9 octobre 1303.

[3] Ordonnance de 1319. Aide des nobles de l'Auvergne.

[4] Ordonnance de 1322, pour lever un subside sous prétexte de croisade. « Omnes subditos, præsertim divites et abundantes. »

naires, personnelles et territoriales. L'usage voulait seulement qu'elles fussent consenties par les contribuables, ou du moins par leurs représentants. La même règle s'étendit aux tailles qui cessèrent d'être arbitraires, et qu'il n'était d'ailleurs pas aisé de distinguer des aides. Au reste il ne s'agit ici que des impôts levés par le roi : j'ai expliqué ailleurs comment les seigneurs perdirent le droit d'en lever pour leur propre compte [1].

Le roi Jean traita successivement, dans les premières années de son règne, avec les différentes provinces de la Langue d'Oil, avec le Vermandois, la Normandie, la ville de Paris et l'Amiénois en 1351 ; avec l'Auvergne, le Limousin, l'Anjou et le Maine en 1355; et il obtint une aide des trois États de chacun de ces pays. Mais il faut faire entre ces aides, qui portent un nom commun, une distinction importante. Les unes, celles que l'on appela aides par feux, ou aides par forme de taille, ne cessèrent pas d'être des impôts directs, tandis que les autres furent des impôts indirects établis sur une autre base et sur des principes tout différents. C'est donc à cette époque qu'on doit séparer leur histoire, quoiqu'on ne réservât pas encore la désignation de tailles aux premiers et celle d'aides aux seconds.

SECTION II. — *Des impôts directs depuis le roi Jean.*

§ 1er. Établissement de l'impôt direct octroyé par les provinces. Son assiette, son administration : priviléges qu'il comportait. — § 2. Permanence des tailles depuis Charles VII. Nouveaux réglements du service. — § 3. Plaintes des États au sujet des tailles. Augmentations et diminutions successives. Mesures de Sully. — § 4. XVIIe siècle. Diminution des privilèges. Assimilation des pays d'États aux pays d'élections. Projets de rendre la taille réelle uniforme. Mesures prises par Colbert. — § 5. Projet de dîme royale de Vauban.

§ I. — Etablissement de l'impôt direct octroyé par les provinces. Son assiette, son administration : priviléges qu'il comportait.

En 1355 la province d'Anjou et de Maine accorda au roi

[1] Voir le chapitre III.

deux sols six deniers tournois pour chaque feu ; elle nomma six collecteurs dont elle devait elle-même et seule recevoir les comptes ; elle chargea les évêques d'Angers et du Mans d'indiquer le nombre et la contenance des paroisses de leurs évêchés. Ce traité fut le modèle de beaucoup d'autres conclus encore sous ce règne, soit avec des provinces, soit avec des villes isolées [1].

Les Etats généraux de la Langue d'Oïl, qui s'assemblèrent une fois en 1355 et trois fois en 1356, établirent une aide générale qui fut d'abord indirecte ; mais, comme la perception en était difficile et que des murmures s'élevaient de tous côtés, ils revinrent à l'ancien système, c'est-à-dire à la contribution foncière et mobilière ; ils se montrèrent seulement favorables au privilége du clergé et de la noblesse ; ils accordèrent une exemption complète aux gens d'Eglise payant décime, et ils déclarèrent les nobles exempts pour la portion de leur revenu qui excédait 5,000 livres du temps. L'impôt se trouva de cette manière proportionnellement plus élevé pour les pauvres que pour les riches, malgré les modérations introduites en faveur des mercenaires, des serviteurs à gages, et des serfs taillables à la volonté des seigneurs [2].

Les Etats généraux de la Langue d'Oïl furent réunis encore deux fois en 1357, et une fois, à Compiègne, en 1358. Les Etats de Compiègne, dont s'étaient retirés une partie des membres du clergé et de la noblesse, établirent un impôt direct plus justement réparti. L'Eglise dut payer un dixième du produit de ses bénéfices, la noblesse douze de-

---

[1] Par exemple, les communautés de la sénéchaussée de Beaucaire octroyent au Dauphin, le 18 février 1358, un *capage*, c'est-à-dire une capitation à raison de 1/0 sur les immeubles, et de 2/0 sur les meubles pendant deux ans.

[2] Etats généraux de mars 1357. M. Michelet évalue la taxe à 5/0 sur les plus pauvres, 4/0 sur les pauvres, 2/0 sur les riches.

niers pour livre de son revenu; les habitants des villes et châteaux fermés durent entretenir un homme d'armes par soixante et dix feux, les serfs abonnés par cent feux, et les serfs taillables à merci par deux cents feux. Les mercenaires et les serviteurs à gages logés chez leurs maîtres durent payer une taxe proportionnelle à leur gain.

Mais les aides, directes ou indirectes, votées par les États généraux, eurent cela de commun que les États nommèrent pour les administrer des agents particuliers. Ils en confièrent la répartition à neuf surintendants généraux, trois de chaque ordre, qui devaient être assistés de commissaires ou élus dans chaque province, et pour que les surintendants ne fussent pas comptables, ils chargèrent de la recette deux receveurs généraux *prud'hommes et solvables*, assistés de receveurs particuliers. Les surintendants avaient juridiction, les clercs sur les clercs, les nobles sur les nobles, ceux qui avaient été choisis parmi les députés des villes sur les membres du tiers-état. Tel fut l'ordre établi en 1355. Les comptes de l'impôt devaient être rendus à l'assemblée même des États généraux qui s'ajournait pour trois mois.

Les États particuliers confiaient aussi les impôts qu'ils votaient à une administration dont ils prenaient les membres dans leur sein.

Les surintendants avaient au-dessous d'eux des élus nommés par les villes ou les provinces. Ces élus étaient chargés de la répartition, quand la taxe était directe. Toutes les fonctions, soit d'administrateurs, soit de comptables, étaient salariées par des assignations sur la recette.

En 1360, le roi s'attribua la nomination des surintendants qui avait appartenu aux États généraux.

Les difficultés de perception que présentait l'impôt indirect le firent convertir encore dans beaucoup de provinces et surtout dans les sénéchaussées du Midi en une contribution foncière et personnelle. On dressa alors de nouveaux cadastres, ou peut-être révisa-t-on les anciens, dans les sénéchaussées de Beaucaire, de Carcassonne et de Toulouse. De 1362 à 1382, et même plus tard encore, on s'occupa de déterminer après information préalable le nombre de feux que chaque village comprenait [1]. L'État spéculait sur cette opération ; il vendait une diminution de feux à raison d'un franc d'or par localité ; le cadastre était même recommencé sans cesse à ce prix [2].

Depuis Jean jusqu'à Charles VII, l'impôt direct porta indifféremment les noms de taille, d'aide et de fouage. Dans les pays d'élection [3], il fut presque toujours voté par des assemblées particulière de nobles et d'ecclésiastiques ; quelquefois cependant il fut levé par simple ordonnance royale. Dans les pays d'États le vote des assemblées était obligatoire, et c'étaient elles-mêmes qui administraient l'impôt qu'elles avaient voté. Cette règle fut du moins suivie dans le Languedoc, l'Artois et le Dauphiné. L'Artois [4] s'affranchit des aides indirectes par un abonnement, qu'il renouvela chaque année, depuis 1361 jusqu'en 1412, époque où il obtint un privilège permanent ; il s'imposait, pour parfaire le montant de son abonnement, une taxe directe répartie par feux. Le Dauphiné jouit du même privilège [5] ; l'impôt y était perçu par les élus que nommait l'assemblée provinciale, excepté dans les juridictions des nobles et des évêques, ces derniers le percevant eux-mêmes ou par leurs officiers. Les élus faisaient la répartition entre leurs paroisses ; la répartition par tête entre les habitants d'une

---

[1] La sénéchaussée de Toulouse fut ainsi cadastrée en 1362 ; le pays d'Alais en 1363.

[2] Des lettres du 22 avril 1376 portent qu'il sera fait, moyennant finance, une troisième *réparation* ou diminution de feux dans les trois sénéchaussées du Midi.

[3] Voir l'Introduction.

[4] On y réunissait le Boulonnais et le comté de Saint-Pol.

[5] Priviléges du Dauphiné de 1367.

même paroisse, appartenait à ces habitants eux-mêmes[1].

Ce furent surtout les priviléges relatifs à l'impôt qui distinguèrent les pays d'États des autres provinces. Leur contribution fut toujours proportionnellement plus faible. Les stipulations faites en 1341 pour le Dauphiné, et que Charles V reconnut en 1367, portaient qu'il n'y serait levé de taille que pour les travaux dont le pays devait directement profiter.

Charles V révisa toutes les ordonnances constitutives de l'administration des impôts. Non content de nommer les surintendants, il nomma lui-même les élus (du moins dans les pays d'élections); il enleva aux élus le droit qu'ils avaient jusqu'alors exercé dans ces pays, celui de désigner les asséeurs et collecteurs des fouages; il voulut que les asséeurs fussent choisis comme dans les pays d'États par les habitants mêmes de chaque paroisse, et il déclara les habitants garants de leur recette et de leur gestion. Du reste, les asséeurs furent réputés officiers royaux; s'ils ne faisaient pas de poursuites en temps utile, ils pouvaient être poursuivis eux-mêmes comme débiteurs solidaires du fisc. Tous les droits éventuels attribués aux agents de l'administration furent remplacés par des gages fixes. Le cumul des fonctions d'élu et de receveur, d'administrateur et de comptable, fut sévèrement interdit[2]. Des réformateurs furent envoyés dans les provinces pour inspecter le service[3].

Charles V établit des fouages ou aides par forme de tailles à plusieurs reprises : en 1369, il ordonna de lever quatre livres par feux dans les villes et trente sous dans les campagnes; en 1374, six livres dans les villes et deux dans le plat-pays; en 1377, il fixa trois termes annuels de paiement.

---

[1] Quelquefois les paroisses étaient divisées en quartiers, comme celle de Bourg-d'Oysans dans le Dauphiné (lettres de 1377).

[2] Ordonnance du 21 novembre 1379.

[3] Par exemple : En 1372. (Ordonnance du 18 novembre).

Comme on pouvait craindre que l'État n'aspirât à rendre l'impôt foncier permanent, le Languedoc et la Bretagne prétendirent leurs priviléges violés et se soulevèrent. Charles V en mourant se vit obligé d'abolir les fouages pour l'avenir, et de faire remise de l'arriéré qui lui était dû; mais si la seconde partie de l'ordonnance fut exécutée, la première reçut à peine un commencement d'exécution; car, de nouvelles aides par forme de tailles furent souvent levées par Charles VI [1].

Étaient exempts de la taille 1° les nobles de noble lignée, vivant noblement, c'est-à-dire portant les armes ou hors d'état de les porter et ne faisant pas le commerce : 2° les gens d'église, les bénéficiers et les pauvres mendiants [2]. Les privilégiés ne pouvaient pas étendre leurs priviléges aux fiefs et aux autres biens qui leur étaient transmis par des roturiers, sans quoi la plupart des terres seraient devenues en peu de temps exemptes de contribution [3]. On peut donc regarder le privilége des deux premières classes pour l'impôt foncier comme un fait accompli dès cette époque.

La quotité de la taille était sans doute encore variable suivant les provinces. On voit qu'à Pézénas, au temps de Charles VI, elle était levée sur tous les immeubles même fictifs, mais sur les immeubles seulement, et qu'elle était de 2 p. 0/0 de la valeur, si cette valeur dépassait cent livres tournois; d'une obole pour livre, si la valeur était moindre [4].

J'ai déjà expliqué ailleurs (chap. des Finances générales)

[1] Exemples : En 1389, en 1395, en 1403.
[2] Voir l'édit de 1388, établissant une aide par forme de taille.
[3] Ordonnance de 1372. — Voir les ordonnances de 1444, 1464, 1484, sur les priviléges du Languedoc. On faisait aussi des remises de taille à des villes ou à des paroisses, en dédommagement d'un sinistre, comme d'une grêle ou d'une mauvaise récolte, ou dans un but d'utilité locale, comme celui d'élever des fortifications. On finit par tenir compte de ces causes accidentelles de dégrèvement, lorsqu'on fit la répartition. (Pastoret, préface du tome XVI *Des Ordonnances*.)
[4] Voir un titre du 9 octobre 1416. *Recueil des Ordonnances*.

comment les surintendants devenus généraux des aides furent divisés, sous Charles VI, en deux sections, l'une chargée de l'administration et l'autre de la juridiction. J'ai exposé aussi comment s'étaient formées les cours des aides. Le nombre des élus fut fixé à trois, un clerc et deux laïques, dans chaque recette de diocèse, et dans les recettes où il n'y avait point d'évêchés à deux, un clerc et un laïque [1]. Les élus devaient fournir un cautionnement de mille livres, parce qu'ils étaient chargés d'adjuger les fermes aux enchères. Leurs charges devaient être affermées, d'après l'ordonnance de 1413.

Cette ordonnance de 1413 eut pour effet d'appliquer les règles de comptabilité de l'administration du domaine à l'administration des impôts : elle créa pour les impôts comme pour le domaine un receveur général et un contrôleur général [2]. La première moitié du produit des aides dut être invariablement affectée aux dépenses de la guerre ; les autres assignations durent aussi être soumises à des règles fixes. Les commis sur le gouvernement des finances, qui étaient créés à la place des généraux des aides, recevaient l'ordre de ne pas diviser entr'eux géographiquement les différentes provinces, comme avaient fait leurs prédécesseurs, qu'on accusait de connivence avec les receveurs de leurs départements [3]. On proscrivit l'usage ruineux pour les contribuables en débet d'envoyer chez eux des sergents, ou, comme on disait alors, des *garnisaires* et des *mangeurs*, pour y vivre à discrétion.

§ II. — Permanence des tailles depuis Charles VII. Nouveaux règlements.

Charles VII fit dans le système des tailles la révolution

[1] Ordonnance de 1388.
[2] Le Languedoc avait aussi un receveur général et un contrôleur général, mais subordonnés à ceux de Paris.
[3] Voir l'ordonnance du 7 janvier 1401.

la plus considérable; il obtint des États du domaine royal réunis en 1439, qu'elles fussent déclarées permanentes, et, depuis 1444, il les leva comme telles, c'est-à-dire sans interruption et sans vote préalable. Les compagnies d'ordonnance venaient d'être instituées, et celles des francs archers le furent quelques années après; il fallait, dès que les troupes étaient permanentes, que la taxe qui servait à leur entretien le fût également. Cela fit disparaître la principale différence qui existait entre les impositions et les revenus domaniaux, différence qui d'ailleurs tendait à s'effacer depuis longtemps. En supprimant le vote des États pour lever la taille dans toute l'étendue du domaine, on ne fit aussi que convertir en règle un usage de plus en plus commun.

La permanence des tailles fut étendue aux pays annexés à la couronne; mais ces pays conservèrent le droit de les faire voter par leurs États provinciaux. Le Languedoc et le Dauphiné, sous Charles VII; sous les règnes suivants, la Bourgogne et la Bretagne se firent reconnaître expressément ce privilége [1]. Quelques essais furent tentés cependant pour attribuer aux agents royaux l'administration des tailles ainsi votées; car on voit les États de Languedoc stipuler, en 1484, que les commissaires du roi ne pourront en faire la répartition qu'avec l'assistance des députés de la province.

La permanence des tailles, qui fut bientôt accompagnée de celle des aides (voir plus loin), donna lieu de renouveler tous les réglements du service. Les élus, qui étaient déjà nommés presque toujours par le roi, furent déclarés officiers royaux, du moins dans les pays d'élection. On détermina leurs attributions administratives et leur juridiction. Ils furent tenus de faire dans leurs départements des visites ou

---

[1] La Normandie était aussi abonnée (lettres de 1462). Quelques villes particulières, comme Marennes (lettres de 1462 également) jouissaient du même privilége.

chevauchées, après lesquelles ceux d'une même province se réunissaient pour répartir, le plus justement possible et le fort portant le faible, le chiffre de la taille qui avait été fixé par le conseil du roi [1]. Ils durent dresser les rôles d'après leurs propres observations et d'après un rapport annuel que leur remettaient les collecteurs, et qui comprenait le nombre de feux de chaque paroisse, avec l'indication des changements survenus. Les élus, après avoir terminé leurs rôles, en envoyaient copie aux généraux de finance, et ceux-ci s'en servaient pour répartir le brevet de la taille l'année suivante entre les provinces et les élections, en augmentant ou diminuant leur contribution d'après leurs facultés supposées.

Les élus vérifiaient aussi les titres d'exemption. Leur juridiction était exclusive, et toute prétention rivale, soit des tribunaux ordinaires, soit à plus forte raison des tribunaux seigneuriaux, fut écartée d'une manière formelle [2]. On leur avait d'abord enjoint, à cause de la circonscription trop étendue des élections, de nommer des lieutenants dans toute châtellenie ou seigneurie ayant haute justice, pour juger en première instance les causes d'un ordre inférieur [3]. Mais ces lieutenants n'étaient autres que les juges ordinaires des seigneuries; or, l'inaptitude des juges ordinaires à traiter les questions de finance et le nombre infini de demandes d'exemption qui leur étaient adressées, firent bientôt supprimer ces sortes de tribunaux. On révisa la circonscription des élections en 1452 : on détermina dans chacune d'elles les localités où les élus devaient soit tenir des assises périodiques, soit établir des lieutenants spéciaux chargés des

---

[1] Ordonnances de 1452 et du 3 avril 1460.

[2] « Et n'auront plus doresnavant lesdits juges et châtelains desdits seigneurs particuliers ni autres juges ordinaires, la connaissance desdites aides et tailles. » (Ordonnance du 26 août 1452, art. 21.)

[3] Ordonnance de 1451.

causes secondaires. Les questions relatives au fermage de l'impôt furent réservées à la juridiction exclusive du tribunal central de l'élection. Au reste les plaidoiries étaient interdites devant tous ces tribunaux; ils ne faisaient usage que de la procédure sommaire [1]. Leurs appels étaient portés devant la cour des aides, qui était devenue cour souveraine [2] et avait reçu à cette époque sa constitution définitive.

Louis XI, à son avénement, destitua les officiers de la cour des aides de Paris, par vengeance personnelle et pour les punir de s'être déclarés contre lui en faveur de son père (1462); il destitua également les élus, contre lesquels s'élevaient des plaintes nombreuses depuis qu'ils étaient devenus officiers royaux permanents, et il se réserva de commettre leurs successeurs par des mandats annuels qui pourraient n'être pas renouvelés. Mais ces actes, dont le premier était une vengeance et le second une faiblesse, n'eurent point de suite. La cour des aides fut presqu'aussitôt rétablie, et la règle de l'inamovibilité des offices de finance écrite dans les lois, sauf à être plus ou moins fidèlement observée.

Il faut seulement ajouter que le nombre des priviléges en matière de tailles tendit à s'accroître: l'exemption dont jouissaient la noblesse et le clergé fut étendue aux cours souveraines, à la plupart des officiers royaux, et même à ceux de quelques seigneurs, tels que le duc de Nevers [3]. Certaines villes, comme Angoulême [4] et Troyes [5], obtinrent à cet égard un privilége absolu qu'elles firent renouveler plusieurs fois; beaucoup d'autres obtinrent la même exemption pour quelques années, et par des raisons très-diverses. De cette manière la taille se trouva encore moins uniforme à la mort de Louis XI qu'elle ne l'était à son avénement.

---

[1] Voir les ordonnances de 1451, 1460, 1490.
[2] Voir le chapitre IX.
[3] Lettres de 1461. — [4] Idem de 1461, confirmées en 1483.
[5] Idem de 1486.

Son produit était de dix-huit cent mille livres sous Charles VII ; il s'élevait à plus de quatre millions l'année de la mort de Louis XI, élévation qui peut s'expliquer par l'augmentation du nombre des provinces, par celle du numéraire et par une meilleure perception, mais que la multiplication des priviléges rendait onéreuse aux roturiers.

§ III. — Plaintes des États au sujet des tailles. Augmentations et diminutions successives. Mesures de Sully.

Les États généraux de 1484 firent, sous la minorité de Charles VIII, un triste tableau de la situation des campagnes, et de la misère où l'augmentation des tailles avait réduit la France : ils auraient voulu les voir soumises, comme par le passé, à la condition d'un vote obligatoire, et ils invoquaient cette règle ancienne que rappelle aussi Philippe de Comines, « Nul prince ne peut autrement lever impôt que par octroi. » — « Il faut, lit-on dans leurs cahiers, que le pauvre laboureur paie et soudoie ceux qui le battent, qui le délogent de sa maison, qui le font coucher à terre, qui lui ôtent sa substance ; et les gages sont donnés aux gens d'armes pour le préserver et défendre, et garder ses biens. » — Les députés représentèrent quelles rivalités la répartition des tailles faisait naître entre les paroisses, combien leur mode de paiement entraînait de pertes de journées, de frais de sergents et de greffiers pour les gens des campagnes. Ils proposèrent entre autres réformes celle que François Ier accomplit dans le système des recettes, et qui consistait à centraliser dans la caisse des mêmes receveurs le produit des impositions et les revenus domaniaux ; ils appelèrent de leurs vœux le jour où le domaine pourrait suffire, et où les impositions seraient supprimées. Ils s'élevaient éloquemment contre le mauvais emploi qu'on faisait de ces dernières, et rappelant la prodigalité des pensions données aux seigneurs, ils s'écriaient dans leurs cahiers de doléances : « N'est point à douter qu'au payement d'icelles y a aucunes fois telle pièce de monnaie qui est partie de la bourse d'un laboureur, duquel les pauvres enfants mendient aux huis de ceux qui ont lesdites pensions; et souvent les chiens sont nourris du pain acheté des deniers du pauvre laboureur dont il devait vivre. »

Ces remontrances eurent toutefois peu d'effet. Le mot de *taille* ne fut même pas remplacé par ceux d'*octroi* ou de *don*, comme les États l'avaient demandé. Charles VIII se contenta d'ordonner, en 1491, une *recherche générale*, et la formation d'un *compoix terrien*, c'est-à-dire d'un nouveau cadastre, pour que la répartition fût plus égale et plus juste. Une commission dut se mettre à l'œuvre dans les quatre généralités alors existantes, celles de Languedoïl, de Languedoc, d'Outre-Seine et de Normandie; mais les frais de ce travail et les difficultés qu'il offrait le firent abandonner au bout d'un an [1].

Sous les règnes suivants, on rencontre force ordonnances réglant les fonctions et les obligations des élus [2]. Louis XII, François Ier, se plaignent qu'ils ne résident pas, qu'ils emploient des mesures arbitraires, abusives. On leur reproche de ne pas faire leurs chevauchées en temps utile, d'admettre des priviléges irréguliers, de répartir souvent de connivence avec les asséeurs une quantité de tailles plus forte que celle qui était portée sur les mandements du conseil. On reproche aux asséeurs de n'oser pas taxer les riches. Les offices d'élus furent déclarés incompatibles avec tous les autres, surtout avec ceux de juges ou d'officiers des seigneurs. La fiscalité fit augmenter leur nombre dans chaque élection sous François Ier [3].

Comme François Ier et ses successeurs abandonnèrent sou-

---

[1] Comme on le voit par des lettres de Charles VIII de 1494.
[2] Voir surtout les ordonnances de 1508 et de 1517.
[3] En 1523, 1543.

vent à prix d'argent le droit de lever certains impôts aux officiers municipaux des villes, une partie de la juridiction financière des tribunaux d'élections fut aliénée de cette manière; mais Henri III rendit à ces tribunaux, en 1578, toute l'étendue de leur juridiction primitive.

Le revenu de l'impôt foncier était presque toujours dépensé une année d'avance[1]. Au XVI° siècle, le chiffre de cet impôt fut élevé considérablement par l'augmentation de l'armée permanente. François I" ajouta, en 1534, au *principal de la taille* la *grande crue*, destinée au paiement des légionnaires. Henri II y ajouta encore, en 1549, le *taillon*, destiné à augmenter la solde de la gendarmerie, des gens d'ordonnance, des chevau-légers et des gens de pied, toutes ces troupes ayant reçu l'ordre de payer exactement les vivres qu'elles se faisaient fournir. Ces impôts additionnels devinrent à leur tour permanents comme la taille elle-même. Les États d'Orléans demandèrent que les impositions fussent réduites et ramenées au chiffre où elles se trouvaient sous Louis XII; mais l'ordonnance de 1561 en fit inutilement la promesse.

Les règnes des fils de Henri II, temps de mauvaises mesures financières, signalés par l'aliénation fréquente des revenus domaniaux, le furent aussi par des ventes de tailles plus nombreuses que jamais. On permettait aux propriétaires d'affranchir leurs fonds à perpétuité moyennant une somme une fois payée. Dans la Bretagne seule, on voit Charles IX vendre des fouages (la taille y avait conservé ce nom) jusqu'à concurrence de trois cent soixante mille livres de principal en 1562, et pour douze mille livres de rente en 1573; Henri III, en 1577, affranchit à son tour, moyennant finance, deux feux par paroisse dans toute la province, sans préjudice des affranchissements individuels.

---

[1] Voir des lettres adressées par Charles VIII, le 5 février 1496, au receveur du Condomois.

Cependant, à une époque où presque toute la France était ruinée par les guerres de religion, les ventes de ce genre n'avaient pour effet que de faire retomber plus lourd le poids des tailles sur la classe la plus pauvre; les rentrées devenaient très-irrégulières, et le cortége des saisies et des contraintes dont on poursuivait les insolvables, augmentait encore la misère des campagnes. On dut réviser alors les mesures qui servaient de sanction au réglement des tailles; on supprima celles qui, frappant le laboureur dans ses moyens de travail, n'étaient propres qu'à accroître le déficit. Les lois qui déclaraient certains objets insaisissables furent renouvelées[1], et des remises d'arriéré permirent à beaucoup de paysans pauvres de faire les avances nécessaires pour les années suivantes. Dès 1571, trois années de sursis furent accordées aux laboureurs pour s'acquitter de leurs dettes envers l'État : en 1576, on remit l'arriéré de quatre années. De semblables remises eurent lieu encore en 1594[2], en 1598. La dernière fut l'œuvre de Sully, qui ne reculait pas devant un sacrifice momentané quand il savait que l'État en serait dédommagé plus tard avec usure. Il remit aux débiteurs, en 1598, tous les arrérages plus anciens que ceux de l'année précédente; or, ils s'élevaient à près de vingt millions, mais la perte était bien moindre pour le Trésor, à cause des non-valeurs et des détournements dont il fallait tenir compte. Cette opération était à peine achevée que l'on vit les travaux agricoles, qu'on abandonnait peu à peu, reprendre une activité nouvelle et la quantité des terres en friche diminuer.

[1] Dans le Languedoc, il était défendu de saisir « les bœufs, mules, ni autres bêtes ou instruments nécessaires à labourer les terres, ni autres outils mécaniques, tant qu'on pourrait trouver autre chose en quoi se pût faire l'exécution. » Cf. des déclarations semblables de 1571, 1595, 1646 et 1671.
[2] Voir Bibliothèque royale, Fonds des Cinq-Cents, nº 14, p. 370.

Des inconvénients graves étaient attachés au mode de répartition de la taille. Comme elle était à la fois impôt foncier et personnel, et que le cadastre des terres présentait mille difficultés, l'usage voulait que l'on taxât les contribuables d'après leurs facultés présumées. Mais comme ces facultés s'estimaient d'après la dépense, les taillables en voie de s'enrichir étaient intéressés à restreindre leur consommation et à ne rien dépenser jusqu'à ce qu'ils fussent assez riches pour acheter un privilége. Il y avait donc là un abus flagrant. L'édit de 1600, qui eut pour objet de le réformer, donna pour base à la répartition la quotité des biens meubles et immeubles, le trafic et l'industrie des contribuables. « Le roi, portait le préambule, est plus désireux d'acquérir le nom de père du peuple que de laisser quelque souvenance à la postérité d'autres titres plus spécieux et élevés. »

En 1603, Sully profita de l'augmentation que ces mesures et une comptabilité meilleure avaient produite dans le revenu, pour diminuer le brevet de la taille de deux millions. Ce dégrèvement fut maintenu pendant les années suivantes, et eut lieu tout entier au profit de l'agriculture.

Sully révoqua aussi beaucoup d'affranchissements et de priviléges qui, non contents d'enlever à l'impôt les meilleures terres du pays, ajoutaient encore à toutes les difficultés du cadastre et de la répartition. On exigeait bien avant lui que les prétentions à la noblesse fussent appuyées sur des titres [1]; mais, comme tout le monde avait des prétentions semblables, la vérification de ces titres multipliait les procès et ruinait les familles. Le gouvernement d'autre part avait mis jusqu'alors peu d'obstacles à la multiplication des priviléges; il s'était contenté d'infliger quelques peines aux usurpateurs de la noblesse, et de les faire taxer arbitrairement par des commissaires spéciaux [2]. Il avait aussi soutenu

[1] Voir une ordonnance de 1546.
[2] Par exemple, en 1583.

ce principe, que le privilége des personnes franches ne pouvait s'étendre aux biens qu'elles affermaient, ni aux terres censives dont elles devenaient propriétaires [1].

Sous Henri IV on ne songeait pas encore à l'égalité de l'impôt; le privilége personnel du clergé et des vrais nobles, appuyé sur d'anciens contrats ou sur l'obligation du service militaire, ne rencontrait point de contradicteurs. Mais à côté du privilége attaché aux personnes, il en existait un autre attaché aux terres, et celui-là n'était pas accepté de la même manière; il souleva même de vives contestations dans les pays d'États.

Déjà, dans ces pays, le troisième ordre s'était plaint que le clergé et la noblesse, formant la majorité des assemblées provinciales, réglassent à peu près seuls le chiffre de toutes les contributions. L'ordonnance d'Orléans (1561) avait déclaré l'accord des trois ordres, dans chacune de ces assemblées, nécessaire pour fixer la somme que paierait chacun d'eux, et le consentement du Tiers tout à fait obligatoire [2].

Mais le Tiers ne se tint pas encore pour satisfait. Il demanda qu'une partie au moins de la taille fût *réelle*, c'est-à-dire établie sur tous les immeubles d'une province. Le tiers-état du Dauphiné représenta que, propriétaire d'un sixième du territoire, il ne pouvait, sans la plus flagrante injustice, payer seul l'impôt territorial. Il prouvait que le privilége ne s'était pas étendu dans l'origine à toutes les contributions, que depuis lors le nombre des exemptions achetées ou acquises à divers titres avait été très-multiplié à son grand préjudice, que le privilége enfin avait été

---

[1] Ordonnance de 1540. Voir de semblables déclarations en 1535 et 1543 pour le Languedoc, en 1540 pour le Quercy, en 1541 pour a Provence.

[2] « Et ne pourront (fixer la contribution de chaque ordre) le clergé et la noblesse seuls, comme faisant la plus grande partie. » (Ordonnance d'Orléans, art. 135.)

récemment constitué pour les taxes additionnelles à la taille. Ce n'était pas tout : les prétentions rivales rendaient impossible la formation des nouveaux cadastres, et les arrêts du conseil n'y mettaient jamais ordre que pour un temps fort court. Les troubles les plus violents s'élevèrent donc dans le Dauphiné, sous Henri IV : un arrêt fut prononcé en 1602 sur le rapport d'une commission dont Sully était membre [1] ; mais le Tiers n'y trouva qu'une satisfaction imparfaite et refusa de renoncer à ses prétentions. D'ailleurs le projet de rendre la taille réelle, et par conséquent de lui faire produire davantage, n'était pas repoussé par le gouvernement d'une manière absolue. François Ier l'avait conçu, ce semble, et quelques auteurs en ont attribué la pensée à Charles VIII [2].

Cette question elle-même était complexe, car le gouvernement se proposait alors un double but, celui de rendre la taille réelle, et celui d'assimiler les pays d'États aux pays d'élections ; ce qui aurait rendu l'administration uniforme, mais aussi le pouvoir royal absolu partout. Or les intéressés défendaient leurs priviléges, tandis que les provinces s'efforçaient de conserver leurs garanties. Lorsque François Ier avait créé des siéges d'élections dans le Languedoc, en 1519, la résistance avait été si vive qu'il avait abandonné son dessein. Les provinces du Midi s'étaient préparées à défendre leurs libertés menacées. Les habitants du Rouergue avaient obtenu une déclaration royale qui reconnaissait aux États de leur pays le droit de nommer les receveurs des tailles et deniers royaux, « avantage dont ils avaient joui si paisiblement qu'il n'y avait mémoire du contraire. »

Sully voulut à son tour créer des offices d'élus dans le Languedoc, la Bretagne et la Bourgogne ; l'exécution de ce projet, qu'il soumit à Henri IV, en 1609, fut d'ailleurs différée jusqu'au règne suivant. Cependant il se rendait

---

[1] Un arrêt semblable avait été rendu pour la Provence en 1556.
[2] Moreau de Beaumont, *Traité des Impositions en France*, t. 2. L'assertion est probable, mais dénuée de preuves.

compte de l'opposition que soulevait une pareille entreprise, et quel que fût son amour de l'uniformité administrative, il ne songeait pas à renverser pour elle toutes les barrières de l'absolutisme royal. Dans un mémoire qu'il rédigea, après la mort d'Henri IV, sur l'origine et l'accroissement des tailles, il soutint que l'impôt devait être administré par le prince, mais consenti par la nation. Devançant le vœu des États généraux de 1614, ou plutôt répétant celui de tous les États généraux antérieurs, il déclara que si les rois avaient toujours fait voter au peuple le chiffre des contributions publiques, ils auraient épargné bien des troubles à la France, à leur propre pouvoir bien des dangers.

§ IV. — XVII° siècle. — Diminution des priviléges. Assimilation des pays d'États aux pays d'élections. Projet de rendre la taille réelle uniforme. Mesures prises par Colbert.

Ces différentes questions soulevées et non résolues, occupèrent à peu près tout le xviii° siècle.

Dans l'assemblée de 1614, le tiers-état, non content de solliciter une remise nouvelle d'arrérages et la suppression des priviléges attachés aux offices, surtout aux offices de cour, demanda encore dans le plan de réformes qu'il présenta pour l'administration financière : que dans les États provinciaux où l'on dressait les rôles, une double représentation fût accordée au Tiers, afin qu'il pût lutter à armes égales contre les deux autres ordres et défendre ses droits, et que dans les pays d'ancienne taille réelle, la taxe foncière fût répartie proportionnellement sur tous les biens ruraux, sans acception des propriétaires.

La proposition de déclarer la taille réelle dans tout le royaume fut soumise à l'assemblée des notables en 1627, par un président de la cour des aides. Elle ne réunit que trois voix, mais les notables ne se séparèrent qu'en recevant la promesse formelle d'un dégrèvement annuel de 600,000 livres sur le brevet, que La Vieuville venait d'élever récemment, et qui dut être diminué ainsi de trois millions en cinq ans. Cette promesse reçut un commencement d'exécution en 1627 et 1628, et son exécution définitive en 1634 sous la surintendance de Bouthillier. D'Effiat opéra une remise d'arrérages, et le nombre des priviléges fut encore réduit à plusieurs reprises.

La question de la taille réelle continua d'être débattue dans le Midi très-vivement. Le tiers-état du Dauphiné protestait contre la décision intervenue sous Henri IV; il fallut, pour le tenir en respect, plusieurs déclarations royales et la présence de Louis XIII à Grenoble. Six siéges d'élections furent créés dans la province en 1628, ce qui enleva l'administration financière aux Etats.

Vingt-deux siéges d'élections furent créés également dans le Languedoc; ils furent supprimés après plusieurs années de guerre civile, mais la constitution du pays fut révisée, et les Etats, tout en continuant à voter l'impôt, perdirent la plus grande partie de leur indépendance [1]. La répartition y fut attribuée aux intendants d'une manière plus ou moins exclusive : l'action royale se substitua peu à peu, dans toutes les branches de l'administration financière, à l'action provinciale. Cette révolution s'opéra également sur tous les points de la France, aussitôt après la création des intendants. Les collecteurs de chaque paroisse ne durent procéder à l'assiette de la taille qu'en présence d'un assesseur que l'intendant désignait [2] : cet assesseur fut rémunéré par un privilége personnel et un droit de prélèvement sur le produit total des impositions de chaque paroisse. Entre autres officiers royaux, des receveurs collecteurs de tailles furent institués dans le Languedoc en 1654 [3].

[1] Voir le ch. II, § 2, *Des États provinciaux*. — [2] Déclaration de 1657.
[3] J'ai expliqué ailleurs quelles avaient été, relativement aux tailles, les attributions des bureaux de finance, qui achevèrent, en 1627, d'enlever aux baillis l'exercice de la juridiction financière. Voir le chapitre IX.

Le brevet de la taille qui était de 43 millions à la mort de Richelieu, s'éleva sous Mazarin à 50 millions. Les priviléges furent si multipliés par les ventes qu'on en faisait qu'il n'y avait pas en 1656, suivant un édit de cette année, les deux tiers des contribuables qui fussent imposés. Tous ceux qui avaient acquis la noblesse, et dont les titres furent jugés valables, durent acheter la confirmation de leur droit à raison de quinze cents livres par tête.

Colbert diminua le chiffre de ce brevet dès l'année 1662, et ne le laissa s'élever de nouveau qu'extraordinairement, pendant la guerre de Hollande. Il nomma dès son arrivée au pouvoir une commission pour réviser les réglements des tailles. Aussitôt après, l'ordonnance de 1663, rendue sur le rapport des commissaires, simplifia les opérations de l'assiette et de la répartition, et limita strictement les causes d'exemption. Tout cumul d'offices emporta déchéance du privilége [1].

On avait commencé sous Louis XIII à faire un nouveau cadastre des pays de taille réelle placés dans le ressort de la cour des aides de Bordeaux. L'élection d'Agen avait été ainsi cadastrée, et l'on s'était attaché à faire disparaître toutes les exemptions mal fondées ou de date récente. Colbert fit continuer ce travail. La généralité de Montauban fut cadastrée, en 1666, par l'intendant Pellot; les élections de Condom et des Landes le furent par d'Aguesseau, intendant de Bordeaux. On déterminait la contenance réelle des terres, et, après les avoir évaluées, on les distribuait en plusieurs classes, suivant une contenance fictive qui servait de base à la répartition de l'impôt. Mais, comme on ne prit aucune mesure pour modifier le cadastre suivant les changements successifs survenus dans l'état ou la valeur des propriétés, l'opération accomplie par l'ordre de Colbert n'eut qu'une utilité restreinte et momentanée.

Colbert fit aussi nommer par le conseil du roi, en 1679,

---

[1] Déclaration de 1680.

une commission chargée de préparer un réglement uniforme des tailles réelles, dans les pays où elles existaient. D'Aguesseau, alors intendant du Languedoc, en fut le président; les intendants de la Guyenne, de la Provence, du Dauphiné, et les officiers des cours des aides de toutes les provinces, en firent partie. La taille réelle était en effet très-éloignée d'être uniforme; tantôt les biens-fonds étaient seuls imposés; tantôt l'impôt pesait à la fois sur les biens-fonds et l'industrie. L'industrie, à son tour, était irrégulièrement évaluée comme faisant le dixième, le douzième, le quinzième du revenu. La commission établit un système commun d'évaluation, et quand elle eut terminé son travail, Colbert le soumit à Pussort, dont il voulait connaître l'avis sur plusieurs questions, telles que les saisies réelles, le privilége du collecteur sur les biens du contribuable, etc.... L'ordonnance n'était pas encore rendue exécutoire lorsque Colbert mourut; elle fut alors abandonnée, sauf quelques articles que les États de Languedoc s'approprièrent et qu'ils firent confirmer pour leur province. Cet abandon fut d'autant plus fâcheux que le projet de rendre la taille réelle uniforme dans les pays du Midi n'était pour Colbert qu'un moyen de préparer l'extension de ce genre de taille à toute la France; ce qui eût assuré un mode plus juste de contributions directes, et diminué considérablement l'effet des priviléges.

Le même plan, dont l'exécution avait été ajournée par Pelletier et Pontchartrain, fut présenté de nouveau à Chamillart par l'officier de la cour des aides de Montpellier, qui était venu porter à Colbert le projet d'ordonnance. Chamillart l'examina avec l'intendant de finances Armenonville; mais il leur parut nécessaire de faire arpenter au préalable tous les fonds avec une mesure uniforme par les maires, échevins et syndics des villes, puis de faire entreprendre par experts une estimation périodique du revenu de chaque fonds, suivant le prix commun des denrées, et tous frais de culture ou de réparations déduits. Il ne s'agissait donc de rien moins que d'assurer la périodicité du cadastre. La guerre de la succession d'Espagne entraîna un nouvel ajournement, qui dura cette fois jusqu'en 1763.

Telle fut la seule mesure importante prise ou plutôt préparée au sujet de la taille dans les dernières années du règne de Louis XIV. On pourrait citer aussi beaucoup de suppressions de privilèges [1] ; mais elles n'eurent d'autre effet que de réduire les privilèges dans la mesure que les créations d'offices leur avaient fait considérablement dépasser.

§ V. — Projet de dîme royale de Vauban.

C'est ici le lieu de rappeler qu'en 1695 Vauban présentait à M. Pelletier, alors sorti du contrôle, son *Projet de dîme royale*, qu'il soumit tout aussi inutilement, en 1707, à Louis XIV. Ce livre, dont on défendit la vente et dont les exemplaires furent confisqués, préparait de loin une révolution complète dans la science financière. Vauban ne se contentait pas d'exposer avec force et vérité les maux inséparables du système d'administration qui régissait la France; il en exposait surtout les erreurs économiques. Il annonça le premier qu'il faudrait un jour supprimer le privilège et l'arbitraire, faire disparaître les inégalités, renverser cet édifice incohérent de contributions publiques auquel chaque siècle avait travaillé sur un nouveau plan, et qu'alors on étayait en vain par d'impuissantes réformes; qu'il faudrait enfin lui substituer un autre système régulier et rationnel.

Conformément à ces principes, Vauban proposait de supprimer tous les impôts et d'établir une taxe unique, variable

---

[1] En 1705, 1712, 1715. Au mois d'août 1715, on révoqua tous les anoblissements et toutes les exemptions de charges publiques accordées depuis 1689 pour une somme moindre de 10,000 livres.

du vingtième au dixième du revenu, et payable en nature pour le revenu des fonds de terre, en argent pour celui des autres biens. De violentes attaques s'élevèrent contre cette proposition, et surtout contre la perception de l'impôt en nature, que Vauban défendait par l'exemple des dîmes, payées alors de cette manière au clergé.

Si la plupart des dispositions de ce projet tombèrent promptement dans l'oubli, il n'en fut pas ainsi des principes sur lesquels il reposait. Comme les grandes idées, même prématurées, creusent toujours leur sillon, et trouvent quelqu'un qui les recueille, celles de Vauban furent recueillies par Boisguillebert, lieutenant civil au bailliage de Rouen. Boisguillebert n'est rien moins qu'un écrivain, et l'on peut douter qu'il ait été administrateur; le détail et le factum de la France[1] n'en offrent pas moins une curieuse étude économique de l'administration et de son histoire, principalement sous le règne de Louis XIV[2]. On voit, en les lisant, comment se préparait alors dans le monde des idées une révolution qui devait passer un jour dans celui des faits.

Au reste, l'uniformité, même pour l'administration des tailles, était bien éloignée encore, et le règne de Louis XIV lui avait créé de nouveaux obstacles. Chacune des provinces réunies à la France, l'Alsace, la Franche-Comté, la Flandre, avait obtenu le maintien de ses usages de finance particuliers. Il est vrai qu'on y avait institué des intendants; mais tantôt ils étaient maîtres, tantôt ils partageaient leurs pouvoirs avec les États provinciaux, comme en Artois. On ou-

---

[1] Publiées en 1695 et 1707.

[2] Boisguillebert fait en général une critique juste des actes financiers de Louis XIV. Il part cependant de cette fausse donnée, que l'administration financière avait été beaucoup plus éclairée jusqu'au règne de François Ier. On peut voir l'opinion contraire victorieusement soutenue dans un ouvrage plus ancien et très-judicieux, la *Notitia regni Franciæ*, de *Limnæus*, lib. 2, cap. 1

blia même, lorsqu'on créa de nouveaux offices dans ces pays, de se conformer aux règles établies dans le reste du royaume. Ainsi cinq tribunaux présidiaux, créés par Louis XIV, remplirent dans la Franche-Comté les fonctions qui appartenaient ailleurs aux bureaux d'élections.

Section III. — *Du dixième.*

La taille, augmentée extraordinairement de deux sous pour livre en 1705, le fut encore, en 1710, par l'établissement du dixième, nouvel impôt direct que Desmarets créa, par le conseil d'Orri, et qui consistait à faire payer à chacun la dîme de ses revenus de toute espèce. L'obligation de tenter un dernier effort pour ne pas accepter les conditions trop dures qu'avaient faites les puissances alliées aux conférences de Gertruydemberg, décida Louis XIV à recourir à cet impôt temporaire, fort onéreux sans doute, puisqu'il aggravait encore le poids des anciennes taxes, mais étendu pour la première fois d'une manière égale à toutes les classes de la nation. Il ressemblait beaucoup à celui qu'avait proposé Vauban. Le dixième était payé par tous les habitants du territoire, nobles ou roturiers, privilégiés ou non privilégiés ; il l'était même par les engagistes et les apanagistes.

Cependant l'égalité, admise en principe, ne fut pas complétement observée en fait : les préjugés ne le permettaient pas. Le clergé offrit, pour s'exempter du dixième, une somme de huit millions, et l'ordre de Malte soixante mille livres : ces offres furent acceptées, et l'on fit un recensement exprès des terres ecclésiastiques qui ne devaient pas être soumises à la contribution. Les pays d'États, quelques provinces d'élections, des villes même, obtinrent de s'abonner. Lyon se racheta pour six cent cinquante mille livres, afin d'éviter la difficulté qu'aurait présentée l'évaluation du revenu des diverses industries.

La levée du dixième devait cesser trois mois après la conclusion de la paix. Elle fut prorogée à plusieurs reprises et dura pendant tout le xviii° siècle. Mais comme on en affranchit les fonds de terre en 1717, l'impôt perdit son caractère général, et ne porta plus que sur quelques branches particulières de revenus.

Section IV. — *De la capitation*.

La taille était impôt foncier et personnel tout à la fois. Le dixième était taxe du revenu. La capitation fut un impôt exclusivement personnel.

La capitation fut établie en 1695 [1], sur la demande des États de Languedoc. Elle était payée par tout le monde, sans distinction de priviléges, mais proportionnellement au rang et au titre de chacun. Suivant Guyot [2], Louis XIV aurait douté s'il pouvait établir ainsi, de sa seule autorité, un nouvel impôt direct. Un simple changement de nom leva ces scrupules; la capitation fut établie à titre de droit domanial et régalien.

Elle offrait l'avantage de faire contribuer les privilégiés dans une assez forte mesure; le recouvrement devait s'opérer d'ailleurs à peu de frais. Tous les sujets du roi étaient divisés en vingt-deux classes, suivant leurs facultés, c'est-à-dire suivant leurs titres et leurs rangs : le dauphin et les princes du sang ouvraient la liste. On ne faisait que trois exceptions, l'une pour les contribuables dont la cote n'atteignait pas un minimum (de quarante, puis de vingt sous); l'autre pour les ordres mendiants; la troisième pour les pauvres, dont la liste devait être présentée par les curés de chaque paroisse.

Ainsi, la répartition avait pour principe l'égalité proportionnelle. En fait cette égalité fut peu observée; le pré-

---

[1] Arrêt du conseil, 8 janvier 1695.
[2] Guyot. *Répertoire de jurisprudence* (1786).

jugé et l'usage s'y opposèrent, comme pour le dixième. Le clergé obtint de remplacer la capitation par un don gratuit; il racheta même ce don gratuit en 1710, en en payant six fois la valeur; ce qui lui procura un complet affranchissement. Les privilégiés obtinrent d'avoir des receveurs spéciaux. Le Parlement et les autres cours, les juridictions subalternes, le Châtelet, les corps et métiers soumis à la juridiction du lieutenant de police de Paris, obtinrent en 1701 de faire eux-mêmes entre leurs membres la répartition des sommes auxquelles ils seraient taxés par le conseil. La plupart des pays d'États suppléèrent au paiement de la capitation par un abonnement.

En dehors de ces priviléges, la répartition s'opérait de la manière suivante. Un tableau arrêté annuellement au conseil fixait le chiffre total de l'impôt et la quote-part de chaque province. Les assemblées provinciales dans les pays d'États et les intendants dans les pays d'élections faisaient la répartition entre les différentes classes, en ayant soin d'imposer une somme un peu plus forte que celle que le conseil avait fixée, afin de couvrir les modérations et les non-valeurs. La détermination de cet excédant fut laissée à l'arbitraire des intendants et des États provinciaux jusqu'en 1705, puis, à partir de cette année, le conseil se la réserva.

La capitation était temporaire lors de son établissement. Elle fut supprimée le 1er avril 1698 après la paix de Ryswick, mais pour reparaître par un arrêt du 12 mars 1701, et à partir de 1715, elle fut indéfiniment prorogée. Les besoins de la guerre la firent même augmenter, en 1705, de deux sous pour livre, auxquels on en ajouta successivement plusieurs autres, sous le règne de Louis XV.

Section V. — *Des impôts indirects depuis le règne de Jean. Aides.*

§ 1ᵉʳ Établissement des aides sous Jean et Charles V. Leur administration ; priviléges qu'elles admettaient. — § 2. Leur permanence depuis le règne de Charles VI. Nouveaux réglements du service. — § 3. Distinction des aides ordinaires ou aides proprement dites. — § 4. Des aides extraordinaires. — § 5. Des octrois. — § 6. Droits annexés à la ferme des aides. Droit de marque des fers ; de marque des objets d'or et d'argent ; de timbre et de contrôle. Droit sur les cartes, etc. — § 7. Monopoles de l'État. Poudres et salpêtres ; tabacs.

§ I. — Établissement des aides, sous Jean et Charles V. Leur administration ; priviléges qu'elles admettaient.

On trouve quelques exemples d'impôt indirect avant le règne de Jean. Mais les aides accordées par diverses provinces en 1350 et 1351 ayant pris pour la plupart la forme indirecte, ce fut alors que cet impôt commença à devenir une des ressources habituelles, quoiqu'extraordinaires, de la monarchie, et le nom d'*aide* lui fut plus spécialement réservé.

Dans la Normandie, le Vermandois, l'Amiénois, l'Auvergne, le Limousin, l'aide fut perçue sur les boissons à la vente en détail. A Paris elle fut étendue encore à la vente d'un grand nombre d'objets mobiliers. L'abbé de Saint-Denis accorda, en 1354, une aide de six deniers pour livre sur tout objet vendu à la foire du Lendit. En général, les nobles et les ecclésiastiques stipulèrent qu'ils seraient exempts, soit pour les produits de leurs terres, soit pour les objets de leur consommation. Beaucoup de seigneurs ne consentirent même à laisser percevoir l'aide par le roi sur leurs domaines qu'à condition qu'une partie leur en appartiendrait. Sa perception était confiée, pour éviter les frais inutiles, aux prévôts et aux vicomtes ordinaires qui en affermaient le produit et faisaient aussi l'office de receveurs.

Les États généraux de la Langue d'Oïl, réunis en 1355,

offrirent d'établir pour l'entretien d'une armée de 30,000 hommes une gabelle sur le sel (V. plus loin) et un impôt de huit deniers pour livre sur les ventes. Cette fois, il n'y avait point de privilége, tout le monde contribuait, le roi, la reine, les enfants de France, les princes du sang. Ce fut à cette occasion que les États créèrent une administration indépendante pour les aides.

Bien que les aides dussent être votées par les contribuables, il y en eut presque dès l'origine d'établies arbitrairement et sans le concours des États. En 1358, Charles V encore régent ordonne que l'on recommence à percevoir une ancienne aide sur les marchandises apportées par la Seine à Paris. Jean, de retour en France après le traité de Brétigny, ordonne pareillement de sa propre autorité, pour ramener la paix intérieure et chasser les grandes compagnies (décembre 1360), la levée d'une aide consistant en douze deniers pour livre sur tout objet vendu, un cinquième du prix du sel, et un treizième de celui du vin et des autres boissons. Cette aide devait être affermée par les élus, qui furent chargés de prendre les cautions des fermiers, remplirent l'office de receveurs et de comptables, et obtinrent l'autorisation de choisir des receveurs particuliers sous leur responsabilité personnelle. Les seigneurs servaient presque tous d'intermédiaires pour la perception qui avait lieu sur leur territoire.

Comme cette aide, d'abord établie pour un temps fort court, continua d'être levée au delà du terme fixé, Charles V en sépara les différentes parties; il afferma les douze deniers pour livre [1], le treizième du vin, etc., à autant de fermiers distincts, et prescrivit des mesures pour empê-

---

[1] On exceptait de l'impôt les ventes dont le produit ne s'élevait pas à cinq sous de la monnaie d'alors (ce qui ferait 4 à 5 francs aujourd'hui); cette exception fut établie dans une assemblée tenue à Sens en 1367.

cher ces derniers de désintéresser ceux qui voudraient surenchérir[1]. Toute ferme put être tiercée, c'est-à-dire augmentée d'un tiers dans les quatre mois de l'adjudication, et doublée dans les six mois. On régla les obligations des fermiers, des receveurs, les formes de comptabilité qu'ils durent suivre. On défendit aux élus d'être intéressés dans aucune ferme; on leur enjoignit de vérifier chaque semaine les registres de recette des seigneurs et d'avoir une clef de leurs coffres, etc.

La question du privilége se présenta pour l'impôt indirect comme pour l'impôt direct, pour l'aide comme pour la taille. Le clergé obtint d'être soumis à des règles particulières de paiement. La noblesse éleva la même prétention, et demanda la faculté de contracter un abonnement. Celle du Velay, du Vivarais et du Valentinois, se fit affranchir par exemple de tout impôt levé pour la guerre, moyennant dix mille francs d'or une fois payés[2]. Mais le succès de cette prétention ne fut pas le même dans toutes les provinces. Plusieurs lettres de Charles V et de Charles VI[3], rendues sur les plaintes du tiers-état de Languedoc, refusèrent de reconnaître la noblesse de ce pays pour exempte de payer les aides.

Une instruction de 1374 attribua ce privilége aux Portugais et aux Espagnols pour la première vente de leurs marchandises[4], aux mendiants, aux écoliers, aux hospitaliers et aux chartreux. Charles VI augmenta le nombre des exemptions totales ou partielles, quoiqu'il se plaignît dans ses ordonnances de leur multiplicité. Les Universités et toutes les personnes qui se rattachaient à elles jouirent d'un privi-

[1] Instructions d'avril 1374.
[2] Lettres de 1375.
[3] Lettres de 1371, 1388, 1386.
[4] C'était au reste la confirmation d'un privilége plus ancien. Voir le chapitre XVIII, *Du Commerce*.

lége absolu; les pourvoyeurs de la maison du roi ou de celles des princes furent dispensés de payer l'aide pour les provisions destinées à ces maisons. Les officiers royaux, les membres du Parlement et de la chambre des comptes en furent dispensés également pour le vin de leurs crus, etc. Les classes riches parvinrent donc à se soustraire plus ou moins à l'impôt indirect, comme elles s'étaient déjà soustraites à la taille [1].

§ II. — Permanence des aides depuis le règne de Charles VI. Nouveaux réglements du service.

Charles VI ouvrit son règne par une révocation de tous les impôts extraordinaires (aides, fouages et gabelles), levés depuis Philippe de Valois [2], à la seule exception des traites et des taxes spéciales que les étrangers payaient comme prix de leurs priviléges. Mais cette concession faite à une émeute du peuple de Paris ne fut pas de longue durée, et tous ces impôts ne tardèrent pas à être établis en 1383 après la bataille de Rosebecque. Les droits indirects reparurent alors, et bien qu'une partie d'entr'eux eût été convertie en tailles en 1388, et l'autre partie modérée en 1396, ils furent levés désormais sans interruption; on les prorogea plusieurs fois et d'une manière à peu près indéfinie [3]. C'est donc vers les premières années du XVe siècle que les aides, impositions extraordinaires et variables à leur origine, devinrent fixes et permanentes. Elles tendaient à ce résultat, dès qu'elles cessaient d'être établies par les députés des trois ordres pour l'être par le roi seul. Il est probable que la fatigue produite par les mutations de monnaie et l'espoir de les rendre plus

---

[1] On accordait aussi aux villes et aux bourgades des dégrèvements partiels, pour les aides comme pour les tailles, des remises d'arriéré. (Assemblées de Chartres et de Sens [1367]).

[2] Novembre 1380 et mars 1381.

[3] On les trouve ainsi prorogées en 1420 (décembre).

rares à l'avenir contribuèrent à faire accepter tacitement la substitution des aides permanentes aux aides ordinaires.

Les aides s'accrurent même depuis cette époque dans une forte proportion. Suivant Monstrelet, Charles VI ajouta un impôt d'un centième aux taxes municipales qui étaient établies à peu près partout sur le vin ; puis cet impôt s'éleva « de cent à cinquante, de cinquante à vingt, de vingt à huit, de huit à quatre, là où il est demeuré, qui est une exaction de grant charge pour ceux qui l'entretiennent en son cours, dure et pesante pour ceux qui la payent [1]. »

La formation de la cour des aides et les ordonnances qui réglèrent les attributions des généraux conseillers achevèrent de constituer l'administration des droits indirects. On fit aussi un code pénal pour les délits qui pouvaient être commis contre elle [2] ; on entoura de nouvelles précautions le mode de fermiage : les aides ne durent être adjugées qu'à la chandelle éteinte, au plus offrant et dernier-enchérisseur, et les nobles ne furent admis à enchérir que par exception, à défaut de tous autres concurrents [3]. Si les enchères étaient trop peu élevées, les élus devaient faire régir les aides au nom du roi par les personnes qui offraient le plus de garanties [4].

Depuis Charles VI, les aides furent presque continuellement établies par de simples ordonnances royales, sans vote préalable, au moins dans les pays d'élections. La nécessité

[1] On voit à la fin de ce règne des exemples assez nombreux de suppression des aides; mais ce n'étaient que les actes politiques d'un parti, celui de Bourgogne. En 1417, Isabelle de Bavière donna à plusieurs commissaires le pouvoir d'abolir dans les villes de l'Auvergne, du Languedoc ou de la Guyenne, qui se mettraient sous son obéissance, tous les impôts ayant cours, excepté celui de la gabelle du sel. L'exemption fut prononcée le 3 avril 1418.
[2] Voir l'ordonnance de 1388.
[3] Ordonnance de 1393.
[4] Ordonnance de 1382.

de ce vote ne fut maintenue que dans les pays d'États et encore avec quelque difficulté. Ainsi les États du Languedoc se plaignirent en 1427 d'une aide levée sans leur autorisation, obtinrent qu'elle fût suspendue, et se firent reconnaître en 1444 de la manière la plus formelle le droit de voter toujours l'*équivalent*; tel fut le nom donné aux impositions indirectes de la province, lesquelles n'étaient ni établies ni réparties de la même manière que dans le reste de la France. Les autres pays d'États firent des traités à peu près semblables.

Le nombre des priviléges s'éleva pour les aides pendant le quinzième siècle comme pour les tailles.

La création de nouvelles cours des aides dans les provinces, celle des tribunaux d'élections, successivement remplacés par les bureaux de finance et les tribunaux des intendants, réglèrent la juridiction de ce service. Du reste, il y eut peu de changements dans l'administration elle-même; les ordonnances plus récentes sur les fonctions des élus et le mode de ferme ne furent guère que la reproduction des anciennes [1]. Des contrôleurs des recettes de chaque élection furent nommés en 1523, et cependant la comptabilité de ces recettes paraît être demeurée fort irrégulière [2].

§ III. — Distinction des diverses classes d'aides. Des aides proprement dites.

On finit par distinguer avec le temps trois sortes d'aides, les aides ordinaires, les aides extraordinaires et les octrois, sans compter encore les droits particuliers annexés à la ferme des aides.

La quotité et la consistance des aides proprement dites ont varié sensiblement, suivant les époques. Rappeler tous ces changements et les vicissitudes nécessaires de l'ancienne

---

[1] Telle est, par exemple, l'ordonnance de 1508.
[2] Voir l'ordonnance de 1543.

législation à ce sujet serait aujourd'hui sans intérêt. Qu'il suffise de dire que ces aides consistaient originairement : 1° dans le *droit de gros*, c'est-à-dire le vingtième ou le sou pour livre du prix de la vente en gros des boissons, des denrées et des marchandises ; 2° dans le quart à la vente en détail du vin et des autres boissons [1]. Des exceptions assez nombreuses furent établies sous Louis XI pour la levée du droit de gros, et Louis XIV en ajouta d'autres encore. Le droit du quart au détail fut réduit sous les mêmes rois à un huitième, c'est-à-dire douze et demi pour cent ; mais ces changements ne furent accomplis ni dans toutes les provinces, ni d'une manière uniforme dans celles qui les subirent. Les droits d'aides furent à coup sûr de tous les anciens impôts ceux dont la perception demeura le plus variée. Il n'y avait guère de ville qui ne traitât avec le roi pour régler son tarif à telle ou telle condition, ou qui ne lui payât pour s'affranchir une somme convenue de gré à gré. L'impopularité des aides fut un des effets de cette répartition inégale, jointe aux difficultés de la perception. Elles n'offraient même pas l'avantage ordinaire des impôts indirects, celui de frapper les riches, puisqu'elles admettaient un privilége partiel, sinon absolu [2]. Elles pesaient aussi sur les objets de consommation forcée plutôt que sur ceux de consommation volontaire.

Le revenu des aides fut souvent aliéné ou engagé, comme

---

[1] Il ne peut être ici question des droits locaux qui échappent à une énumération, d'ailleurs inutile.

En général, les droits d'aides n'étaient pas perçus sur les ventes seules ; ils l'étaient aussi sur les échanges, de peur que l'on ne déguisât, sous cette forme, des ventes véritables. La plupart des Coutumes accordaient aux seigneurs un droit modique sur les échanges. Un édit de 1645 supprima tous les droits seigneuriaux de ce genre, et les remplaça par un droit royal exclusif. Le droit royal sur les échanges fut augmenté en 1696 et mis en traité.

[2] Voir les ordonnances de 1495, 1498, 1606.

celui du domaine ou des tailles ; les droits que le gouvernement aliénait ainsi pouvaient être rachetés par les villes. On voit du moins un grand nombre de villes sous le règne de Louis XIII obtenir cette faculté. Souvent aussi on créait de nouveaux droits, que les officiers chargés de la perception levaient pour leur propre compte pendant quelques années en indemnité du prix de leurs offices, puis, après l'expiration du temps convenu, au profit du roi [1].

C'est à peu près vers le règne de Louis XIII que la valeur des aides comme impôt commença à être discutée. Un Mémoire de 1626 demande que la consommation de luxe soit taxée de préférence. Un autre mémoire de 1642 expose très-clairement les vices de la plupart des impôts indirects alors existants, signale l'impuissance de la législation contre la fraude, prouve enfin « qu'un écu qui en vient au roi en coûte plus de dix au peuple. »

Colbert, qui s'était imposé la tâche de coordonner toutes les anciennes lois administratives, fit rédiger, en 1680, l'ordonnance des aides. « Il eut l'honneur, dit Forbonnais, d'avoir simplifié ces lois, car lui-même ne se flatta point de les avoir perfectionnées. »

§ IV. — Des aides extraordinaires.

Les aides extraordinaires étaient la plupart levées en temps de guerre, mais alors avec le consentement des contribuables. Ainsi on voit, en 1503, le roi demander quarante mille livres à la ville de Paris, qui n'en donna que trente. Bien que consenties, les aides extraordinaires entraînaient presque toujours des troubles. Il fallait, quand on établissait un nouveau sou pour livre, en excepter les den-

---

[1] Exemple : Le droit sur les bières, qu'on créa en 1625 et qui fut levé depuis 1635 au profit du roi. (Voir des déclarations de 1635 et de 1638, citées par Moreau de Beaumont.)

rées de première nécessité, comme le blé et le vin, et se prêter aux différentes offres de rachat[1]; autrement on devait craindre les refus d'impôts et les révoltes. L'aide qui fut créée, en 1639, sous le nom de subvention générale, par simple édit royal enregistré au Parlement, et qui consistait en une addition de quinze cents mille livres faite au chiffre total de l'impôt des boissons, mit en feu le Languedoc et la Normandie. Mazarin dut la faire changer de forme, et il la convertit presque partout en droits d'octroi, qui furent perçus au compte de l'État. Ce furent des taxes indirectes qu'établirent la plupart des nombreux édits bursaux d'Émeri. L'imagination financière du xviie siècle s'exerçait de préférence sur les droits d'aides. On sait que, pendant la minorité de Louis XIV, les ministres étaient assaillis de mémoires de finance semblables à ceux dont s'est moqué Molière. L'un d'eux propose d'établir un impôt sur toutes les cheminées de France, et fait valoir la facilité qu'en offrirait la perception[2]. L'auteur demande, à titre de récompense, un dixième du produit, bénéfice modéré, si on le compare à d'autres exigences moins discrètes.

Le gouvernement semblait, au reste, favoriser ces prétentions ridicules par la facilité avec laquelle il créait de nouveaux droits attachés à de nouveaux offices. Sans prétendre donner ici la liste complète des offices ainsi créés sous Pontchartrain et Chamillart, qu'il suffise de citer ceux de jurés-vendeurs de bestiaux (1690), de courtiers-jaugeurs de vin (1691), d'affineurs et départeurs d'or et d'argent (1692), de contrôleurs-visiteurs des suifs (1693), de contrôleurs du

---

[1] C'est ce qui eut lieu lorsque les notables, réunis en 1597, votèrent un sou pour livre des denrées vendues sur les marchés. Le maréchal de Biron s'en servit pour exciter dans l'ouest un soulèvement que la présence de Henri IV empêcha seule d'éclater. L'impôt fut supprimé en 1602.
[2] Bibliothèque royale, Fonds Harlai, n° 352.

droit de marque sur les ouvrages d'or et d'argent (1696), d'essayeurs de bières à Paris (1697), d'inspecteurs aux boucheries (1704), d'inspecteurs aux boissons (1705), de trésoriers des marchés de Sceaux et de Poissy (1707) : on trouve jusqu'à des contrôleurs des perruques, institués en 1706[1]. On vendait aussi des monopoles; plusieurs marchands obtinrent, en 1692, un privilége exclusif pour la vente du café, du thé et du chocolat; la consommation de ces boissons causait, disait-on, aux droits d'aides établis sur les boissons anciennes un préjudice qu'il fallait réparer. La vente de la glace et de la neige à Paris fut constituée en monopole depuis 1701. Plusieurs de ces offices ou de ces monopoles furent supprimés, il est vrai, presque aussitôt que créés, soit que personne ne se fût présenté pour les acquérir, soit qu'on en eût reconnu l'abus; d'autres furent réunis au domaine. Mais le plus grand nombre continua d'exister, et leurs acquéreurs jouirent de sous pour livres qui faisaient enchérir les consommations ou gênaient les industries. « Cela fait rire aujourd'hui, s'écrie Voltaire, mais alors cela faisait pleurer. »

Il n'est pas possible de déterminer l'effet économique produit par l'augmentation ou la diminution successive des droits d'aides. Il semble cependant qu'en thèse générale, et sauf les exceptions nombreuses de détail, un double mouvement s'opérait : les objets de consommation forcée tendant à être affranchis, et les objets de consommation volontaire à être grevés. Peut-être doit-on expliquer ainsi la suppression de droits qui fut appliquée à un grand nombre d'objets du vivant de Louis XIV, et l'augmentation contemporaine des droits conservés. En 1705, le besoin d'argent fit imposer deux sous pour livre sur toutes les fermes générales et particulières; ces deux sous pour livre devinrent presque

---

[1] Voir un peu plus loin les droits réunis à la ferme des aides.

aussitôt permanents, et furent augmentés d'un troisième et d'un quatrième en 1715, d'un cinquième en 1760, d'un sixième en 1763.

§ V. — Des octrois.

Les octrois sont évidemment de tous les droits indirects les plus anciens; ils avaient été créés suivant les besoins locaux de chaque ville, et l'usage réglait seul leur mode de perception[1]. Dans l'origine ils durent être concédés par les seigneurs[2]. La concession fut ensuite faite par le roi ; mais en général leur produit fut réservé aux villes, auxquelles le roi ne demanda que de payer le prix de la concession. Quoique très-variables, les octrois consistèrent pour la plupart en droits d'entrée sur les boissons. Celui de Paris fut ainsi constitué en 1552.

Plus tard, les octrois furent concédés aux villes afin qu'elles pussent se procurer les sommes destinées au paiement des aides extraordinaires. La solde de cinquante mille hommes d'armes ayant été imposée, en 1548, à plusieurs des bonnes villes du royaume, on leur fit des concessions de ce genre qui excitèrent de très-vives plaintes, surtout de la part des marchands.

Charles IX établit, en 1561, un impôt royal proportionnel sur le vin entrant ou passant dans les villes closes, et cet impôt, destiné à faciliter la diminution des tailles, fut en quelque sorte l'origine de l'usage qui plus tard attribua au roi une partie du produit de l'octroi des villes. Les privilèges reconnus pour les aides ordinaires n'existaient plus pour celle-ci ; le roi lui-même s'engageait à la payer[3].

---

[1] Voir le chapitre de l'Administration municipale.

[2] Cela est prouvé par un grand nombre de chartes, entre autres pour la ville de Rennes par une charte de l'an 1400 que j'ai citée ailleurs. Bibliothèque de l'Ecole des Chartes, septembre 1845.

[3] Ordonnance de 1561. « Encore que ledit vin provienne de notre

Enfin le surintendant Émeri ordonna, dans un jour de fiscalité, de porter dorénavant à l'épargne les deniers communs d'octroi qui se levaient au profit des villes et des communautés. Comme les villes se trouvaient par là privées de leurs revenus, il leur laissa la faculté de doubler leurs octrois. Cette mesure n'eut pas d'exécution immédiate; on voit seulement que déjà, en 1656, les octrois de Rouen étaient jugés trop considérables, et que le roi se réservait une partie de leur produit. Son exécution complète fut l'œuvre de Colbert, qui régla, par deux édits successifs [1], que les octrois seraient levés, comme ils l'avaient été jusqu'alors, par les officiers municipaux, auxquels les officiers royaux disputaient cette perception, mais que la première moitié de leur produit brut appartiendrait au roi. La plupart des concessions avaient été faites à temps; l'édit de 1681 les rendit perpétuelles.

§ VI. — Droits annexés à la ferme des aides. Droits de marque des fers; de marque des objets d'or et d'argent; de timbre et de contrôle; droit sur les cartes, etc.

Il faut ajouter à l'histoire des droits d'aides celle de quelques nouveaux impôts indirects connus sous le nom de droits annexés ou droits réunis à la ferme des aides, celle de quelques impôts de circonstance, et enfin celle des monopoles publics.

Les droits réunis à la ferme des aides étaient très-variés. Tels furent ceux de *jauge* et de *courtage*, établis en 1527 au profit des jaugeurs et courtiers, officiers royaux qui devaient empêcher la fraude de s'exercer sur les vins transportés par la Seine, la Marne, l'Yonne ou l'Oise; on les étendit ensuite à une grande partie de la France : tel fut

cru. » L'octroi royal de 1561 était temporaire, mais il fut prorogé deux fois, en 1568 et 1573, et devint permanent.
[1] En 1663 et 1681.

l'*annuel*, c'est-à-dire le prix de l'autorisation royale accordée aux maîtres des hôtelleries, des tavernes ou des cabarets (1577), etc.

Mais le plus considérable de ces droits fut celui de la marque des fers. Dès 1413, Charles VI avait attribué au roi un dixième du produit de toutes les mines exploitées en France, et soumis chaque exploitation à la nécessité d'une autorisation spéciale [1]. Le dixième du roi était perçu à l'exclusion de tous les droits que les seigneurs pouvaient prétendre [2]. En 1601, Henri IV exempta certaines mines du droit de dixième, et imposa de plus à celles qui le payaient un quarantième payable aux seigneurs fonciers et haut-justiciers. Or, les mines de fer jouirent précisément du bénéfice de l'exemption ; la nécessité fiscale de rétablir l'impôt à leur égard fit bientôt prêter l'oreille aux réclamations des commissaires du commerce, qui demandèrent qu'on établît des marques pour distinguer les fers doux ou aigres, indigènes ou étrangers, et des droits différentiels propres à favoriser la fabrication du fer à l'intérieur. En 1626, le gouvernement commença à faire usage de la marque, et y ajouta un droit dont il confia la perception aux agents du service des mines. Ce droit fut réglé définitivement par un titre spécial de l'ordonnance des aides de 1680, sans qu'on pût parvenir à le rendre uniforme. Dans plusieurs provinces, les protestations des Parlements et des États avaient obligé d'y introduire d'importantes modifications.

Quoique le droit de marque des fers fût réuni depuis 1680 à la ferme générale des aides, son origine le rapprochait des droits domaniaux et son mode de perception des droits de traite.

Le droit de marque des objets d'or et d'argent, que nous

---

[1] Voir le chapitre XIV, *Des Travaux publics*.
[2] Lettres de 1413, confirmées en 1483, 1510, 1521, 1560 et 1563.

appelons aujourd'hui droit de garantie, eut pour but de limiter la consommation des ouvrages d'orfévrerie, but que ne pouvaient atteindre les lois somptuaires. Il fut établi et réglé par plusieurs édits[1] et par l'ordonnance de 1681. C'était encore dans le même but que l'on fixait le titre et le poids de la vaisselle d'argent. On craignait que la multiplication des ouvrages d'orfévrerie ne fût nuisible à la fabrication des monnaies; aussi les fermiers des monnaies étaient-ils chargés de sa perception. Louis XIV la leur enleva pour aliéner le droit en faveur de contrôleurs pourvus d'offices, mais ils réussirent à la recouvrer.

Le droit de timbre et de contrôle sur le papier fut tantôt perçu à la fabrication même comme droit annexé aux aides, tantôt regardé comme droit domanial, et il finit par demeurer tel[2].

Le droit sur les cartes, tarots et dés, fut créé en 1577, comme droit de traite perçu à l'exportation, et converti en 1587 en droit d'aide perçu à la fabrication.

C'est ici le lieu de rappeler que Sully établit en 1597, pendant le siége d'Amiens, un impôt d'un demi pour cent sur les lettres de change. Des plaintes s'élevèrent de chacune des différentes places et principalement de celle de Lyon qui faisait le plus d'affaires. Sully prétendait que le commerce d'argent, donnant des gains considérables, devait être imposé; il trouvait aussi à ce nouvel impôt l'avantage de peser sur les banquiers, étrangers pour la plupart; au reste on le supprima dès 1598, quand la paix eut été rétablie par le traité de Vervins[3].

---

[1] Édits de 1579, 1631, 1642, 1672. Au reste, l'usage de la garantie paraît plus ancien que ces édits. Suivant Le Blanc, Philippe le Hardi avait déjà ordonné « que nul à Paris n'osât ouvrer fors argent signé du seing le roi. » Le contrôle s'exerçait aussi de la même manière dans plusieurs autres villes, par exemple, à Montpellier.

[2] Voir le chapitre X, *Du Domaine*. Section des droits Domaniaux.

[3] Bibliothèque royale. Fonds Harlai, n° 352.

§ VII. — Monopoles de l'État. Poudres et salpêtres; tabacs.

Plusieurs monopoles, établis en faveur de l'Etat, lui assurèrent un bénéfice annuel qu'il faut ajouter au produit des droits d'aides. Deux seulement méritent d'être cités.

La fabrication des poudres et salpêtres était monopolisée dès l'an 1540, et fut déclarée, en 1572, appartenir exclusivement au roi. Il faut remarquer que le bail de ce monopole, renouvelé à plusieurs reprises, fut réuni en 1699 à celui du contrôle des actes des notaires, ce qui prouve combien il y avait encore peu d'ordre dans la classification des revenus.

L'impôt sur le tabac fut créé en 1629. Ce fut d'abord un simple droit de douane, perçu à raison de trente sous pour livre sur l'importation du tabac étranger ; le tabac des colonies françaises, telles que Saint-Christophe, la Barbade et les îles de la Compagnie d'Amérique, entrait en pleine franchise. Mais on ne tarda pas à reconnaître les avantages économiques d'un impôt volontaire, établi sur une consommation de luxe, et susceptible de prendre une grande extension. Le droit de douane fut donc élevé dans le tarif de 1664 ; puis en 1674, l'État supprima ce droit et le remplaça par un monopole, dont la plupart des pays étrangers lui offraient d'ailleurs le modèle. La vente exclusive du tabac fut mise en ferme, et le bail signé pour six ans, au prix de 500,000 livres pour chacune des deux premières années, et de 600,000 livres pour les autres. On réserva d'une manière spéciale à certains ports l'achat des tabacs exotiques, et la culture indigène, conservée avec les précautions nécessaires pour empêcher la fraude, fut bientôt restreinte sur la plainte des fermiers à quelques cantons déterminés (1676 et 1677).

La ferme du tabac fut ensuite unie aux autres fermes royales en 1680, et l'ordonnance rendue en 1681 constitua l'administration et la juridiction de ce service particulier. Le contentieux dut être jugé en première instance par les officiers des élections, et là où ces officiers n'existaient pas, par des commissaires spéciaux ; en appel, par les cours des aides.

L'accroissement constant de la consommation rendit le monopole plus productif et de nouvelles dispositions nécessaires. En 1688, on créa des bureaux dans les lieux où la culture était permise, avec des commis chargés de la surveiller et de vérifier l'exactitude des déclarations que faisaient les cultivateurs. On établit dans chaque ville, bourg ou bourgade, un certain nombre de débitants en vertu des permissions du fermier, et dans les villes plus considérables des bureaux d'entrepôt pour fournir à ces débitants les quantités de tabac nécessaires à la vente. On fit ensuite des réglements pour arrêter la contrebande que la libre culture de quelques pays voisins rendait très-active[1].

Au commencement du XVIIIe siècle, lorsque les premières doctrines de liberté commerciale prirent faveur, la suppression du monopole du tabac fut demandée, et l'on proposa de rétablir les anciens droits de douanes, comme plus favorables aux particuliers et à l'État. Mais l'État, sans avoir bien approfondi la question, se montra peu disposé à modifier un impôt dont la ferme se renouvelait tous les six ans à un prix chaque fois plus élevé.

[1] Voir des réglements de 1688, 1703, 1705 et 1707.

CHAP. XI. — DES IMPOSITIONS.

SECTION VI. — *Gabelles. Impôt du sel.*

§ 1ᵉʳ. Origine de l'impôt du sel. Ses différents modes de perception suivant les provinces. — § 2. Tentatives de François Iᵉʳ et de Henri II pour le rendre uniforme. — § 3. Changements introduits depuis Henri II dans la ferme et l'administration des gabelles. Ordonnance de 1680.

§ I. — Origine de l'impôt du sel. Ses différents modes de perception suivant les provinces.

Le mot de *gabelle* servait dans l'origine pour désigner indifféremment toute espèce d'impôts, et n'avait pas plus que le mot d'*aides* de signification précise. Depuis le xivᵉ siècle on le réserva plus spécialement à l'impôt du sel ; mais il continua d'être pris souvent encore dans un sens général, ce qui constitue pour les actes et les ordonnances de ce temps une sérieuse difficulté d'interprétation [1].

Le premier document certain sur l'impôt du sel est de 1342. Jusqu'alors la fabrication et la vente de cette denrée étaient abandonnées à l'industrie privée, ou plutôt à des monopoles privés, car la plupart des seigneurs vendaient le sel à leurs vassaux au prix qu'ils fixaient eux-mêmes, et faisaient de ce monopole une branche importante de leurs revenus particuliers [2].

En 1342, on établit des greniers à sel dans toutes les provinces qui appartenaient au domaine, et on les confia à des commissaires royaux privilégiés. Les monopoles des particuliers furent alors remplacés dans une moitié de la France par le monopole de l'État ; ce fut un nouveau droit enlevé aux seigneurs par les rois, comme tant d'autres.

L'impôt ou la somme prélevée par le roi était d'un cin-

---

[1] Les ordonnances de 1318 et de 1345 ont été quelquefois appliquées à l'impôt du sel, mais le mot de *gabelle* y paraît pris dans son sens le plus général ; rien n'y indique de restriction.
[2] Cela avait lieu ainsi à Aigues-Mortes.

quième du prix de vente : on le considérait comme impôt extraordinaire, et il n'était perçu qu'avec l'assentiment des nobles et des prélats. Mais il eut le même sort que les autres droits d'aides établis sous le roi Jean ; il devint aussitôt permanent de fait, et ne fut suspendu que pendant deux ans, au commencement du règne de Charles VI.

Voici comment sa perception avait lieu dans les provinces du domaine [1]. Tout le sel fabriqué devait être porté aux greniers du roi sous peine de confiscation. Chaque grenier était administré par un grenetier, « homme sage, loyal, di-
» ligent et convenable » disent les ordonnances, avec l'assistance d'un contrôleur « un qui sache écrire et qui soit clerc
» dudit grenetier. » Le grenetier fixait le prix d'achat de gré à gré avec les marchands ; plus tard on établit un tarif mobile pour lequel le prix du muids de sel à la mesure de Paris servit d'étalon. Les achats se succédaient dans l'ordre où se présentaient les marchands, à moins qu'il n'y en eût parmi eux qui offrissent de meilleures conditions. Le grenetier revendait ensuite le sel aux consommateurs ; il le vendait lui-même en gros, et commettait pour le vendre en détail des détailleurs ou regrattiers. Dans les deux cas le prix de vente était réglé par un tarif. Dès 1382, on signalait le besoin d'introduire l'unité de mesure dans les greniers à sel [2].

Chaque habitant était tenu de renouveler tous les trois mois une provision de sel estimée d'après ses besoins présumés. Les nobles et les ecclésiastiques propriétaires de marais salants pouvaient seuls retenir, sur le produit de leur

[1] Voir les instructions rédigées en 1360 par la chambre des comptes, et diverses ordonnances de Charles V et de Charles VI, entre autres celles de 1373, 1379 et 1382.

[2] Ordonnance de 1382. « Semble qu'il serait bon et profitable qu'en tous les lieux où il sera établi grenier pour le roi, que l'on y envoyât les mesures adjoustées (ajustées) et adéquées à la mesure de Paris, lesquelles mesures fussent signées à la fleur de lys. »

fabrication, la quotité nécessaire à leur consommation particulière. On accorda aussi le franc-salé ou l'exemption de l'impôt à quelques communes[1], et à des officiers de cours souveraines. Les gabelles n'échappèrent donc pas à la plaie du privilége, qui fut cependant combattu par les assemblées d'Etats et par les ordonnances de réforme[2].

Comme la fraude était facile et très-commune, on prit des mesures pour lui résister. On accordait au délateur un tiers du corps du délit. Le grenetier avait juridiction contre les délinquants; il pouvait, dans les cas graves, les renvoyer devant les généraux conseillers, c'est-à-dire devant la cour des aides. La souveraineté des cours des aides en ce qui concernait la juridiction des gabelles fut reconnue au xv° siècle, quoiqu'on trouve encore quelques prétentions opposées et plus récentes des Parlements[3].

La gabelle était administrée d'une manière particulière dans le Languedoc, bien que ce pays fît partie du domaine royal. Il n'y avait ni greniers, ni officiers royaux. Dans la sénéchaussée de Beaucaire, par exemple, les agents des Etats l'affermaient comme une aide ordinaire : l'adjudication était faite tous les trois mois dans chaque évêché et viguerie, en présence du juge du lieu et des consuls, ou, s'il n'y avait pas de consuls, devant plusieurs habitants notables. L'impôt était levé sur le sel sortant des salines. Seulement les agents des Etats étaient soumis à la surveillance d'un visiteur général que le roi nommait.

Par un effet de l'établissement de la gabelle royale, les propriétaires de salines, qui avaient joui d'un long monopole, furent obligés de renoncer à leurs bénéfices. Quelques-

---

[1] Exemple : A la ville des Dunes. Priviléges de 1371.
[2] Ordonnance de réforme de 1413.
[3] Une déclaration, rendue à Lyon le 1er avril 1538, portait que les appels des jugements des contrôleurs de greniers à sel seraient portés au Parlement de Paris.

uns même se prétendirent ruinés, soit que la consommation eût diminué, soit par toute autre cause, et menacèrent de renoncer à l'exploitation; ainsi firent les propriétaires des salines de Peccais en Languedoc près du Rhône; et, comme on craignait les suites de cet abandon, comme on craignait aussi de rendre inutiles les immenses travaux que l'exploitation avait rendus nécessaires, le duc d'Anjou, frère de Charles V et gouverneur du Languedoc, permit à ces propriétaires de prélever à leur profit une partie du droit de gabelle qui fut en conséquence augmenté. En 1388 ce prélèvement fut remplacé par un droit distinct appelé droit de *blanque*, que les propriétaires de salines perçurent directement sur les consommateurs, soit à la vente même, soit au passage du pont Saint-Esprit[1]. Ils furent dispensés de rendre compte de son produit, et restèrent les maîtres de faire à leur gré les règlements de perception, ce qui entraîna de graves désordres.

Dans l'ouest de la France, c'est-à-dire dans le Poitou, la Saintonge et le gouvernement de La Rochelle, la gabelle fut remplacée par un impôt appelé *quart du sel*, et qui consistait en un quart du prix de vente[2]. La perception avait lieu à la vente même comme dans le Languedoc, mais elle était fort difficile. D'ailleurs la différence du prix auquel se vendait le sel dans les diverses parties de la France, offrait un nouvel appât à la contrebande qui s'exerçait de province à province. Il fallut combattre la fraude plus activement[3]; les soldats eux-mêmes s'en mêlaient, et Louis XI s'en plaint dans l'ordonnance de 1471.

Les provinces réunies les dernières à la couronne, et qui demeurèrent pays d'États, furent soumises, en ce qui touchait l'impôt du sel, à des règles plus ou moins semblables

[1] Déclaration de 1588 et de 1449.
[2] Instructions de mars 1452.
[3] Voir les ordonnances de 1468, de 1471, de 1535.

à celles du Languedoc. La Bourgogne fut la seule dans laquelle on créât des greniers royaux : elle fut assimilée aux pays de gabelle, c'est-à-dire à l'ancien domaine [1].

L'impôt du sel fut sans cesse pour les États provinciaux une source de plaintes [2], et souvent pour le peuple une occasion de révoltes. Mais il pesait d'un poids plus lourd sur les pays de gabelle que sur les autres ; il y était arbitrairement déterminé, ou du moins sujet à des crues arbitraires que l'on multipliait souvent [3].

Charles VIII, Louis XII, François Ier, firent au sujet de son administration dans ces pays d'assez nombreux réglements [4]. Ils défendirent de vendre à des particuliers le monopole de la fourniture des greniers à sel. Ils forcèrent tous les agents du service à la résidence et déterminèrent leurs taxations. Ils réglèrent enfin l'assiette même de la gabelle, là où elle était levée par impôt, c'est-à-dire dans les paroisses où l'État fixait lui-même la quantité de sel que les habitants devaient acheter : la répartition et la levée de l'impôt devaient appartenir alors à des collecteurs nommés par les paroisses comme ceux des tailles ; ces collecteurs rendaient compte aux contrôleurs et aux greniers.

Tel était le système d'administration que François Ier changea d'une manière complète en 1541.

§ II. — Tentatives de François Ier et d'Henri II pour rendre la gabelle uniforme.

François Ier pensa que la suppression des greniers royaux

---

[1] Il y avait cependant cette différence que les généraux de finance réglaient seuls le prix du sel dans les provinces du domaine, et qu'en Bourgogne ils le réglaient de concert avec les commissaires des États.

[2] Voir les plaintes des États du Languedoc en 1356.

[3] Exemples. En 1478, 1483 et 1531. Au XVIe siècle, chaque fois que l'on créa de nouveaux offices de judicature, on subvint à leur paiement en établissant une crue sur le sel.

[4] Ordonnances de 1496, de 1499, de 1500, de 1508 et de 1517.

dans les pays de gabelle diminuerait les frais de perception qui étaient considérables, et ferait disparaître la contrebande qu'on ne pouvait frapper directement. Il espéra tirer ainsi de l'impôt du sel un produit net plus considérable qui permettrait de dégrever les tailles. Dans ce but, il ordonna que le droit serait perçu sur les marais salants lors de l'enlèvement du sel par les marchands ; du reste il rendit à ces derniers la liberté de vendre le sel comme ils voudraient et au prix qu'ils voudraient ; cependant le taux de l'impôt demeura fixé différemment pour les pays de grande gabelle, et pour les autres, tels que la Bretagne, la Guyenne, le Poitou, la Saintonge, etc.

On s'aperçut bientôt que la différence des tarifs laissait subsister une fraude très-active. François Ier couronna donc son système (avril 1542) en établissant un droit uniforme dans toute la France, trois provinces seules exceptées, la Bretagne, le Languedoc et le Dauphiné.

Les propriétaires de marais salants se plaignirent alors de ce que le sel vendu aux étrangers et le sel destiné à la pêche fussent soumis à l'impôt, tandis qu'ils avaient été déclarés exempts par les ordonnances précédentes : c'était, disaient-ils, ruiner la pêche et empêcher les étrangers d'acheter le sel en France. Ces représentations furent accueillies ; on affranchit le sel destiné à la pêche, celui qui était vendu aux étrangers, et celui que les propriétaires consacraient à leur consommation personnelle. Seulement, en revanche, le chiffre de l'impôt, qui venait d'être abaissé, fut élevé.

Jusque là tout était bien ; mais, en 1544, François Ier, sous prétexte que la liberté des ventes n'assurait pas l'approvisionnement des provinces, établit des greniers dans toutes les généralités pour lesquelles les ordonnances précédentes avaient été faites, chargea exclusivement de la vente les officiers de l'État, et rétablit la perception du droit telle qu'elle avait été autrefois dans les pays de gabelle. Le système des greniers fut étendu à des provinces qui n'en avaient jamais eu, comme la Guyenne et la Saintonge.

Le prix du sel s'étant élevé dans ces provinces tout à coup et d'une manière inaccoutumée, elles se révoltèrent. Le gouverneur de Bordeaux fut massacré; l'ordre ne fut rétabli qu'à grand'peine par les troupes victorieuses du connétable de Montmorency. Enfin la guerre civile, que cette augmentation d'impôt avait fait naître, ne se termina que par une concession d'Henri II, qui consentit à recevoir une somme de 450,000 livres, prix du rachat de la gabelle par le Poitou, la Saintonge, le Rochelois, l'Angoumois, le Limousin, la Marche, le Périgord, et leurs enclaves. On rétablit l'ancien droit de quart, mais ce droit fut racheté à son tour par les mêmes provinces en 1553. L'Auvergne haute et basse se rédima de tout impôt sur le sel en 1549, et son exemple fut suivi en 1553 par la Guyenne, l'Agénois, le Querci, les pays des Landes, d'Armagnac, de Foix, de Condom et de Comminges. Toutes ces provinces furent désignées sous le nom de *Pays rédimés*. On leur interdit d'exporter le sel dans les pays de gabelle; défense impuissante, car la contrebande recommença aussitôt.

§ III. — Changements introduits depuis Henri II dans la ferme et l'administration des gabelles. Ordonnance de 1680.

Depuis Henri II jusqu'à Louis XIV, l'administration de l'impôt du sel fut à peu près stationnaire. Quelques augmentations fréquentes [1], mais pour la plupart temporaires, des aliénations partielles auxquelles on eut soin d'étendre la clause de rachat applicable aux aliénations de droits domaniaux [2], sont à peu près les seuls faits à citer.

[1] Entre autres sous Richelieu. La cherté du sel fut une des principales causes de la révolte de 1639.
[2] Les gabelles de Champagne et de Picardie furent aliénées de

Avant Henri III la ferme des droits de gabelle était adjugée séparément dans chaque grenier. Depuis 1578, il n'y eut plus qu'une ferme générale pour tous les greniers de l'étendue des grandes gabelles. Les premiers adjudicataires firent des profits considérables, et le seul bénéfice des tiers qui y étaient intéressés s'éleva indépendamment du leur, sous ce règne de désordre, à 3,246,000 écus; tel est du moins le chiffre donné par Sully, qui fit faire une enquête pour connaître la valeur réelle de la ferme des gabelles, et sut la renouveler à des conditions plus avantageuses, tout en diminuant le poids de l'impôt. Entre autres innovations heureuses, Sully défendit de poursuivre les collecteurs comme solidaires des insolvables : les collecteurs soit des tailles, soit des gabelles, devaient toujours craindre que cette solidarité ne les ruinât; aussi les plus riches de chaque paroisse déclinaient-ils ces fonctions comme un honneur dangereux, et la répartition se trouvait-elle abandonnée presque partout à des gens ruinés qui, vendant les dégrèvements, ajoutaient aux vexations une injustice [1].

Richelieu appelait l'impôt du sel les Indes du roi de France, et calculait que cet impôt lui avait autant rapporté qu'à l'Espagne les mines du Pérou. Il se proposait de le rendre uniforme et de le faire percevoir dans toutes les provinces sur les marais salants, en d'autres termes de recommencer la première entreprise de François Ier; mais ce projet, qui fut encore mis en avant, à différentes reprises, pendant la minorité de Louis XIV, ne reçut pas d'exécution.

Colbert abaissa d'abord le prix du sel (1663) qui avait été élevé successivement sous Mazarin, et il renouvela plusieurs

cette manière en faveur des marchands et des échevins de Paris en 1559.

[1] « C'est une charge si pénible et si fâcheuse que nul ne la fait quasi que par force, et s'en trouve peu de cette condition qui ne soient ruinés. » *Économies royales.*

fois avec avantage la ferme des gabelles dans laquelle s'étaient introduits de grands désordres. Il publia ensuite l'ordonnance des gabelles en 1680.

Cette ordonnance ne s'appliquait qu'aux pays de *grandes gabelles* ou de la *gabelle de France* [1]. Le fermier devait acheter les sels en France sur les marais salants, les faire transporter par mer et sur bâtiments français dans les greniers ou magasins servant de dépôt, à Nantes, à Caen, au Havre, à Honfleur, Dieppedale et Saint-Valery. La vente se faisait de deux manières; elle était forcée dans certaines généralités et volontaire dans d'autres. J'ai déjà exposé ce qu'était la vente forcée, et comment la somme fixée pour la gabelle était alors répartie à peu près comme on répartissait la taille. La vente que l'on appelait volontaire en différait en ce que chacun était libre d'acheter le sel à son gré; mais il y avait alors un minimum déterminé pour chaque famille et même pour chaque personne, ce qui rendait en fait ce genre de vente aussi peu volontaire que l'autre, sans le rendre plus juste, puisqu'il y avait moins de chance pour que la répartition fût proportionné à la fortune de chacun.

L'ordonnance de 1680 effaça quelques abus de détail, régla la forme des exemptions particulières, tant celle du franc salé, attaché depuis longtemps à certains offices, que celle des sels de gratification et des sels d'aumône, que le roi accordait par grâce à quelques personnes ou à des communautés pauvres. Mais l'ancienne classification des provinces pour la gabelle subsista.

En dehors des pays de grandes gabelles divisés encore en pays de vente forcée et pays de vente volontaire, on distinguait :

---

[1] Ils comprenaient les généralités de Paris, d'Orléans, de Tours, de Bourges, de Moulins, de Dijon, de Châlons-sur-Marne, de Soissons, d'Amiens, de Rouen, de Caen et d'Alençon.

Les pays de petites gabelles [1], où l'impôt, perçu de la même manière, était moins élevé. Le tarif même de ces pays était d'ailleurs très-loin d'être uniforme.

Les pays de salines [2], où l'impôt était levé sur les marais salants. Ce mode de perception, antérieur à l'acquisition récente de ces pays, avait été conservé depuis. On y avait seulement augmenté peu à peu le taux de l'impôt, pour y rendre le prix du sel égal à celui des provinces voisines, et déjouer la contrebande.

Les pays rédimés [3], dont les habitants ne pouvaient acheter le sel qu'à des marchands autorisés et à un prix fixé par l'État. Nul n'en pouvait acheter que la quantité nécessaire à sa consommation; cette mesure et d'autres semblables avaient pour but de prévenir la contrebande.

Enfin, les pays exempts [4], où la vente était soumise à peu près aux mêmes conditions que dans les pays rédimés.

Après Colbert, l'impôt du sel fut augmenté par quelques nouvelles crues, et l'administration embarrassée par un assez grand nombre de créations d'offices [5]. Les greniers à sel perdirent dans la plupart des villes leur juridiction qui

---

[1] C'étaient le Lyonnais, le Forez, le Beaujolais, le Mâconnais, le Velay, le Vivarais, la Bresse avec ses annexes, la Provence, le Comtat d'Avignon, le Dauphiné, le Roussillon, le Rouergue, une partie de la haute Auvergne.

[2] La Franche-Comté, les Trois-Évêchés, la Lorraine et l'Alsace.

[3] Voir leur énumération au § précédent.

[4] La Bretagne, l'Artois, le Hainaut, le Cambrésis et la Flandre.

[5] On créa des vérificateurs généraux en 1702, des contrôleurs receveurs généraux et particuliers des gabelles en 1704, des lieutenants criminels près des greniers à sel, des syndics perpétuels de la communauté, des mesureurs, briseurs et porteurs de sel des greniers à sel de Paris, des vérificateurs de franc salé (1707), etc., etc. Ces offices furent rendus alternatifs, puis triennaux, et leurs acquéreurs jouirent de droits manuels sur le sel. Ils furent tous supprimés par un édit de décembre 1716; seulement les droits manuels furent conservés et perçus au profit du roi.

fut attribuée aux juges ordinaires des élections (1685), mais ils obtinrent qu'elle leur fût rendue en 1694.

A l'époque où les créations d'offices jetaient le désordre dans l'administration et aggravaient les frais de perception, Vauban demanda que l'impôt du sel fût rendu uniforme, qu'il fût « modéré; mais, surtout étendu partout peu à peu, en sorte que les Français fussent égaux à cet égard comme dans tout le reste, et qu'il n'y eût point de distinction de pays de franc salé d'avec celui qui ne l'était pas. » Les principaux vices de la gabelle consistaient encore, selon lui, dans la facilité du faux-saunage, dans le nombre des rentes et des engagements qui appartenaient aux particuliers sur le produit de la ferme, dans la quantité des exemptions, etc. Vauban calculait que l'impôt uniforme devait, sans diminuer le revenu, permettre d'abaisser considérablement le prix de vente « de cette manne, dont Dieu avait, disait-il, gratifié le genre humain. » Ses vœux ne furent pas mieux accueillis au sujet des gabelles qu'au sujet des tailles, mais le temps et l'expérience devaient ici encore lui donner raison.

SECTION VII. — *Traites. Droits de douanes.*

§ 1er. Origine des péages et des prohibitions. — § 2. Premières taxes d'exportation. Tarifs. Établissement des bureaux de traites. — § 3. Taxes d'importation. — § 4. Douanes intérieures. — § 5. De la législation douanière au XVIIe siècle. Ordonnances de Colbert.

§ 1. — Origine des péages et des prohibitions.

Deux sortes de taxes pesaient originairement sur le commerce, les péages et les taxes prohibitives.

La féodalité, en faisant de chaque grand fief un État distinct, multiplia les péages sur tous les points de la France, et opposa autant de barrières au commerce qu'il y eut de lignes de frontières entre les provinces. L'établissement d'un grand nombre de ces péages fut le résultat de conventions passées entre les seigneurs et les marchands, qui y gagnaient, les premiers, l'avantage de percevoir un revenu régulier, les seconds, celui d'être garantis contre les vols et les pillages. Je ne parle pas des péages particuliers perçus pour l'entretien des routes ou des autres travaux publics.

Rien ne prouve que la réunion des différentes provinces composant le domaine royal ait eu pour effet de faire tomber les barrières élevées entre elles. Tout porte à croire le contraire; ces barrières continuèrent d'exister, au moins en grande partie, et furent la première origine des traites ou douanes intérieures et extérieures.

Les taxes prohibitives entrèrent aussi pour une forte part dans l'établissement de ces douanes. Un usage à peu près général défendait d'exporter de chaque province les produits de première utilité, comme le blé, le vin, etc.[1]. On ne dérogeait à cette règle que dans les temps d'abondance et lorsque les récoltes paraissaient devoir présenter un excédant sur les quantités requises pour la consommation. Cette prohibition n'avait point un caractère fiscal : c'était une simple mesure de prévoyance expliquée par les entraves de tout genre que la division politique de la France mettait à la liberté des échanges, et par l'insuffisance des ressources que l'on pouvait trouver contre la famine. Mais comme les seigneurs dans les grands fiefs, les sénéchaux et les baillis dans les provinces du domaine royal, étaient seuls juges de l'opportunité de l'exportation, et accordaient à leur gré les permissions nécessaires, la plupart d'entr'eux n'y virent qu'un moyen d'augmenter leur revenu : ils abusèrent donc de leur pouvoir : au lieu d'accorder les permissions, ils les vendirent, et souvent à des monopoleurs. Ainsi naquirent

[1] Voir l'ordonnance de 1254.

les taxes prohibitives à l'intérieur, de l'abus d'une pratique d'ailleurs justifiée par les circonstances économiques dans lesquelles se trouvait le pays. Tout en faisant de la liberté du commerce des grains la règle, et de la prohibition l'exception, saint Louis laissa subsister en fait l'autorité arbitraire et le droit fiscal des sénéchaux et des baillis.

Les douanes des frontières de la France n'eurent également rien de fiscal dans l'origine. On craignait seulement d'affaiblir le royaume et de fortifier les étrangers, si l'on permettait l'exportation de l'or, de l'argent, des joyaux de prix et des munitions de guerre. C'était encore une mesure de prévoyance expliquée par la situation économique de l'Europe; la prohibition n'existait d'ailleurs au temps de saint Louis que pour un nombre d'objets très-limité [1].

§ II. — *Premières taxes d'exportation. Tarifs. Établissement des bureaux de traites.*

Philippe le Bel trouva dans la prohibition une source de revenu pour le trésor, et il l'étendit davantage. En 1305[2], les ouvriers en laines le supplièrent d'interdire l'exportation des laines et des matières premières dont ils faisaient usage pour les apprêter ou les teindre; ils offrirent d'acheter cette protection de leur industrie en payant un droit fixe sur chaque pièce de drap, soit à la vente en gros, soit à la vente en détail. Le roi y consentit, et comprenant de quelle ressource fiscale les douanes pouvaient être, il étendit la prohibition, sous des clauses analogues, à l'argent, aux chevaux, aux bestiaux, aux grains, aux vins, aux armes, aux draps et aux toiles, enfin, à presque tous les produits agricoles ou manufacturés de la France[3]. Il n'y eut d'ex-

[1] Ordonnance de 1254. C'est le plus ancien document relatif aux douanes extérieures.
[2] 1er février 1304. (Ancien style.)
[3] Ordonnance du 1er février 1305.

ception faite que pour les épiceries et les aromates portés aux *amis de l'État*, et pour les objets que les marchands étrangers feraient sortir de France en retour de leurs importations. Toute marchandise sortant malgré les défenses dut être confisquée avec les chevaux et les voitures. Un réglement aussi absolu était inexécutable; mais Philippe le Bel se réservait de vendre les permis d'exportation, et, cinq jours après l'ordonnance, il chargea de ce soin un nouvel officier, un grand maître des ports et passages[1], auquel il donna le pouvoir d'établir des gardes sur les frontières et de poursuivre les contraventions. Le produit des autorisations et des amendes dut être envoyé directement à Paris aux trésoriers du roi (1310).

Sous Louis le Hutin, l'exportation était redevenue libre pour un grand nombre d'objets, en temps de paix au moins[2]; car toute guerre était nécessairement accompagnée de la suspension des relations commerciales. Philippe le Long rétablit en 1320 le système de prohibition générale; il confia seulement la délivrance des permis d'exportation à trois commissaires nommés par la chambre des comptes, et il fit régler par cette même chambre le prix des autorisations, ne laissant aux maîtres des ports que le soin d'exécuter les décisions prises. Le droit de *haut-passage* (c'est ainsi qu'on le nomma) présenta dès lors l'avantage d'une fixation moins arbitraire et d'une meilleure administration.

Les ordonnances prohibitives, entre autres celle de 1324, alarmèrent les étrangers. Les Flamands, qui ne pouvaient plus tirer de France les matières premières nécessaires à leur industrie, offrirent à Charles le Bel de lui payer 4 deniers pour livre du prix de toutes les marchandises qu'ils achèteraient, si la liberté d'exportation était rétablie. Char-

---

[1] Il se nommait Geoffroy Coquatrix.
[2] Ordonnance de 1315.

les le Bel accepta cette offre, ou du moins consentit à exempter de la prohibition un assez grand nombre d'objets ; alors fut établi le droit de 4 deniers pour livre, payé par l'étranger acheteur, sous le nom de droit de *rêve*, d'un vieux mot français qui signifiait *recette*.

Quoique les droits de haut-passage et de rêve dussent s'exclure l'un l'autre, ils furent souvent perçus concurremment. Les maîtres des ports ne cessèrent pas non plus de vendre des permis d'exportation pour leur propre compte.

La multitude des demandes de permis adressées à la chambre des comptes donna l'idée de tarifs réglant d'une manière à peu près uniforme les droits qui seraient perçus à la sortie de certains objets. Le premier tarif, celui des laines, fut publié en 1342[1], et suivi presque aussitôt d'un second pour les toiles et les fils. L'exportation fut donc permise d'une manière générale pour ces articles, mais resta soumise au paiement d'un droit de douane. Les tarifs furent souvent remaniés sous les règnes qui suivirent.

On ne tarda pas à créer un nouveau droit d'exportation, celui d'*imposition foraine*, ajouté à ceux de rêve et de haut-passage, dans le but de payer la rançon du roi Jean. Il était temporaire, mais il fut levé sans interruption jusqu'au règne de Henri II[2].

Jean augmenta le nombre des maîtres des ports et confirma leur juridiction que les baillis contestaient ; mais il attribua à la chambre des comptes la faculté de juger en appel le contentieux des traites[3]. Il régla aussi les formes

---

[1] Ce tarif fut suspendu en 1349, mais rétabli en 1350. On en fit un autre en 1384.

[2] Des particuliers obtinrent quelquefois d'en être exempts. Exemple : En 1376.

[3] Les appels des tribunaux des maîtres des ports et passages, portés tour à tour devant la chambre des comptes, les sénéchaussées et le Parlement, finirent par appartenir à la cour des aides.

de leur comptabilité, puisqu'ils faisaient l'office de receveurs spéciaux.

Un autre fait plus grave eut lieu vers cette époque. Les droits d'exportation n'avaient été perçus jusqu'alors qu'à la frontière du royaume. Certaines provinces ayant refusé de payer les aides qui leur étaient demandées, Jean ordonna qu'elles seraient *réputées étrangères*, c'est-à-dire que toutes marchandises sortant pour entrer chez elles des pays soumis aux aides, paieraient les droits de traites, le haut-passage, le rêve et l'imposition foraine, comme si elles passaient chez les étrangers. Telle fut l'origine des principales lignes de douane établies dans l'intérieur même de la France, qui se trouva divisée en deux parties ennemies, entre lesquelles les relations commerciales furent sans cesse arrêtées, jusqu'au jour où les ministres de Louis XIII songèrent pour la première fois à corriger cet absurde système.

On établit ainsi successivement les bureaux des traites dans la Picardie, du côté de l'Artois; dans l'Anjou, du côté de la Bretagne et du Maine; dans le Poitou, du côté de l'Angoumois; dans le Berri, du côté de la Marche; dans le Bourbonnais, du côté de la Marche, de l'Auvergne et du Forez; dans le Lyonnais et le Languedoc, du côté de l'Auvergne [1]. Toutes marchandises ne pouvaient pas être exportées uniformément par tous les bureaux [2].

Les seigneurs obtenaient aussi du roi la confirmation des péages par terre ou par eau qu'ils étaient depuis long-

---

[1] La Bourgogne fut soumise en 1376 à un régime spécial. Les droits perçus à la frontière du duché du côté de la France devinrent l'occasion de différends nombreux entre les rois et les ducs. Ils furent ensuite supprimés en 1477, lors de la réunion de la province à la couronne, et sous Louis XIII la Bourgogne fut comprise dans la ligne des cinq grosses fermes.

[2] Ainsi l'exportation des laines n'était permise que par les bureaux d'Aigues-Mortes et de Saint-Jean-de-Luz. (Lettres du 16 septembre 1358.)

temps en possession de lever sur les marchandises traversant leur territoire [1]. Cependant, dans le cercle même de la ligne des traites, c'est-à-dire dans les pays soumis aux aides, les rois neutralisèrent, par d'assez fréquentes exemptions, le vice des péages locaux; ils en diminuèrent le nombre et empêchèrent presque toujours les particuliers et les villes d'en créer de nouveaux [2]. En 1405, par exemple, Charles VI envoya des commissaires dans le Dauphiné faire des informations sur le titre et la qualité des péages, sur le système de perception employé par les propriétaires : tous les abus devaient être supprimés et les délits punis sévèrement [3].

Le système et l'administration des douanes, ainsi constitués, subirent très-peu de changements depuis le milieu du xive siècle jusqu'au xvie. Il y a donc peu de faits à citer durant cet intervalle. Charles VI nomma un contrôleur spécial pour enregistrer et signer les permis d'exportation dont la délivrance avait été attribuée de nouveau aux maîtres des ports (1395). Le droit de rêve était affermé : une ordonnance de la même année porta qu'il serait perçu directement par des officiers royaux ; mais cette première tentative de conversion de la ferme en régie paraît avoir été abandonnée presque aussitôt. Louis XI per-

---

[1] Voir une confirmation semblable en juin 1338. *Recueil des Ord.*

[2] Voir l'ordonnance du 5 décembre 1363, rendue après la délibération des trois États de Picardie. Telle fut la règle : mais elle admit plusieurs exceptions. Quelques péages nouveaux furent créés sous Charles V et Charles VI, pour différents motifs, entre autres le péage d'Auxerre, en 1367, le trépas de Loire, droit sur les marchandises qui descendaient la Loire, et qui fut établi momentanément en 1369 pour former le montant d'une somme promise aux Anglais.

[3] Le *Recueil des Ordonnances* contient encore la suppression de plusieurs péages dans le Languedoc, en 1439 ; la modération des droits perçus sur les rivières de l'Île de France, de la Champagne et de la Brie, en 1441 et 1444 ; mais il s'en faut de beaucoup que tous les faits de ce genre y soient réunis.

mit aux marchands de Paris d'acquitter l'imposition foraine à Paris même, ce qui simplifiait les formalités de leur obligation (1465). Les États de Languedoc, en 1456, les États généraux de Tours, en 1484, demandèrent quelques réformes de détail et des garanties contre les abus que pouvaient commettre les maîtres des ports ou les autres agents du service; ils obtinrent, par exemple, que les plaintes élevées contre ces agents par les marchands fussent portées devant les juges royaux ordinaires [1].

François Ier fit faire de nouveaux tarifs que rendaient nécessaires le renchérissement général de toute chose et la dépréciation de l'argent. Le premier tarif uniforme de l'imposition foraine date de 1541 [2]. Il ordonna aussi de reviser les priviléges, car il y en avait pour les douanes comme pour les autres impôts. Henri II confia aux mêmes agents la perception de toutes les taxes d'exportation (1549), et deux ans après (1551) il supprima les droits de rêve et de haut-passage, qu'il remplaça par un droit unique appelé *domaine forain*, droit levé sur toutes les marchandises et denrées sans distinction, à raison de huit deniers pour livre de leur valeur. Plusieurs provinces cependant sollicitèrent et obtinrent le maintien des anciens droits, qu'elles trouvaient moins onéreux.

Enfin Henri III, considérant la faculté de permettre l'exportation comme un droit royal, établit encore une nouvelle taxe de sortie qu'on appela traite domaniale, et qui fut levée sur les grains, les vins, les légumes, les toiles, le pastel et les laines, et étendue plus tard à beaucoup d'autres objets (1597). Telle est l'histoire des droits d'exportation antérieurement au ministère de Sully.

---

[1] Réglement de 1488.
[2] On trouve successivement de nouveaux tarifs en 1540, 1541, 1542, 1581, 1021, 1629 et 1632.

§ III. — Taxes d'importation.

C'est un fait remarquable, que les droits d'exportation, à peu près nuls aujourd'hui, aient commencé par être très-élevés, tandis que les taxes sur l'importation, aujourd'hui si considérables, ont été fort longues à s'établir. La rareté de ces dernières taxes tient à ce qu'il n'y eut guère avant le xvi° siècle d'industrie à protéger, ni par conséquent de concurrence étrangère à prévenir.

Les seuls droits levés à l'importation [1] dans l'origine furent des droits de péage. Ainsi le bétail étranger qui venait paître en France, payait une obole par tête au temps de Philippe de Valois. Jean éleva la taxe, et le bétail étranger cessa d'entrer dans le royaume : les propriétaires de pâturages se plaignirent et obtinrent que la taxe fût réduite à son taux primitif.

On peut encore regarder comme taxes d'importation celles que payaient les marchands étrangers, auxquels on accordait des priviléges pour vendre aux foires de Champagne, de Beaucaire ou de Lyon. Louis XI fit aussi lever directement quelques droits sur les marchandises étrangères exposées aux foires de Languedoc et de Lyon, dans le but de payer des indemnités dues à des étrangers sur lesquels on avait fait des prises en mer (1475). Le tarif de ces droits devait être dressé par un commissaire royal [2] et par les généraux de finance.

Les épiceries et les drogueries furent ensuite taxées, et Charles VIII et Louis XII désignèrent les ports par lesquels elles pourraient entrer en France. Le produit de cette taxe

---

[1] Il n'est ici question de ces droits qu'au point de vue financier. Voir le chapitre xviii *Du Commerce*.
[2] L'évêque d'Albi pour les foires du Languedoc ; le bailli de Mâcon pour celles de Lyon.

s'accrut de jour en jour par le progrès de la consommation; elle fut successivement affermée en 1543, et régie en 1549 par des receveurs et des contrôleurs royaux ; on l'appelait *droit de gabelle*, et on la soumit à de nombreux tarifs.

Voici comment fut établi en 1554 le droit sur les aluns. Les marchands aluniers de Civita-Vecchia avaient offert à Henri II de lui vendre l'alun à un prix invariable, s'il leur assurait le monopole du marché français. Les négociants des principales villes, consultés à ce sujet, furent contraires à l'établissement de ce monopole, et firent valoir les avantages du commerce libre, soit pour les consommateurs qui achèteraient à meilleur prix, soit pour l'Etat, dont la navigation serait favorisée. Ils demandèrent donc eux-mêmes que le monopole fût remplacé par un droit d'importation perçu à Bordeaux, à La Rochelle, à Rouen et à Marseille.

Les droits d'importation furent ensuite étendus par Henri III à toute espèce de marchandises et de denrées, sauf un très-petit nombre d'exceptions, et fixés à 2 pour cent de la valeur (édit de 1581). Mais ils ne tardèrent pas à dépasser ce taux sous les règnes suivants[1]. Les provinces réputées étrangères pour les droits d'exportation le furent aussi pour ceux d'importation.

En 1598, Sully réunit les droits de sortie et d'entrée en un seul et même bail, qu'on appela bail des cinq grosses fermes. Les cinq grosses fermes se divisaient de la manière suivante : 1° anciens droits de sortie : rêve, haut-passage, domaine forain, imposition foraine ; 2° nouveaux droits de sortie ; 3° droits d'entrée sur les épiceries et drogueries ; 4° droits d'entrée sur les autres marchandises ; 5° droits

---

[1] Entre autres, sous Louis XIII, lors de l'établissement du droit de Massicaut, en 1638.

particuliers perçus à Calais. Sully ajouta même un droit nouveau qui fut perçu jusqu'en 1664, sous le nom de l'Écu par tonneau de mer, et qui était destiné à équiper des navires de guerre pour l'escorte des bateaux marchands.

§ IV. — Douanes intérieures.

A cette époque, où le système des douanes extérieures était déjà ce qu'il est longtemps resté depuis, les péages et les douanes intérieures subsistaient encore.

Les péages étaient de la part du gouvernement l'objet de nombreuses mesures[1]. Les édits royaux[2] et les grandes ordonnances, comme celles d'Orléans de 1561 ou de Blois de 1579, prenaient à tâche de régler leur quotité et de combattre l'arbitraire qui présidait à leur perception.

Pourtant on ne songeait pas encore à les supprimer. Beaucoup d'entre eux appartenaient à des provinces ou à des villes qui les avaient obtenus spécialement à titre d'octroi, et dont ils formaient le principal revenu. Tel était le droit appelé *Tablier et prévôté de La Rochelle*, que l'on percevait sur toutes les marchandises sortant du port de cette ville. Plusieurs droits qui faisaient partie des octrois de Rouen, en furent détachés au XVIIe siècle, convertis en droits de douane et affermés à des compagnies de commerce. On pourrait multiplier ces exemples. Il faut remarquer aussi que la plupart des droits locaux appartenaient aux provinces qui furent réunies les dernières à la couronne. Ainsi, les plus considérables étaient la *prévôté* de Nantes, la *comptablie* et le *convoi* de Bordeaux, la *coutume* de Bayonne, le péage royal à Aix; tous originaires de l'époque où la Bretagne, la Guyenne, la Provence étaient indépendantes. Ces droits furent déclarés domaniaux et royaux, lorsque les provin-

---

[1] Voir le chapitre XIV, *Des Travaux publics*.
[2] Exemples : Ceux de 1542, 1581, 1632.

ces qui en jouissaient furent incorporées au domaine, et l'intérêt fiscal commanda leur maintien au xvi° siècle, jusqu'à ce que l'intérêt du commerce sollicitât leur suppression au xvii°. La doctrine de la liberté commerciale fut proposée, pour la première fois peut-être, en l'an 1600 par un député lyonnais, dans l'assemblée des Etats du Dauphiné[1]. Les Etats généraux de 1614 demandèrent aussi que l'on supprimât, « les causes qui les avaient fait établir n'existant plus, » diverses impositions provinciales qui gênaient les communications intérieures[2].

L'intérêt fiscal dominait si bien au xvi° siècle, que la plupart des péages royaux et des douanes de l'intérieur élevèrent leurs tarifs à partir du règne de François Ier. Cependant les résultats de cette élévation furent moins sensibles pour le commerce des différentes provinces entre elles que pour le commerce fait avec les autres pays : elle greva surtout l'entrée et le transit des marchandises étrangères. De toutes les douanes provinciales, celle de Lyon était la plus considérable. Avant François Ier, elle ne percevait de droits que sur les draps de soie, d'or ou d'argent, de provenance étrangère. Depuis 1540, toutes les soies ouvrées ou non ouvrées y furent également soumises : en outre, on leur imposa l'obligation de n'entrer en France que par quatre villes désignées, et de passer par Lyon, dans tous les cas, pour y acquitter un droit plus ou moins élevé, suivant qu'elles étaient destinées à la France ou qu'elles requéraient simplement le transit. Sous Henri III, même obligation fut imposée à toutes les marchandises de l'Orient, aux étoffes de la Flandre, de l'Allemagne ou de l'Angleterre, traversant la France à la destination de Marseille ou de l'Italie. Comme la fraude devenait très-commune, la douane de Lyon

[1] Forbonnais. *Recherches sur les Finances*, t. Ier.
[2] Entre autres la comptablie de Bordeaux et le trépas de Loire.

obtint d'établir ses bureaux dans tous les pays environnants, à une grande distance, jusque dans la Provence et le Languedoc[1]. Les fermiers furent même assez puissants pour tenir leurs tarifs secrets, et pour s'emparer du jugement des contraventions, qui avait jusqu'alors appartenu aux maîtres des ports.

Ainsi la route commerciale du Nord et du Midi se trouva interceptée; et comme si la douane de Lyon n'eût pas suffi, Sully laissa établir en 1595 celle de Vienne et de Sainte-Colombe, dans la vallée du Rhône. Ce fut le prix de la soumission du gouverneur de Vienne qui venait de rendre la place au roi. La douane de Vienne devint en 1621 douane de Valence. Le connétable de Lesdiguières, auquel elle appartenait, obtint qu'on fît un nouveau tarif, et qu'on obligeât toutes les marchandises du Levant, de l'Espagne, de la Provence et du Languedoc, qui se rendaient à Lyon, à passer par ses bureaux. Aussitôt tous les intéressés protestèrent et, à leur tête, les fermiers de la douane de Lyon.

La douane de Valence fut donc supprimée, moyennant quelques taxes particulières que les intéressés consentirent à payer en forme d'indemnité. Mais on la rétablit en 1625; elle finit même par envahir tous les passages de la vallée du Rhône, et ses bureaux s'étendirent jusqu'aux extrémités du Dauphiné. Cette fois, les réclamations des Lyonnais furent vaines; le commerce, autrefois si actif dans cette partie de la France, se ralentit tout à coup; le revenu même de la douane éprouva une baisse sensible, et la foire de Beaucaire, l'entrepôt de Briançon firent de grandes pertes.

§ V. — De la législation douanière au xviie siècle. Ordonnances de Colbert.

Les Etats généraux de 1614 se plaignirent de nombreux abus; il demandèrent que la connaissance des délits fût in-

---

[1] Édit de 1603.

terdite aux fermiers et rendue exclusivement aux juges royaux, que les tarifs fussent publiés et différents droits abaissés. Ils insistèrent surtout pour que les douanes fussent reportées uniformément à la frontière de la France, et pour qu'on abolît les péages de l'intérieur.

Les ministres voulurent alors reporter à la frontière du royaume toutes les lignes de douanes; mais les provinces réputées étrangères, une seule exceptée, la Bourgogne (encore était-elle dans des conditions spéciales), refusèrent d'y consentir, craignant d'assurer à leur propre préjudice quelque avantage aux provinces des cinq grosses fermes, avec lesquelles elles étaient depuis longtemps en rivalité. Les ministres de Louis XIII finirent par renoncer, en 1621, aux négociations qu'ils avaient entamées à ce sujet. Le nombre des bureaux des traites fut même augmenté sous ce règne.

Quant aux péages intérieurs, Louis XIII rendit au commerce le service de supprimer ceux qui existaient sur plusieurs grandes rivières, entre autres sur la Seine. Il les remplaça par un droit unique perçu dans les gares, droit placé à l'abri de toute vexation arbitraire, et sur lequel les propriétaires des péages furent annuellement indemnisés.

Sous Mazarin, les droits d'exportation s'élevèrent d'une manière considérable, et on en créa de nouveaux. A une époque où l'on était en quête de ressources, on regardait cette élévation comme un des moyens extraordinaires les plus *innocents* que l'on pût employer[1]. Cependant l'établissement de droits nouveaux pouvait passer pour une mesure libérale, quand ces droits étaient levés sur des objets dont l'importation avait été jusqu'alors interdite[2]. Quelquefois aussi elle eut pour but d'indemniser l'État de la suppres-

---

[1] Voir le préambule de l'Édit de 1654, frappant d'un impôt les ouvrages de fil, les draps et les étoffes qui viennent de l'étranger.

[2] Voir Francheville, *Histoire des tarifs*.

sion de certains offices qui gênaient le commerce[1]. Toutes ces dispositions n'en furent pas moins, de la part des marchands, l'objet d'attaques et de plaintes continuelles, jusqu'au nouveau tarif de 1664.

Les réformes de Colbert eurent pour effet de rendre le système de douanes plus régulier, et d'en faire pour le commerce et l'industrie non plus un instrument d'oppression, mais un instrument de protection. Il publia en 1664 un édit célèbre, dont les principales dispositions peuvent être ramenées aux trois suivantes : suppression de taxes locales et particulières ; substitution d'un droit unique à tous les droits divers perçus à l'exportation, rêve, domaine forain, haut-passage et autres ; enfin substitution pareille d'un droit unique aux différents droits perçus à l'importation. Un nouveau tarif, ou, comme on disait, une réappréciation générale des marchandises, fut annexé à l'édit. Ce tarif, plus rationnel que les précédents, fut remanié en 1667[2] ; mais il devait être essentiellement mobile, puisqu'il avait pour double but d'empêcher les matières premières nécessaires aux manufactures de sortir de France, et les produits étrangers analogues aux produits nationaux d'y entrer.

Le système protecteur s'était formé peu à peu, et la prépondérance de quelques intérêts privés lui avait livré déjà une partie de la législation douanière : Colbert en fit le principe unique de cette législation, ou du moins de toutes les règles nouvelles qu'il y put introduire.

L'édit de 1664 annonçait d'ailleurs à certains égards un progrès réel de la législation douanière. C'est ainsi qu'il régularisait et facilitait l'emploi des acquits à caution dont on faisait auparavant très-peu d'usage. Cet édit eut son effet dans toute la France ; mais le tarif qui y était annexé ne fut pas accepté par toutes les provinces ; celles qui étaient

---

[1] Telles furent les créations des nouveaux droits d'entrée, en 1647.
[2] Voir pour l'effet des tarifs de 1664 et 1667, relativement au commerce, le chap. XVIII, section III.

réputées étrangères refusèrent de s'y soumettre. Le tarif ne fut donc applicable qu'aux marchandises sortant des provinces des cinq grosses fermes ou y entrant, et il fallut pourvoir par un tarif différent, celui de 1671, aux douanes de la frontière.

Si Colbert fut contraint de laisser subsister les douanes intérieures, et même quelques traites provinciales isolées, comme celles de La Rochelle, de Péronne, de Calais, de Boulogne, il fit du moins disparaître, dans l'enceinte des provinces des cinq grosses fermes, tous les péages seigneuriaux et la plupart des péages provinciaux [1]. En outre, il affranchit des droits de douane toutes les marchandises qui sortaient de ces provinces et n'étaient pas destinées à l'étranger. Le commerce intérieur se trouva délivré par là d'un de ses principaux obstacles.

Les provinces réputées étrangères ne jouirent pas du même avantage. Elles conservèrent leurs douanes particulières, même celles de Lyon et de Valence, dont les tarifs furent maintenus; seulement le conseil du roi se réserva d'accorder les franchises qu'il jugeait nécessaires.

Enfin on distingua encore les provinces *traitées comme pays étrangers* : c'étaient l'Alsace et les Trois-Évêchés, auxquels trois villes maritimes, Bayonne, Marseille et Dunkerque, étaient jointes. Ces pays conservaient les communications libres avec l'étranger, parce que les bureaux des traites étaient placés sur la frontière qui les séparait de la

---

[1] L'énumération des droits provinciaux que Colbert supprima, suppression plus difficile que celle des droits seigneuriaux, n'offre pas d'intérêt. Il suffira de citer une seule province comme exemple, l'Anjou. On y percevait, avant la réforme de 1664 : 1° *la traite foraine d'Anjou*, droit de 20 sous tournois sur chaque pipe de vin sortant de la province; 2° *la traite domaniale d'Anjou*, levée au bureau d'Ingrande, à la sortie des cartes, des papiers et des pruneaux; 3° *le trépas de Loire*, sur toutes les marchandises qui remontaient, descendaient ou traversaient le fleuve; 4° *la nouvelle imposition d'Anjou*, sur le vin qui traversait la Loire; 5° un droit de 15 sous par pipe de vin, à l'entrée et à la sortie de la sénéchaussée de Saumur.

France. Dunkerque jouissait d'une franchise complète pour son port (déclaration de 1662); Bayonne et Marseille furent aussi déclarés ports francs, afin que cette franchise y attirât le commerce maritime; mais elle n'y fut pas aussi entière, et quelques-uns des anciens droits locaux de ces deux villes continuèrent d'y être perçus.

Tel fut le résultat des efforts de Colbert pour simplifier le système des douanes françaises. Le produit du droit était affermé, et la recette faite par des receveurs en titre d'office, que surveillaient des contrôleurs à la nomination du fermier. Une ordonnance sur les grosses fermes, rendue en 1687 par le contrôleur général Pelletier, réunit et simplifia encore, sans les changer, tous les anciens usages de cette administration.

On ne voit pas que d'autres changements aient eu lieu sous les successeurs de Colbert. Ils continuèrent d'appliquer le système protecteur et de prendre les avis du commerce sur toutes les questions de douanes. Le commerce obtint de cette manière, sous Pelletier, plusieurs réductions de péages et abaissements de tarifs. On commençait dès lors à chercher dans les tarifs les combinaisons les plus propres à accroître la consommation, et par conséquent les plus productives[1].

Le malheur voulut que dans les dernières années du grand règne aucune partie de l'administration ne fût à l'abri des coups de la fiscalité. Pontchartrain et Chamillart, à bout de ressources, créèrent un assez grand nombre de droits nouveaux. Desmarets doubla même au profit du roi tous les

---

[1] Je renvoie au chapitre XVIII, *Du Commerce*. Voici pourtant quelques faits à l'appui de ces assertions. En 1685, réduction des péages de la Loire; en 1686, diminution de droits sur les grains qui descendent la Saône et le Rhône; en 1687, affranchissement partiel des soieries; en 1701, suppression des droits de sortie pour un assez grand nombre d'objets.

péages de l'intérieur, excepté les octrois des villes, et cette mesure temporaire, prise en 1708, fut exécutée jusqu'en 1714. La suppression des douanes intérieures, réclamée pendant tout le xviii° siècle avec la plus grande énergie par les commerçants et par les économistes, préparée par les vœux et par les édits de Turgot, ne devait être décrétée que par l'Assemblée nationale.

CHAPITRE XII.

RESSOURCES EXTRAORDINAIRES.

Le revenu des différentes classes d'impositions, des tailles ou des aides, des traites ou des gabelles, était extraordinaire dans l'origine, et destiné à subvenir aux dépenses accidentelles. Mais il ne tarda pas à être rendu permanent et consacré à l'acquit des charges permanentes. Il fallut donc recourir pour les dépenses accidentelles à des expédients de finance particuliers, qui prirent depuis le xi° siècle le nom d'affaires extraordinaires.

J'ai déjà cité un certain nombre de ces expédients, qui consistaient tantôt dans la création de nouveaux droits domaniaux, tantôt dans quelque *crue* ajoutée aux anciens impôts. Depuis la fin du xvi° siècle, les gabelles et les traites furent augmentées de préférence, parce que l'augmentation pesait de cette manière sur les privilégiés, à très-peu d'exceptions près.

D'autres taxes n'appartenaient à aucune des deux classes ordinaires des revenus royaux, quoiqu'on essayât souvent de les y ramener. Leur variété infinie et la facilité avec laquelle elles s'établissaient, offrait aux étrangers un grand sujet d'étonnement. L'ambassadeur vénitien qui résidait à Paris en 1561 écrivait à sa république: « En France, les sujets ne professent pas seulement une grande obéissance et une grande affection pour leur prince, ils le vénèrent, ils l'adorent. On peut mettre à contribution leurs biens, leur travail, leur vie, tout ce qu'ils ont, sans craindre de les révolter; c'est comme s'ils étaient des esclaves. Ce dévoûment vaut la peine d'être remarqué, comme une chose unique dans le monde chrétien, comme un des grands fondements de la puissance de ces rois[1]. » Un pareil témoignage rendu, il faut le reconnaître, à l'époque où régnait la théorie des droits royaux et domaniaux, doit être rapproché de cette citation d'un ancien auteur, faite par Limnæus[2] : *Regnum galliæ est pratum florentissimum, in quo pascuntur infiniti ovium greges, aureis velleribus, quæ tonderi possunt, quoties pastori libuerit.* On sait que ce fut sous Louis XIV une opinion admise, sinon expressément professée, par une école de légistes, que le roi était propriétaire des biens de tous ses sujets. Il est vrai que la doctrine contraire fut plus généralement soutenue, et trouva sans cesse des défenseurs dans les États généraux et les Parlements; mais ici la défense même ne prouve que la force de l'attaque. Il y eut des époques où l'abus des expédients extraordinaires fut poussé à ses dernières limites; par exemple, celle de la minorité de Louis XIV. « Sire, disait au roi en 1646 l'avocat général Omer Talon, on a mis des charges et des impôts sur toutes choses imaginables. Il n'est rien resté à vos sujets que l'âme, et si on la pouvait vendre, il y a longtemps aussi qu'on l'aurait mise en vente [3]. »

---

[1] Documents pour l'histoire de France. — Relations des ambassadeurs vénitiens au XVIe siècle.
[2] Limnæus. *Notitia regni Franciæ*, écrite vers 1640.
[3] Bibliothèque royale. Fonds des Cinq-Cents, n° 485.

Le crédit, comme étant la plus importante de ces ressources, mérite qu'on lui consacre un chapitre particulier; mais il est nécessaire de rappeler d'abord, sans prétendre à une énumération complète, quels furent les autres expédients le plus fréquemment employés.

Section Ire. — *Ressources extraordinaires de diverse nature.*

En premier lieu, les rois vendirent aux villes et aux communautés des priviléges [1], aux serfs l'affranchissement, aux roturiers la noblesse [2]. On finit par déclarer que le droit de faire des ventes semblables était attaché au domaine. Aux XIVe et XVe siècles surtout, on trouve de fréquents exemples d'envois de commissaires royaux dans les provinces pour tirer parti de cette ressource [3].

Il en fut de même des ventes d'offices et de celles de lettres de maîtrise [4]. Quand le droit de faire ces ventes eût été déclaré domanial, on rançonna les officiers de finance, on établit des taxes d'aisés. Nous avons un Mémoire où les élus se plaignent à Mazarin (en 1645) d'avoir payé 180 millions de livres depuis vingt ans, et d'en avoir encore à payer 21 millions dans les années suivantes [5]. Ces dernières mesures que l'on exerçait à titre de représailles, n'obtenaient pourtant qu'un rare succès.

Tous les édits bursaux de ce genre émanaient de la seule volonté royale, mais l'enregistrement obligatoire du Parlement les soumettait à une sorte de contrôle.

---

[1] Voir le chapitre VI, *De l'Administration municipale.*
[2] Voir le chapitre III, *De la Noblesse.*
[3] 1351, commission du prieur de Saint-Martin, dans le Languedoc, à cet effet. — 10 février 1445, ordonnance portant qu'aucune lettre d'amortissement, d'affranchissement, de dons ou de priviléges, ne sera donnée sans finance préalable.
[4] Voir le chapitre X, section III, *Des Droits domaniaux.*
[5] L'exagération probable du chiffre ne l'empêche pas d'être significatif.

Les demandes de dons gratuits et d'autres contributions adressées au clergé furent au xvie siècle d'un usage fréquent; mais ces dons gratuits et ces contributions, que l'on ne considéra jamais comme faisant partie du revenu ordinaire, devinrent presque aussitôt une ressource permanente [1].

Enfin, en laissant de côté une foule de créations bursales, dont une seule, l'édit du Toisé [2], mérite d'être mentionnée pour avoir causé le soulèvement de Paris et l'explosion de la Fronde [3], il faut citer comme ressource dont on fit grand usage la loterie, introduite en France en 1539, mais déjà fréquemment employée par les États italiens. François Ier, en créant la loterie royale, déclara que, ne pouvant supprimer les jeux de hasard ni empêcher ses sujets de s'y livrer, il voulait au moins leur en offrir lui-même un dont les inconvénients fussent moins graves, et dont le profit enrichît l'État au lieu d'enrichir des particuliers. La loterie royale eut cependant peu de succès, et l'on fut obligé d'abaisser, dès 1541, le droit trop considérable que prélevait le roi.

D'autres loteries furent encore ouvertes à différentes reprises et à titre d'expédients extraordinaires et momentanés. On voit ainsi la marquise de Rambouillet acheter en 1644 le droit d'établir une *Blanque royale* avec privilége de vingt ans pour l'exploitation [4]. L'Italien Tonti imagine, en 1656, la Tontine royale, pour faire les fonds de la construction d'un nouveau pont à Paris entre le Louvre et le faubourg Saint-Germain ; le produit de cette Tontine formait un capital dont la rente devait être payée aux intéres-

---

[1] Voir le chapitre IV, seconde période.
[2] Ou plutôt l'ordonnance du 16 mars 1644, par laquelle l'édit du Toisé, qui datait de 1548, fut rendu exécutoire.
[3] Emeri voulait forcer tous les propriétaires des bâtiments construits depuis cent ans en dehors de l'ancienne enceinte de Paris, à en payer la valeur au roi ; il prétextait la violation d'un édit royal qui remontait à cette époque.
[4] Fonds Harlai, no 116.

sés leur vie durant ; il était acquis au roi après leur mort. Louis XIV fit ouvrir à l'Hôtel-de-Ville de Paris deux grandes loteries pendant la guerre de la succession d'Espagne, l'une en 1700 et l'autre en 1705. La loterie de 1700 devait réunir un capital de dix millions, faisant au denier vingt 500,000 livres de rente viagère, que l'on distribuait en 475 lots, les plus forts de 20,000 livres et les plus faibles de 300 livres. On émit quatre cent mille billets, valant chacun deux louis d'or. L'État gardait le capital, et s'engageait à payer la rente qui constituait chaque lot. Il fallut, pour attirer le public, attacher à la possession de ces rentes divers avantages, déclarer insaisissables celles qui seraient acquises par des étrangers, ajouter même de nouveaux lots. Mais, après un an d'attente, le produit de la vente des billets n'atteignit pas deux millions. La loterie de 1705, divisée en deux tirages, pour que le prix des billets du second tirage fût accessible à toutes les fortunes, n'eut pas un meilleur succès.

Les loteries présentent au reste, comme les créations d'offices, une grande analogie avec le crédit ordinaire; elles n'étaient, à proprement parler, que des formes particulières de l'emploi du crédit public.

SECTION II. — *Du crédit public.*

§ 1er. Premiers emprunts. Origine de la dette publique permanente. — § 2. Première conversion des rentes par Sully. — § 3. Du crédit sous Louis XIII et jusqu'à la mort de Colbert. Nouvelle conversion des rentes. — § 4. Du crédit sous les successeurs de Colbert. Quel usage en firent Chamillart et Desmarets.

§ I. — Premiers emprunts. Origine de la dette publique permanente.

L'usage des emprunts paraît aussi vieux que la monarchie, et la plupart des rois, sinon tous, en contractèrent de remboursables à terme.

Cependant, jusqu'au XVIe siècle, ce fut une ressource d'un emploi difficile. L'argent était rare; on trouvait peu de capitaux disponibles; la solvabilité royale n'était pas suffisamment garantie.

En 1315, on voit Louis le Hutin contracter un emprunt, au lieu de continuer à percevoir la subvention établie par son père pour la guerre de Flandre. Les sénéchaux hypothèquent le revenu de leurs sénéchaussées pour le remboursement, et chacun d'eux s'associe un bourgeois notable pour achever l'opération[1]. Toute personne, qu'elle qu'elle fût, était admise à fournir l'emprunt.

Quand les ouvertures avaient été faites sans succès, le roi désignait lui-même les prêteurs et les taxait d'office. C'était chose très-commune dans l'ancienne monarchie que les emprunts forcés, et il n'y eut peut-être pas de mesures arbitraires contre lesquelles les États généraux s'élevèrent plus violemment. Les États de 1355 stipulèrent d'une manière expresse que ni le roi, ni la reine, ni les princes ne pourraient contraindre personne de leur prêter ou faire prêter soit des deniers, soit des denrées[2].

Dans la seconde moitié du xiv° siècle les Juifs devinrent les prêteurs ordinaires des rois, et le besoin des emprunts fut la principale cause des priviléges fréquents qui leur furent accordés depuis. De semblables priviléges furent accordés aussi pour la même raison aux banquiers étrangers auxquels le séjour de la France avait été généralement interdit.

Un des emprunts les plus considérables fut celui que Charles VIII contracta lors de son départ pour l'Italie. Il offrait aux prêteurs un intérêt de dix pour cent. Sa lettre aux États de Languedoc contient une menace de contrainte en cas de refus ou de délai; il paraît que les autres provinces

[1] Du moins les choses se passèrent-elles ainsi dans la sénéchaussée de Lyon.
[2] Ordonnance du 28 décembre 1355. J'ai cité au chapitre du Domaine un exemple d'emprunt forcé de l'an 1463.

avaient reçu des lettres semblables. Nous avons aussi la lettre circulaire qu'il écrivit aux évêques pour déterminer le clergé à fournir un emprunt remboursable dans le délai d'un an : l'expédition était représentée comme une croisade.

Ce fut à partir du règne de François Ier, que l'État se trouva chargé d'une dette permanente. François Ier créa en 1535 les premières rentes sur l'Hôtel-de-Ville de Paris, et il affecta à leur paiement certaines parties des revenus royaux. Quatre ans plus tard, en 1539, il déclara ces rentes rachetables au prix de la constitution, et, si ce prix n'était pas déterminé, au denier quinze. Au reste, les constitutions avaient lieu pour la plupart à un taux supérieur.

Le XVIe siècle peut être regardé comme l'ère du crédit public des gouvernements. Cependant le mode d'émission des emprunts se ressentait encore des traditions du moyen âge et n'attestait pas une confiance bien grande de la part des particuliers. Ainsi, lorsqu'en 1553 [1], Henri II créa des rentes pour 490,000 livres, il défendit aux notaires de passer aucun contrat excédant dix livres de rente entre particuliers, tant que l'emprunt n'aurait pas été rempli ; en d'autres termes il ne tolérait que les placements de capitaux sur l'État. La même année [2], il emprunta encore 300,000 livres tournois, mais au denier douze, et il obligea chacune des principales villes du royaume à payer une part déterminée de cette somme. En 1558, autre emprunt ; les personnes riches furent taxées d'office. Henri II créa même dans chaque évêché une charge vénale, celle de receveur des deniers des emprunts [3].

Le paiement des rentes fut pendant tout le XVIe siècle très-irrégulier. Il n'y eut guère d'année où l'État ne retranchât un ou plusieurs quartiers d'arrérages, et l'on eut des exemples d'interruption complète de paiement. Cela entraî-

---

[1] Janvier 1553. — [2] Juillet 1553. — [3] En 1557.

naît dans les villes et surtout à Paris un grand désordre des fortunes particulières ; les titres de rente devenaient l'objet d'un agiotage dont les victimes adressèrent au roi et au Parlement les plaintes les plus violentes comme les plus inutiles. Le gouvernement se contenta d'accorder aux acheteurs divers priviléges. Les rentes acquises par les étrangers furent déclarées tour à tour exemptes du droit de représailles, du droit de lettres de marque, du droit d'aubaine[1].

Il était inévitable que les rentes sur les Hôtels-de-Ville fussent constituées à un taux élevé ; elles le furent pour la plupart au denier douze et même au denier dix. On ne put les émettre au denier seize. On essaya de fixer à ce dernier taux le maximum d'intérêt des transactions particulières ; mais on reconnut, après une expérience de deux ans, que l'ordonnance rendue à cet effet était impraticable[2].

La dette publique permanente n'en fit pas moins de rapides progrès. En 1560, lors de la réunion des États généraux d'Orléans, elle s'élevait déjà au chiffre de quarante-trois millions, en y comprenant, il est vrai, les revenus aliénés qu'on était dans l'intention de racheter. Alors Lhôpital proposa de demander au clergé les fonds nécessaires pour l'amortir et pour racheter les aliénations[3]. En effet, un contrat fut passé avec le clergé dans l'assemblée de Poissy en 1561. Le clergé s'engagea à payer une rente annuelle d'un million six cent mille livres ; cet engagement, conclu pour six ans, fut renouvelé à son expiration, en 1567, et la rente se convertit en un don gratuit permanent, voté par les représentants de l'ordre ecclésiastique. Mais le clergé fit

[1] Ordonnances de 1569 et de 1586.
[2] Ordonnance de 1572, rapportée en 1574. Elle défendait aux particuliers de se constituer des rentes entre eux à un taux plus élevé que 6 p. 0/0.
[3] Voir le chapitre IV, *De l'Église*.

encore en mainte circonstance les fonds de rentes nombreuses, c'est-à-dire, s'obligea de payer sur ses revenus propres les intérêts de capitaux versés entre les mains du roi [1] ; il dut même engager souvent dans ce but le temporel de ses bénéfices. En retour, il stipula divers priviléges ; il obtint que les biens qu'il engageait fussent déclarés rachetables dans l'année (déclaration de 1563) ; il présenta des listes de griefs, auxquels plusieurs ordonnances, rendues sous Charles IX et sous Henri III, accordèrent une satisfaction plus ou moins complète.

§ II. — Première conversion des rentes par Sully.

Lorsque Henri IV eut terminé les guerres de religion et rétabli la paix générale, Sully diminua le taux légal de l'intérêt et entreprit une réduction des rentes.

Le taux légal de l'intérêt fut fixé au denier seize [2], diminution qu'expliquent suffisamment le retour de la paix et la réapparition des capitaux. Outre ces raisons, Sully en avait une autre toute politique ; comme les fonds de terre donnaient un revenu moins élevé, il craignait que la concurrence dangereuse des rentes n'engageât les nobles à se dé-

---

[1] Voici le tableau des rentes que le clergé s'engagea de payer, sous le règne de Charles IX : mars 1562, au prévôt des marchands et aux échevins de Paris, 200,000 livres ; octobre 1562, aux mêmes, 100,000 l. ; juin 1563, aux mêmes, 12,000 l. ; avril 1564, aux mêmes, 60,000 l. ; septembre 1564, aux mêmes, 76,000 l. ; août 1566, aux habitants de Rouen, 250,000 l. ; 1566, au prévôt des marchands et aux échevins de Paris, 26,000 l. ; mars 1567, aux mêmes, 33,000 l. ; août 1570, aux mêmes, 100,000 l. ; août 1571, aux mêmes, 30,000 l. ; décembre 1572, aux mêmes, 100,000 l. ; 1572, à la chambre des comptes, 30,000 l. ; septembre 1573, au prévôt des marchands et aux échevins, 150,000 l. ; en juin 1574, après l'avénement d'Henri III, aux mêmes, 12,000 l. Trois fois avaient eu lieu des aliénations de biens d'église, en 1563, en 1564 et en 1568. Sous Henri III, en 1580, le clergé s'imposa encore pour faire un fonds d'amortissement. Fonds des Cinq-Cents de Colbert, n° 188.

[2] Ordonnance du 31 juillet 1601.

pouiller de leurs fortunes territoriales, ce qui aurait tôt ou tard ruiné leur prépondérance. Il refusait aussi de voir dans une fortune constituée en rentes autre chose qu'un aliment pour l'oisiveté, et il ne trouvait pas bon que l'on pût tirer un tel profit de son argent « sans peiner, travailler ni risquer. »

Pour la question de réduire les rentes au denier seize, elle fut agitée dès son entrée au conseil des finances. On prit sur ce sujet les avis des corps les plus éclairés et les plus considérables de l'État. Les partisans de la réduction qualifiaient d'usuraire le bénéfice des rentiers qui recevaient plus de huit et un tiers pour cent, et citaient à ce propos un fait remarquable, c'est que déjà en Allemagne on regardait comme avantageux un placement à cinq pour cent avec hypothèque sur un immeuble. Quant au remboursement, il était inattaquable en droit, puisque la faculté de rachat avait été stipulée dans tous les titres constitutifs.

Les rentiers de Paris, dont le bénéfice était d'ailleurs très-souvent fictif, par suite du défaut de paiement, s'alarmèrent et implorèrent le Parlement pour prévenir la réduction; les échevins servirent d'interprètes à ces réclamations. Le Parlement donna et répéta plusieurs fois aux receveurs de rentes l'ordre de payer intégralement les arrérages[1]. En 1600, le prévôt des marchands se fit lui-même l'organe de ces plaintes; une terreur panique s'était répandue dans toute la ville.

Mais Sully, dont la volonté était très-arrêtée, rédigea dès cette même année un premier projet de réduction. Il classait les rentes en diverses catégories suivant la faveur qu'elles méritaient, fixait pour chacune de ces catégories un chiffre de remboursement, et imputait sur le capital d'une partie d'entre elles les arrérages perçus, le gouvernement devant,

---

[1] Le 13 août 1596, le 23 avril 1597, et le 18 février 1598.

selon lui, exercer la répétition de l'indû, puisqu'il avait été lésé dans les titres constitutifs[1]. A quoi les adversaires de la mesure répondaient que l'État devait exécuter à la lettre des traités qu'il avait signés en connaissance de cause.

En 1602, un premier édit réduisit toutes les anciennes rentes au denier seize.

En 1604, Sully rédigea un nouveau plan qu'il nous a conservé dans ses *Économies royales*, et qui était plus rigoureux que celui de l'an 1600. Outre la réduction géné-

---

[1] Voir ce projet dans le Fonds des Cinq-Cents de Colbert, n° 41. On le trouve annoté de la main même de Sully dans le Fonds Dupuy, n° 389. Sully établit d'abord en principe que nulle rente constituée sur un chapitre de la recette ne serait reportée sur un autre. Cela posé, il consentit à payer au denier douze toutes les rentes légitimement constituées, antérieures à l'an 1575, et dont le capital avait été versé originairement tout entier dans la caisse de l'Etat. Les rentes constituées depuis 1575 à un tiers de dette, c'est-à-dire pour lesquelles il n'avait été versé que les deux tiers du capital en argent, devaient être servies, pour les deux premiers tiers, au taux de l'acte constitutif, et pour le troisième au denier seize. Les rentes constituées à moitié ou tiers de dette étaient réduites pour cette moitié au denier dix-huit, pourvu qu'elles fussent restées aux mains du premier acquéreur; sinon, elles étaient réduites au denier vingt. Le remboursement était de droit et devait avoir lieu dans tous les cas, pour la valeur entière du capital nominal.

Sully rangeait dans une seconde catégorie les rentes qu'il voulait éteindre forcément, mais il proposait de déduire du capital à rembourser tout ou partie des arrérages perçus, suivant le degré de faveur que méritaient les contrats. Il déduisait tous les arrérages quand la rente était constituée pour dons, pensions ou même arrérages d'autres rentes; quand elle l'était en blanc ou en vertu de brevets et de lettres closes sans édit vérifié; quand elle l'était en faveur des conseillers du roi, auteurs des édits, des membres des cours souveraines chargées d'en faire la vérification, des prévôts des marchands, échevins des villes et autres. Si l'on n'avait fait qu'excéder les termes des édits constitutifs, la rente était réduite à ces termes, et l'on déduisait le surplus des arrérages perçus. Enfin, les rentes constituées argent comptant pour remboursement d'offices dont les titulaires avaient disposé, étaient réduites au denier quatorze; pour paiement de gens de guerre étrangers au denier vingt, et de gens de guerre français au denier vingt-cinq.

rale des anciennes rentes au denier seize, il proposait de réduire au denier dix-huit, au denier vingt, au denier vingt-cinq, les rentes constituées depuis 1575 à un tiers, moitié ou deux tiers de dette. Les dispositions relatives au remboursement et à l'imputation des arrérages sur le capital étaient les mêmes.

Henri IV réunit, au mois de décembre 1604, pour exécuter cette opération, une assemblée composée d'officiers de toutes les cours souveraines et de conseillers d'État. Le gouvernement ne pouvait se dissimuler la violence de sa conduite : il manquait aux engagements qu'il avait pris et ne se justifiait que par la nécessité de prévenir une banqueroute générale, « chose, disait le roi dans son exposé de motifs [1], que je veux éviter de toute ma puissance. » L'opposition fut très-vive : elle avait à sa tête le prévôt des marchands de Paris, Miron, qui s'éleva à la fois contre la réduction des rentes au denier seize, et contre le retranchement des arrérages de celles dont les commissaires avaient reconnu la validité [2]. Il cria d'autant mieux à la spoliation que depuis longtemps le gouvernement ne payait plus ou payait mal. « Les arrérages, disait Miron, se retranchent assez d'eux-mêmes par l'impuissance du paiement qui a été discontinué depuis l'an 1586, qui sont dix-neuf ans que l'on n'a entièrement payé des recettes générales que deux années et demie, et du sel et du clergé que cinq années et demie, de façon qu'il reste dû soixante millions sept cent soixante mille livres au peuple. » Le fait n'est pas seulement attesté par le prévôt des marchands; il l'est par les déclarations royales qui réduisent d'un tiers tous les arrérages échus pendant les années de troubles, c'est-à-dire du 1ᵉʳ janvier 1589 au 31 décembre 1593, et étendent succes-

---

[1] Harangue manuscrite, Fonds Dupuy, n° 89.
[2] Fonds Dupuy, n° 240.

sivement cette réduction jusqu'aux arrérages échus en 1595, sous prétexte que 1595 était encore une année de troubles [1]. Les rentiers avaient donc quelque raison de se prétendre plongés dans la misère ; ils n'espéraient d'ailleurs pas une plus grande exactitude dans le paiement des rentes ainsi réduites, et ils craignaient que l'État n'autorisât les particuliers à opérer sur les rentes dont ils étaient débiteurs une semblable réduction.

Les autres objections dirigées contre le projet de conversion se réduisaient aux deux suivantes. Tout le poids de la conversion tombait sur la bourgeoisie dont les rentes formaient le principal revenu, et la nomination de commissaires pour exécuter cette mesure constituait une illégalité dans un royaume *légitime*, c'est-à-dire où la loi était au-dessus du roi. On demandait donc que l'exécution fût confiée aux juges ordinaires [2].

Pourtant le remboursement et la réduction s'accomplirent sans de trop grandes peines. Ce fut de toutes les opérations de Sully celle qui allégea le plus les charges du trésor. En 1607, on avait déjà racheté un capital de quatre-vingt-huit millions. Sur ces quatre-vingt-huit millions, plus de treize millions avaient été rachetés à des seigneurs, des villes, des communautés et même des particuliers pour les traités de la Ligue.

§ III. Du crédit sous Louis XIII et jusqu'à la mort de Colbert. Nouvelle conversion des rentes.

Pendant le règne de Louis XIII, les créations de rentes sur les fermes générales ou sur le clergé furent très-commu-

---

[1] Voir deux déclarations royales du 8 juillet 1594 et du 16 avril 1595. Fonds des Cinq-Cents de Colbert, n° 14, fol. 378 et 384.
[2] Voir dans le Fonds Dupuy, n° 240, plusieurs mémoires, entre autres celui d'un avocat nommé Léchassier.

nes. Il y en eut presque tous les ans [1] et sous tous les ministères. On doit croire que les paiements se firent d'une manière plus régulière, car les plaintes ne sont pas aussi fréquentes sur ce sujet que dans l'époque précédente [2]. La diminution de l'intérêt légal devait être la conséquence naturelle de tout progrès dans le crédit ; aussi les notables de 1617 proposèrent-ils de l'abaisser au denier vingt. Mais ce taux était beaucoup trop bas pour le temps, et ne pouvait être admis encore dans les prescriptions légales.

Sans parler des emprunts extraordinaires pour lesquels d'Effiat, lors de son arrivée à la surintendance, trouva des contrats passés même au denier cinq, les rentes ordinaires continuèrent d'être créées au denier seize. En 1634, une déclaration royale porta qu'elles le seraient désormais au denier dix-huit ; aussitôt des protestations s'élevèrent et le Parlement n'enregistra qu'après avoir reçu des lettres de jussion ; on craignait sans doute que cette mesure ne devînt le prétexte d'une conversion nouvelle. Les huit millions de rentes qui furent créées alors, au moment où la France allait intervenir dans les affaires d'Allemagne et prendre part à la guerre de Trente ans, ne purent être vendues à ce prix ; force fut de leur donner un intérêt plus élevé ; on désigna même, au défaut d'acheteurs volontaires, des acheteurs d'office ; car en 1639, les rentes se vendaient au denier quatorze, et l'on forçait les officiers royaux qui avaient refusé de payer l'annuel d'en acheter à ce prix. Ces emprunts forcés, qu'on appelait aussi taxes d'aisés, semblaient un ingénieux moyen de réparer l'injustice du privilège, mais l'arbitraire et l'inégalité de leur répartition mécontentèrent vivement la noblesse : ce fut à coup sûr une des causes qui contribuè-

---

[1] Entre autres en 1621, 1624, 1626, 1632, 1634, 1639.
[2] Voir pourtant quelques plaintes de ce genre en 1616 (Fonds des Cinq-Cents, n° 212), et en 1639 (idem, n° 214).

rent à augmenter le nombre des ennemis de la cour pendant la Fronde.

La dette publique se trouva donc très-élevée à la mort de Richelieu, et elle ne fit que s'élever encore sous le gouvernement de Mazarin. On continua de créer sans cesse des rentes nouvelles sur les Hôtels-de-Ville et sur les différentes fermes des impôts; il y en eut même de constituées sur la ferme des octrois de Paris.

Les paiements redevinrent à cette époque plus irréguliers que jamais. Lorsque la guerre civile de 1648 éclata, les rentiers qui avaient subi le retranchement de plusieurs quartiers assiégèrent le Parlement et le firent retentir de leurs plaintes. Plusieurs arrêts furent alors rendus dans le but d'assurer ces paiements. Quelques mois après, le roi, redevenu maître, déclara que les arrérages des rentes seraient toujours acquittés sur le produit des différentes fermes avant les dépenses publiques auxquelles ces fermes étaient affectées (1649). Cela n'empêcha pas qu'il n'y eût encore des retards, puisqu'on voit, dès 1650, les intéressés aux prêts et avances présenter une requête au conseil, et invoquer la fidélité de Louis XIV à ses engagements, comme la condition première du crédit public[1].

Colbert trouva, comme Sully à son avénement, une dette fort élevée, et employa les mêmes moyens pour la réduire, malgré les plaintes des rentiers[2], auxquels le conseil de l'Hôtel-de-Ville et les cours souveraines s'étaient empressés de servir d'organe. Il ordonna en 1663 le remboursement des rentes créées depuis 1656, cette année comprise : tous les traitants et acquéreurs furent tenus de faire valider leurs titres par la chambre de justice. Ensuite il supprima (le 9 décembre 1664) les rentes qu'on appelait les huit millions, et

---

[1] Fonds Dupuy, n° 754.
[2] Lettres patentes du 4 avril 1663.

que Richelieu avait créées sur les tailles, en 1634 : celles qui étaient constituées sur les cinq grosses fermes, les gabelles et les aides, durent être remboursées au denier dix-huit[1].

En 1665, on abaissa le taux de l'intérêt et on le réduisit du denier dix-huit au denier vingt. La dépréciation de l'argent et la nécessité de diriger les capitaux vers le commerce et l'industrie furent les causes de cette mesure. Il n'y eut d'excepté de la règle que l'intérêt en matière commerciale. Toute infraction devait être punie par la confiscation du principal au profit des hôpitaux[2].

Cependant Colbert, forcé de recourir au crédit pendant la guerre de 1672, ne put emprunter qu'au denier dix-huit. Il admit alors les étrangers à l'achat des rentes sur l'Hôtel-de-Ville, qui n'avaient été vendues qu'aux nationaux (1673). Il établit pour quelque temps, en 1674, une banque de dépôt, où les capitalistes purent placer leur argent et le reprendre à volonté, avec la certitude de recevoir un intérêt de cinq pour cent. Il subvint de cette manière aux frais de la guerre de Hollande; mais, s'il connaissait toute la puissance du crédit, il le regardait comme une de ces armes dont les hommes peu exercés ne calculent pas la portée et qui frappent ceux qui s'en servent. Il craignait surtout qu'elle ne devînt dangereuse entre les mains d'un roi aussi entre-

---

[1] La plupart des mesures prises alors avaient plus ou moins le caractère de représailles; quelques-unes avaient un effet rétroactif, et la seule excuse de leur rigueur évidemment injuste, était de frapper des spéculations presque toutes déloyales. Ainsi, les remboursements d'anciennes rentes accomplis pendant les dernières années, en remontant jusqu'en 1630, furent soumis à une révision, et beaucoup de ceux qui en avaient profité, durent restituer en tout ou en partie. On se fondait sur ce qu'un grand nombre de ces remboursements avaient été obtenus par faveur ou par des moyens illégaux.

[2] Édit de 1665 renouvelé en 1679. « Il fallait, disait-on, mettre quelque sorte de proportion entre l'argent et les choses qui tombent dans le commerce. »

prenant que Louis XIV. Il disait au premier président de Lamoignon qui avait engagé Louis XIV à recourir : « Voilà la carrière ouverte aux emprunts, par conséquent à des dépenses et à des impôts illimités. Vous en répondrez à la nation et à la postérité. »

§ IV. — Du crédit sous les successeurs de Colbert. Quel usage en firent Chamillart et Desmarets.

Les événements qui se passèrent sous les successeurs de Colbert justifièrent ses craintes. Un plus grand mouvement d'affaires, la circulation plus rapide de l'argent, l'essor que le commerce et l'industrie venaient de prendre [1], tout permettait d'étendre le crédit ; aussi ne tarda-t-il pas à devenir la ressource habituelle des guerres, et à tenir dans les affaires extraordinaires la première place.

Son emploi le plus commun consista dans les créations de rentes et d'offices. Ces créations devinrent surtout fréquentes sous le ministère de Pontchartrain ; on émit, par exemple, une grande quantité de rentes viagères sur l'État, rentes qui furent payables dans les provinces comme à Paris. On constitua, au profit du roi, plusieurs tontines ; celle de 1689 fut la plus considérable : l'État avait reçu les fonds de 1,400,000 livres de rentes viagères, au paiement desquelles on affecta le revenu des gabelles et des cinq grosses fermes, même de préférence au trésor public.

La plupart des rentes ou des charges créées à cette époque le furent à un intérêt moyen de 9 p. 0/0. La circulation diminuait donc, et les fréquents appels de fonds faits par le gouvernement ne pouvaient que contribuer à déterminer une crise financière. Cependant il ne sera pas inutile de rappeler que cette crise n'empêchait pas le développement rapide du crédit et des affaires de banque. Ce qui le prouve,

---

[1] Voir le chapitre XVIII, *Du Commerce*.

c'est que les bourses des villes commencèrent dès ce temps-là même à s'établir, et que le gouvernement s'empara de l'institution des agents de change pour lui donner un caractère officiel. Les *agents de change, banque, commerce et finance*, c'est ainsi qu'on les désignait, existaient depuis longtemps, mais au rang d'officiers subalternes. Chamillart supprima tous leurs offices (décembre 1705) et en créa aussitôt de nouveaux à un prix supérieur, afin de mettre ce prix en rapport avec le nombre et l'importance croissante des affaires confiées aux possesseurs de ces offices. Il déclara même que les fonctions d'agents de change ne feraient pas déroger [1].

Chamillart fit encore du crédit un autre usage que celui des créations de rentes et d'offices. Il fit d'abord émettre, en 1701, des billets à terme, par le directeur des monnaies, et pendant deux ans le paiement de ces billets fut régulier. Ensuite, en 1702, il créa une caisse d'emprunt, sur le modèle de celle que Colbert avait autrefois établie, mais avec moins de succès, le taux de l'intérêt étant de 8 p. 0/0. Au jour fixé pour le remboursement, le 1er avril 1705, on ne put rembourser en argent qu'une moitié des billets de cette caisse. Ces billets tombèrent alors dans le discrédit; l'État lui-même ne les reçut que pour moitié de la valeur d'émission; on crut les relever en ordonnant aux particuliers d'en recevoir dans tous les paiements qui dépasseraient quatre cents livres une quantité proportionnelle à la somme totale; mais cette ordonnance, qui les excluait du paiement des sommes inférieures, ébranla d'un côté le crédit qu'elle voulait affermir de l'autre. Les billets de la caisse d'emprunt, complétement dépréciés, passèrent alors entre les mains de capitalistes et de spéculateurs qui les achetèrent à bas prix

---

[1] Il est vrai que les charges nouvelles d'agents de change dans les provinces furent supprimées en 1707, probablement faute d'acheteurs.

pour attendre des temps meilleurs. Cette première banqueroute partielle eut donc pour effet d'amener une crise et de favoriser un inévitable agiotage.

En 1707, on essaya de relever le crédit en changeant les billets contre des inscriptions de rente; toutefois on mit pour condition à leur validité qu'ils seraient de nouveau soumis au timbre et au *visa* du prévôt des marchands. On s'assura de cette manière qu'il en restait de valables pour 72 millions; le reste fut décrié. Mais l'ordre de faire en billets le quart de tous les paiements, et l'émission de nouvelles monnaies dont on exagérait la valeur, portèrent au crédit de nouveaux coups et aggravèrent la situation.

Tout semblait désespéré lorsque Desmarets, entrant au ministère, trouva moyen de ranimer quelque peu la confiance publique. Voici les principales ressources qu'il employa.

Il institua, en 1708, une caisse centrale du trésor; le trésor, par suite du progrès de la centralisation, recevait alors la plus grande partie du revenu, et acquittait la plus grande partie de la dépense ordinaire. On espérait donc qu'il trouverait un crédit complet, et en effet, cette caisse, administrée par les receveurs généraux, émit des billets qui furent très-recherchés. Ensuite, pour libérer les revenus de l'année, Desmarets reporta les assignations qui devaient en absorber une partie sur les exercices suivants; mais le malheur voulut que les exercices suivants se trouvassent, de cette manière, entamés, et que les dépenses de la guerre, qui, réunies, atteignirent presque 150 millions, obligeassent de faire encore pour 80 millions d'affaires extraordinaires. Forcé d'en passer par ces affaires extraordinaires, qui consistèrent pour la plupart en avances des banquiers et des entrepreneurs de fournitures, Desmarets réussit au moins à obtenir des conditions plus avantageuses, en réglant les termes d'échéance auxquels ces avances seraient remboursables, et en promettant de veiller à l'exactitude des paiements (19 février 1709).

La rigueur de l'hiver de 1709, la disette et la cherté des grains, jetèrent le pays dans de nouvelles perplexités. On ne put échapper à la banqueroute qu'au moyen d'une ressource inespérée, c'est-à-dire par l'achat de 30 millions d'or et d'argent, qu'une flotte marchande venait d'apporter à Saint-Malo. L'État en paya la moitié au comptant et l'autre moitié par des billets produisant un intérêt de 10 p. 0/0. Il refondit ensuite les anciennes espèces en retirant de la circulation des sommes considérables pour le paiement desquelles il reçut un sixième en billets. Quarante-trois millions de papier, suivant le calcul de Desmarets, furent retirés ainsi. Seulement l'État, pour s'indemniser, éleva le prix des espèces nouvelles qu'il mit dans la circulation, mesure digne d'un autre temps, et qui ne pouvait produire aucun bien, parce qu'elle ne pouvait tromper personne [1].

En 1710, Desmarets décida les receveurs généraux, administrateurs de la caisse de régie, à se charger de la gestion des affaires extraordinaires, sans prendre de remise, et sans autre bénéfice que l'intérêt de leurs avances. La suppression des remises et des sous pour livres devait rendre ces affaires extraordinaires moins onéreuses.

Cependant jamais les circonstances n'avaient été plus difficiles. Il avait fallu, pour empêcher la famine, diminuer la taille de plus de dix millions, abaisser partout les droits d'entrée sur la viande et sur les boissons, faire venir des grains de l'étranger. L'État avait dû se charger lui-même de la fourniture des vivres pour les troupes, et ne laisser aux munitionnaires que le soin des autres fournitures et des convois. Enfin dans l'impossibilité de faire face à toutes les dépenses, on avait retardé le paiement des gages des cours souveraines, et retranché six mois des arrérages de rentes.

[1] Voir la section III de ce chapitre.

Desmarets, après avoir décidé Louis XIV à établir le dixième [1], entreprit trois choses, de retirer de la circulation des anciens billets, ou plutôt d'en réduire l'intérêt s'il était exorbitant, d'assurer le crédit des nouveaux, et de réduire les rentes.

Tous les anciens billets avaient été déjà convertis par Chamillart en billets de la caisse des emprunts. Dès le mois de février 1709, cette caisse avait cessé de payer d'intérêts ou de rembourser de capital. Le 14 octobre 1710, Desmarets ordonna que les intérêts fussent annuellement payés; il les réduisit d'une manière uniforme à 5 p. 0/0, et ajourna pour quatre ans toutes les promesses de remboursement. Deux mois après (21 décembre), il décida que les intérêts à 10 p. 0/0 et au-dessous, déjà échus et non payés, seraient joints au capital des promesses dont le remboursement intégral aurait lieu aussitôt la paix conclue. En 1713, on régla que 500,000 livres de promesses seraient tirées au sort chaque mois et remboursées en attendant la paix définitive. Toutes les assignations tirées par avance sur les revenus de 1711, de 1712 et de 1713, furent converties également en rentes 5 p. 0/0, quel que fût le taux primitif de leur constitution.

On réduisit donc à une mesure ordinaire et commune ce que l'intérêt des anciens billets pouvait avoir d'exorbitant. On annula les anciens contrats sous prétexte de lésion, et comme la réduction ne frappait guère que les spéculateurs, elle fut acceptée sans grande peine.

Mais il fallait soutenir les nouveaux billets, et la précédente réduction avait achevé le discrédit de la caisse des emprunts; on songea, dans cet embarras, à mettre à profit le crédit de la caisse centrale du trésor ou caisse de régie. Desmarets veilla avec le plus grand soin au maintien de ce crédit. Une exactitude scrupuleuse présida aux rentrées et aux paiements.

[1] Voir le chapitre qui précède.

Enfin la conversion des rentes eut lieu en 1713 (octobre). Toutes celles qui avaient été constituées à un prix supérieur furent uniformément réduites au denier quinze. Pour le capital à rembourser, on établit les distinctions suivantes.

Les rentes constituées à titre perpétuel antérieurement à 1706, ou par quelques édits spéciaux plus récents, conservèrent le capital nominal porté sur les contrats de constitution ; on ajouta en outre à ce capital les arrérages échus et non payés. Si pourtant ces rentes étaient sorties des mains de leurs premiers acquéreurs, on les traitait moins favorablement, et on faisait une réduction d'un quart sur le capital.

Les rentes constituées depuis le mois d'avril 1706, ayant été acquises pour la plupart en échange de billets, étaient traitées moins favorablement encore ; on réduisait leur capital aux trois cinquièmes.

Le capital des rentes viagères constituées depuis 1710 fut réduit à la moitié, et de celles constituées depuis 1702 aux trois cinquièmes. Enfin le capital des rentes créées par les tontines fut réduit de moitié, dans les cas où il était remboursable.

Comme depuis quatre ans on ne payait que six mois d'arrérages chaque année, il en était dû pour deux ans en 1713. On régla donc que tous les arrérages dus au 1er janvier 1714 formeraient un capital nouveau portant quatre pour cent d'intérêt, et les nouvelles rentes ainsi émises s'élevèrent au chiffre de trente millions.

On atténua par des exemptions partielles, dans les cas qui méritaient plus de faveur, ce qu'une telle mesure pouvait avoir de trop évidemment injuste [1]. Les rentiers mur-

---

[1] Ainsi les ingénieurs et les entrepreneurs de fortifications avaient fait des avances assez considérables, et on les avait forcés de changer les billets qu'ils avaient reçus alors contre des inscriptions de ren-

murèrent ; mais la paix d'Utrecht venait d'être signée, et la joie publique qu'elle fit naître étouffa ces murmures.

Malgré cette banqueroute partielle et les mesures précédemment prises, des créations de rentes multipliées empêchèrent le rétablissement complet du crédit. Il faut remarquer que l'on fit, en 1714, pour les rentes que l'on créait sur la capitation et le dixième, un fonds d'amortissement, ce qui était chose à peu près nouvelle. La caisse des receveurs généraux soutint son crédit jusqu'en 1715 ; mais elle avait encore à payer, malgré la réduction, une somme énorme d'arrérages ; elle finit par succomber, et le gouvernement, ainsi privé de sa principale ressource, se vit sans aucune espèce de crédit lorsque Louis XIV mourut.

Desmarets, dans le rapport au roi, où il exposait ses vues pour le rétablissement des finances, évaluait la dette à plus de cinq cents millions, et les fonds aliénés à plus de soixante millions, sans y comprendre les sommes dues par la caisse des emprunts[1]. Il espérait couvrir les soixante millions de fonds aliénés avec le produit d'une contribution extraordinaire du clergé, des pays d'États, des villes, des provinces et des généralités. Mais le rétablissement de la fortune publique devait être surtout l'œuvre du crédit, et les expériences de Law, plus hardies que les opérations de Desmarets, signalèrent à cet égard, malgré les vices que nous leur reconnaissons aujourd'hui, les progrès croissants de la science financière.

---

tes. Le capital de ces rentes, au lieu d'être réduit de deux cinquièmes, ne le fut que d'un seul.

[1] Cela ferait, suivant le calcul le plus modéré, plus de quinze cents millions de notre monnaie.

CHAP. XII. — RESSOURCES EXTRAORDINAIRES. 143

SECTION III. — *Des monnaies.*

§ 1er. Le droit de battre monnaie est enlevé aux seigneurs et devient droit royal exclusif. — § 2. Administration des monnaies royales. — § 3. Principales règles du système monétaire. Altération et affaiblissement de la monnaie. — § 4. Décri des monnaies étrangères et défense d'exporter les monnaies françaises. — § 5. Dépréciation successive des monnaies. — § 6. Modifications introduites sous le règne de Louis XIV.

§ I. — Le droit de battre monnaie est enlevé aux seigneurs et devient droit royal exclusif.

Le droit de battre monnaie fut d'abord un des droits régaliens que chacun des grands feudataires du moyen âge exerçait comme attaché à sa seigneurie. Mais les rois cessèrent de très-bonne heure de leur en reconnaître le plein exercice. On voit, d'après une ordonnance de saint Louis de 1262, que le roi frappait seul la monnaie d'or et d'argent ; les barons ne frappaient que de la monnaie de cuivre. La monnaie royale devait avoir cours dans toute la France ; celle des barons ne pouvait être reçue que dans la seigneurie où elle avait été fabriquée [1]. Enfin la contrefaçon de la monnaie royale était punie des peines les plus sévères : les délinquants devaient être bouillis tout vifs ; celle de la monnaie seigneuriale entraînait des peines moins fortes. Si le roi défendait de donner cours dans son domaine à la monnaie de ses barons, à plus forte raison étendait-il la même défense aux monnaies étrangères [2]. Philippe le Hardi ordonna aux

---

[1] C'est à peine si l'on trouve dans la longue série des ordonnances quelques exemples de dérogations à cette règle. En 1410, Charles VI permet, sous certaines conditions, de donner cours en France à la monnaie du Dauphiné ; mais la monnaie du Dauphiné était déjà monnaie royale.

[2] Saint Louis défend le cours des esterlins ou monnaies frappées par le roi d'Angleterre ; mais le roi d'Angleterre était son vassal.

baillis d'*abattre* toute monnaie frappée contrairement à ces dispositions.

Le droit de battre monnaie, qui était d'ailleurs un des signes les plus apparents de la souveraineté, fut donc restreint dans son exercice pour ceux des grands vassaux qui le conservèrent. Les monnaies de chaque seigneur durent porter des deux côtés une empreinte différente de celle que portaient les monnaies du roi ou des autres seigneurs[1]. Philippe le Bel fit plus : il en suspendit, 1313, le droit des barons; il l'enleva même à beaucoup d'entre eux, et ses fils, Philippe le Long, Charles le Bel, l'achetèrent à plusieurs autres.

Des hôtels des monnaies, à la tête desquels furent placés des officiers spéciaux (*magistri monetarum*) s'élevèrent dans les principales villes du domaine, puis successivement dans toutes les provinces réunies à la Couronne[2].

Quelques villes obtinrent au xive siècle le droit de frapper de la monnaie, même d'or et d'argent[3], mais c'étaient des concessions isolées et qui furent retirées plus tard.

Depuis le règne de Charles V les officiers royaux prétendirent que les seigneurs qui battaient monnaie n'exerçaient ce droit que par délégation. Charles V défendit au duc de Bretagne de placer son nom sur l'exergue de ses monnaies[4], et les commissaires de Charles VI soutinrent qu'il ne pouvait frapper que du billon. Mais ces prétentions eurent assez peu d'effets. Les grands feudataires continuèrent en réalité de frapper de la monnaie d'or et d'argent, jusqu'à ce que leurs fiefs fussent acquis par les rois et annexés au

[1] Ordonnance de janvier 1316.
[2] Fondation d'hôtels de monnaies à Saint-André, près Avignon, en 1367; à Poitiers et à La Rochelle, en 1372.
[3] Priviléges de Villefranche du Rouergue, confirmés en 1373.
[4] Mandement de 1374 pour la fabrication des monnaies en Bretagne. Le roi veut que l'on substitue sur leur exergue les mots de *Moneta Britanniæ* à ceux de *Johannes dux Britanniæ*.

domaine¹. Ce fut Charles VIII qui acheva la centralisation monétaire en étendant à toutes les provinces, même à la Bourgogne, à la Provence et à la Bretagne, les lois qui régissaient les autres monnaies de France.

Plusieurs rois, et Charles VI entre autres, accordèrent à divers seigneurs, ou princes du sang, la faculté de percevoir pour leur compte le bénéfice de la refonte ou de la fabrication de certaines espèces ; mais c'étaient de purs dons qui ne portaient aucune atteinte au droit royal exclusif².

§ II. — Administration des monnaies royales.

Après avoir exposé comment ce droit royal exclusif put s'établir, je dois montrer comment le service des hôtels de monnaie fut organisé, et comment on fit de leur fabrication une des branches du revenu public.

Chacun des hôtels de monnaie était confié à un maître particulier chargé à la fois de l'administration du service, et de la juridiction pour les délits monétaires. L'administration et la juridiction supérieures appartenaient à des maîtres généraux qui firent d'abord partie de la chambre des comptes. Le nombre de ces maîtres généraux fut assez variable : réduit à quatre en 1357, sur les plaintes des États, il était de six en 1378³. Leur nomination était faite par le roi : trois d'entre eux devaient résider à Paris à tour de rôle pour relever les comptes des monnaies ; les trois autres de-

---

¹ Louis XI reconnaît, en 1465, le droit qu'a le duc de Bretagne de frapper de la monnaie d'or et d'argent, et, en 1475, celui du prince d'Orange. Le droit que prétendaient les ducs de Bourgogne, tantôt combattu et tantôt reconnu, fut l'objet de longues contestations.

² Charles VI fit des dons semblables au duc d'Anjou, son oncle (6 avril et 5 août 1381), au maréchal de Sancerre (15 août 1381 et 20 mai 1382), etc., etc.

³ L'ordonnance de réforme de 1413 réduisait le nombre des maîtres généraux à quatre, et les faisait élire par le chancelier, le grand conseil et la chambre des comptes.

vaient visiter les hôtels de monnaie dans les provinces, en changeant chaque année de département[1], ce qui n'empêchait pas l'envoi fréquent de commissaires extraordinaires, soit pour surveiller la fabrication, soit pour assurer l'observation des ordonnances et faire le procès aux officiers en contravention[2]. Quant au changement périodique de département, c'était une règle générale appliquée à tous les agents de ce service; on pensait que ces agents, étrangers aux provinces qu'ils habitaient et n'y faisant qu'un séjour temporaire, garderaient mieux le secret des falsifications[3].

Les maîtres généraux commencèrent à former sous Charles VI une cour distincte, la cour des monnaies, qui vit augmenter le nombre de ses membres en 1454 et en 1523. Elle défendit longtemps son indépendance et sa souveraineté (excepté dans les causes criminelles), contre les prétentions contraires du Parlement; elle fut enfin déclarée formellement, en 1552, cour souveraine, avec juridiction en dernier ressort.

En 1495, Charles VIII étendit à toute la France l'action de l'administration monétaire établie dans le domaine royal. Il donna aux généraux des monnaies de Paris le pouvoir de visiter tous les ouvrages des hôtels de la Bretagne, de la Bourgogne et de la Provence. Il força les maîtres particuliers de ces derniers hôtels d'obéir à la cour des monnaies de Paris et d'y répondre chaque fois qu'ils y seraient mandés, règle établie déjà dans les pays plus anciennement réunis, tels que le Dauphiné.

L'organisation de ce service subit dès lors peu de changements. On détermina, en 1507 et en 1515, les villes qui

[1] Ordonnances de 1379 sur le trésor.
[2] En général, ces commissaires étaient mal accueillis dans les provinces qui regardaient comme suspects, non sans raison, tous les actes du gouvernement relatifs aux monnaies.
[3] Il en était de même dans le Dauphiné où ces agents changeaient de résidence périodiquement, bien que sans quitter la province.

CHAP. XII. — RESSOURCES EXTRAORDINAIRES. 147

devaient avoir des hôtels de monnaie ; le nombre en fut successivement porté jusqu'à seize[1], afin, disait-on, de diminuer le transport des espèces[2]. C'était aussi un moyen de multiplier les charges à vendre, car les charges de l'administration monétaire étaient devenues vénales à peu près dès le règne de François Ier. Sous Louis XIV, on institua en titre d'offices pour visiter les provinces des commissaires généraux près la cour des monnaies.

Deux nouvelles cours des monnaies furent instituées à Lyon et à Libourne en 1645 ; le besoin de l'unité dans la juridiction monétaire les fit supprimer deux mois après leur établissement. Toutefois cette unité elle-même fut bien loin d'être complète : les Parlements de Pau et de Metz exercèrent les attributions de cours des monnaies dans leurs ressorts.

Enfin, sous Louis XIV l'administration fut séparée de la juridiction dans les rangs supérieurs, et l'on confia la première à un directeur et à un contrôleur général (1696). Ces deux charges, supprimées et rétablies tour à tour, devinrent permanentes depuis l'année 1717. Le directeur général rendait compte au conseil du roi de l'état de la fabrication et des frais du service[3].

La fabrication des monnaies fut longtemps affermée[4]. Cependant on la mettait quelquefois en régie, comme Charles VI ordonna de le faire à Rouen, en 1411. Colbert rendit le système de régie général, et depuis lors tout directeur d'un hôtel de monnaie acheta, fabriqua et vendit avec les

[1] Au temps de Mazarin. Sous Louis XIV on créa de nouveaux hôtels dans les pays conquis.
[2] François Ier ordonne, en 1517, de toujours porter le produit des mines aux plus prochains hôtels de monnaie.
[3] La cour des monnaies fit une opposition inutile à ces mesures dont l'effet nécessaire était de diminuer son importance.
[4] Voir dans le *Recueil des Ordonnances* deux mandements de Charles VI, de 1398 et 1417, et dans la *Collection des anciennes lois françaises* d'Isambert une ordonnance de Charles IX de 1566.

fonds et pour le compte du roi, moyennant l'allocation d'un prix fixe par marc. Par suite de ce système, chaque directeur se trouvait à la fois, dit Forbonnais, régisseur pour le roi ou contre-maître de sa manufacture de monnaies, et entrepreneur des frais de la fabrication.

Les ouvriers monnayeurs remplissaient une sorte d'office héréditaire [1]; ils jouissaient de priviléges très-étendus, entre autres de l'exemption de certains impôts, et de la faculté de n'être justiciables pour tous leurs délits que des maîtres des monnaies [2]. Mais ces priviléges étant excessifs devinrent comme ceux de l'Université l'objet de nombreuses contestations; ils furent souvent violés et plusieurs fois restreints [3]. En général les ouvriers des monnaies furent assimilés aux maîtres des autres métiers, et l'usage s'établit pour tous les rois d'inaugurer leur avénement par la création d'une charge de monnayeur dans chacun des hôtels du royaume.

La nécessité de prévenir les fraudes dans le commerce du change, et surtout celle d'assurer l'exécution des ordonnances monétaires, firent instituer de bonne heure les changeurs en titre d'office. Philippe le Bel établit dans ses domaines douze ou quatorze changes qui furent tenus par des officiers royaux. Les changeurs devaient prêter aux sénéchaux le serment d'exécuter toutes les ordonnances de monnaies, avoir bonne renommée, et fournir un cautionnement [4].

Henri II érigea les places de changeurs et même de ban-

[1] Priviléges des ouvriers monnayeurs, décembre 1211. « Nullus in » opere eorumdem commorari possit, nisi sit *frater*, vel *filius*, vel » *nepos* eorumdem. »

[2] Voir entre autres les priviléges datés de 1327 et de 1344.

[3] Par exemple, en 1463. La garde en était souvent confiée aux juges ordinaires des villes, comme on le voit à Angers en 1488.

[4] Ordonnances de 1330 et de 1342. Lettre de Charles VI au bailli de Tournai en 1368 : ordonnance de 1421. En janvier 1383, une autorisation royale d'exercer le change fut accordée à quelques maîtres particuliers des monnaies, mais du consentement des changeurs.

quiers en titre d'office, sous prétexte que l'exercice libre de ces professions ouvrait la porte à des spéculations illicites, et il limita leur nombre dans chaque ville (1555). Sous Henri IV, les offices de changeurs furent réunis, en 1601, à ceux des maîtres des monnaies, puis séparés de nouveau en 1607.

§ III. — Principales règles du système monétaire. Altération et affaiblissement des monnaies.

Il importe d'exposer avec plus de détails les principales règles du système monétaire. Le point de départ de ce système, c'est que la fabrication et l'altération des monnaies étaient deux branches considérables du revenu public; on les regardait même comme des droits domaniaux. La création de nouveaux impôts était toujours chose difficile, dangereuse, et qui pouvait trop grever le peuple : on reculait donc devant elle, et l'on trouvait plus simple, ce sont les propres termes d'un mandement royal de 1358, que le roi recourût en cas d'urgence, « à son domaine, revenu, profit et émolument de la monnaie. » Telle était l'expression formelle d'une doctrine, très-ancienne du reste, et qui devait être professée dans chaque seigneurie féodale, puisque la fixité et la bonté de la monnaie étaient une des stipulations les plus ordinaires des chartes communales, tant de celles qui étaient accordées par les seigneurs que de celles que signait le roi [1].

Tous les rois Capétiens ont donc fait, suivant les temps, de la monnaie de bon ou de mauvais aloi. Mais il ne paraît pas qu'avant Philippe le Bel l'altération fût devenue une ressource habituelle. Saint Louis passait même pour en

---

[1] Philippe-Auguste s'engage à ne rien changer à la monnaie qui avait cours du temps de son père, si les habitants d'Orléans lui paient l'impôt qu'ils ont payé à son père sur le vin et l'avoine. (Acte cité par Le Blanc.)

avoir toujours frappé de fort bonne, et chaque fois que des troubles s'élevèrent à ce sujet sous ses successeurs, le rétablissement de la monnaie, telle qu'elle était pendant son règne, fut demandé.

Philippe le Bel, au contraire, altéra les monnaies sans cesse dans le but de faire un gain sur leur refonte et sur leur affaiblissement, et voici comment il y parvint.

Les frais de fabrication étaient couverts par un droit que l'on appelait droit de seigneuriage, droit ordinairement variable, mais sur lequel le roi faisait un bénéfice. Philippe le Bel, en ordonnant que les anciennes pièces rentrassent à la monnaie pour y être frappées de nouveau, trouva moyen de lever plus souvent le seigneuriage. Non-seulement il faisait rentrer les anciennes pièces en les décriant, mais il se servait des lois somptuaires pour s'emparer de tout ou partie de la vaisselle d'or et d'argent de ses sujets; il ordonnait qu'on la refondît, et il s'engageait à en rembourser la valeur aux propriétaires le plus tôt possible en pièces monnayées [1].

La nouvelle monnaie ainsi émise n'avait pas une valeur intrinsèque égale à sa valeur d'émission : il lui manquait quelque chose en poids et en loi, et par cette altération on pouvait augmenter le nombre des pièces en circulation d'une manière arbitraire et indéfinie. Il était inévitable que des plaintes très-vives s'élevassent à chaque affaiblissement semblable; en fait, la nouvelle monnaie n'était presque jamais reçue pour sa valeur d'émission; elle ne l'était que pour sa valeur intrinsèque, et cette valeur elle-même n'étant

---

[1] Voir les ordonnances de 1294 et de 1302. On prenait aussi l'or et l'argent chez les orfévres, auxquels on ne permettait de faire que de petits ouvrages. Les orfévres et les changeurs devaient toujours acheter les métaux précieux à un prix moins élevé que celui qui en était offert aux hôtels des monnaies. — Chaque métier devait avoir deux prud'hommes jurés pour veiller à l'observation des ordonnances de monnaies.

déterminée par aucun signe apparent et légal, le plus grand trouble régnait dans les transactions.

Philippe le Bel, après avoir émis une monnaie faible en 1294, se vit obligé, en 1295, de promettre qu'il indemniserait les acquéreurs [1], et qu'il recevrait cette même monnaie dans les paiements faits au trésor. Il fallait de semblables promesses pour apaiser les plaintes quelque temps ; mais elles n'étaient jamais tenues, et les altérations se renouvelaient sans cesse. En 1301, la monnaie était trois fois plus faible qu'au commencement du règne. En 1303, dans l'espace d'une seule année, sa valeur fut changée à plusieurs reprises. Enfin, quand la monnaie forte fut rétablie en 1306, à la sollicitation des nobles et du clergé ; quand le marc d'argent, élevé dans les années précédentes à la valeur de 8 livres 8 sous, ne valut plus que 2 livres 15 sous 6 deniers, ce fut une cause nouvelle de désordre, parce que les anciennes monnaies qui étaient affaiblies furent laissées dans la circulation avec leur valeur officielle d'émission. La concurrence d'une monnaie forte et d'une monnaie faible eut pour résultat d'exclure la seconde de tous les paiements ; les locataires, les fermiers, les débiteurs ne pouvant acquitter leurs obligations sans subir une énorme perte [2], il y eut une sédition violente à Paris. Le gouvernement intervint et fut obligé de régler quel serait le mode du paiement, soit des obligations particulières, soit des impôts ; il établit en principe que la monnaie devait être reçue sur le pied de sa valeur au jour de l'échéance, mais il fut obligé de tolérer les stipulations expresses du contraire, tolérance qui ôtait au principe toute sa force.

Les altérations avaient encore un autre inconvénient non moins grave, celui d'encourager la fabrication de la fausse

---

[1] Ordonnance de 1295. « De nostro supplebimus. »
[2] L'affaiblissement de la monnaie produisait l'effet contraire : c'étaient alors les propriétaires et les créanciers qui subissaient une perte et se plaignaient.

monnaie, en offrant aux faux monnayeurs l'appât d'un bénéfice égal à celui que faisait le roi. Ce crime était d'autant plus facile à commettre que la monnaie n'était pas frappée avec la même précision qu'aujourd'hui, et que le mode de fabrication était moins perfectionné [1].

On ne comprendrait même pas comment les altérations pouvaient se renouveler si souvent, si l'on ne songeait qu'à cette époque l'argent était rare, surtout dans les campagnes, que beaucoup de paiements, et principalement ceux des rentes territoriales, se faisaient en nature. Voilà pourquoi l'effet de ces mesures fut moins général qu'on ne pourrait le croire, et les seules plaintes qu'elles soulevèrent vinrent des villes. D'ailleurs tout affaiblissement des monnaies produisait une cherté factice favorable aux vendeurs en même temps que préjudiciable aux acheteurs, et cette cherté était d'autant plus réelle que la quantité d'argent et d'or mise dans la circulation augmentait déjà dans une progression à peu près constante [2].

Cependant, si la cherté naturelle a le tort de déplacer la richesse, et doit nécessairement soulever des plaintes, personne n'étant acheteur et vendeur au même degré, la cherté factice en devait soulever encore de plus vives. Le gouvernement, pour les apaiser, fixait un maximum au prix des vivres, mesure extrême, également désastreuse pour les campagnes comme pour les villes, et propre à hâter une famine [3]. Il renouvelait aussi les anciennes défenses d'exporter l'or et l'argent [4], de peur, disait-on, d'appauvrir le royaume ; mais ces défenses ne faisaient en réalité que rendre impossible tout commerce, autre que le commerce d'échange,

---

[1] Aussi la pénalité était-elle d'une sévérité extrême.
[2] Voir les tables de Le Blanc. *Traité des Monnaies.*
[3] Elle fut employée sous Philippe le Bel.
[4] Voir des défenses semblables en 1303, 1305, 1306, 1308, 1315, etc. On assurait aux dénonciateurs le cinquième des sommes confisquées.

avec l'étranger. Si l'État, qui regardait la quantité de numéraire répandue dans le pays comme le signe de sa richesse, eût été conséquent avec lui-même, il n'eût pas dû proscrire ou décrier sans cesse, comme il le fit, les monnaies étrangères[1]. Mais cette dernière mesure avait un but fiscal et politique tout ensemble. C'était l'intérêt fiscal des rois de frapper de nouveau les pièces étrangères, c'est-à-dire de percevoir sur elles un droit de seigneuriage, et comme c'était leur intérêt politique de prohiber le cours des monnaies seigneuriales dans leur domaine, ils avaient dû soumettre les monnaies étrangères à une prohibition semblable.

Tel était, dans son principe et dans ses résultats, le système des altérations de monnaie. On doit remarquer que Philippe le Bel, regardant le droit de faire ces spéculations comme un droit domanial de la couronne, ne le reconnut pas aux barons. Il déclara que tout baron, convaincu d'avoir empiré ou allégé sa monnaie, l'aurait forfaite pour toujours (1313).

Comme on réunissait quelquefois les notables des bonnes villes pour les consulter au sujet des mesures monétaires, ce furent eux qui signalèrent les premiers le danger des mutations. Une assemblée de 1314 demanda qu'on abolît le droit de seigneuriage, mais Philippe le Bel mourut dans l'année même, et ce vœu ne fut pas rempli[2]. D'autres assemblées émirent des vœux analogues sous Louis le Hutin. Les États de Bourgogne demandèrent que toutes les monnaies, même celles de l'étranger, pussent avoir cours en France[3]. On conseillait au roi d'ordonner que la monnaie de ses barons fût invariable et partout un peu plus faible que la sienne.

[1] On ne faisait d'exception que pour le billon et pour les monnaies apportées par les étudiants étrangers de l'Université de Paris.
[2] On trouve plus tard de semblables réunions en 1317 et en 1318.
[3] « Que le roi n'empêchât le cours de ses monnaies faites en ses royaumes ou dehors. »

L'avantage d'une monnaie invariable était tel que plusieurs provinces payaient des aides pour en jouir. L'aide payée tous les trois ans dans ce but par la Normandie s'appelait *monéage*.

Des faits analogues se présentent sous les règnes des fils de Philippe le Bel et sous celui de Philippe de Valois. Les altérations de monnaie furent, il est vrai, moins fréquentes dans les premières années, mais elles ne tardèrent pas à le redevenir [1]. On put se convaincre alors de leur inutilité, et de l'impossibilité où l'on se trouva de régler le prix des espèces au taux arbitraire que le roi leur donnait [2]. Toutes les injonctions faites aux sénéchaux dans ce but, l'envoi de commissaires aux foires de Beaucaire, demeurèrent sans effet. Comme l'usage s'introduisait de compter au marc, c'est-à-dire de recevoir l'or et l'argent pour leur valeur au poids, ce genre de compte fut défendu, et le compte *par sols et par livres*, qui devait assurer à la monnaie la valeur que lui donnait le roi, fut ordonné [3]; mais il n'y avait pour une ordonnance semblable aucun moyen d'exécution. Une fois même engagé dans cette voie, il fallut non seulement faire des ordonnances sur les paiements [4], comme en avait fait Philippe le Bel, mais donner encore aux sénéchaux, aux baillis, aux

---

[1] On en trouve des exemples en 1336, 1340, 1346, 1347, 1348 et 1349.

[2] « Nous ne pouvons croire qu'aucun ne puisse ni ne doive faire doute qu'à Nous et à Notre royale Majesté n'appartienne seulement et pour le tout en notre royaume le métier, le fait, la provision et toute l'ordonnance de monnaies, et de faire monnayer telles monnaies, et de donner tel cours, pour tels prix comme il nous plaît et bon nous semble pour le bien et profit de nous, de notre royaume et de nos sujets, *et en usant de notre droit*. » Ordonnance de janvier 1347.

[3] Ordonnance de 1330.

[4] Ordonnances de 1329, 1330, 1343, 1347 et 1350. Elles admettent le même principe, mais avec la même exception. Elles accordent au créancier la faculté de reprendre la chose, s'il le préfère, au lieu de recevoir la monnaie qui court au jour de l'échéance.

CHAP. XII. — RESSOURCES EXTRAORDINAIRES. 155

prévôts, en un mot à tous les officiers des justices royales, le droit d'évaluer d'après la monnaie courante tous les objets nécessaires à la vie, les journées des laboureurs, les salaires des ouvriers, etc.[1], de sorte que l'abus d'une mesure fiscale entraîna les conséquences les plus funestes pour la constitution économique de la société.

Cependant Philippe de Valois renonça plusieurs fois au droit de seigneuriage[2]; il admit aussi quelques exceptions à la trop grande sévérité des règles anciennes. Il permit aux marchands étrangers d'apporter en France des matières d'or et d'argent, et pour les attirer, il les affranchit de tout péage, de tout impôt; il leur reconnut même le pouvoir d'en faire sortir l'argent monnayé qu'ils auraient reçu en échange de leurs marchandises (1329). Cette tolérance générale ne dura que trois ans; mais en rétablissant, en 1332, l'ancienne défense, il se réserva de faire des exceptions individuelles.

Jamais les altérations ne furent aussi multipliées que sous le roi Jean. « A son avénement le marc d'argent valait cinq livres cinq sous, à la fin de l'année onze livres. En février 1352, il était tombé à quatre livres cinq sous, et un an après reporté à douze livres. En 1354, il fut fixé à quatre livres quatre sous, il valait dix-huit livres en 1355. On le remit à cinq livres cinq sous, mais on affaiblit tellement la monnaie qu'il monta en 1359 au taux de cent deux livres[3]. » En 1360, il y eut onze ordonnances consécutives pour décrier les espèces courantes, si bien qu'« à grand'peine un homme avait-il le temps de connaître l'état de son bien d'un jour à l'autre[4]. »

---

[1] Ordonnance de 1350. Voir aussi un mandement adressé, en février 1352, au sénéchal de Beaucaire.
[2] En 1329 et en 1332.
[3] M. Michelet. *Histoire de France*, t. III.
[4] Lettres patentes de 1361.

Comme il était naturel, ce désordre fut accompagné de protestations énergiques. Toutes les assemblées d'États réunies sous ce règne, entre autres celles des Etats généraux de la langue d'Oïl, sans attaquer en lui-même le prétendu droit du roi, exposèrent combien ses effets étaient désastreux. Les Etats de 1355 obtinrent de Jean (ordonnance du 28 décembre) la promesse qu'il ferait de la bonne monnaie, et qu'il en donnerait un étalon à chaque archevêque, évêque, chapitre cathédrale, noble notable ou cité; ils obtinrent aussi certaines garanties pour le choix des officiers de monnaie, ces officiers étant accusés d'augmenter souvent le désordre en altérant la monnaie pour leur propre compte[1]. Ceux de mars 1357 stipulèrent que la monnaie ne pourrait être changée sans leur consentement, et firent de cette stipulation une des conditions du vote des aides. Toutes ces promesses, sans effet tant que la guerre continua, commencèrent à être mises à exécution après le traité de Brétigny (1360). En 1361, Jean émettant une nouvelle monnaie, déclara qu'il avait consenti pour le bien de ses sujets à n'en retirer aucun profit, quoique ce fût son droit[2]. La fixité de la monnaie fut stipulée dans les priviléges de toutes les provinces successivement réunies à la couronne, à commencer par ceux du Dauphiné qui déterminèrent la quotité du droit de seigneuriage que prendrait le roi (1367).

[1] En 1356, condamnation des gardes de la monnaie de Paris. Un mandement de 1361 porte que les maîtres particuliers des monnaies doivent un nombre excessif de comptes, et qu'il y a plus de quatorze ans que les maîtres généraux n'ont compté des *boetes*. Voir un règlement de 1594.

[2] On entreprenait des recherches pour s'assurer que les seigneurs et les villes avaient fait exécuter les ordonnances de monnaie sur leur territoire. Ces recherches se terminaient souvent par une composition pécuniaire. De là, l'empressement que mettaient les villes à s'en faire exempter (priviléges d'Isle et de Ravesteins, 1361). Tournai obtint, en 1376, de n'être pas poursuivie pour les monnaies étrangères qu'elle aurait fait entrer en France; elle se fit même reconnaître, en 1413, le privilége de les y faire entrer librement.

Il n'y eut donc plus d'altérations sous Charles V. Le gouvernement continuait seulement de fixer plusieurs fois par an la valeur des pièces mises en circulation, afin de régler le fait de l'élévation croissante du prix des monnaies, fait dont personne encore ne se rendait compte, mais qui tenait évidemment à ce que l'augmentation du numéraire n'était pas en rapport avec celle de la population, ni avec le progrès des transactions et du commerce.

On recommença dans les dernières années de Charles VI, pendant que les Anglais campaient en France, à affaiblir la monnaie. Henri V, en 1421, lui donna une valeur d'émission presque triple de sa valeur intrinsèque, ce qui ne contribua pas à rendre la domination anglaise populaire. Charles VII, dans la détresse de ses premières années, employa aussi le même moyen à plusieurs reprises. Enfin Jacques Cœur, devenu maître de la monnaie de Paris, alors transférée à Bourges momentanément, revint à de meilleures traditions financières, et le système des altérations fut abandonné pour toujours[1]. Les légistes conservèrent seuls le souvenir du droit royal. Le Bret qui écrivait sous Louis XIII n'était pas sûr que le roi ne pût altérer la monnaie à son gré; il recommandait seulement de n'employer cette ressource extrême que dans les cas de nécessité absolue.

§ IV. — Décri des monnaies étrangères et défense d'exporter les monnaies françaises.

Après avoir renoncé à la faculté des altérations, il fallut modifier les lois qui empêchaient les monnaies françaises de sortir de France et les monnaies étrangères d'y entrer. L'observation de ces lois était surtout difficile dans les pro-

---

[1] Melon cite un édit rendu en 1674 pour l'affaiblissement des monnaies, mais qui n'eut pas d'exécution. Desmarets affaiblit encore la monnaie en 1709. (Voir § 5.)

vinces frontières et dans celles où des foires annuelles attiraient les marchands étrangers. Sous Charles V et sous Charles VI, des commissaires et des réformateurs généraux y furent envoyés continuellement et sans succès [1]. L'admission des espèces étrangères ne pouvait plus être considérée comme un obstacle sérieux à l'établissement de la centralisation monétaire en France. On disait bien encore que c'était un point d'honneur pour le roi de ne laisser circuler de monnaies qu'à son effigie [2]; mais leur décri se justifiait par deux raisons principales: la crainte de favoriser, si on les admettait, le faux-monnayage, et la facilité du bénéfice que leur refonte procurait au roi.

En 1456, les États du Languedoc protestèrent contre le décri des monnaies étrangères qui étaient répandues en plus grand nombre que les monnaies françaises dans leur pays, et ils obtinrent d'être mis à l'abri de toutes poursuites pour la non-exécution des ordonnances antérieures de décri.

Ces ordonnances elles-mêmes n'avaient pas une complète efficacité. Dans les provinces qui s'y soumettaient, les monnaies décriées n'étaient pas toutes portées à la refonte, parce qu'elles conservaient une valeur intrinsèque supérieure à leur valeur légale. Cela décida Louis XI, en 1466, à tolérer les espèces étrangères, ou du moins un grand nombre d'entre elles, et presque tous les rois qui lui succédèrent prirent

---

[1] En 1374, Charles V envoie des commissaires pour veiller à l'exécution de ces ordonnances dans la sénéchaussée de Beaucaire, dans les bailliages de Tournai, de Mâcon, et de Saint-Pierre-le-Moutier, dans les diocèses de Rheims, de Châlons-sur-Marne et de Langres; en 1375, dans les diocèses de Lyon et de Châlons-sur-Saône, dans le Dauphiné, etc. On trouve de pareilles commissions sous Charles VI en 1390, 1394 et 1420.

[2] « Les monnaies des princes sont autant de statues qui leur sont dressées par leurs sujets. » (Mémoire du temps de Henri IV.)

le même parti [1]. Au temps de Henri IV, elles étaient admises en France à peu près uniformément [2].

Cependant la législation ne fut pas encore à cet égard irrévocablement fixée. Les États de Blois, sous Henri III, demandèrent et obtinrent un décri dont on n'excepta que les monnaies espagnoles, trop nombreuses en France pour qu'on pût y toucher sans amener une perturbation générale. Sully, après avoir remis, en 1602, toutes les pièces étrangères dans la circulation, finit par les décrier aussi, en 1609, sur l'avis du conseiller des monnaies Poulain, qui voyait bien au décri un inconvénient, celui d'empêcher les étrangers d'acheter en France, mais soutenait qu'après tout, c'était aux marchands français qu'il appartenait de faire la loi aux étrangers. Les États de 1614 professaient la même doctrine.

La défense d'exporter l'or et l'argent fut beaucoup plus fidèlement maintenue [3], bien que son impuissance fût notoire. Au XVI° siècle, la cour des monnaies, le Parlement de Paris, les différentes cours souveraines furent sans cesse consultées sur cette question, et firent toujours des réponses favorables à la défense d'exporter. On continuait de prendre la quantité de numéraire répandue dans un État pour le signe infaillible de sa richesse, et par conséquent pour sa richesse même. Or, on regardait l'argent exporté comme perdu, parce qu'on ne tenait pas compte de ce qu'on recevait en retour, et que les services et les produits des étrangers étaient jugés faire une concurrence fâcheuse à ceux des nationaux. Cette doctrine était d'autant plus spécieuse que les principaux achats faits par la France aux pays voisins

---

[1] Voir les ordonnances monétaires de 1467, 1471, 1473, 1474, 1479, 1485, 1487, 1536, 1537, 1541, 1542, 1546, etc.

[2] Le Blanc. *Traité des Monnaies.*

[3] Voir diverses ordonnances de Louis XII, de François I⁰ʳ et de Henri III.

consistaient en objets de luxe ; on craignait donc de donner, pour des marchandises dont la consommation était improductive en général, une monnaie qui pouvait être consommée reproductivement. On ajoutait d'ailleurs que l'accroissement du numéraire à l'intérieur, en facilitant tous les genres de travaux, ferait vivre la population pauvre, et que la nécessité où se trouverait le pays de fabriquer des produits semblables à ceux des étrangers répandrait l'aisance parmi les classes laborieuses. Telles étaient à peu près les raisons pour lesquelles le gouvernement français, comme au reste tous les autres gouvernements à cette même époque, prohibait l'exportation des métaux précieux, craignait de devenir tributaire des étrangers, et déclarait vouloir maintenir la balance du commerce en sa faveur.

Les bourgeois de Paris et les marchands, mieux éclairés sur ces questions, demandèrent, pendant le règne de Henri IV, que le commerce de l'or fût rendu libre. Le Parlement jugea ce vœu peu national[1], et fut même d'avis de ne tolérer le commerce étranger qu'avec toutes les anciennes restrictions[2] et sous forme d'échange. Sully, conformément à cet avis, fit rendre par le conseil de nouveaux arrêts de prohibition[3]. Mais l'impossibilité du commerce par échange fut démontrée d'une manière victorieuse par le conseiller de monnaies Poulain[4].

Sous Louis XIII, on continuait encore de défendre le transport de l'or et de l'argent à l'étranger, ou bien on imposait pour condition qu'il fût autorisé par les secrétaires du roi[5]. Afin d'attirer les métaux précieux, on obligeait les

---

[1] « Ceux qui ont donné cet avis n'aiment ni le roi, ni son État, et ne sont Français naturels, ni amateurs du repos public. » Remontrances du Parlement.

[2] Voir le chapitre XVIII.

[3] Arrêts du conseil de 1600, 1607 et de 1609.

[4] Mémoire du conseiller Poulain, de 1608.

[5] Déclarations de 1624 et de 1642.

marchands qui vendaient leurs blés hors du royaume de rapporter en or la moitié du prix de vente[1]. Cependant, à côté de ces actes, qui sont l'application d'anciennes doctrines, on trouve, dans un mémoire adressé au roi en 1623, les vrais principes de la matière; on y voit prouvées dans les termes les plus concluants l'inefficacité des prohibitions, et la nécessité d'admettre le cours réciproque de la monnaie française dans les pays étrangers ou de la monnaie étrangère en France, si l'on voulait entretenir avec ces pays des relations commerciales régulières[2].

Mazarin, Colbert, défendirent aussi l'exportation des métaux précieux[3] et décrièrent les espèces étrangères[4]. Mais sous Colbert ce décri n'était guère autre chose qu'une mesure de police destinée à prévenir le faux monnayage. En 1679, toutes les pièces étrangères furent retirées par les hôtels des monnaies et refondues; on les évalua au poids et au titre, et la refonte s'accomplit aux frais du roi. Ce fut le premier grand exemple de l'abandon du droit de seigneuriage. Colbert avait établi déjà, en 1663, la liberté du commerce de l'or et de l'argent à l'intérieur.

Sous le règne même de Louis XIV, les particuliers furent obligés plusieurs fois, entre autres en 1689, de porter aux hôtels des monnaies tout ce qu'ils possédaient d'or et d'argent au delà d'un certain poids déterminé[5]. Le gouverne-

---

[1] Le conseiller Poulain obtint qu'il ne serait pas obligatoire de rapporter l'or en lingots, et qu'on se contenterait des monnaies en usage dans chaque pays.

[2] Bibliothèque royale. Fonds Harlai, n° 116.

[3] Ordonnances de 1648, 1650, 1687 et de 1699. On défendait même l'exportation dans les colonies françaises.

[4] Ordonnances de 1652 et de 1679.

[5] 1687, arrêt du Conseil, portant qu'il sera rompu et défiguré 3200 marcs d'argent trouvés chez les orfévres, et que les façons seront remboursées après estimation d'experts. De la Marre. (*Traité de la police*, l. III). La déclaration de 1689 fut exécutée dans toutes les maisons royales, et suivie de la refonte des plus beaux ouvrages d'orfévrerie, tels que ceux de Ballin.

ment s'efforçait d'augmenter la quantité de numéraire en circulation. Il essaya aussi, mais sans grand succès, d'atteindre ce but par une meilleure exploitation des mines indigènes [1].

Augmenter la quantité du numéraire répandu en France, tel fut l'objet permanent de la législation. Le décri des pièces étrangères devait produire un effet diamétralement opposé; mais cette contradiction ne paraît avoir été signalée nulle part dans les documents contemporains.

§ V. — Dépréciation successive des monnaies.

Le besoin d'une plus grande abondance de métaux monnayés était le résultat d'une augmentation de prix que subissaient tous les objets nécessaires à la vie [2], ou, comme disait Sully, d'un « enchérissement de toutes les denrées et marchandises, » fait qui eut le privilége d'exciter sous tous les règnes les plaintes des particuliers et celles de l'État [3]. Ajoutons que l'augmentation successive du commerce dut augmenter aussi le besoin du gage des échanges.

De récents travaux sur les variations de la fortune privée depuis le moyen âge ont amené à reconnaître ces deux lois, que les objets nécessaires à la vie sont devenus plus chers tous les jours, et que les objets de luxe ou de seconde utilité sont descendus au contraire de jour en jour à la portée d'un plus grand nombre de personnes. Ce sont là, sauf les oscillations accidentelles dont on n'a pas à tenir compte, deux

[1] 1705, encouragements accordés à l'exploitation des mines du Poitou.

[2] La proposition réciproque est également vraie. La dépréciation de l'argent et le renchérissement des denrées sont deux faits simultanés qui s'expliquent l'un par l'autre, sans que l'un soit antérieur à l'autre.

[3] Sully regardait ce renchérissement comme une chose toujours factice, et le rangeait au nombre des causes « qui peuvent produire de grands désordres dans un État. »

lois constantes, mais que l'on était bien loin de comprendre sous l'ancienne monarchie[1].

Le célèbre légiste Bodin, commissaire d'Henri III aux États de Blois de 1579, expliqua, ce semble, le premier, comment l'argent devenant plus commun en Europe depuis l'exploitation des mines d'Amérique, et les moyens de production restant à peu près les mêmes dans chaque pays, il était naturel qu'une même quantité de produits se vendit plus cher, ou pour un poids de métal plus considérable. Mais, d'un autre côté, plus les produits devenaient chers, plus la demande d'argent devenait grande; les monnaies avaient donc cours dans le commerce pour une valeur qui s'élevait sans cesse au-dessus de leur valeur légale. On était enfermé dans un cercle sans issue.

Tous les rois faisaient des ordonnances pour maintenir la valeur des monnaies telle qu'ils la fixaient eux-mêmes, mais ces ordonnances n'avaient point d'effet. Je n'en citerai qu'un exemple. La valeur de l'écu d'or fut fixée à trois livres en 1579 : en 1594 l'écu d'or valait en fait trois livres quatre sous[2]. Une déclaration royale le ramena à sa valeur de trois livres, mais en fait la valeur commerciale continua de s'élever, et quand la différence des deux valeurs fut devenue trop sensible, on prit entre elles une valeur moyenne que l'on déclara valeur légale. Ainsi, en 1602, l'écu d'or fut déclaré valoir trois livres cinq sous. Comme sa valeur commerciale se trouva supérieure encore, on fut obligé de recon-

---

[1] Mémoire de M. Leber, sur la fortune privée au moyen âge.

[2] Les pièces d'argent subissaient une augmentation de valeur proportionnelle. L'écu d'or avait valu successivement 33 sous en 1475, 36 sous pendant le règne de Louis XII, 45 sous en 1522, 60 sous ou 3 livres en 1579. Il valut 3 livres 5 sous en 1602, 3 livres 15 sous en 1615, 4 livres en 1630, 5 livres 4 sous en juin 1636. Les louis d'or que l'on frappa pour la première fois en 1640, valaient en cette année 10 livres ; ils en valurent onze en 1652. En 1709, lors de la refonte générale ordonnée par Desmarets, la valeur du louis d'or fut portée subitement de 16 livres 10 sous à 20 livres.

naître le fait économique comme plus fort que les lois, et de « s'accommoder au caprice du peuple, qui de son autorité privée augmentait le cours des monnaies, comme il lui plaisait. »

La plupart de ces mesures étaient prises d'après l'avis des cours souveraines et celui des corps municipaux des grandes villes. Mais ces avis eurent en général peu d'effets, avant le règne de Louis XIII. On crut arrêter la dépréciation de la monnaie en ordonnant l'emploi exclusif, tantôt du compte par sous et par livres [1] et tantôt du compte par écus [2]; ces ordres devaient être inefficaces; il est d'ailleurs difficile de bien comprendre leur portée. Sous Louis XIII, plusieurs documents attestent que l'on commençait à reconnaitre la valeur de la monnaie comme chose variable de soi, et l'or et l'argent comme des marchandises semblables à toutes les autres [3].

§ VI. — Modifications introduites sous le règne de Louis XIV.

Sous Louis XIV, le gouvernement continua de régler lui-même d'une manière assez arbitraire la valeur des monnaies et la proportion de l'or et de l'argent; mais de plus saines doctrines commencèrent à se répandre dans le pays. Le conseil de commerce prouva dans les dernières années de ce règne que la défense d'exporter les métaux précieux ne pouvait produire aucun résultat. Le rapporteur de l'intendance de Lille attesta que ces métaux sortaient malgré les prohibitions, et le député de Dunkerque, à la session du

---

[1] Exemple : En 1551 et en 1602. Ces édits sont d'ailleurs peu explicites. Henri IV déclare agir ainsi « pour plusieurs et justes considérations. »

[2] En 1577.

[3] Bibliothèque royale. Fonds des Cinq-Cents de Colbert, n° 197. Voir surtout le procès-verbal des séances de la municipalité de Paris, en 1633, et une lettre du substitut au présidial de Beauvais, datée de 1635.

conseil de commerce de 1701, soutint la même cause. « On ne doit pas, disait ce dernier, regarder la valeur des monnaies comme une chose arbitraire... Les Hollandais ne voient dans le sceau du prince que la justification du titre et du poids, mais ne changent jamais le cours. »

Le Parlement fit de judicieuses observations contre les édits de Desmarets, qui était revenu à l'ancien système d'élever ou d'abaisser la valeur des monnaies, suivant les circonstances. Desmarets avait imaginé en 1709 de faire rentrer les anciennes espèces, en sus desquelles il recevait une quantité de billets équivalant à un sixième des sommes qui lui étaient remises. Il élevait ensuite d'un sixième la valeur des pièces nouvelles qu'il mettait en circulation, et de cette manière, beaucoup de billets se trouvaient anéantis. Mais les gens habiles ne se laissèrent pas tromper par une mesure empruntée à des temps de triste mémoire. Forbonnais a calculé que dans cette circonstance les deux tiers des espèces anciennes échappèrent à la refonte : on les garda pour de meilleurs temps, ou bien on les fit passer à l'étranger, qui attendit pour les faire rentrer en France le retour de la hausse [1]. Ce retour lui-même ne tarda pas. A peine les billets de l'État commencèrent-ils à tomber dans le discrédit, que la valeur des monnaies s'éleva rapidement, et même dans une proportion assez forte pour que le gouvernement crût devoir les réduire.

Lorsque Louis XIV mourut, la contradiction qui existait entre les doctrines reçues au sujet des monnaies et les actes du pouvoir, était près de disparaître. Le financier écossais Law, qui avait déjà offert ses services à Chamillart, devait démontrer d'une manière péremptoire au régent : que le prince ne pouvait régler par une empreinte la valeur de la monnaie ou fixer arbitrairement la proportion de l'or et de

---

[1] Forbonnais. *Recherches sur les finances.*

l'argent ; que la défense d'exporter les métaux précieux accélérait au contraire, cette exportation et qu'un affaiblissement de monnaies était non-seulement la plus injuste et la plus inutile, mais aussi la plus impolitique des mesures.

CHAPITRE XIII.

DU CRÉDIT PRIVÉ.

Avant d'exposer comment l'État favorisa le développement des branches diverses du revenu national, de l'agriculture, du commerce et de l'industrie, je dois indiquer quels furent ses actes relativement au crédit privé, et comment il fonda deux services généraux sans lesquels aucun mouvement d'affaires n'était possible, celui des travaux publics, et celui des postes.

L'histoire du crédit privé exigerait des recherches assez longues : elle se compose presque tout entière de faits isolés et sans lien, parce que ce genre de crédit était abandonné à lui-même. Or, je ne puis m'occuper ici que des faits généraux qui le concernèrent, et des principaux actes du gouvernement à son égard.

Tout se réunissait au moyen âge pour le retenir dans les limites les plus étroites, mais le plus grand obstacle qu'il rencontra fut celui de la législation. Si les lois prononcèrent rarement l'interdiction du prêt à intérêt d'une manière absolue, elles le traitèrent toujours défavorablement ; elles le confondirent sans cesse avec l'usure. Elles eurent toutes, celles qui émanèrent des rois comme celles qui furent l'œuvre de l'Église, bien moins la justice elle-même que la libération des débiteurs pour objet.

Jusqu'au xivᵉ siècle, les Juifs seuls faisaient la banque sous le coup d'une proscription toujours imminente; à peine obtenaient-ils une protection incomplète et passagère, quand une circonstance imprévue obligeait de recourir à eux. On n'en finirait pas à énumérer toutes les circonstances dans lesquelles ils furent chassés et rappelés, encore moins celles dans lesquelles fut prononcée la libération de leurs débiteurs [1]. Quand ils étaient chassés de France, ils n'y rentraient qu'à prix d'argent, et le gouvernement fixait alors un maximum à l'intérêt qu'on leur permettait de stipuler dans leurs contrats [2].

[1] Qu'il suffise de citer entre autres ordonnances, les suivantes : 1182, obligation imposée aux juifs de sortir du royaume dans les trois mois; leurs biens sont confisqués ; ils peuvent cependant vendre leurs meubles. Leurs débiteurs sont libérés en payant au fisc royal le cinquième des sommes dues. — 1223, les sommes dues aux juifs seront payées à leurs seigneurs en trois années, et à trois termes chaque année. — 1234, Saint Louis remet aux chrétiens un tiers des dettes qu'ils ont contractées envers les juifs. — 1257 ou 1258, des commissaires sont nommés pour expulser les juifs de tous les biens que l'on peut considérer comme le profit de leurs usures. — 1306, les biens immeubles des juifs seront vendus au plus offrant ; si l'on y trouve des trésors, ils seront restitués au roi.

[2] Voici quelques-unes des mesures qui furent prises en faveur des juifs et servirent de garanties à leur commerce d'argent.

En 1206, Philippe-Auguste désigne deux personnes dans chaque ville pour garder leur sceau, et une pour rédiger les obligations passées à leur profit.

En 1315, ils sont rappelés après une expulsion de quatre ans. On leur accorde de poursuivre le paiement de leurs anciennes dettes, dont ils recevront un tiers, tandis que le roi recevra les deux autres, et pour assurer l'exécution d'une mesure jugée libérale, le roi institue *deux prud'hommes de sa cour, auditeurs desdits juifs.*

En 1317, ils reçoivent quelques garanties qui semblent les faire rentrer dans le droit commun.

En 1359, la faculté d'avoir des juges spéciaux est assurée aux juifs du Languedoc.

En 1361, les juifs obtiennent de séjourner vingt ans en France,

Après que Charles VI eut prononcé, en 1394, leur expulsion à peu près définitive, le commerce d'argent passa en d'autres mains; mais il appartint pour la plus grande partie à des étrangers [1] qui, vivant sous le régime de pri-

moyennant le paiement d'une capitation annuelle de quatorze florins par tête d'homme ou de femme, et d'une somme moindre par tête d'enfant. Ils se font reconnaître une partie des priviléges dont jouissent en France les marchands étrangers, entre autres le droit de voyager librement, et l'exemption des impôts ordinaires que remplace leur capitation.

En 1378, Charles V faisant un emprunt aux juifs de la Langue d'Oïl, les décharge des redevances stipulées.

En 1387, Charles VI accueillant les griefs que les juifs lui présentent, leur donne l'autorisation de poursuivre et de faire payer leurs débiteurs, nonobstant toutes lettres de répit obtenues ou à obtenir par la suite, si ce n'est pour ceux qui servent dans les troupes royales. Il défend aux juges de condamner pour anatocisme pendant dix ans. En 1389, il remet aux juifs toutes les peines qu'ils ont encourues pour contraventions aux réglements spéciaux qui les concernent, et supprimant les juges particuliers dont ils dépendent, il les place sous la juridiction du prévôt de Paris, autre juridiction privilégiée, qui cependant les rapproche du droit commun. Mais ces concessions sont aussitôt suivies d'une réaction violente. — Février 1394, les chrétiens sont exemptés de la contrainte par corps qu'ils ont stipulée dans leurs contrats avec eux. — Six mois après (septembre 1394), toutes les dettes contractées envers les juifs sont annulées; ceux du Languedoc obtinrent seulement, en 1396, de se faire payer jusqu'à concurrence de dix mille livres.

[1] Les Lombards et les marchands étrangers qui faisaient en France le commerce d'argent, furent souvent traités comme les juifs. Voici quelques faits : 1331, les débiteurs des Lombards usuriers sont libérés s'ils paient dans les trois mois les trois quarts de leurs dettes. — 1350, ils sont quittes, tant du principal que des intérêts, s'ils paient le principal au roi. — 1353, les biens des usuriers lombards et ultramontains sont mis entre les mains du roi, après arrêt du Parlement. — Mars 1357, les poursuites des Lombards contre leurs débiteurs sont suspendues pour plusieurs semaines. — 1363, ces mêmes débiteurs sont déclarés affranchis de toutes dettes, etc., etc.

Cependant, à partir des règnes de Charles V et de Charles VI, les banquiers étrangers commencèrent à obtenir d'assez nombreux priviléges, et partant plus de garanties. La collation de ces priviléges par les rois, équivalait à une autorisation accordée pour faire la banque.

viléges individuels, ne jouissaient pas des mêmes garanties que les nationaux. Les lois portées contre l'usure conservèrent leur rigueur primitive [1].

Le commerce d'argent suivit bien le même progrès que celui des autres marchandises, et le crédit privé se développa successivement, comme le prouve l'abaissement successif du taux de l'intérêt dans les transactions particulières. Cependant son essor fut arrêté ou ralenti par un grand nombre d'ordonnances restrictives. Sa fixation légale au denier vingt (5 p. %) ne date que du temps de Colbert, et jusqu'au XVII° siècle, on ne connut aucune de ces institutions qui facilitent et augmentent le mouvement d'affaires d'un pays, à moins qu'on ne regarde comme telles les *tables d'usure* qui existaient dans quelques villes [2].

Ce fut en Italie, en Flandre, que se formèrent les premières institutions spécialement destinées à assurer au peuple la ressource du crédit, les monts de piété, simples établissements de bienfaisance, qui prêtaient dans l'origine sans intérêts, mais qui commencèrent à en percevoir au XVII° siècle, par suite de l'extension qu'ils reçurent.

Dans l'assemblée des États de 1614, la noblesse proposa de les introduire en France. Le Tiers accueillit la proposition en demandant que l'intérêt fût perçu au denier seize, ce qui était un taux modéré, et que tous les gages fussent reçus pour les deux tiers de leur valeur. Le clergé, qui confondait encore le prêt à intérêt avec l'usure, fit rejeter ce projet par la commission à laquelle il fut soumis. « On nomme à tort ces établissements monts de piété, disait le rappor-

---

Henri III, en 1581, déclara cette autorisation nécessaire et la faculté d'instituer des banquiers droit royal.

[1] En mars 1403, une commission est nommée pour faire le procès civilement aux auteurs de contrats usuraires. Voir, en 1576, une loi, en forme de mandement, proscrivant l'usure.

[2] A Tournai, par exemple, en 1469.

teur, c'est monts d'impiétés qu'il faut dire. » On comprit bientôt cependant qu'une distinction était nécessaire, que le meilleur moyen de combattre l'usure était précisément de donner au prêt à intérêt des garanties publiques, et que les institutions de crédit pouvaient prévenir entre les particuliers les contestations, les frais de justice. L'archevêque de Paris, consulté en 1630 [1], approuva les monts de piété purement gratuits, c'est-à-dire, dont le fonds était le produit de l'aumône, et les monts de piété mixtes, ou dont le fonds était composé d'aumônes et d'argent placé à intérêt; il approuva même les autres, ceux dont le fonds devait tout entier porter intérêt, si cet intérêt ne dépassait pas 5 p. 0/0, plus 2 p. 0/0 pour les frais; les bailleurs demandaient 8 p. 0/0 d'intérêt brut. En d'autres termes, l'archevêque s'opposait à ce que l'établissement des monts de piété pût devenir une spéculation; malheureusement ces résistances retardèrent des fondations qui ne s'achevèrent en France, pour la plupart, que dans la dernière moitié du règne de Louis XIV, lorsqu'elles avaient déjà rendu de grands services dans tous les pays voisins.

En France, les monts de piété furent des entreprises particulières, mais on les considéra comme établissements de charité, et comme tels on les soumit à la surveillance et à la direction des autorités ecclésiastiques. Du reste, l'État n'agissait pas sur eux directement.

Ce furent à peu près les seules institutions de crédits antérieures à la mort de Louis XIV. La France n'avait encore à cette époque ni banque publique, ni banque particulière approuvée par l'État; elle s'était laissée devancer par d'autres pays pour la création de ces établissements. Il semble que la régence ait compris la première que l'État était le grand régulateur du crédit privé comme du crédit public,

---

[1] Bibliothèque royale. Fonds des Cinq-Cents, n° 197.

et qu'il pouvait, qu'il devait surtout prendre la part la plus large à son développement.

CHAPITRE XIV.

DES TRAVAUX PUBLICS.

On abandonna longtemps aux villes, aux seigneurs, ou même à des compagnies de marchands qui y étaient directement intéressées, la construction et l'entretien des travaux publics. Ainsi presque tous les travaux faits à Paris sous Philippe-Auguste furent entrepris par la ville et à ses frais. Le port fut construit par la compagnie des « marchands de l'eau, » qui obtinrent l'autorisation royale de lever pendant un an un droit sur tous les bateaux qui descendaient la Seine chargés de marchandises.

Les frais étaient couverts ordinairement par des droits de péage, quelquefois par des taxes locales, quand les travaux, par exemple étaient entrepris par les villes.

Quelles étaient les conditions de l'achèvement de ces travaux et de l'établissement de ces droits? Une autorisation était-elle toujours nécessaire, et de qui devait-elle émaner? Il n'est pas facile de répondre à ces questions pour les temps antérieurs à la seconde moitié du XIV° siècle ; mais des actes assez nombreux prouvent que, sous Charles VI, l'autorisation du roi était, en pareille circonstance, exigée dans tout le domaine royal[1].

---

[1] Exemples: En 1391, autorisation d'un double péage pour les réparations du pont d'Auxerre (péage à percevoir dessus et dessous). — En 1403, autorisation d'un octroi sur le sel dans le même but.

L'intervention du roi paraît au reste s'être bornée là pendant fort longtemps, même pour les travaux, qu'on aurait pu considérer comme d'utilité générale. Charles VI exerçait bien une surveillance très-directe relativement aux voies de communications, mais il ne l'exerçait, ce semble, que dans son domaine. Il ne s'occupait aussi que de leur entretien. On voit que dans le pays de Briançon il faisait entretenir au moyen d'une contribution les routes royales, déjà distinctes des routes ordinaires [1]. Dans toute la France, l'obligation fut imposée par lui aux communautés ecclésiastiques ou séculières et aux personnes qui se prétendaient privilégiées, de faire réparer et entretenir le pavé autour des édifices qui leur appartenaient [2]. Cette obligation fut ensuite renouvelée sous tous les règnes.

La direction des ponts et chaussées du domaine royal appartint longtemps aux agents de l'administration générale, aux sénéchaux, aux prévôts et aux vicomtes; les receveurs ordinaires du domaine affermaient les impôts qui y étaient destinés [3]. Dans le Languedoc, cette direction appartenait à des commissaires royaux envoyés près des États de la Province : ces commissaires exigeaient aussi des contributions spéciales pour ce service. Il y avait cependant des villes, dont les magistrats ordinaires exerçaient par privilége tous les pouvoirs de cette administration [4]. Telles étaient Béziers,

— En 1400, règlement du droit de *chaussée*, établi à Paris pour les voitures. — Mars 1405, nomination de commissaires pour informer sur les titres des péages octroyés dans le Dauphiné. — En 1414, permission aux habitants de Martinfave de lever un péage pour réédifier un pont sur la Garonne, etc.

[1] Confirmation des priviléges du Briançonnais (1381), art. 25.

[2] Ordonnance de 1399. Suivant M. Monteil, les routes des environs de Paris étaient déjà pavées en grès sous Charles VII (d'après un formulaire de la chambre des comptes).

[3] Le prévôt de Paris exerçait pleinement ces attributions dans la vicomté, en 1389. (Voir le *Recueil des Ordonnances*.)

[4] Priviléges de Béziers. Règlement de 1350, confirmé en 1357.

et surtout Narbonne, où la surveillance des ponts et chaussées appartenait au viguier seul, sans que les commissaires royaux pussent exiger d'elle aucune imposition [1]. En 1408, les nobles du Languedoc stipulèrent expressément dans leurs priviléges, qu'ils avaient vu sans doute violés plus d'une fois, le droit de faire faire par eux-mêmes ou par leurs officiers les réparations des chemins de traverse et des ponceaux dans les terres où ils avaient la haute justice; ils obtinrent que le roi n'enverrait de commissaires qu'en cas de négligence de leur part.

Quant aux châteaux, forteresses, fours et moulins, en un mot à tous les bâtiments qui appartenaient au roi en toute propriété et faisaient partie de son domaine, le soin de les entretenir était confié dans l'origine à un officier appelé visiteur général des œuvres. Charles VI supprima la charge de cet officier dont il conféra les attributions aux trésoriers. On sait que les trésoriers étaient les administrateurs suprêmes du domaine : or l'administration supérieure des travaux publics ne se distinguait pas encore de celle du domaine, et ils en furent chargés concurremment. Ils réglèrent donc tout ce qui concernait, non-seulement les voies de communication, mais encore la construction et l'entretien des châteaux royaux, des fortifications, etc.

Ces faits prouvent que jusqu'au commencement du xv⁰ siècle, l'administration des travaux publics fut purement domaniale : les rois n'exercèrent à son égard aucun pouvoir supérieur à ceux que les feudataires indépendants, comme les ducs de Bretagne ou de Bourgogne, exerçaient dans leurs provinces. En second lieu, tout dans cette administration était exclusivement affaire d'intérêt local. Enfin les différentes classes de travaux publics étaient confondues, et l'on ne s'occupa de les distinguer que lorsque ces travaux eurent

---

[1] Priviléges de Narbonne (1402).

pris eux-mêmes de sérieux développements. C'est ainsi que les mines devinrent au xv° siècle seulement, et les bâtiments royaux au xvi°, l'objet de services distincts. Pour plus de clarté, je ferai de ces deux derniers services l'objet de paragraphes particuliers.

§ I. — Travaux publics ordinaires. Ponts et chaussées. Canaux.

Malgré la nécessité de l'autorisation royale pour les entreprises des ponts et chaussées[1], et les pouvoirs confiés aux agents de l'administration du domaine, tout demeura local dans ce service pendant longtemps encore. Tout continua d'y être l'œuvre des villes, des seigneurs et des provinces. Si les voies de communications sont devenues une affaire d'intérêt général de nos jours, au moyen âge il s'en fallait de beaucoup qu'il en fût ainsi; les rapports sociaux étaient fort rares; la construction d'une route ou d'un pont ne servait guère qu'aux gens du pays et avait un caractère exclusif d'utilité locale. Les dépenses étaient donc toujours portées aux budgets communaux et provinciaux; l'État ne se chargeait des travaux à entreprendre que dans son domaine et sur les terres dont il avait la propriété. Le gouvernement paralysait même les efforts des provinces plutôt qu'il ne les encourageait. Ainsi Sully voulait diminuer toutes les taxes provinciales dont le roi ne profitait pas, et il se proposait dans ce but, comme on le voit par ses Économies royales, de supprimer les impositions établies en Normandie pour l'entretien des ponts et chaussées[2].

[1] Voir dans le *Recueil des Ordonnances* des exemples d'autorisations semblables accordées à diverses villes en 1421, 1455, 1470, 1475 et 1476.

[2] Entre autres celles des ponts de Mantes, de Saint-Cloud et de Rouen; il voulait supprimer aussi celles du canal de la Seine et de la Loire. «Toutes ces sommes ont été augmentées depuis quelques années, sans que le roi s'en prévale d'un sol, mais seulement les provinces et les particuliers.»

Lorsque les charges d'entretien de certains travaux étaient trop lourdes, on accordait en indemnité quelques priviléges aux localités qui les supportaient. Ainsi les paroisses des bords de la Loire, chargées de maintenir les chaussées et les *turcies* sur le bord du fleuve, obtenaient une exemption de subsides, chaque année où le fleuve débordait ; après que la taille fut devenue perpétuelle, elles obtinrent d'en être tout à fait affranchies. En 1645, on leur enleva ce privilége ; mais les travaux de la Loire cessèrent d'être entretenus. Une inondation survenue en 1649 emporta les digues, couvrit les vallées ; il fallut plusieurs années pour effacer la trace des désastres, et les paroisses recouvrèrent à ce propos leur exemption [1].

Au XIVᵉ siècle, on ne rencontre que fort peu de traces d'entreprises de travaux publics. Christine de Pisan raconte que Charles V avait formé le projet de réunir la Loire et la Seine par un canal ; mais ce projet n'eut pas d'exécution. Le plus ancien canal de France, celui de la Loire et du Cher, qui n'avait que quelques centaines de toises de long, ne fut creusé qu'au siècle suivant [2]. Les premières grandes associations de capitaux pour l'achèvement de travaux publics, ne commencèrent que sous les règnes de Charles VII et de Louis XI, et le premier objet qu'elles se proposèrent fut d'améliorer le cours des rivières et d'en faciliter la navigation. L'Eure fut ainsi rendue navigable en 1472, et la Seine le fut à la remonte jusqu'à Troyes. Ces entreprises étaient l'œuvre de compagnies de marchands qui obtenaient l'autorisation de s'imposer à cet effet, achetaient des droits de péage perçus jusqu'alors par les seigneurs riverains, les percevaient à leur tour et en réglaient l'emploi dans un but d'utilité commune [3].

[1] Exemption confirmée en 1668.
[2] Monteil. *Histoire des Français des divers États*, t. III.
[3] Ordonnance de Blois de 1499, art. 141.

Dans ce système, l'État abandonnait ces travaux à l'industrie privée et ne se réservait guère qu'un droit de surveillance. Au xvie siècle, il commença à faire plus. Il considéra les péages comme des droits royaux dont les vassaux avaient l'exercice par délégation, mais qui ne faisaient nullement partie des fiefs[1]. Diverses ordonnances, que les baillis, les sénéchaux et les juges royaux de toute sorte reçurent l'injonction de faire strictement exécuter, assimilèrent les seigneurs possesseurs de péages à de simples entrepreneurs de travaux publics; en conséquence, si quelques réparations étaient nécessaires, les baillis et les sénéchaux durent s'en assurer, en déterminer l'étendue et les adjuger au rabais à des entrepreneurs particuliers.

L'État prit encore un assez grand nombre d'autres mesures au sujet des voies de communication; parmi ces mesures, il faut citer l'ordre donné par Henri II de planter toutes les grandes routes d'ormes qui devaient fournir des bois à l'artillerie (1553), et la détermination de la largeur de ces routes sous Henri III (ordonnance des eaux et forêts).

L'action centrale commença, comme on le voit, à se faire sentir; mais elle ne s'exerça régulièrement et d'une manière efficace que depuis le temps de Sully. Sully chargea d'abord les trésoriers généraux de recueillir pendant leurs tournées les éléments d'un rapport sur l'emploi des péages locaux destinés à l'entretien des grands chemins, et en vertu d'un arrêt du conseil de 1609, il fit saisir ces péages sur tous les chemins mal entretenus[2]. Mais il ne se contenta pas d'assurer l'exécution des anciennes ordonnances, et il essaya le premier de créer une administration centrale des travaux publics. Il avait déjà la charge de surintendant des bâtiments, et celle

---

[1] Voir une déclaration de 1535, et l'ordonnance de Blois de 1579, art. 355.

[2] L'arrêt fut exécuté immédiatement à l'égard des religieux de l'abbaye de Saint-Denis.

de surintendant des fortifications, lorsqu'il se fit nommer par Henri IV, en 1599, grand voyer de France, avec des fonctions assez analogues à celles qu'exerça depuis le directeur général des ponts et chaussées. Le grand voyer de France veillait, soit par lui-même, soit par les lieutenants qu'il nommait dans les provinces, à l'exécution des ordonnances royales et des arrêts du conseil touchant les voies de communication de toute espèce. Il avait aussi la juridiction spéciale de ce service qui s'étendait au royaume entier, puisque la France faisait alors partie tout entière du domaine royal.

Dès que l'on eut constitué une direction supérieure, on rédigea des plans généraux : on comprit que la plupart des travaux à entreprendre n'étaient pas seulement d'utilité locale et particulière, mais aussi d'utilité publique.

Sully raconte qu'il présenta à Henri IV, aux étrennes de 1601, deux tableaux, dont l'un comprenait les travaux à faire pour les fortifications des villes, des châteaux et des places frontières; l'autre un devis des dépenses nécessaires pour la réparation des routes, avec le partage de cette dépense entre l'État et les provinces. Plus tard, il en ajouta un troisième pour les rivières et les canaux. Il avait conçu le projet de joindre par des canaux la Meuse à la Saône, la Saône à la Loire, et la Loire à la Seine; ce qui devait faciliter le transit des marchandises étrangères par la France. Il fit commencer en effet le canal de Briare en 1604 [1], et le canal de jonction de la Seine à la Saône par le moyen des rivières d'Ouche et d'Armançon. Un autre projet non moins considérable fut celui d'un canal de jonction entre les deux mers par l'Aude et la Garonne. Le caractère de cette entreprise était nettement déterminé par le cardinal de Joyeuse,

---

[1] Les travaux du canal de Briare furent interrompus au bout de très-peu de temps; une compagnie se chargea de les reprendre en 1639.

qui proposait à Henri IV, en 1598, un tracé et un devis. « Pour la dépense, disait-il, je crois que les provinces de Languedoc et de Guienne, et particulièrement les villes qui sont assises sur les rivières, y contribueront fort volontiers; car je crois cette œuvre extrêmement désirée et embrassée de tous en général, et je crois qu'il mérite bien que tout le royaume y trempe [1]. »

L'organisation nouvelle du service des travaux publics, et l'impulsion que reçurent ces travaux, eurent encore un autre effet. Elles permirent à l'industrie privée de faire de plus grands efforts. Les compagnies plus nombreuses et surtout plus riches abordèrent des entreprises considérables, comme par exemple le desséchement des marais. Un Hollandais, nommé Bradleii, obtint une concession de tous les marais de France, à peu d'exceptions près (1607), et forma une compagnie à laquelle le gouvernement accorda des priviléges étendus, tels que la naturalisation pour les étrangers qui en faisaient partie, et le droit pour les nobles, les ecclésiastiques, les officiers des cours souveraines, d'y entrer sans déroger. On voulait, en effet, placer l'entreprise sous un patronage recommandable pour y attirer les capitaux [2]. Au reste, cette compagnie fit renouveler plu-

[1] Lettre manuscrite. Fonds Dupuy, n° 88. Les résultats probables de l'entreprise sont signalés aussi avec un véritable enthousiasme dans la lettre du cardinal de Joyeuse. « Je crois, ajoute-t-il, que dans très-peu de temps la dépense qui en serait faite se recouvrerait bien aisément pour ceux qui ont avancé de l'argent. — J'oserai dire à V. M. que si elle trouve l'œuvre faisable, comme tout le pays trouve assurément qu'elle l'est, elle ne peut pas, en temps de paix, entreprendre un dessein plus proportionné à la gloire qu'elle s'est déjà acquise que cestuy-ci. Tout votre royaume en serait grandement orné, plusieurs de vos villes bonifiées, et quelques-unes deviendraient d'autres Paris. Tout votre peuple en sentirait de grands fruits et de grandes commodités, et non-seulement tout votre peuple, mais toute la terre y participerait. »

[2] D'après l'édit de 1607 il fallait « un grand fonds de deniers, et une continuelle assistance de personnes expérimentées aux affaires. »

sieurs fois son privilége sous les règnes suivants, sans pouvoir obtenir les résultats espérés et remplir toutes ses promesses.

Plusieurs compagnies semblables entreprirent encore, sous Louis XIII, le percement et l'entretien des canaux, ainsi que les travaux de navigabilité des rivières. Celle de 1629 fut assurément une des plus considérables, et le but qu'elle se proposait n'était rien moins que gigantesque. L'État se contenta de passer les baux de toutes ces compagnies et de rédiger leurs cahiers de charges [1].

La centralisation du service des ponts et chaussées, qu'Henri IV avait voulu établir, ne réussit qu'imparfaitement et fut de courte durée. De perpétuels conflits s'élevèrent, faute d'attributions bien définies, entre le grand voyer de France ou ses agents d'une part, et les pouvoirs locaux de l'autre. Enfin, en 1626, force resta aux pouvoirs locaux. La charge de grand voyer fut supprimée, et les fonctions de

---

[1] La compagnie de 1629, fondée sur le modèle de celle des Indes Occidentales par le sieur de Saint-Martin, l'un des principaux auteurs des Mémoires envoyés sous Louis XIII à la chambre de Commerce, se proposait pour but d'exploiter les mines, de dessécher les marais, de mettre en rapport les terres vaines et vagues, de rendre les Pyrénées habitables, d'opérer la jonction des deux mers, de faire des canaux, et d'occuper à ces travaux tous les bras inutiles. Elle reçut du roi des dons considérables, entre autres la propriété de la plupart des canaux existants, par exemple, du canal de Briare. Elle fut autorisée à prendre une certaine quantité de bois dans les forêts de la couronne. Le roi lui abandonna le produit de quelques impositions, et alla jusqu'à lui permettre d'en régler elle-même les tarifs; mais, sur les représentations des marchands, il lui retira ce dernier droit, et lui reprit, comme on disait, *les clefs des portes du royaume*. Tous les pourvus d'offices devaient être obligés de placer dans la Compagnie le cinquième de la première année de leur revenu temporel, après les provisions. Louis XIII engageait toutes les villes à prendre des actions, et leur permettait de s'imposer dans ce but de nouveaux deniers d'octroi. Il en prenait lui-même et se réservait de prélever le dixième de tous les profits, indépendamment d'une part dans les bénéfices, proportionnelle à sa mise.

cette administration furent rendues aux agents ordinaires du domaine, aux trésoriers des généralités. Mais l'idée de réorganiser un service central ne pouvait être abandonnée à tout jamais, et fut en effet reprise au bout de quelques années. On créa d'abord, en 1645, trois offices de grands voyers surintendants des ponts et chaussées. Ensuite Colbert institua, du moins pour les pays d'élections, car dans les pays d'États l'administration ne cessa pas d'être provinciale, un directeur général, ayant sous ses ordres un inspecteur général, quatre inspecteurs particuliers, un premier ingénieur et vingt-trois ingénieurs provinciaux, ces derniers répartis entre les généralités. Les ingénieurs et les inspecteurs traçaient les plans ; le directeur les soumettait ensuite au roi qui décidait s'ils seraient exécutés. Les agents ordinaires du domaine ne conservèrent plus que la faculté de faire les baux d'importance secondaire, encore la création de trésoriers-receveurs et de contrôleurs dans chaque généralité la leur enleva-t-elle dans les dernières années du règne. Le jugement du contentieux des travaux publics fut attribué aux intendants.

Cet accroissement du personnel suffit pour expliquer l'augmentation des dépenses de ce service dans les budgets de l'État sous Louis XIV ; car celles du matériel n'étaient pas comprises dans ces budgets. Excepté quelques fonds peu considérables pour les subventions [1] et les indemnités éventuelles, tous les frais étaient à la charge des provinces, des villes et des compagnies adjudicataires [2].

L'ordonnance des eaux et forêts renferma sur les chemins

[1] L'emploi des fonds destinés aux subventions directes en argent fut réglé, pour la première fois, par une ordonnance du 11 mars 1727. Les subventions indirectes, comme les exemptions de tailles pour les localités grevées, étaient plus communes.

[2] Ce n'est guère que sous le ministère de Turgot que le budget central de l'État comprit une partie des fonds destinés à la construction et à l'entretien des travaux publics.

royaux un titre qui régla leur largeur uniforme, et leur mode de confection et d'entretien [1]. On commença aussi à s'occuper de la création d'un système de grandes routes dont Paris serait le centre, système qui ne devait être achevé que sous le ministère du cardinal Fleury. Le réglement des expropriations n'était pas l'œuvre d'un jury, il appartenait à l'administration elle-même, sauf le recours des intéressés au conseil des parties. C'est pour couper court aux difficultés soulevées par le tracé des routes qu'un arrêt du conseil de 1705 statua que tous les chemins, royaux ou seigneuriaux, seraient construits ou réparés dans le plus droit alignement possible [2].

Colbert adjugea à plusieurs compagnies les travaux de navigabilité des rivières, telles que l'Aube, la Seine, la Marne [3]. Les canaux, que la plupart des administrations précédentes avaient inutilement entrepris de creuser, cessèrent d'être impossibles. Sous son ministère, le canal d'Orléans à Briare (mars 1679) fut adjugé au duc d'Orléans, qui se chargea des travaux moyennant une concession perpétuelle; mais le tarif pour les transports fut réglé par le roi. Celui du Midi, dont Henri IV avait compris l'importance, fit la gloire de son auteur, Riquet, qui y travailla dix-sept ans sans interruption, de 1664 à 1681. On voit, d'après les mémoires des intendants qu'il y avait des canaux en Flandre, en Artois, en Alsace, en Poitou, en Provence; partout ailleurs il existait au moins des projets et des tracés. Ainsi on avait compris sous le grand règne l'importance d'un vaste système de communications par terre et

---

[1] Les riverains faisaient le pavé; les fonds d'entretien étaient fournis par des péages que les voyageurs payaient, même lorsqu'ils faisaient des détours pour les éviter. Les réparations se faisaient par corvées (arrêt de 1662 pour les chemins du Perche).

[2] Arrêt cité dans le *Traité de la police*, par Delamarre.

[3] Nous avons encore le traité passé le 31 décembre 1664 avec le sieur Paillot pour rendre l'Aube navigable.—Fonds des Cinq-Cents, n° 207.

par eau, et son exécution avait été heureusement commencée.

Quand on construisit le canal du Languedoc, la question de savoir s'il valait mieux pour l'État se charger des travaux et se réserver la propriété et l'exploitation du canal, ou abandonner les travaux, la propriété et l'exploitation à une compagnie particulière, fut agitée très-vivement dans le conseil du roi. Jamais on n'avait abordé d'entreprise aussi vaste et aussi coûteuse, et l'intérêt comme l'honneur de tout le pays y était engagé. Le conseil du roi pouvait craindre que les particuliers refusassent d'y consacrer leurs fonds, quand le succès n'était rien moins que certain ; il fallut en effet la conviction, l'opiniâtreté et les sacrifices personnels de Riquet pour triompher des obstacles qui s'élevaient de toutes parts. Après un long examen des deux systèmes mis en présence, ce fut celui de la construction et de l'exploitation par une compagnie de propriétaires qui prévalut ; on l'adopta pour ne point grever le budget de l'État et dans le but de « mettre l'intérêt public sous la sauvegarde de l'intérêt personnel ; » on pensait aussi que l'entreprise serait bien mieux administrée comme propriété privée que comme propriété du gouvernement. Du reste, le roi et les États de Languedoc accordèrent des fonds considérables à Riquet, dont les travaux auraient été nécessairement abandonnés faute de capitaux particuliers [1].

Des ingénieurs royaux furent attachés, en 1672, à la navigation de la Seine, dont l'entretien fut ainsi enlevé à la compagnie des marchands de l'eau. Un semblable réglement fut fait pour la Loire en 1703, et bientôt après pour toutes les autres rivières.

Parmi les compagnies les plus considérables de cette épo-

---

[1] P. Clément. *Histoire de la vie et de l'Administration de Colbert*, chapitre VIII.

que, il faut citer celles qui se formèrent pour le desséchement des marais d'Aigues-Mortes et de ceux du Languedoc. La première était composée des plus grands seigneurs de la cour, qui commençaient à prendre goût aux spéculations ; elle comptait parmi ses actionnaires MM. de Vardes, de Lyonne, de Caumont, d'Alibert, de Pennautier, de Créuan, de La Vieuville, Duplessis-Guénégaud[1]. La seconde avait à sa tête le duc de Noailles, qui acquit en 1702 le privilége des héritiers du premier entrepreneur, Bradleii. Il fit poursuivre sur une plus grande échelle les travaux commencés pour l'assainissement du Languedoc, après que les propriétaires de la province, réunis par l'intendant, M. de Basville, eurent acquiescé à l'entreprise.

§ II. — Mines.

L'exploitation des mines était libre dans l'origine, ou simplement soumise aux règles locales qu'avaient établies les seigneurs. Elle subit ensuite la nécessité d'une autorisation préalable, par un effet de la création du droit royal, sous Charles VI[2]. Au reste, le gouvernement, toujours désireux d'augmenter la quantité des espèces circulantes, accorda force priviléges à ce genre d'industrie[3].

Enfin, sous Louis XI, la considération de l'intérêt de l'État transforma ce qui avait été jusqu'alors une industrie privée en un service public. Une commission spéciale fut nommée pour la recherche des mines et minières, et tout propriétaire, ayant connaissance de mines à lui appartenan-

[1] Le chevalier de Clerville, ingénieur des fortifications, envoyé par Colbert pour lui rendre compte de tous les grands travaux qui s'achevaient dans le Midi, a conservé dans son rapport les statuts de cette compagnie.
[2] En 1413. Voir le chapitre XI, *Des impositions*, section v.
[3] Ces priviléges comprenaient une exemption d'impôts à peu près complète. On supprima les droits perçus sur les matières premières dont les entrepreneurs d'exploitations faisaient usage.

tes, fut tenu d'en faire la déclaration dans un délai fixé. La même commission dut préparer les projets d'exploitations par l'État, dans le cas où les propriétaires refuseraient de s'en charger. Elle eut à sa tête un général-maître gouverneur et visiteur des mines, chef de service avec une juridiction. Le produit de l'impôt fut consacré pendant plusieurs années aux voyages et aux expertises de ce général-maître et de ses agents.

La plupart des exploitations furent adjugées à des entrepreneurs et à des compagnies ; mais les adjudicataires étaient rares. Sous Henri II, on conçut le projet de former une compagnie unique qui exploiterait toutes les mines de France, sauf à payer une indemnité aux propriétaires des terrains ; et pour aider cette compagnie à s'établir, le gouvernement lui accorda d'immenses priviléges [1]. Le sire de Roberval, qui en était le directeur général, avait le droit d'en nommer tous les agents, même ceux qui étaient chargés d'un service de police ou revêtus d'un pouvoir judiciaire ; il faisait des statuts et des réglements, soumis cependant à la révision du conseil privé. Les nobles qu'il s'associait ne dérogeaient pas [2], et les ouvriers étrangers qu'il engageait recevaient des lettres de naturalité [3]. Cette compagnie se forma avec beaucoup de peine, et son monopole ne fut pas de longue durée. On recommença plus tard à diviser les exploitations ; mais l'État ne cessa pas de regarder les travaux des mines comme un service public, dont il devait prendre la direction, au lieu de les abandonner à l'industrie privée. Cette idée domine dans toutes les ordon-

---

[1] En 1548. Ils furent renouvelés en 1552 et en 1560.
[2] Il pouvait du moins s'en associer huit pour chaque exploitation.
[3] Au reste, les entrepreneurs d'exploitations avaient déjà tous obtenu des priviléges de ce genre. Voir les priviléges des entrepreneurs de l'exploitation des mines de la vicomté de Couserans (1483). Recueil des Ordonnances.

nances rendues sur ce sujet, entre autres dans celle de 1601 qui fut l'œuvre de Sully[1]. Sully, Colbert et Chamillart firent rechercher dans le même but les diverses mines d'or que l'on pouvait découvrir en France.

Les propriétaires de mines sollicitèrent, sans l'obtenir, la suppression du droit royal[2]; ils demandèrent aussi qu'on leur permît de faire la presse des vagabonds, et que les criminels pussent être condamnés aux travaux des mines, comme ils l'étaient à Rome autrefois; ils espéraient de cette manière abaisser le prix de la main-d'œuvre. On ne voit pas, du reste, que ces vœux aient été remplis, et la liberté de l'industrie minière ne paraît pas avoir été réclamée de nouveau avant le xviiie siècle,[3].

Sully avait composé, en 1601, l'administration des mines d'un grand maître surintendant et réformateur général, d'un lieutenant général du grand maître, d'un contrôleur général, d'un greffier et d'un fondeur essayeur et affineur général. L'établissement du droit de la marque des fers, en 1626[4], fut suivi de l'institution d'officiers spéciaux dans les bailliages et les sénéchaussées. Le corps des ingénieurs des mines est de date récente; à la mort de Louis XIV, les travaux des mines étaient confiés à la direction des ingénieurs ordinaires.

§ III. — Bâtiments. Fortifications.

Je ne cite ici l'administration des bâtiments royaux que pour mémoire. Elle fit longtemps partie de celle du domaine; elle fut ensuite confiée à un surintendant spécial. Sully, Colbert eurent la charge de cette surintendance, et ce ne fut pas une des moindres attributions de Colbert sous

[1] C'était d'ailleurs le principe de la législation romaine.
[2] États généraux de 1614.
[3] Voir le Mémoire de Turgot sur les mines.
[4] Voir le chapitre XI, *Des impositions*, section v.

un roi comme Louis XIV. La surintendance, remplacée en 1708 par une simple direction sans titre d'office, fut rétablie en 1716; mais on en modifia successivement les pouvoirs [1].

Les fortifications furent aussi confiées dans le principe aux agents ordinaires de l'administration du domaine. Mais, comme elles devenaient plus savantes à mesure que la guerre le devenait aussi, Henri II créa pour elles une administration particulière, ou du moins en attribua la surveillance à un surintendant spécial (1553) [2]. La confection des ouvrages était adjugée à des entrepreneurs; l'adjudication et la vérification appartinrent d'abord aux échevins des villes, assistés d'habitants notables, puis, à partir de 1643, à des commissaires contrôleurs généraux, créés dans ce seul but.

Après 1690, on établit dans les provinces des directions particulières, à la tête desquelles on plaça des ingénieurs, et l'on distingua pour la première fois les ingénieurs en chef et les ingénieurs ordinaires du roi. On fit ensuite plusieurs réglements pour la conservation des ouvrages, l'étendue des zones et des servitudes militaires [3].

C'est également vers la fin du règne de Louis XIV que fut institué le corps des ingénieurs géographes.

---

[1] On peut ranger ce service parmi ceux de la maison du roi. Aussi les entrepreneurs des bâtiments royaux jouissaient-ils de priviléges spéciaux très-étendus (voir une ordonnance de 1609), comme tous les marchands et artisans attachés à la cour.

[2] Sous Louis XIII ce surintendant devint un directeur, et sous Louis XIV un intendant; mais les attributions demeurèrent les mêmes.

[3] Entre autres le réglement de 1713.

CHAPITRE XV

DES POSTES.

Le service des postes n'était pas dans l'origine destiné, comme il l'est aujourd'hui, à faciliter entre les diverses parties du territoire les communications de toute espèce, encore moins à former une des branches du revenu public. Louis XI, qui le créa en France, ne le créa que pour lui seul ; les postes n'existaient donc, comme dans l'ancien empire romain, que pour le gouvernement, et ne servaient qu'à son usage exclusif. Elles étaient d'ailleurs organisées d'une manière fort incomplète, puisque Henri IV établit pour la première fois, en 1597, des relais à des distances égales sur toutes les routes importantes, en commençant par celles de Paris à la frontière d'Espagne et à Calais. Ce service, restreint de cette manière, appartenait tout entier, administration et juridiction, à un officier appelé contrôleur général des postes, qui était un véritable entrepreneur ; car il achetait sa charge, percevait les droits utiles qui y étaient attachés, et en supportait tous les frais.

Les particuliers ne pouvaient se servir que des messagers des Universités ou de ceux des villes. En effet, chaque Université avait des courriers à gages qui, chargés de porter les messages des étudiants et ceux de leurs familles, finirent par entreprendre le transport de toutes les correspondances, même commerciales. Beaucoup de villes avaient à leur tour établi des courriers semblables. Mais tous ces services étaient locaux, irréguliers, et n'avaient lieu que dans un étroit rayon.

Ce système très-imparfait fut complétement modifié dans la première moitié du xvii⁰ siècle, et voici comment. Pendant la minorité de Louis XIII, on avait permis aux estafettes de la cour de se charger de lettres particulières. Le contrôleur général des postes, qui faisait les réglements du service à son gré, parce qu'il avait acheté son office et qu'il le gérait pour son compte[1], eut alors l'idée d'établir des courriers ordinaires partant à jour marqué pour les bureaux qu'il avait dans les principales villes; et comme il ne tarda pas à voir les envois se multiplier, il dut non-seulement augmenter le nombre des courriers, mais en établir de nouveaux sur les routes secondaires et étendre le service aux villes les plus éloignées des grandes voies de communication.

Dès que l'administration des postes prit ce développement, ses revenus s'augmentèrent avec une grande rapidité; d'un autre côté, ses dépenses s'élevèrent dans une même proportion. On régularisa donc, en 1627, la partie financière du service en établissant un tarif officiel pour le transport des lettres et des paquets, tandis que jusqu'alors les prix avaient été variables et fixés de gré à gré. Les maîtres courriers furent tenus d'établir des bureaux de dépêches partout où le besoin s'en ferait sentir; on fixa le maximum du temps qu'ils devaient mettre à parcourir chaque poste dans la saison d'hiver ou dans la saison d'été.

En 1630, le contrôleur général vit son office supprimé, et fut remplacé par un surintendant qui conserva la juridiction sur ses subordonnés, mais cessa de les choisir lui-même; le roi s'attribua la nomination de la plupart des agents du

---

[1] Ce contrôleur général était M. d'Alméras. L'office avait été triplé, mais il l'avait acheté trois fois, afin de pouvoir le gérer sans aucune interruption.

service et des maîtres courriers, et ce fut une occasion de créer autant d'offices vénaux triples (ancien, alternatif et triennal). On attacha à ces offices tout ou partie du revenu des postes dans chaque généralité, ce qui permit de les vendre fort cher. Quant au surintendant, il ne percevait plus pour son compte qu'une partie du revenu postal, prise sur le produit des correspondances avec l'étranger. Le service de la poste continua donc d'avoir lieu par entreprise, à cela près qu'on avait substitué plusieurs entrepreneurs à un seul.

Cependant il fallait, au milieu de la variété de ces entreprises, maintenir l'unité de l'administration ; on rendit en 1632 au surintendant le droit de nommer à tous les offices qui lui étaient subordonnés, ou plutôt le droit de choisir les candidats qu'il présenterait à la nomination royale.

L'État ne retirait de ce service que le prix de vente des offices qu'il y créait. En revanche, il était obligé de faire à son sujet d'assez grandes dépenses, par exemple, d'allouer aux maîtres de poste, au moins indirectement, de fortes indemnités. Comme ces derniers étaient tenus de fournir des chevaux jour et nuit, sans rien exiger, aux courriers ordinaires, ils ne pouvaient faire de bénéfices qu'en louant aussi ces chevaux aux voyageurs ou en tenant hôtellerie ; or, ces bénéfices étant insuffisants pour les indemniser, ils demandèrent force priviléges, l'exemption des tailles, du taillon, celle du logement des gens de guerre, et ils finirent par les obtenir : on les assimila aux commensaux de la maison du roi. Ces priviléges ne furent à leur tour qu'une source intarissable de procès ruineux, mais ils étaient nécessaires pour soutenir une industrie incapable de se suffire à elle-même. En 1661 les fourrages manquèrent : sur les routes qu'avait parcourues la maison du roi, telles que celle de Fontainebleau et celle de Bretagne, tous les maîtres de poste furent ruinés. Il fallut, pour que le service continuât de se faire, leur régler en 1662 des indemnités en argent ; on déclara leurs chevaux, leurs fourrages insaisissables pour tout créancier autre que l'État. Quelque temps après, on leur assura un véritable monopole, en les délivrant de la concurrence des messagers de l'Université. Louis XIV réunit en 1672 les charges de ces derniers à son domaine, c'est-à-dire qu'il les supprima, en faisant indemniser les titulaires par l'adjudicataire des postes.

Louvois exerça la charge de surintendant des postes de 1662 à 1691. Il fit faire, en 1673, un tarif général qui régla la taxe des lettres suivant les distances parcourues. Comme les postes avaient été établies dans l'origine pour le service du roi, la franchise des dépêches qui concernaient ce service, et celle des correspondances ministérielles, durent être admises en principe par tous les tarifs [1].

Déjà Louvois n'exerçait l'office de surintendant que par commission, quoiqu'il en eût payé la finance. Après sa mort, un édit du mois de janvier 1692 changea tout le système de cette administration en supprimant les offices vénaux de surintendant, de contrôleurs et de maîtres des postes, et en fixant l'époque du remboursement à la mort de chaque titulaire. Depuis lors, tous les agents des postes furent à la nomination directe du roi, qui se réserva le droit de les destituer; il n'y eut d'exception que pour quelques courriers particuliers dont on laissa la nomination au grand écuyer

---

[1] Voir les divers tarifs de 1644, 1676 et 1703.

Il faut remarquer que les entreprises de voitures particulières, qui étaient fort rares, quoiqu'on trouve sous Henri IV, en 1593, la création d'un commissaire général et surintendant des coches et carrosses publics, devinrent plus nombreuses pendant le règne de Louis XIV. Tandis qu'il n'y avait à Paris, sous Louis XIII, que des chaises à porteur, des priviléges furent accordés en 1650 et en 1657 aux entrepreneurs de litières et de voitures publiques. On commença à établir des coches d'eau sur la Seine, en 1605. Les voitures de poste, après plusieurs essais plus ou moins heureux d'amélioration, finirent par être à peu près semblables à celles dont nous nous servons aujourd'hui.

de France. La juridiction du service fut détachée de l'administration, et attribuée aux intendants provinciaux. Les postes furent donc, comme on disait dans la langue du temps, *mises en régie.*

Ajoutons qu'aussitôt après la mort de Louis XIV, dès le mois de septembre 1715, l'ancien système fut rétabli, mais pour être abandonné de nouveau en 1726.

CHAPITRE XVI.

DE L'AGRICULTURE.

Les trois grandes branches du revenu national, l'agriculture, l'industrie et le commerce, pourraient être l'objet d'études historiques fort étendues; mais le plan de cet ouvrage ne comporte que l'exposé des actes du gouvernement à leur égard. Pour plus de clarté, j'examinerai séparément ce qui concerne chacune d'elles.

Avant le XVIIe siècle, le gouvernement ne prit au sujet de l'agriculture aucune mesure générale, à moins qu'on ne veuille regarder comme telles les dégrèvements de taille, ou les lois qui déclaraient les bestiaux et les instruments aratoires insaisissables. Toutes les mesures qui eurent l'intérêt agricole pour objet direct, furent locales : il reste même très-peu de traces des réglements que faisaient à son égard les États et les administrateurs provinciaux [1].

---

[1] On trouve bien un édit royal de François Ier, daté de 1520, défendant de défricher les terrains en nature de bois qui bordent la Seine et ses affluents, et réglant la coupe des bois particuliers, leur

On pourrait sans doute rechercher quelle influence les variations successives de l'état légal de la population des campagnes, ou les changements introduits dans la constitution politique et le système administratif intérieur, ont dû exercer sur l'agriculture et sur la production des subsistances ; mais ces recherches curieuses seraient fort longues, et comme on ne saurait jamais calculer qu'approximativement l'effet de telle circonstance ou de telle mesure, un pareil travail n'aboutirait qu'à des résultats d'une certaine généralité.

L'étude des lois qui concernèrent la propriété, et surtout la propriété des nobles et des ecclésiastiques, offrirait le même genre d'intérêt. Le clergé et la noblesse réunis possédaient dans certaines provinces, par exemple, dans le Dauphiné, les cinq sixièmes du territoire. La situation économique des deux premières classes de la nation a donc exercé sur l'agriculture une influence aussi directe et aussi réelle, mais aussi difficile à apprécier.

Sully, aidé du célèbre Olivier de Serres, paraît avoir érigé le premier la protection de l'agriculture en principe, moins en vue de développer les richesses naturelles de la France que pour ramener l'aisance dans les campagnes que la guerre avait ruinées, et pour préparer au pays de bons soldats. D'ailleurs la noblesse avait fait de son côté de grandes pertes pendant les guerres de religion : favoriser l'agriculture, c'était donner aux nobles détenteurs d'une part considérable de la propriété territoriale les moyens de refaire leurs fortunes détruites ou compromises. Tel était évidemment le but que Sully se proposait, et en effet le principal résultat de son ministère fut de libérer la propriété territoriale d'une partie des charges qui pesaient sur elle ; il fit une

arrivage par la Seine, l'approvisionnement de Paris. Mais cet édit, bien qu'émané du roi, fut rendu sur les conclusions d'une assemblée des principaux habitants de Paris, et ce n'est qu'un acte d'intérêt local.

remise de l'arriéré des tailles pour les terres roturières, et donna aux nobles de nouveaux délais pour le paiement des emprunts auxquels leurs biens-fonds étaient hypothéquées [1]. Douze années de paix après un demi-siècle de guerres intérieures, et le rétablissement de l'ordre administratif, ont été sans aucun doute le premier bienfait du règne d'Henri IV.

On doit attribuer à Colbert des vues plus larges et moins exclusives que celles de Sully; il voulut développer à la fois toutes les sources de la richesse nationale. S'il s'occupa de préférence des intérêts de l'industrie, puissance naissante, mais déjà considérable, et dont l'influence sur les affaires générales de l'Europe fixait alors l'attention de tous les hommes politiques, il ne négligea pas pour cette raison ceux de l'agriculture. Il la gêna sans doute par sa législation sur les grains [2] et par les développements qu'il fit prendre au système prohibitif : les documents contemporains, sa propre correspondance attestent qu'à la fin de son ministère l'exportation des blés et des vins avait subi une baisse sensible, que le prix de vente des produits agricoles et par conséquent le revenu territorial allaient diminuant. Mais si ces mesures passagères furent désastreuses, Colbert, d'un autre côté, favorisa l'agriculture indirectement, en multipliant les communications de tout genre et les entreprises d'utilité publique, en réformant toutes les règles de l'administration financière et la législation qui régissait les propriétés communales [3]; il la favorisa aussi d'une manière plus directe en créant les premiers haras, en encourageant par des tarifs la production du bétail. Il crut que l'augmentation numérique

---

[1] Il y avait eu déjà quelques exemples de mesures semblables (Voir les États généraux de 1484. Procès-verbaux de Jean Masselin. Collection des *Documents inédits de l'histoire de France.*)

[2] Voir le chapitre XVIII, *Du Commerce*, section II.

[3] V. le chapitre VI, section II, § 3.

de la population servirait à faciliter, à rendre plus actifs les travaux agricoles et il assura la jouissance du privilége, c'est-à-dire l'exemption d'impôt, aux jeunes gens qui se mariaient avant 25 ans, et aux pères de famille qui avaient dix enfants, pourvu qu'on ne comptât dans leur nombre ni prêtres, ni religieux (1666). Pour les classes privilégiées, la prime offerte était une pension, variable suivant l'âge auquel le mariage avait été contracté et suivant le nombre des enfants ; cette pension était elle-même de mille livres pour dix enfants, et de deux mille livres pour douze [1]. Mais on ne tarda pas à s'apercevoir de l'inutilité d'une pareille loi qui fut abolie en 1683.

Les successeurs de Colbert favorisèrent comme lui le développement des haras [2] et l'élève du bétail. Ils déclarèrent les bestiaux des communes insaisissables [3]. Malheureusement la guerre et les vices d'une administration financière aux abois eurent les plus tristes effets. La population diminua, comme l'atteste le *Détail de la France*, dont tous les mémoires des intendants confirment les assertions [4]. Suivant les calculs les plus modérés, la seule révocation de l'Edit de Nantes avait fait sortir du royaume cinq cent mille personnes. Il fallut qu'en 1698, un arrêt ordonnât d'ensemencer les terres. Le portrait que Labruyère et Vauban ont fait des habitants des campagnes sous la fin du règne de Louis XIV peut paraître exagéré, mais l'excès du mal exigeait un remède, et ce remède, Vauban et Boisguillebert eurent les premiers l'honneur de le signaler. Après eux, les intérêts agricoles commencèrent à être mieux compris, et ils

---

[1] Voir la loi de 1666 et celle de juillet 1667.
[2] Ordonnance de 1683.
[3] Déclarations de 1683, 1701 et 1708.
[4] On calculait en 1700 que, dans la généralité de Paris, le produit des aides, mesure assez exacte de la consommation, avait depuis vingt ans diminué de moitié.

devinrent de jour en jour pour le gouvernement, pendant le cours du xvIIIe siècle, l'objet d'une sollicitude plus éclairée. Une école même vint à se former alors, celle des physiocrates, qui leur attribua une importance exclusive ; mais cette réaction complète ne prouva qu'une chose, l'oubli dans lequel ces intérêts avaient été plongés trop longtemps.

CHAPITRE XVII.

DE L'INDUSTRIE.

L'agriculture était au moyen âge à peu près la seule richesse de la France. Les villes étaient petites et peu peuplées. La proportion du travail industriel comparé au travail agricole se trouvait donc beaucoup plus faible qu'aujourd'hui.

D'ailleurs il n'y avait point de grandes fabriques, point d'industrie manufacturière. Le mot d'industrie, appliqué à cette époque, ne doit s'entendre que de l'exercice des métiers ; ce n'est qu'à partir du xve siècle qu'on peut lui donner une signification plus étendue.

SECTION Ire. — *De l'industrie des métiers.*

§ 1er. Origine des corporations. Elles tombent sous la dépendance royale. — § 2. Organisation des corps de métier. — § 3. Vicissitudes qu'éprouva ce système jusqu'au règne de Louis XIV. Les ordonnances royales ont pour effet de le rendre de moins en moins exclusif.

§ 1. Origine des corporations. Elles tombent sous la dépendance royale.

L'industrie des métiers au moyen âge vécut longtemps sous un régime spécial, celui des corporations.

Les corporations d'artisans furent d'abord des associations libres. Soit qu'on rapporte leur origine aux *collegia opificum* existant dans la Gaule méridionale au temps des Romains, soit qu'on la rapporte aux ghildes germaniques dont les membres se juraient une protection réciproque, ces associations naquirent du double besoin que la population ouvrière éprouvait de se protéger et de s'administrer elle-même, à une époque où elle ne trouvait en dehors d'elle ni protection, ni administration.

Elles devinrent exclusives et de bonne heure, par une tendance naturelle, car leur intérêt les portait à l'être; mais on ne trouve rien de pareil dans leurs commencements : au temps de saint Louis la plupart n'exigeaient encore de ceux qui voulaient entrer dans leur sein que la capacité reconnue et les avances suffisantes pour les frais d'un premier établissement [1].

Depuis le xii° et le xiii° siècle, époque où la plupart des métiers s'organisèrent de cette manière, toutes les corporations durent être autorisées par le seigneur sur le territoire duquel elles étaient établies; celles du domaine royal durent l'être par le roi [2]. L'autorisation leur fut vendue d'ordinaire à prix d'argent, et ne fut maintenue, comme celle des chartes communales, que par le paiement d'un cens annuel. Les traités qu'elles furent ainsi obligées de conclure avec les seigneurs ou avec le roi durent souvent porter une atteinte grave à leur indépendance primitive.

[1] « Être le peut (membre de la corporation), s'il sait faire le métier et s'il a de quoi. »
[2] Les plus anciennes corporations dont nous ayons l'autorisation royale sont :
Celle des chandeliers-huiliers à Paris (1061).
Celle des bouchers à Paris (xii° siècle).
Celle des détailleurs de vin à Bourges (1141).
Sous Philippe-Auguste, celle des tisserands d'Étampes (1204).
Celle des boulangers de Pontoise (1217).
Celle des bouchers d'Orléans (1220).

En 1260, lorsqu'une école de légistes entreprenait de fixer les coutumes et de mettre les législations par écrit, Étienne Boileau, prévôt de Paris, rédigea le livre des métiers, que saint Louis confirma, livre d'autant plus curieux qu'il est en grande partie l'œuvre des corporations elles-mêmes. Chaque métier, dans les villes du domaine, fut organisé en une corporation ou une jurande, qui reçut du roi ses réglements. Le livre ou le code d'Étienne Boileau détermina la limite exacte des divers métiers et le genre d'ouvrages réservé à chacun d'eux, ce qui favorisa la tendance du travail à se diviser toujours ; mais cette détermination devint aussi, à quelques égards, un obstacle au progrès de l'industrie, qui ne pouvait admettre de limite invariable. Les droits réciproques des maîtres, des ouvriers et des apprentis y furent fixés et reconnus. On y fit entrer jusqu'aux procédés de fabrication, car il appartenait, disait-on, au roi de garantir la bonté des ouvrages et d'empêcher les fraudes.

Les corporations perdirent de cette manière leur liberté et tombèrent sous la dépendance royale. Depuis ce temps le prévôt de Paris nomma dans chacune d'elles des prud'hommes gardes, chargés sous leur propre responsabilité de faire exécuter les réglements et les ordonnances[1]. Dans les autres villes du domaine royal, les statuts de la plupart des métiers furent rédigés à la même époque que ceux de Paris et sur le même modèle[2].

Ainsi le besoin de se protéger mutuellement dans une société où régnait la force fit naître les ghildes, et la substitution de la protection royale, plus efficace, à celle que se garantissaient les membres d'une même corporation, trans-

---

[1] Entre autres celles de monnaies. Voir une ordonnance de juin 1313.
[2] Il suffira de citer Amiens, où les statuts des fruitiers furent rédigés en 1268, ceux des bouchers en 1282, et ceux des tonneliers en 1286.

forma les ghildes isolées en jurandes dépendantes; les membres de ces jurandes formèrent comme une classe particulière dans la nation.

Au reste, le principal effet de l'intervention royale dans le système des corporations fut de les convertir en un instrument de centralisation et d'ordre.

Il suffisait aux rois de s'être subordonné une communauté d'artisans pour être sûrs que ses membres observeraient les lois de police, paieraient l'impôt, etc. Les chefs de métiers servaient pour l'administration d'intermédiaires entre le roi et les gens de leurs métiers, comme les seigneurs entre le roi et leurs sujets [1]. Ce système, qui put entraîner des abus et gêner quelquefois le progrès de l'industrie, lui fut cependant favorable à beaucoup d'égards; les intérêts de la classe ouvrière y trouvèrent surtout une sauvegarde qu'il ne leur était pas facile de rencontrer ailleurs.

Parmi les principaux moyens employés pour rattacher les corporations au pouvoir royal et les placer sous sa dépendance, il faut citer l'institution de marchands privilégiés brevetés du roi. Ces marchands, qui commencèrent à recevoir leurs priviléges sous le règne de saint Louis, avaient une autorité administrative et une juridiction qu'ils exerçaient sur les autres marchands de leur métier; eux-mêmes faisaient partie de la maison royale et avaient pour supérieur un des grands officiers de cette maison [2]. Toutefois ces pouvoirs leur furent contestés et très-vivement. Les prévôts de Paris, qui étaient chargés de la garde et de la police des métiers, élevèrent des prétentions rivales des leurs; de ces prétentions rivales naquirent des conflits qui durèrent

---

[1] D'après l'ordonnance de février 1351, tout métier dut avoir ses visiteurs chargés de faire des rapports aux commissaires, au prévôt de Paris et aux auditeurs du Châtelet.

[2] Exemple : Les boulangers de Paris dépendaient du grand panetier.

à peu près aussi longtemps que l'ancienne monarchie et ne se terminèrent que le jour où il ne fut plus nécessaire de tout rattacher à la royauté, même indirectement; l'intérêt de la centralisation administrative fit alors résoudre la plupart des questions de ce genre en faveur des prévôts [1].

Ce fut surtout dans les professions dont l'exercice exigeait plus de garanties que les chefs de métier furent soumis à plus de responsabilité. Il n'était pas rare que leur nomination appartînt au roi. Le roi nommait ainsi son premier barbier, qui était chef de la corporation des barbiers de Paris, et qui étendit sa juridiction sur tous les barbiers de France, lorsque ceux-ci se réunirent comme en une seule corporation dont les corporations particulières de chaque ville formèrent autant de branches [2]. En général cette juridiction privilégiée, étendue sur l'exercice d'un même métier dans tout le royaume, favorisa l'organisation uniforme des professions qui tendaient à devenir libérales, après avoir commencé par être plus ou moins mécaniques.. Telle était celle des barbiers qui exerçaient la chirurgie et même la médecine; on réussit à l'élever en la soumettant à une police commune et à des examens plus uniformément sévères [3].

L'institution de marchands et de maîtres privilégiés brevetés du roi eut donc un résultat politique très-important. Le nombre de ces marchands devint par la suite plus con-

[1] De la Marre, dans son *Traité de la police*, s'efforce de prouver que la juridiction des officiers de la maison du roi était, dès l'origine, inférieure à celle des prévôts; mais la question débattue entre les juridictions rivales n'était pas encore tranchée à l'époque où il écrivait, et il ne présente les faits que sous un jour favorable à l'intérêt de la cause qu'il soutient.

[2] Statut de 1383, confirmé en 1461.

[3] Au reste, ce même usage existait pour un grand nombre de métiers qui n'en pouvaient tirer aucun avantage. Les corporations de ménétriers, par exemple, avaient un roi, dont la présence ne se révélait que par des taxes que ce roi levait sur leurs membres et dont il partageait le produit avec ses lieutenants.

sidérable, lorsque François Ier vendit leurs charges comme ressource fiscale.

§ II. — Organisation des corps de métiers.

Non-seulement les corporations ne perdirent rien à devenir plus dépendantes du pouvoir royal, mais elles y gagnèrent la certitude du monopole. La plupart d'entre elles furent closes de bonne heure, et eurent un nombre fixé de maîtres et d'ouvriers. Il y eut bien quelques exceptions à cette règle, mais des exceptions assez rares et qui n'existèrent que pour quelques métiers spéciaux, comme celui d'orfévre à Paris [1]. La maîtrise reposait sur deux principes, celui de l'hérédité et celui de l'aptitude constatée par un temps d'apprentissage ou par des épreuves [2]. De cette manière l'exercice d'un métier devint pour chaque famille un patrimoine inaliénable et certain. La profession était interdite à quiconque ne faisait point partie du corps; les maîtres ou les ouvriers étaient sûrs de profits et de salaires réguliers, sans concurrence étrangère. L'association garantissait les intérêts respectifs de tous ses membres, elle leur défendait de s'exploiter réciproquement, de se faire une concurrence déloyale. Elle avait aussi pour but de maintenir l'honneur du corps, considération importante quand il s'agissait de professions à demi-libérales [3].

Ordinairement la maîtrise était conférée par les anciens maîtres des métiers; ils avaient une juridiction et la police des ateliers, ils levaient des amendes et faisaient exécuter

---

[1] Encore restait-il les conditions de l'apprentissage et d'une aptitude reconnue.

[2] Statuts du métier de filanderie (des tisserands) de Paris (1320.) « Que nul ou nulle ne puisse tenir le métier, s'il n'a été apprentif quatre ans... S'il n'est fils ou fille de maître ou de maîtresse. »

[3] Voir les statuts des ménétriers de Paris, et le travail de M. Bernhard sur ce sujet Bibliothèque de l'Ecole des Chartes.

les réglements royaux. Certaines corporations avaient même des chambres communes ou syndicales dont elles élisaient les membres[1]. Quelquefois l'administration des fonds communs appartenait à une commission composée d'ouvriers et de maîtres par moitié[2].

Souvent aussi ces différentes attributions étaient réservées à des prud'hommes élus, mais que le prévôt, à Paris du moins, avait le droit d'accepter ou de rayer des listes à son gré. Les nouveaux maîtres de chaque métier devaient être présentés par ces prud'hommes au prévôt de Paris ou aux baillis et aux sénéchaux, et prêter serment.

A Paris le prévôt, ailleurs les sénéchaux et les baillis réglaient le nombre des heures de travail, nommaient des jurés-visiteurs pour faire des rapports sur la tenue des ateliers et pour constater les contraventions, soit aux réglements de fabrication, soit aux réglements de police[3].

Les agents royaux eurent encore pour attribution de fixer le chiffre des cotisations[4], et même le taux des salaires. Il est certain que le prix des journées de travail était réglé par l'État dès le temps de Philippe le Bel[5]. L'État voulait assurer l'exécution des ordonnances monétaires; il avait besoin pour cela d'empêcher les marchands

---

[1] Exemple : La corporation des *pareurs* ou *parmentiers* de Carcassonne. Statuts de 1336.

[2] Statuts des tailleurs de Montpellier (1352).

[3] Ainsi tous les marchands de Paris devaient avoir des poids et des balances vérifiés au Châtelet. La règle suivante est souvent répétée dans les ordonnances royales. — « Nul ne vendra ni n'achetera de mauvaises marchandises, quel qu'en soit le bon marché.» (Voir entre autres l'ordonnance de Charles le Bel, février 1322, sur les épiceries et autres marchandises à Paris, pour combattre les *fraudes et malices*.)

[4] Charles VI règle même, en 1402, sur la demande des maîtres du métier des foulons de la ville de Lormoye, l'usage qui devait être fait des deniers communs de ce métier.

[5] Ordonnance de 1296, citée par Le Blanc.

et les ouvriers de se faire payer autant en monnaie forte qu'en monnaie faible, et comme il fixait lui-même le prix des denrées, il croyait devoir, par la même raison, mettre un *juste et loyal prix* aux journées de travail. Ces prix étaient déterminés par chacun des officiers de justice, soit du roi, soit des seigneurs; ces derniers devaient réunir à cet effet des assemblées de nobles, d'ecclésiastiques et de personnes notables de leurs juridictions. Les ouvriers étaient tenus de se conformer aux décisions prises [1]. Quelquefois c'était le roi lui-même qui déterminait le taux des salaires et le nombre des heures de travail [2].

On voit quelle était l'organisation des corps de métiers, quel objet elle se proposait, en quoi elle tomba sous la dépendance du pouvoir établi. Il faut ajouter que la plupart de ces corps de métiers formèrent des confréries, mais dont les rois se réservèrent prudemment d'autoriser les statuts et les dépenses. Beaucoup aussi fondèrent des établissements religieux ou de charité publique, qui devaient être entretenus à frais communs [3].

De ces corporations aux compagnies à privilége exclusif

---

[1] Ils doivent se rendre, porte l'ordonnance de novembre 1354, « avant soleil levant ès places des lieux accoutumés à louer les ouvriers, eux louer à ceux qui métier en auront, par ainsi que aucun ne refusera aller ouvrer pour les prix qui seront mis sur les journées des ouvriers desdits métiers, s'ils trouvent qui les veuillent allouer et avoir pour ledit prix, ne se rendent oiseux ou excusent d'excusations feintes ou fausses, sous peine de, etc.... » Et plus loin : « Que les ouvriers aillent en œuvre et tiennent œuvre dès soleil levant jusques à soleil couchant, et que ils fassent leurs journées en ouvrant loyalement. »

[2] Voir quelques actes de 1309 (sur les ciriers de Chartres, les brasseurs de Paris), une ordonnance générale de juillet 1383, des lettres de Charles VI accordées en 1402 à la ville de La Charité-sur-Loire.

[3] Ainsi, la corporation des ménétriers de Paris fonda en 1330 un hospice destiné à servir d'asile aux ménétriers étrangers qui traversaient Paris.

la distance n'était pas grande ; mais les plus anciennes de ces compagnies ayant été organisées pour l'industrie des transports[1], il en sera parlé au chapitre du commerce intérieur.

Ce système, tel qu'il était établi, offrait, comme on le voit, de grands avantages tant pour les artisans, et surtout pour les maîtres, que pour le pays entier, puisque la population industrielle y était enrégimentée régulièrement, et que c'était une force dont l'État se servait sans qu'on pût la diriger contre lui. Toutefois, abstraction faite de ses abus ou des fausses mesures qui tenaient à l'ignorance du temps, il présentait aussi des inconvénients fort graves, et il suffira d'en citer deux exemples.

Il donnait lieu à des contestations nombreuses entre les métiers voisins dont les attributions ne pouvaient être en fait rigoureusement distinguées. Ainsi les couturiers (tailleurs) et les doubletiers (faiseurs de doublures) étaient en lutte au XIVe siècle les uns contre les autres, obtenaient réciproquement des arrêts en faveur de leurs prétentions, et dépensaient en frais de ce genre leurs fonds communs : le roi Jean dut reviser les statuts qui réglaient leurs attributions respectives[2]. Ces luttes se renouvelaient sans cesse, à tout propos. Les procès entre communautés étaient d'ailleurs interminables, et l'on en cite qui, commencés au XVIe siècle, n'étaient pas terminés au XVIIIe [3].

D'autre part la question du monopole soulevait de vifs débats. On voit, en 1351, les fabricants et les ouvriers en toiles à Troyes empêcher l'établissement de nouveaux métiers qui leur auraient fait concurrence. Les statuts des tisserands de Tournai, confirmés en 1365, portent « qu'aucuns dehors

---

[1] Ou pour les entreprises de travaux publics.
[2] En 1358.
[3] Voir un article de M. Wolowski sur les Corporations, dans la *Revue de jurisprudence*.

de ladite ville ne pourront ouvrer dudit métier en icelle, si pareillement ceux de ladite ville de Tournai ne sont reçus à en ouvrer ès lieux ou ès villes dont iceux de dehors seront. » Ypres se plaint à Charles V, en 1367, que Comines n'observe pas les anciens réglements de la draperie et empiète sur le privilége de sa propre fabrication. Quelquefois ces différends se terminèrent par une coalition des métiers rivaux, comme à Rouen, où Charles VII confirma, en 1424, les statuts faits par l'Échiquier pour la grande draperie et la draperie foraine de la ville, qui venaient de se réunir.

§ III. — Vicissitudes qu'éprouva le système des corporations jusqu'à Louis XIV. Les ordonnances royales ont pour effet de le rendre de moins en moins exclusif.

Le fait que je viens de citer montre l'esprit de libre concurrence entreprenant de lutter contre l'esprit de monopole; il devait nécessairement en être ainsi, et cette lutte résume presque toute l'histoire des corporations.

On peut étudier dans les ordonnances royales une série de dérogations successives au système exclusif. La grande ordonnance de février 1351 reconnaît déjà que toute personne peut établir un métier en se conformant aux règles de police, et que chaque maître peut avoir autant d'apprentis qu'il le juge à propos [1]. Les rois ne confirment guère les réglements des anciennes corporations sans les réformer. « Ces réglements, disait Charles V pendant sa régence en 1358, en greigneur partie sont faits plus en faveur et profit des personnes de chaque métier que pour le bien commun. » On commençait alors à concevoir, même dans ces matières, l'idée d'un intérêt général s'élevant au-dessus des intérêts particuliers. La surveillance royale, la limitation des bénéfices licites, la fixation du taux des salaires,

---

[1] Titres 51 et 52.

servirent à neutraliser la prépondérance des maîtres dans chaque corps de métier, et à restreindre le profit des monopoleurs. Ce fut évidemment dans le même but que, suivant un usage assez général, les membres des corporations ne purent s'assembler qu'en présence d'un officier du roi [1].

En 1383, après une révolte célèbre, les corporations furent supprimées à Paris pour la plupart, c'est-à-dire qu'on annula leurs priviléges, et que la juridiction fut enlevée aux maîtres des métiers élus auxquels elle appartenait, pour être attribuée au prévôt de Paris et à ses lieutenants. Cette nouvelle organisation fut plus favorable à l'action du pouvoir royal, et put paraître en même temps comme une victoire du principe de liberté sur l'esprit de monopole. Mais les corporations furent bientôt rétablies, parce que leur suppression avait été l'effet d'une violence, parce que l'intérêt qu'avaient les maîtres de métier à les voir rétablir était beaucoup plus puissant et beaucoup mieux compris que celui des consommateurs à les voir tout à fait supprimer. Enfin leur rétablissement eut aussi une raison fiscale : les rois commençaient depuis quelque temps à conférer, c'est-à-dire à vendre les lettres de maîtrise, et l'interruption de cette vente diminuait leur revenu. Charles VI déclara donc dès l'an 1388 que de la suppression des anciennes corporations *il avait très-peu de profits*, et il les réinstitua en commençant par celle des bouchers, qui joua un si grand rôle dans les guerres des Bourguignons et des Armagnacs [2].

On peut citer encore quelques faits curieux qui montrent le progrès des dérogations faites, sous le règne de Charles VI,

---

[1] Exemple : Les bouchers de Bourges ; statuts de 1360. Même condition imposée aux porteurs de blé de Paris, qui de plus doivent demander qu'il leur soit *permis* de se réunir. Statuts de 1410.

[2] La *grande boucherie* de Paris fut supprimée en 1416 et rétablie en 1418.

au système exclusif. Tous les ouvriers qui ont appris leurs métiers dans les villes où il y a pour ces métiers des statuts et des réglements, sont autorisés à les exercer à Rouen, s'ils en sont jugés capables (1409). Tous les habitants et marchands de Paris, ainsi que les marchands forains, obtiennent d'apporter des armures dans la ville et de les y vendre, nonobstant le privilége des armuriers, ceux-ci ne pouvant répondre à la centième partie des demandes qui leur sont faites (avril 1412). En 1416, pour remédier à la cherté des vivres, Charles VI supprime la communauté des bouchers de la ville de Chartres, et ordonne que toute personne capable d'exercer le métier de boucher pourra le faire en se conformant aux réglements de police. Ce ne sont là sans doute que des exceptions à une règle générale, mais des exceptions remarquables et amenées par la force des choses. On voit que la liberté tendait à s'établir même pour l'exercice des métiers dont les priviléges se justifiaient le mieux par l'obligation d'assurer l'approvisionnement des villes, et dont il était le plus nécessaire de fixer le nombre [1].

Louis XI au contraire fortifia en France le système des communautés d'artisans. Il s'appuya dans ses luttes contre les seigneurs sur les métiers des bonnes villes, et rangea ceux de Paris sous soixante et onze bannières. Aucun règne n'est plus fécond que le sien en confirmations de statuts; les statuts qu'il confirma dans la seule année 1467 forment un demi-volume du Recueil des Ordonnances. On y peut remarquer une amélioration sensible de la police intérieure des communautés; ainsi un des effets les plus ordinaires de

---

[1] Voir le grand réglement de février 1416 sur la police de Paris. Les marchands durent être souvent forcés de se rendre aux places des halles qu'on leur assignait. C'était une mesure de police avant tout, mais qui avait en même temps pour but d'empêcher la libre concurrence de s'établir pour certaines professions; la libre concurrence s'établissait donc malgré les réglements des métiers et ceux de la police.

l'intervention royale fut de changer l'emploi des contributions usuelles, qui cessèrent d'être consacrées à des fêtes, pour être destinées à des établissements de charité, à des hôpitaux [1]. Mais on a cru remarquer aussi que les réglements commencèrent vers cette époque à devenir de plus en plus exclusifs, que les conditions de chefs-d'œuvre et autres se compliquèrent et s'étendirent [2]. Ce fait s'explique par la tendance nécessaire des corporations à un monopole aussi absolu que possible, et par l'alliance politique que la royauté contractait alors, non pas avec le tiers-état précisément, mais avec une certaine classe du tiers-état. En effet, quand on parle du rôle politique que joua le tiers-état au xv° siècle, cela ne doit s'entendre que des chefs et des maîtres de métiers. Dans beaucoup de bonnes villes, il n'y avait que les maîtres de métiers qui fussent électeurs municipaux, et les maîtres exerçant depuis dix ans qui fussent éligibles.

Louis XI assura encore un autre mode d'exercice de l'action royale sur les corps de métiers. S'il ne fut pas le premier roi qui vendit des lettres de maîtrise, il fut, ce semble, le premier qui, pour son avénement ou à propos de toute autre circonstance, en créât de nouvelles dans chaque métier, comme il créait des chevaliers parmi les nobles. Cette mesure fiscale fut même d'un emploi si commun qu'il serait inutile d'en citer des exemples. En vain les deux ordonnances de Blois, celle de 1499 et celle de 1579 [3], restreignirent-elles ou annulèrent-elles le droit du roi à cet égard; elles n'eurent pas d'exécution, pour cet article au moins, et l'abus subsista jusqu'à la fin de la monarchie. Cet abus offrit,

---

[1] Voir les statuts du métier de draperie à Rouen.
[2] M. Wolowski, article cité.
[3] La première ordonnance de Blois, art. 132, défend aux baillis et autres juges d'instituer aucuns officiers ou maîtres de métiers, si ce n'est en présence de l'avocat et du procureur du roi. La seconde, art. 359, statue qu'il n'y aura plus de jurés de métiers nommés autrement que par l'élection.

comme beaucoup d'autres, quelques avantages indirects, et ces avantages servirent à le justifier. Déjà, sous Henri IV, on disait avec raison qu'il fallait rendre par quelque moyen les maîtrises accessibles aux ouvriers qui n'avaient pu faire l'apprentissage exigé dans les villes ; or l'achat de lettres royales leur permettait de former un établissement, et corrigeait, quoique par un abus financier, ce que la constitution des corps de métiers avait de trop exclusif.

Depuis Louis XI jusqu'à l'édit de 1581, cette constitution demeura stationnaire ou à peu près. On fut seulement obligé de tracer de nouvelles limites entre certains métiers, soit que le progrès de l'industrie rendît ces distinctions nécessaires[1], soit que l'intérêt du consommateur exigeât au contraire la réunion de plusieurs industries dans les mêmes mains, car on n'avait pas oublié l'ancienne doctrine de Charles V : « Attendu que le bien de la chose publique est à préférer au bien particulier[2]. »

Henri III fit, par l'édit célèbre de 1581, une révolution importante dans l'industrie des métiers. En effet, la grande industrie, celle des manufactures, en était entièrement distincte et se gouvernait par de tout autres règles. Il déclara que le droit au travail était un droit domanial et royal qui devait être acheté au prince[3] ; en conséquence, il s'attribua le pouvoir exclusif de conférer les lettres de maîtrise, et il enleva ce pouvoir aux jurés et aux maîtres dans tous

[1] Comme entre les métiers d'épicier et d'apothicaire (1614). Les apothicaires ne voulaient pas laisser concourir les simples épiciers à l'élection de leurs syndics. Il fallut définir, en 1542, ce que l'on entendait par le mot *Épiceries*.
[2] Ordonnance de Louis XII. Le prix de la viande s'était élevé à Paris, parce que le droit de tuer, celui de préparer les morceaux, celui de les vendre, n'appartenaient pas au même corps de métier ; Louis XII y mit ordre. Je me contente de citer ces exemples ; il serait facile de les multiplier. En pareille matière le fait général est le seul qui offre de l'intérêt ; les faits particuliers n'en présentent pas.
[3] Voir le chapitre IX, *Des Impositions*.

les métiers où ils l'exerçaient encore. Au fond, cet édit fut simplement la formule, la théorie d'une révolution déjà consommée. Mais comme il avait pour effet de « substituer l'initiative du pouvoir à l'initiative des corps[1], » ce fut aussi une véritable victoire de la liberté sur le monopole, de la royauté, protectrice des intérêts de tous, sur la féodalité industrielle, telle que l'avait constituée le moyen âge. Ce que les règles primitives avaient de trop étroit fut élargi. Les maîtres reçus à Paris obtinrent d'exercer leurs métiers dans tout le royaume, et ceux qui étaient reçus dans une ville de Parlement furent libres de s'établir dans tout le ressort de ce Parlement. On n'exigea plus des ouvriers qu'ils eussent fait leur apprentissage dans la ville même où ils voulaient former leur établissement. Enfin l'édit de 1511 s'efforça d'assurer aux candidats à la maîtrise une concurrence plus complète et plus égale, moins de tracasseries, moins de frais surtout : les frais commencèrent à être tarifés suivant l'importance des localités.

Il faut cependant reconnaître qu'Henri III, tout en apportant un adoucissement à l'organisation de l'industrie, ne changea pas la constitution intérieure des corps de métiers;

---

[1] M. Wolowski. Le but de l'édit de 1581 est, au reste, très-bien marqué dans le préambule. « A quoi désirant pourvoir, et donner ordre aussi aux excessives dépenses que les pauvres artisans des villes jurées sont contraints de faire ordinairement pour obtenir le degré de maîtrise, contre la teneur des anciennes ordonnances, étant quelquefois un an et davantage à faire un chef-d'œuvre, tel qu'il plaît aux jurés, lequel enfin est par eux trouvé mauvais et rompu, s'il n'y est remédié par lesdits artisans, avec infinis présents et banquets, qui recule beaucoup d'eux de parvenir au degré, et les contraint de quitter les maîtres et besogner en chambres, esquelles étant trouvés et tourmentés par lesdits jurés, ils sont contraints derechef besogner pour lesdits maîtres, bien souvent moins capables qu'eux, n'étant par lesdits jurés reçus auxdites maîtrises que ceux qui ont plus d'argent et de moyens de faire des dons, présents et dépenses, encore qu'ils soient incapables, au regard de beaucoup d'autres qu'ils ne veulent recevoir, parce qu'ils n'ont lesdits moyens, etc. »

il eut même le tort d'en faire à certains égards un instrument de fiscalité. Cette raison détermina le gouvernement à défendre jusqu'au règne de Louis XVI les maîtrises et les jurandes, tandis que l'opinion publique, si l'on fait abstraction des vœux exprimés par les intéressés, se déclara plus fortement contre elles de jour en jour.

Le gouvernement et les intéressés, pour maintenir les jurandes, invoquèrent ce principe prétendu que l'Etat devait prévenir les fraudes des marchands et régler leurs profits. En vertu de ce principe, les détails de fabrication étaient soumis dans chaque métier à des ordonnances minutieuses, tandis que les maîtres, joignant à leur qualité d'entrepreneurs l'obligation de faire observer les ordonnances, devenaient ainsi comme les agents de l'Etat, et exerçaient une sorte de fonction publique. Le prix auquel ils achetaient les lettres de maîtrise pouvait alors être regardé comme un cautionnement que l'Etat exigeait d'eux.

Ce droit prétendu de surveillance servit aussi de prétexte à la création de nouveaux offices, tels que ceux de contrôleurs ou de visiteurs de tel ou tel métier, offices souvent inutiles et toujours onéreux à cause des droits fiscaux qui y étaient attachés [1]. Les États généraux de 1614 en demandèrent la suppression. Quelques-unes cependant de ces offices paraissaient nécessaires : c'étaient ceux de mesureurs, de visiteurs, de réformateurs généraux ou particuliers des poids, aunages et mesures. Les Etats, pour trancher la difficulté, proposèrent d'établir l'unité des poids et mesures [2];

---

[1] Exemple : 1586, établissement dans chacune des villes jurées du royaume d'un bureau chargé de visiter les marchandises qui y seront introduites, en enjoignant à tous les marchands, régnicoles ou étrangers, de n'exposer en vente aucun objet avant de l'avoir soumis à cette visite.

[2] « Que tous poids, aunages, jaugeages et mesures des choses sèches et liquides, ensemble des terres, soient réduits dans tout

CHAP. XVII. — DE L'INDUSTRIE.   211

réforme qui a été bien tard accomplie, puisqu'en 1614 elle était déjà demandée depuis trois siècles.

Colbert ne fit que rendre plus exclusive et plus rigoureuse la législation qui régissait les corps de métiers. Il se laissa guider à leur égard par des avis que lui présentaient des assemblées composées de maitres, et par le désir d'assurer la loyauté de la fabrication en même temps que la beauté et la bonne qualité des produits. Dans ce but il multiplia les réglements de tout genre, leur donna pour sanction une pénalité qui était presque toujours d'une gravité extrême, comparée au caractère des délits, et accabla enfin l'industrie de menaces d'amendes et de confiscations. Comme si le système des corporations n'était pas assez général, une corporation nouvelle dut être établie par ses ordres, en 1673, dans tous les métiers où il n'y avait ni maîtrise ni jurande, et plus tard, l'édit de 1691 créa dans ces mêmes métiers des syndics héréditaires.

Mais à côté de ces mesures, qui sont la pratique simple et le développement de l'ancien système, on voit ce système attaqué lui-même au XVIIe siècle dans la plupart de ses parties et considérablement modifié. Ce sont d'abord les États de 1614 qui demandent la suppression des maîtrises créées depuis 1576[1]. C'est ensuite un mémoire que les marchands adressent à Richelieu pour lui demander d'ôter aux corporations leurs monopoles et pour combattre vivement les abus qu'entraînaient les jurandes[2]. En 1667, les marchands du Mans

votre royaume à ceux desquels on use dans votre bonne ville de Paris. »

[1] Les États de Blois demandaient, entre autres choses, que l'exercice des métiers « fût laissé libre à tous pauvres sujets du roi, sous visite de leurs ouvrages par experts et prud'hommes à ce commis par les juges de la police. »

[2] Extrait du mémoire présenté à Richelieu par les corps des marchands. Fonds Harlai, n° 351. — « Voici, en principe, ce qui nous a semblé. Pour un plus grand bien et soulagement, il sem-

demandent à leur tour au roi dans une supplique qu'il abolisse dans leur ville la jurande des tisserands, que l'exercice du métier soit déclaré libre; ils représentent que cette jurande n'est qu'une occasion de frais, de festins de réception et de dépenses de toute espèce; qu'Alençon, Laval, Château-Gontier et les autres villes du Maine ont déjà obtenu la suppression des leurs; et leur plaidoyer est d'autant plus remarquable, qu'ils réussirent à gagner leur cause [1].

Ce n'était pas tout : tandis que dans certaines industries les progrès de la fabrication et la nécessité de fonder de grands établissements faisaient déchirer les statuts des maîtrises et des jurandes, le développement de certains arts amenait le même résultat dans les professions qui n'étaient pas simplement mécaniques. Pour n'en citer qu'un exemple, la fondation d'une académie de danse, en 1661, et celle de l'Académie royale de musique, en 1672, portèrent un coup mortel à la corporation des ménétriers. Ses statuts, qui entravaient de mille manières les progrès de l'art musical, furent successivement éludés, puis révisés, et enfin brisés. Ce

blerait plus à propos d'ôter et supprimer toutes les confréries des artisans, toutes leurs assemblées et toutes leurs maîtrises. C'est autant de monopoles qui tournent à la ruine du peuple, voire d'eux-mêmes pour leurs débauches, et par conséquent à l'État. Il y en a d'autres raisons puissantes.

» Laisser la liberté à chacun de travailler, mais n'en admettre qu'un certain nombre, lequel nombre ne pourra être augmenté sans raison ni rempli que par mort. Mettre prix aux choses et aux ouvrages, et cela pour éviter aux désordres.

» Si les ouvriers sont bons et fidèles, ils travailleront ; si mauvais et infidèles, ils ne travailleront. Ainsi leur mal ne viendra que d'eux-mêmes. Ne venant que d'eux-mêmes, ils ne pourront s'en prendre ni s'en plaindre à personne qu'à eux-mêmes.

» Un autre bien en reviendra, c'est que les monopoles cesseront. Cessant, ils travailleront à meilleur prix, et l'on verra cesser la cherté de beaucoup de choses. D'où la richesse et l'aisance de l'État. »

[1] Bibliothèque royale. Fonds des Cinq-Cents, n° 207.

fut l'histoire commune d'un grand nombre de corps de métiers.

On fit encore une innovation importante dans l'organisation des jurandes qui subsistèrent. Dans chaque métier le tribunal des maîtres jugeait les délits des ouvriers, infligeait toutes les peines depuis les simples amendes jusqu'à la marque, et n'était incompétent que pour punir des galères ou de la mort[1]. Un édit du mois d'août 1669, sans leur enlever cette juridiction industrielle, attribua du moins aux maires et échevins des villes la connaissance des procès qui pouvaient s'élever entre les ouvriers et les maîtres, et le soin de faire exécuter les statuts des corporations. On ne laissa de cette manière à ces corporations qu'un pouvoir judiciaire plus restreint et tout à fait subordonné[2].

On créa aussi, en 1691, des conseillers-commissaires chargés de veiller à l'exécution des chefs-d'œuvre et à la police des arts et métiers, des jurés en titre d'office, chargés de faire observer les statuts. Ces créations avaient pour motif les coalitions de maîtres et d'ouvriers qui s'entendaient pour ne pas payer les droits du roi, les cabales et les désordres permanents auxquels donnait lieu le pouvoir dont jouissaient les communautés de s'administrer elles-mêmes. La même raison fit encore instituer d'autres offices, tels que ceux de trésoriers des bourses communes. Les vices du système des maîtrises servaient ainsi de prétexte à l'Etat pour des créations fiscales, pendant les dernières années du règne de Louis XIV, en attendant qu'ils servissent d'argu-

---

[1] Voir une ordonnance rendue en 1665 pour les métiers de Tours. — Fonds Harlai, n° 116.
[2] En matière d'industrie la juridiction n'appartenait pas dans toutes les villes aux mêmes tribunaux, et l'on ne voit pas qu'elle fût soumise à des règles uniformes. Elle était exercée, ce semble, concurremment par les tribunaux de maîtrise, les tribunaux de commerce, les tribunaux municipaux et les tribunaux du roi.

ments aux économistes, un demi-siècle plus tard, contre l'existence même de ces maîtrises [1].

Section II. — *Industrie manufacturière.*

J'ai dû faire la distinction, un peu factice d'ailleurs, de deux sortes d'industries, l'industrie des métiers, bornée de sa nature, et l'industrie manufacturière qui s'exerce au moyen de grands établissements. La seconde est de date récente; on ne commence guère à reconnaître ses traces que sous le règne de Louis XI, et ce n'est que plus tard qu'elle a acquis son plein et entier développement.

Parmi les grandes industries de la France, une des plus anciennes fut l'industrie minière, dont j'ai déjà parlé [2], et à laquelle Charles VII et Louis XI donnèrent des encouragements et des priviléges. Ces priviléges, qu'il n'était pas rare de voir accorder aussi, quoique dans une mesure variable, à certains métiers, consistaient 1° dans l'exemption de divers impôts [3]; 2° dans l'affranchissement de péages et de taxes locales, soit pour les matières premières, soit pour les instruments d'exploitation, lorsque ces instruments et ces matières premières étaient tirés des autres provinces ou des pays étrangers [4].

Des avantages de ce genre étaient souvent accordés à une ville entière, quand c'était elle qui se chargeait de faire tous les frais d'un grand établissement industriel; ainsi Poitiers fut exemptée, en 1489, de plusieurs impôts, afin qu'une draperie pût s'y établir. Sous Louis XI et Charles VIII, plusieurs villes avaient déjà des manufactures considérables

---

[1] Voir l'*Essai sur le Commerce*, de Melon.
[2] Voir le chapitre XIV, *Des Travaux publics*, § 2.
[3] Exemple : Lettres de Charles VII de 1431, sur la corporation des vitriers (Voir au chapitre suivant les faveurs accordées aux marchands et aux banquiers étrangers qui s'établissaient en France.)
[4] Voir entre autres plusieurs lettres royales de 1405.

pour la fabrication et la préparation des étoffes. Paris, Tours et Lyon étaient alors au premier rang.

Mais ce n'est que sous François Ier et Henri II que le gouvernement commença d'une manière active à favoriser la formation de grands établissements, et voulut naturaliser en France plusieurs des industries étrangères. François Ier fit du système protecteur un usage favorable à un grand nombre de manufacturiers, et entre autres aux fabricants d'étoffes. Henri II accorda à plusieurs industries qui exigeaient des mises de fonds considérables, outre les priviléges ordinaires, un monopole de plusieurs années, et leur permit de se soustraire au régime des corporations. Il assura, par exemple, un monopole de dix ans, en 1551, à un Italien qui avait apporté en France le secret de la fabrication des verres de Venise. Il fit jouir de priviléges analogues les fabricants de soieries et ceux de draps d'or et d'argent [1], quoique l'usage de ces produits trouvât de nombreuses restrictions dans les lois somptuaires. L'opinion générale était alors d'autant plus favorable à l'établissement des manufactures, qu'on y voyait un moyen d'assurer du travail à la population pauvre : ainsi les États, réunis à Saint-Germain-en-Laye en 1583, insistèrent auprès du gouvernement pour qu'il s'occupât de créer lui-même dans ce but de nouvelles industries.

L'opinion que la France devait se passer des étrangers, fermer ses portes à leurs produits pour en fabriquer de semblables, et ne recevoir d'eux que les matières premières qu'elle ne pouvait se procurer elle-même, fut soutenue par les marchands dès le règne de François Ier [2], et ne tarda pas

---

[1] Priviléges accordés à Antoine Carras « notre fileur et faiseur de soie, » pour lui et ses associés. — Priviléges des manufactures de soieries à Lyon (1554).

[2] Voici, ce semble, les premiers exemples de l'application du système protecteur. — Février 1517, François Ier défend l'importation

à devenir dominante vers la fin du xvie siècle, sous les règnes d'Henri III et d'Henri IV. C'est elle qui a dicté tous les avis donnés à cette époque par les États, les Parlements ou la cour des monnaies, ainsi que la plupart des traités de commerce et des ordonnances royales. Quand cette opinion n'aurait pas été répandue par les intéressés, il eût encore été naturel que le gouvernement l'adoptât. L'industrie française ne faisait que naître, et tout y était encore à faire ; les relations commerciales avec les pays même les plus voisins n'étaient ni assez faciles ni assez multipliées pour que l'on pût compter sur les produits de ces pays : enfin la France, déchirée par trente années et plus de guerres civiles, était en ce moment même dans un état d'hostilité plus ou moins ouverte, mais permanente, à l'égard de presque tous les États qui l'entouraient.

Henri IV travailla de tous ses efforts à imprimer au développement de l'industrie nationale une plus grande activité[1] ; il ne réussit cependant pas à faire partager ses vues à

---

des draps d'or et d'argent, des velours, des satins, des taffetas, des damas. — Janvier 1539, même prohibition pour les draps du Roussillon, de la Catalogne, de l'Aragon et de la Castille. — 1540, les marchandises espagnoles n'obtiennent le transit par la France qu'à la condition de payer les droits de la douane de Lyon. — 1572 (édit d'Amboise), défense d'exporter les laines, les lins, les chanvres, et les filasses que les étrangers tirent de France pour les mettre en œuvre, et qu'ils y font rentrer après les avoir travaillés. Charles IX veut assurer le profit de la main d'œuvre aux nationaux. Défense d'importer les draps, les toiles, la passementerie et les canetilles d'or et d'argent, les velours, satins, damas, les taffetas, les camelots, les toiles, etc. les harnais de chevaux, les ceintures, épées, dagues, éperons dorés ou argentés, les tapisseries, etc.

[1] Il voulait enrichir les salles du Louvre de cartes et de peintures que le public viendrait visiter, et il y projetait une exposition de « modèles, artifices, machines et inventions pour toutes sortes d'arts et métiers » (*Économies royales*.) — Sully destinait aussi dans ses tableaux de dépense annuelle de fortes sommes à l'entretien des châteaux royaux de Fontainebleau et du Louvre, qu'il voulait meubler des plus beaux objets fabriqués en France.

Sully, qui craignait que la vie des manufactures, « vie méditative, oisive et sédentaire, » ne rendît le peuple impropre à la guerre, et ne le détournât des travaux agricoles, plus capables de former de bons soldats. Sully aurait préféré que la France se passât des produits des manufactures étrangères, sans entreprendre de rivaliser avec elles.

L'introduction de la culture du mûrier dans la plus grande partie de la France, même dans le nord, est le fait le plus considérable de l'histoire industrielle de ce règne. Le mûrier, déjà répandu dans les provinces méridionales, fut planté, par les soins d'Olivier de Serres et du baron de Colonces, dans les bois de Madrid et de Vincennes, dans tous les jardins royaux et jusque dans les Tuileries. Olivier de Serres, l'auteur du Théâtre d'agriculture, adressa, en 1599, à MM. de l'hôtel de Paris son traité de la *Cueillette de la soye*. Le conseil de commerce se chargea de propager cette culture nouvelle, d'envoyer dans chaque élection des *experts instructeurs* pour l'enseigner, et de former des dépôts pour fournir des plants à ceux qui en demanderaient [1]. Il passa contrat à Paris [2] avec des marchands qui s'engagèrent à introduire des plants semblables dans les quatre généralités de Paris, d'Orléans, de Tours et de Lyon. Le roi déclara que cette exploitation ne faisait pas déroger [3], et il fit construire des ateliers à l'extrémité des Tuileries pour donner l'exemple de la fabrication des ouvrages de soie. On calculait que cette fabrication affranchirait la France d'un tribut de quatre millions d'alors qu'elle payait aux étrangers. Les soieries étrangères furent prohibées, et tous les curés de campagne reçurent l'avis d'encourager la culture par leurs exhortations et leurs exemples.

[1] Chaque diocèse dut avoir une pépinière comprenant au moins 50,000 pieds de mûriers blancs. (Déclaration du 16 novembre 1605.)
[2] Le 14 octobre et le 3 décembre 1602.
[3] Mandement du 7 décembre 1602.

On commença aussi sous le règne d'Henri IV à imiter les toiles de la Hollande et les tapisseries de la Flandre. Une manufacture de cristal fut établie à Melun ; une fabrique de draps et de toiles d'or, d'argent et de soie, fondée à Paris. Sully rapporte qu'on voyait souvent arriver au Louvre des plans de fabriques nouvelles et des demandes de priviléges. Outre l'octroi des priviléges ordinaires, Henri IV fit aux entrepreneurs des avances considérables; il ordonna qu'on remît aux fondateurs de la fabrique de draps et de toiles d'or 180,000 livres, dont 30,000 en pur don et 150,000 restituables en douze ans sans intérêt. Une semblable donation fut faite aux Flamands qui établirent en France la première manufacture de tapis, parce que c'était là, suivant l'expression du roi lui-même, une entreprise *plus que privée*.

C'est dans les mémoires envoyés vers cette époque à la chambre du commerce que l'on trouve pour la première fois de justes idées sur l'effet des taxes relativement aux subsistances, sur la nécessité des grandes compagnies pour assurer le succès des entreprises qui exigent d'importantes mises de fonds, sur le travail des machines comparé à celui des hommes, sur les inconvénients des monopoles. Le plus curieux de ces mémoires a pour objet les moulins à eau; il est daté de 1597 et soumis directement à Henri IV (la chambre de commerce ne fut instituée qu'en 1601). L'auteur y proposait, outre l'appropriation des cours d'eau au service des usines, un système d'irrigation qui devait, selon lui, doubler ou tripler la fertilité des terres [1].

Les États de 1614, examinant quelle était la protection réclamée par l'industrie, la réduisaient à ces trois termes : 1° Prohibition absolue de tous les produits manufacturés de l'étranger semblables aux nôtres. — 2° Suppression des droits d'entrée sur toutes les matières premières employées

---

[1] Bibliothèque roy. Fonds Harlai Saint-Germain, n° 116 (passim).

par notre industrie. — 3° Défense d'exporter les produits français propres à servir de matières premières aux étrangers. Ce dernier principe n'était pas nouveau, et c'était même celui dont on avait déjà fait la plus fréquente application[1]. Les États de 1614, qui demandaient son application constante, ne s'apercevaient pas que cette prohibition équivalait à l'établissement d'une taxe levée sur l'agriculture au profit des manufacturiers; ils croyaient que les pays voisins de la France ne pouvaient vivre sans elle; que défendre l'exportation de certains objets, c'était ruiner leurs manufactures; que mettre un droit à cette exportation, c'était le leur faire payer. Une pareille conviction explique cette phrase singulière qu'on lit dans un mémoire rédigé en 1641, et qui n'était que l'expression d'une doctrine alors admise très-généralement. « Le moyen que tous les princes ont de s'agrandir, est d'enrichir leurs sujets et d'appauvrir leurs voisins, parce qu'ils tirent une bien plus grande aide de leur peuple lorsqu'il est aisé, et n'ont pas à combattre d'aussi puissants ennemis, lorsque les étrangers sont affaiblis[2]. »

Tous les avis adressés aux assemblées de notables à propos de l'industrie s'accordent sur ce point; ils présentent l'augmentation des droits de sortie comme devant compenser amplement pour le trésor la suppression des droits d'entrée et l'effet de la prohibition des produits étrangers. On ne faisait pas grande difficulté de reconnaître que la cessation de tout commerce avec l'étranger serait la conséquence dernière de ce système, mais on s'en alarmait peu, parce que les soies brutes d'Italie passaient pour être alors les seules matières premières étrangères dont il fût impossible à nos manufactures de se passer, et qu'on ne désespé-

---

[1] Voir le chapitre XI, *Des Impositions*, section VII.
[2] Fonds des Cinq-Cents, n° 487. Avis sur les monnaies.

rait pas d'en obtenir un jour en France qui pussent rivaliser avec elles.

Cependant il était inévitable en pareille matière que la contrariété des intérêts produisît la contrariété des opinions. Les corps des marchands de Paris ne tardèrent pas à s'apercevoir que si l'élévation des tarifs favorisait d'un côté certaines industries, de l'autre elle contribuait à ruiner leur commerce, surtout avec l'étranger. Ils adressèrent à ce sujet de curieuses représentations à Richelieu et à Mazarin. Protestant en 1654 contre une augmentation des droits de douanes, ils prouvèrent d'une manière péremptoire qu'on ne pouvait lever d'impôts sur les étrangers, ou que du moins les étrangers en lèveraient toujours sur la France d'équivalents; ils démontrèrent aussi les vices des monopoles, et surent exposer tous les avantages que la plupart des industries pouvaient retirer de leur suppression [1].

Les marchands de Lyon et de Rouen adressèrent les mêmes plaintes à Mazarin. A Lyon, le nombre des ouvriers pauvres auxquels la ville donnait des secours était de dix mille en 1642; il s'éleva en 1656 à dix-huit mille. Deux causes étaient assignées à ce progrès de la misère au sein des classes industrielles, l'augmentation des droits de douanes et la législation monétaire [2].

Colbert répondit à ces plaintes en ouvrant au commerce de nouveaux débouchés et en le débarrassant d'une foule d'entraves (V. plus loin). Mais il ne renonça pas au genre de protection dont avait joui jusqu'alors l'industrie manufacturière, et comme il la trouvait encore dans sa naissance, il multiplia en sa faveur les priviléges, les monopoles, les tarifs, ces derniers plus intelligents peut-être, du moins aussi élevés que ceux de ses prédécesseurs. Si, d'un côté, il

---

[1] Fonds des Cinq-Cents, n° 203.
[2] Voir au surplus le chapitre suivant, et les pièces justificatives.

s'efforça d'attirer en France les ouvriers étrangers les plus habiles, s'il perfectionna partout les moyens de fabrication, et s'il obtint d'immenses résultats, la France se trouva, d'un autre côté, lancée plus avant que jamais par ses mesures dans le système prohibitif. Aussi est-ce avec raison qu'il a été regardé comme l'un des hommes qui ont fait le plus pour le triomphe de ce système. On ne peut seulement s'empêcher de rappeler que ce système était alors inévitable, puisque la France était en guerre avec une moitié de l'Europe, et que jamais son application ne fut plus heureuse, puisque l'industrie fit d'immenses progrès, tandis que le commerce, l'agriculture trouvaient dans plusieurs autres actes du ministre une certaine compensation aux charges qui leur étaient imposées [1].

L'énumération des manufactures créées entre les années 1664 et 1669 est la preuve la plus sensible de l'activité de Colbert et de son succès. En 1664, il fonde la manufacture royale des tapisseries de haute et basse lisse à Beauvais, assure aux entrepreneurs trente ans de privilége et l'exemption des tailles, fournit pour l'achat des matières premières et du matériel trente mille livres remboursables en six ans sans intérêt, et prend les deux tiers de la dépense des bâtiments à sa charge. En février 1665, il établit des savonneries avec privilége semblable à Bayonne et à Calais, des fabriques de soude, de goudron ; en avril, il fait remonter au chiffre primitif le nombre alors diminué des métiers d'Ar-

---

[1] Cette compensation est positive, quoiqu'on ne puisse l'apprécier exactement. Les actes de Colbert en faveur du commerce et de l'agriculture sont en grand nombre. Le commerce ne se plaignit jamais de son ministère. Les plaintes de l'agriculture, quoique très-exagérées, étaient plus justes. On peut admettre qu'elle n'obtint pas une compensation suffisante des charges qu'elle supportait. Telle était du moins l'opinion de Vauban et de Boisguillebert, qui firent le procès à la mémoire de Colbert et accusèrent son administration, au nom des intérêts des campagnes.

ras; en mai, il crée une manufacture royale pour les ouvrages de fil, et des ateliers pour ces ouvrages dans plusieurs villes, comme Alençon, Aurillac, Saint-Quentin [1]. Ce sont encore dans le même mois des manufactures de savon, de fer-blanc; en juin, des fonderies de canons; en juillet, des fabriques de draps de castor et de draps de laine; en septembre, des moulins à huile en Bretagne, des fabriques de serges à Aumale, de draps fins à Fécamp; en octobre, des blanchisseries de toiles, des verreries, des tuileries et des fours à chaux, des pelleteries; en novembre, une manufacture de crêpes à Lyon, une autre de draps, façon d'Espagne, d'Angleterre et de Hollande, établie à Dieppe par des Hollandais; en décembre, une savonnerie.

Il serait long et difficile de rappeler tous les établissements fondés dans les années qui suivirent. Citons seulement, en 1666, une blanchisserie de toiles et une manufacture de barracans à Abbeville [2], des teintureries à Rouen, des fonderies pour le fer et l'airain battu à Reims et à Châlons. En 1667, on agrandit la manufacture des Gobelins créée par Henri IV. En 1668, on commença à fabriquer en France des rubans, des cuirs de Hongrie; on établit dans la Bourgogne une fonderie de canons et d'ancres pour la marine. En 1669, « Colbert acheta en Angleterre le secret de cette machine ingénieuse avec laquelle on fait les bas dix fois plus promptement qu'à l'aiguille (*Voltaire*), » et ce qui était de première importance, il fit entreprendre l'exploitation de la houille : on vit des magasins de charbons de terre se former dans tous les ports de la vallée du Rhône [3].

---

[1] Il faut dire que dans ces villes le travail libre essaya de lutter contre celui des ateliers royaux, et que la confiscation de ses métiers et de ses objets fabriqués causa plusieurs émeutes violentes.

[2] Sorte de draps grossiers.

[3] Voir pour cette énumération le Fonds des Cinq-Cents de Colbert, n° 207.

Les industries les plus favorisées par Colbert furent donc celles des fers et de la houille, des draps [1] et des toiles, des étoffes de toute sorte. La France ne tarda pas à acquérir aussi en Europe un véritable monopole pour la fabrication des objets de luxe et de fantaisie, monopole destiné à devenir une de ses richesses. Louis XIV, au rapport de Voltaire, achetait tous les ans pour environ huit cent mille livres de tous les ouvrages de goût qu'on fabriquait dans son royaume, et il en faisait des présents.

Colbert institua dès l'an 1665 un contrôleur spécial des manufactures. Il fit pour l'industrie manufacturière des réglements de fabrication aussi précis, et même aussi tyranniques que les anciens réglements des métiers [2]. On lui a reproché d'avoir déterminé la longueur et la largeur de chaque étoffe, le nombre des fils qui devaient y entrer, et d'avoir soumis toute contravention aux peines les plus sévères. Il faut passer condamnation sur le principe de ces lois et sur la rigueur inutile avec laquelle on surveilla leur application. Il faut cependant ajouter aussi qu'elles étaient imposées pour la plupart à des industries de création nouvelle, que l'éducation des ouvriers ou des fabricants n'était pas faite, et que l'État croyait devoir être leur instituteur. Toutes ces lois furent d'ailleurs de peu de durée et tombèrent en désuétude, dès que chaque industrie put marcher libre et sans lisières.

[1] Tout en supprimant comme trop longue la suite de cette énumération, je rappellerai que les priviléges pour la fabrication des draps de Louviers datent de 1681.

[2] En 1669, Colbert envoie un inspecteur, le sieur Bellinzani, « pour faire la visite des manufactures, avec pouvoir de se transporter en chacune d'icelles, d'y examiner leurs métiers, quel en est le nombre, s'ils sont montés battants et actuellement travaillant, combien il y a d'ouvriers ou ouvrières, apprentis ou apprenties qui y travaillent, si les étoffes ou ouvrages qui s'y font sont de la qualité et conformes aux ordonnances de S. M. et auxdites lettres de priviléges. » Fonds des Cinq-Cents, n° 204.

Dans l'intervalle qui sépara la mort de Colbert de celle de Louis XIV, la continuité des guerres et le recours de l'administration à des expédients ruineux produisirent sur l'industrie un effet sensible. L'expulsion des réformés, en 1685, eut surtout le tort de priver la France d'une des parties les plus industrieuses de sa population ; car les réformés exclus, par leur religion, de tous les emplois publics, n'avaient d'asile que dans les entreprises particulières ; elle eut aussi pour effet de créer dans les pays étrangers des industries rivales des nôtres. C'est ainsi que des réfugiés français ayant porté la culture du chanvre en Irlande, les toiles de la Bretagne et du Maine ne tardèrent pas à trouver sur leurs marchés habituels une dangereuse concurrence.

Les successeurs de Colbert créèrent bien encore un certain nombre de manufactures, parmi lesquelles on peut citer des manufactures de glaces, de cristaux gravés et ciselés, d'acier, de tapisseries de Perse ; etc..... néanmoins la destruction de l'industrie manufacturière était regardée, dès l'an 1701, comme un fait à peu près accompli, et les députés des villes de commerce étaient consultés sur les moyens de la rétablir. Il est curieux de voir qu'à cette occasion le député de Dunkerque protesta contre le système de Colbert, demanda l'abaissement des droits protecteurs, et insista pour que chaque industrie dût ses succès à sa seule supériorité. « Si nos ouvriers, disait-il dans son mémoire, demandent de grandes impositions, ils doivent être considérés comme gens qui n'ont d'autre vue que de s'enrichir aux dépens du public [1]. » Le progrès de la science économique

---

[1] Les moyens proposés en 1701 par les députés des villes de commerce pour relever l'industrie, n'offrent aucun caractère nouveau. Le député de Nantes se plaint très-vivement de la rareté du combustible. Selon lui, les bois ne se trouvent plus que dans les pays d'où il est impossible de les faire sortir, et l'État doit s'occuper sur-le-champ du reboisement des terres abandonnées. Quant à l'exploitation des mines de charbon de terre, elle est compromise par les droits énor-

ne tarda pas à donner à la liberté des échanges des défenseurs éclairés et nombreux [1].

CHAPITRE XVIII.

DU COMMERCE.

SECTION Ire. — *Commerce intérieur et Commerce d'importation.*

§ 1er. Compagnies pour l'entreprise des transports. — § 2. Foires et marchés. Franchises accordées aux marchands. — § 3. De l'administration commerciale. Chambres et intendants de commerce

Au moyen âge, où les villes n'offraient pas comme aujourd'hui une sorte de marché perpétuel, la tenue périodique de foires privilégiées était chose plus nécessaire que jamais. Quelques marchands colporteurs se rendaient à ces foires en suivant la voie de terre, mais la plus grande partie des marchandises y était transportée par eau, et ce transport appartenait à des compagnies de marchands privilégiés.

§ I. — Compagnies pour l'entreprise des transports.

Une des plus anciennes de ces compagnies fut la hanse parisienne des *marchands de l'eau*, qui existait sous le rè-

---

mes dont elle est grevée, et dont le monopole appartient à la duchesse d'Uzès.

[1] Voyez surtout un Mémoire de l'an 1710 environ, cité et analysé par M. P. Clément dans son Histoire de Colbert. Il est intitulé : « Mémoire sur le Commerce et les Finances de la France, de ses colonies, de l'Angleterre et de l'Espagne. » Bibl. Roy., mss. supplément français, n. 1792.

gne de Louis VII, et qui conserva jusqu'en 1672 le monopole de tous les transports faits sur la Seine, depuis Paris jusqu'au pont de Mantes. Elle taxait à son gré les marchands étrangers qui naviguaient sur le fleuve, et même ceux qui prenaient les routes de terre parallèles.[1]. Elle jouissait de priviléges qui furent toujours considérables, malgré les atteintes successives qu'ils finirent par recevoir. Elle les avait obtenus d'autant plus facilement que les rois dans l'origine avaient grand intérêt à enrichir, même aux dépens des villes de la Normandie ou de la Bourgogne, Paris où ils levaient des tailles et des droits de toute espèce. Une seconde compagnie toute semblable fut créée par Philippe-Auguste en 1192, pour la haute Seine. Une troisième, pour la basse Seine, existait à Rouen en 1350. Il n'était pas rare que plusieurs de ces compagnies, placées dans des villes différentes, formassent une association. Les corporations de plusieurs villes s'associaient aussi de la même manière; par exemple, les marchands de Tournai faisaient partie de la communauté des marchands de Paris pour la vente des vins et de quelques autres denrées[2]. Les corporations d'Arras étaient associées aux corporations du même métier des villes voisines[3].

Les compagnies de transport luttèrent longtemps contre les prétentions des seigneurs dont elles traversaient les terres, et qui voulaient leur faire payer des droits de péage. Elles obtinrent en fin de compte la suppression d'un grand

---

[1] Depping. Introduction au livre des métiers d'Étienne Boileau. Collection des documents relatifs à l'histoire de France.

[2] Déclaration de 1477.

[3] Lettres de 1481. Calais jouissait des priviléges les plus étendus dans ce genre. Ses habitants étaient exclus des *péages*, des *coutumes*, de toutes les impositions levées sur les marchands dans l'intérieur de la France. Ils jouissaient des franchises et des libertés de toutes les villes où ils s'établissaient. C'était comme un droit de cité dans toutes les bourgeoisies.

nombre de ces droits. Pour n'en citer qu'un exemple, il n'y eut pas un seul roi, depuis Charles VII jusqu'à François I*r*, avec lequel la compagnie des marchands de la Loire établie à Orléans ne traitât pour cette suppression [1]. C'était au reste la plus puissante association de ce genre. En 1559, elle se composait de marchands de toutes les villes riveraines du fleuve. Ces marchands envoyaient des députés salariés à une chambre commune, et les députés élisaient entre eux un procureur général, des commis-gérants, un trésorier. Les directeurs de la compagnie, après avoir protesté contre les prétentions seigneuriales, finirent par protester et lutter contre celles des agents royaux [2], quand le fisc du roi eut remplacé celui des seigneurs.

§ II. — Foires et marchés. — Franchises accordées aux marchands.

Les foires et les marchés se tenaient dans la plupart des villes à des époques fixées, sous la protection des seigneurs qui y louaient les places, comme ils louaient aussi celles des halles. Un grand nombre de chartes communales ou de lettres de privilèges eurent pour effet d'assurer leur tenue périodique, de les soumettre à une police régulière, de garantir la liberté des marchands, et de déterminer la quotité des droits que les seigneurs pouvaient y exiger.

Quelques-unes de ces foires, celles de Beaucaire, celles de Champagne et de Brie, celles du Lendit, furent, dès le XIII° siècle, nombreuses et achalandées. On y venait de toutes les provinces de France et même des pays voisins. Les

---

[1] Voir une déclaration de 1438, confirmée en 1448; des ordonnances de 1462, 1484, 1516, 1559. J'ai rappelé ailleurs (chapitre XIV, *Des travaux publics*), que l'ordonnance de Blois de 1499 autorisa les marchands à faire eux-mêmes les fonds nécessaires pour l'entretien des rivières, ce qui équivalait au remboursement des péages levés par les seigneurs dans ce but exprès.

[2] Monteil. — Recueil de matériaux manuscrits d'une histoire de France, t. I*er*.

seigneurs comprenaient qu'il était de leur intérêt d'attirer les marchands en leur offrant des garanties. Saint Louis permettait aux marchands étrangers de circuler librement dans ses domaines et les prenait sous sa sauvegarde, à condition qu'ils observeraient les réglements de police et ne feraient point l'usure. Ses successeurs renouvelèrent tous les mêmes dispositions [1].

Les premières garanties que les marchands durent rechercher, furent celles qui les délivraient du danger d'être exposés au paiement des droits féodaux et surtout des taxes arbitraires; ils traitèrent donc soit avec des seigneurs, soit avec le roi pour obtenir des franchises. Sous Philippe le Bel les marchands des foires de Champagne sont mis par une déclaration royale à l'abri de toutes impositions arbitraires (*ab exactionibus quibuscumque*); ils ne paieront en tout état de cause qu'un droit fixe, proportionné au prix de la vente de chaque objet [2]. Semblable faveur est accordée aux Lombards et aux Italiens (1295). Ce droit était perçu par des courtiers que le roi nommait, et qui devenaient les intermédiaires obligés des étrangers pour leurs ventes [3]; tout changement introduit dans sa quotité devait être annoncé aux *capitaines des Lombards* et aux *consuls des villes d'Italie*, pour que ceux-ci en fissent part à leurs nationaux.

Il fallut ensuite assurer la police des grandes foires, et y établir des tribunaux spéciaux dont les membres fussent

[1] Voir une ordonnance de 1268 pour l'expulsion des Lombards et des Caorsius (Corsini), une ordonnance semblable de Philippe le Hardi, une information ordonnée par Philippe le Long en 1316, et une lettre de Philippe de Valois adressée, en 1337, au sénéchal de Beaucaire.

[2] Le denier, l'obole et la pougeoise (partie de l'obole), sur chaque objet vendu. En 1315, le droit est fixé au sou pour livre des marchandises vendues par les *casanlers* Italiens, c'est-à-dire par les marchands Italiens résidant en France.

[3] Le roi fixait aussi le droit que prenaient ces courtiers. (Réglement de janvier 1390 pour les courtiers de draps, à Montivilliers.)

au courant des affaires de commerce, la célérité étant la condition indispensable du jugement de ces affaires. A Nîmes, depuis 1272, un *juge des conventions royaux* jugeait sommairement les causes commerciales. Des juges semblables, appelés aussi gardes, parce qu'ils veillaient au maintien de la police, étaient institués près des foires de Champagne, sous le règne de Philippe le Bel.

Comme on peut le remarquer, les premiers actes qui attestent l'importance de ces grandes foires datent de la fin du XIIIe et du commencement du XIVe siècle, de l'époque où l'unité politique de la France a été un fait certain sinon un fait accompli, et où le pouvoir royal a pu couvrir le commerce de son égide sur toute l'étendue du territoire.

Les successeurs de Philippe le Bel accordèrent aux marchands d'autres garanties. Charles le Bel promit que jamais commissaire royal ne serait envoyé pour assister aux foires, et déclara que si malgré cette défense il s'en présentait un seul, nul ne serait tenu de lui obéir (1326). Il promit encore de nommer une commission composée de membres du Parlement et de la chambre des comptes pour réparer le tort que ses officiers auraient fait éprouver aux marchands (1327)[1]. Philippe de Valois assura aux juges des foires la juridiction la plus étendue, sauf l'appel de leurs jugements qui devait être porté aux grands jours de Troyes (1344). Il réserva seulement à la juridiction royale supérieure, déléguée dans cette occasion, comme si c'eût été en matière de finance, à la chambre des comptes, toutes les causes qui intéressaient la souveraineté, ainsi que le soin d'interpréter les ordonnances. Philippe de Valois est peut-être le roi qui

---

[1] Les marchands stipulent souvent des garanties contre les exactions des agents financiers de l'État. « Qu'aucuns marchands ou autres ne soient cherchés en chemins, ni en villages, mais seulement aux ports et passages qui seront par nous ordonnés en lieux notables et convenables. » (Art. 9 de la grande ordonnance de 1358.)

prit le plus de mesures favorables au commerce des foires intérieures : il permit aux étrangers, ce qui était indispensable, de déroger dans certaines limites aux ordonnances de monnaie, et comme il voulait les forcer à venir acheter des draps en France, il défendit l'exportation des laines. Enfin il régla les attributions des gardes de ces foires et leur enjoignit de faire élire par les marchands, de *bonnes et loyales personnes expérimentées auxdits métiers*, qui seraient chargées de garantir la bonté des marchandises et de frapper d'amendes arbitraires ceux qui en vendraient de mauvaises [1].

Quand on eut ainsi ouvert des marchés sûrs aux étrangers qui faisaient le commerce en France par la voie de terre, on fut amené à ouvrir certains ports au commerce maritime. Les ports de la Méditerranée et de l'Océan appartenaient pour la plupart à de grands feudataires qui y avaient laissé subsister, souvent même confirmé d'anciens usages, d'anciennes franchises. Ces usages, ces franchises furent étendus pendant le XIVe siècle aux ports de la Manche. Harfleur, qui commandait l'entrée de la Seine à une époque où le Havre n'existait pas encore, fut ouvert aux marchands d'Aragon, de Majorque, de Castille, de Portugal et de Plaisance en Italie [2]; le Crotoy et Abbeville le furent à ceux de Castille [3]. Les rois s'engagèrent à entretenir les ports de ces villes, et pour encourager le commerce, ils y supprimèrent les droits d'entrée ou les réduisirent d'une manière considérable; ils accordèrent aux Portugais l'exemption de tous droits d'exportation pour les marchandises qu'ils tiraient de France en retour de celles qu'ils y apportaient. Les Castillans furent placés sous la sauvegarde royale; ils jouissaient d'un délai d'un an

[1] Voir l'ordonnance de 1349.
[2] Priviléges de 1309, 1339, 1340 et 1369.
[3] Priviléges de 1340, 1398, 1406, 1424 et 1435.

s'ils étaient forcés de quitter le royaume; ils soumettaient leurs différends personnels à des juges de leur choix, et dans leurs contestations avec des Français, ils n'étaient justiciables des prévôts ordinaires qu'autant que ces derniers choisissaient des assesseurs castillans. Ils désignaient eux-mêmes leurs courtiers, sauf à les faire agréer par les officiers locaux. Après avoir fait entrer leurs marchandises en franchise, ils pouvaient les réexporter sans payer de droits, à moins que ce ne fût pour les aller vendre dans des pays ennemis de la France[1]. Charles VII les autorisa plus tard à choisir un ou deux procureurs pour gérer en France leurs intérêts[2]. C'est une chose digne de remarque que l'ancienne législation française se soit toujours bien plutôt proposé pour but d'attirer les étrangers dans le royaume que de favoriser les entreprises des marchands français à l'étranger.

Les étrangers qui s'établissaient en France devaient s'efforcer d'entrer dans les bourgeoisies, et celles-ci devaient à leur tour les repousser[3]. C'est vers la fin du règne de Charles V que les portes des bourgeoisies commencèrent à s'ouvrir pour eux, et que l'exemple d'Harfleur, où depuis 1339 ils étaient assimilés aux habitants, cessa d'être une exception. On leur assura même en ce cas de grands avantages. Ainsi des étrangers obtiennent, en 1378, de résider pendant plusieurs années à Amiens, à Abbeville et à Meaux pour y former des établissements de commerce et de banque. Ils ne sont soumis qu'à la justice royale, ne paient qu'un simple cens aux seigneurs dont ils habitent la terre; ils

---

[1] Ce dernier privilége était au reste assez commun. Les Vénitiens en jouissaient pour les marchandises qu'ils apportaient en France par la route de terre.

[2] En 1436.

[3] Philippe le Long révoque, en 1320, les droits de bourgeoisie accordés en France aux Italiens, parce qu'ils ne remplissent pas les conditions qui y sont attachées.

sont exempts de tous les impôts, excepté de ceux qui sont levés au sujet des guerres. Ils jouissent, pendant les six années, d'un monopole exclusif, et s'ils quittent la France avant le terme expiré, ils peuvent présenter à la chambre des comptes d'autres personnes qui seront subrogées à leurs priviléges [1].

Ces priviléges devaient plus tard servir de modèle à tous ceux qu'obtinrent les entrepreneurs d'un commerce ou les fondateurs d'une industrie. Dans la circonstance que je viens de rapporter, ils eurent pour effet d'assimiler peu à peu les étrangers aux nationaux; car il ne faut pas s'y tromper, les priviléges, qui faisaient des brèches nombreuses au système d'exclusion, n'étaient en réalité que la forme sous laquelle devaient s'établir la liberté et le droit commun.

Quand Charles VII eut centralisé la police, constitué une armée régulière, et délivré la France des brigandages auxquels elle avait été en proie pendant la guerre de cent ans, le commerce intérieur dut prendre une activité nouvelle [2]. On s'explique ainsi comment les actes qui le concernent se trouvèrent si nombreux sous les deux règnes suivants.

Charles VII rétablit d'abord dans tous leurs priviléges les foires de Champagne et de Brie qui avaient fait de grandes pertes durant les guerres [3]. Il créa ensuite en leur accordant des priviléges semblables les foires de Lyon, qui se tinrent d'abord deux et trois fois l'an, puis quatre fois à

---

[1] On trouve des exemples d'autorisations semblables en 1380 et en 1382 pour différentes villes; en 1403 pour Rouen; pour les Lombards qui s'établissent à Noyon, en 1381; pour ceux de Troyes, en 1392; d'Amiens, de Meaux, de Laon et de Mouzon, en 1406. Voir une ordonnance de 1308 autorisant la formation d'un entrepôt au Crotoy pour la guesde (le pastel).

[2] Cela est d'ailleurs attesté par l'historien Mathieu de Coucy.

[3] En 1445.

partir du règne de Louis XI[1]. Ces foires de Lyon furent principalement instituées dans le but de faire concurrence à celles de Genève, par lesquelles on se plaignait que l'argent sortît de France ; les foires de Genève furent donc interdites à tous les marchands français, et les marchands étrangers qui s'y rendaient se virent refuser soit le passage par la France pour eux-mêmes, soit le transit pour leurs marchandises. Tous les étrangers au contraire furent admis aux foires de Lyon, excepté les Anglais, *nos ennemis anciens*. Tous les changes y furent permis, excepté ceux dont l'effet devait être de faire passer à Rome l'argent de France d'une manière directe ou indirecte. Elles eurent leur juridiction spéciale, sinon exceptionnelle. Des prud'hommes notables, « ainsi, porte l'ordonnance, qu'il est accoutumé aux foires d'Anvers, Bourges et autres lieux » y jugèrent les affaires commerciales, sauf l'appel aux juges ordinaires. Ils étaient institués par le bailli de Mâcon sur la désignation des conseillers de Lyon, qui désignaient aussi les courtiers.

Sous Louis XI et sous Charles VIII, le nombre des foires privilégiées s'accrut si rapidement qu'il semble que le privilége, après avoir été l'exception, devint la règle. Les villes, les seigneurs même s'empressaient d'obtenir des concessions de ce genre, dont beaucoup durent être faites à prix d'argent[2]. Le Recueil des Ordonnances en est rempli.

[1] Priviléges de 1420, de 1444 et de 1463.
[2] Voir le *Recueil des Ordonnances*. — Qu'il suffise de citer ici : 1455, priviléges pour les foires de Saint-Laurent et du Lendit, de Champagne, de Saint-Romain, de Rouen et de Guibray ; 1462, création de foires à Saint-Xandre dans l'Aunis, à Bourg en Guyenne, à Bayonne ; 1463, à Buset dans le Languedoc, à Notre-Dame de Loches, à Dampierre, Pontremy, Tricot et Crèvecœur en Picardie, à Senarpont dans le Ponthieu ; en 1464, concession de franchises aux foires d'Arras. Établissement de trois foires à Puylaurens, en 1464, et de sept à Issoudun, en 1465. Autres créations de foires à Luilly en Picardie (1464), à Liévray (1466) ; aux Granges, à Saint-Ulpise

Ce qu'il est curieux d'observer, c'est que des rivalités commerciales s'élevèrent entre les villes de France, comme il y en avait depuis longtemps entre les villes de Flandre ou celles d'autres pays commerçants. Pézénas et Montagnac dans le Languedoc obtinrent, en 1471, la révocation des foires de Beaucaire, dont le privilége nuisait au leur ; toutes les villes de la province avaient appuyé cette demande. Les luttes de ce genre, qui n'étaient alors que celles d'intérêts rivaux, mais qui devaient bientôt se renouveler sur tous les points du territoire, avaient pour résultat éloigné de préparer le remplacement des priviléges par des lois générales.

On voit qu'à la même époque les priviléges accordés aux étrangers, tout en restant individuels ou en continuant de ne s'appliquer qu'à une seule catégorie de personnes, devenaient plus explicites et plus nombreux. C'était tantôt la suppression du droit de bris, et tantôt celle du droit d'aubaine [1] ; le droit d'aubaine fut même supprimé dans le Languedoc d'une manière uniforme [2], sur la demande des États de la province. Ailleurs les étrangers obtinrent que leurs causes fussent jugées en appel par les gouverneurs des villes, sans être jamais à l'avenir portées devant les Parlements, ce qui avait entraîné pour eux de longs et fâcheux retards [3]. Certaines villes,

---

près Brioude (1467) ; à Arques (ancienne foire rétablie), en 1468 ; à La Fère, à Ornoy, à Sassenage, à Saint-Maixent, en 1469 ; à Chatres-sous-Montlhéry et à Caen, en 1470 ; à Davesnecourt, en 1471 ; à Monville en 1472 ; à Pinhols en Auvergne et à Puissagny en Saintonge, en 1476 ; à Amiens, à Nègrepelisse et Morier en Querci (1477); à Bèze dans le diocèse de Langres, à Taillebourg, et à plusieurs villes d'Auvergne, en 1480 ; à Gannat et à Craonne, en 1481 ; à l'abbaye de Saint-Germain-des-Prés, en 1483. On pourrait faire pour le règne de Charles VIII une énumération semblable.

[1] Voir le chapitre X, section *des Droits domaniaux*.
[2] Ordonnances de 1475 et de 1484.
[3] Priviléges des Hollandais, Flamands et Brabançons, en 1462.

comme Toulouse, Montpellier, offrirent une franchise complète aux étrangers qui vinrent s'établir dans leurs murs [1]. Les marchands de la Hanse teutonique furent de tous les étrangers ceux qui reçurent les priviléges les plus considérables [2].

J'ai parlé ailleurs de la réduction des péages [3]. Il faut rappeler que la liberté du commerce de terre et de mer fut assurée aux gens des trois États du Languedoc dans leur province et sur leur demande. Les États généraux de 1484 écrivirent à leur tour dans leurs cahiers « que le cours de la marchandise devait être entretenue franchement et libéralement par tout le royaume, et qu'il devait être loisible à tous marchands de pouvoir marchander tant hors le royaume et pays non contraires au roi que dedans par mer et par terre. » En 1498, la Bourgogne fit comprendre parmi ses priviléges, la liberté pour tous ses habitants, marchands ou autres, de passer et repasser par toutes les provinces de France [4].

Le XVIe et le XVIIe siècle n'offrent guère que la répétition des mêmes faits, suppression de taxes d'une part et de l'autre nouveaux priviléges; ici, comme partout, le privilége n'était la plupart du temps que la forme transitoire que la liberté tendait à revêtir pour se faire place dans le monde. Tous les jours, d'ailleurs, la France étendait son commerce et se trouvait en relation avec des pays nouveaux.

---

[1] Priviléges de 1472 et de 1484.
[2] Lorsque les marchands étrangers ou autres étaient sans ressources, on leur assignait telle ou telle ville pour résidence. Les villes ainsi assignées étaient obligées de leur payer une subvention, dont elles faisaient elles-mêmes le fonds, comme elles le jugeaient à propos, au moyen d'un emprunt ou d'une taxe extraordinaire.
[3] Voir surtout le chapitre XI, section VII.
[4] La Rochelle obtint même le droit de commercer avec les étrangers en temps de guerre.

§ III. — De l'administration commerciale. Chambres et intendants de commerce.

Dans le principe, l'État ne s'occupa du commerce que pour lui imposer des réglements, dont l'exécution fut presque toujours abandonnée aux juges locaux ou aux officiers ordinaires. Là se borna son intervention; toutefois certains offices, tels que ceux de juges spéciaux ou de courtiers, appartinrent en beaucoup de cas à la nomination royale.

Sous le règne des derniers Valois, plusieurs causes concoururent à la formation d'institutions commerciales un peu plus régulières. La division des juridictions, introduite par Lhôpital, fit successivement établir des tribunaux de commerce assez uniformes dans un grand nombre de villes [1]. D'un autre côté, l'intérêt fiscal fit convertir la plupart des offices de commerce, qui avaient été libres jusqu'alors, en offices royaux. Tous les courtiers devinrent officiers royaux sous Charles IX, en 1572, et les banquiers sous Henri III, après l'édit de 1581. La fiscalité ne s'en tint pas là : elle multiplia le nombre de ces offices, et les assimila plus ou moins, pour attirer les acheteurs, à ceux de judicature et de finance; elle leur attacha par exemple, en 1620, l'hérédité, moyennant un supplément de prix [2].

Enfin Henri IV, guidé par le désir de faciliter le mouvement des affaires et l'accroissement de la richesse publique, créa en 1601 une chambre de commerce, dont les attributions comprirent à la fois le commerce de l'intérieur et celui des pays étrangers. Cette chambre ne remplit qu'imparfaitement son but, parce qu'elle n'était composée que de membres du Parlement ou de la cour des aides, auxquels le roi désignait pour assesseurs quelques courtisans; mais sa

---

[1] Voir le chapitre VIII, § XIV.
[2] De la Marre, *Traité de la Police*.

création n'en atteste, pas moins que le gouvernement avait compris la nécessité de prendre en main la gestion des intérêts commerciaux et de centraliser toutes les mesures qui les concernaient [1].

La chambre de commerce, ainsi composée, fut d'ailleurs bien loin d'être inutile. On voit que dès les premières années du XVII° siècle, d'importantes propositions lui furent adressées ou envoyées. Les auteurs des mémoires qu'elle recevait, et que nous avons encore en grand nombre, demandaient que les priviléges accordés aux Hollandais commerçants dans nos ports, et ces priviléges n'étaient autres que le droit commun, fussent étendus à tous les autres peuples ; que des facteurs fussent institués par le roi et chargés de correspondre exclusivement avec les marchands étrangers, de payer pour eux les taxes, les assurances de mer ; que les droits des douanes intérieures (on sait que Louis XIII essaya d'en modifier le système sans y réussir) fussent abaissés pour les marchandises étrangères, supprimés pour les marchandises françaises ; seulement chaque marchand français aurait acheté au roi pour trois écus une lettre de franchise tous les six mois. Afin d'éloigner les risques que couraient les marchandises étrangères à l'entrée des ports de France, on eût établi dans chaque port, aux frais des marchands, un convoi chargé d'escorter ces navires. On proposait aussi de fonder des établissements de crédit et d'instituer des chambres dans les principales villes, à Calais, à Rouen, en subordonnant ces chambres à celle de Paris [2] ; du moins ce plan est exposé dans un des mémoires les plus considérables de cette époque. On voit expliquer dans un autre comment l'augmentation des tarifs de la douane de Lyon

---

[1] Lettres du 13 avril 1601, renouvelées en 1602, 1608 et 1609. La chambre de commerce cessa de se réunir en 1610, mais fut rétablie en 1615.

[2] *Mémoire sur le Commerce*. Fonds des Cinq-Cents, n° 208.

avait porté un grave préjudice aux foires de cette ville.

La création de la chambre de commerce de Paris eut donc des résultats heureux, quoiqu'elle n'existât d'ailleurs qu'à l'état d'essai, et qu'elle eût cessé deux fois, sous Louis XIII, de se réunir. En 1654, sous le gouvernement de Mazarin, M. de Chanut, celui qui fut plus tard ambassadeur en Suède, proposa de la rétablir sur une base plus large, à titre de commission permanente, sans lui attribuer de gages ni de juridiction. Elle eût été composée de quatre membres du conseil, *des plus anciens et des plus entendus*, et de quarante marchands, dont quatre de Paris et deux de chacune des principales villes, tous choisis par le roi sur une liste triple de présentation. Ainsi organisée, elle devait recevoir tous les avis et toutes les plaintes; elle devait aussi préparer les tarifs et les statistiques commerciales [1].

Colbert exécuta ce projet. Il créa [2] une nouvelle chambre de commerce, dont il se réserva de choisir les membres sur les listes de présentation dressées par les notables des principales villes. Les autres négociants dont les noms étaient portés sur ces listes durent former trois autres conseils provinciaux, l'un pour la Picardie, la Normandie, la Bretagne et la province de Tours, le second pour le Poitou, la Saintonge et la Guienne, le troisième pour Lyon, le Languedoc et la Provence. Ces conseils, destinés à donner des avis et à répondre aux questions qui leur étaient soumises, durent être présidés chacun par un maître des requêtes.

Après l'établissement de cette chambre centrale et des conseils provinciaux, Colbert publia l'ordonnance de commerce de 1673, qui fit disparaître l'extrême variété des an-

---

[1] C'était elle, ajoutait M. de Chanut, qui devait le mieux découvrir « les secrets du change de l'argent, et de l'évaluation et cours des monnaies, qui ont toujours été très-difficiles à pénétrer. » Voyez aux Pièces justificatives.

[2] 5 décembre 1664.

ciennes règles, et dont les principales dispositions subsistent encore aujourd'hui. Il rendit uniformes les tarifs de douanes, tant ceux de l'intérieur que ceux des frontières, et supprimant dans un grand nombre de cas l'effet de ces douanes, il accorda le libre transit aux marchandises transportées de la Flandre à Marseille pour y être embarquées. C'est dans ce but que Dunkerque en 1662, et Marseille en 1669, furent déclarées ports francs ; on espérait y attirer les étrangers, auxquels on y assura la jouissance d'un entrepôt libre de toute espèce de charge pour leurs marchandises ; à Dunkerque, ils n'avaient qu'à remplir certaines conditions de domicile pour exercer les droits de citoyens français. Quant à Marseille, la déclaration de la franchise de son port eut pour principal but de lui assurer tout le commerce du Levant, espoir qui fut en partie réalisé, parce que nulle puissance n'avait avec la Porte Ottomane de traité aussi explicite que les *capitulations* de la France. Les autres ports reçurent des avantages analogues. Colbert fit pour eux ce qu'on appela l'ordonnance pour l'étape des villes maritimes, c'est-à-dire qu'il accorda aux négociants de tout pays la faculté d'y placer leurs marchandises à l'entrepôt, et de se faire restituer, s'ils les réexportaient, les droits d'entrée qu'ils auraient payés, ou, pour employer le langage actuel, le *draw back*.

Les mémoires adressés à Colbert présentent sous une forme souvent ambitieuse et vague une assez vive intelligence du rôle des intérêts matériels et de leur influence sur les destinées du pays [1]. Le plus considérable est assurément celui du chevalier de Clerville, qui fut envoyé, en 1664, pour visiter les ports de Picardie et de Normandie, et qui, après avoir recueilli les plaintes et les demandes des négo-

---

[1] Voir un mémoire rédigé sous Mazarin, mais qu'il importe de rappeler ici, et dont le titre est : « *Plan véritable de l'état présent des affaires de l'Europe.* » Fonds des Cinq-Cents, n° 203.

ciants, soumit au ministre une série de projets destinés à une exécution successive. « Pour rétablir le commerce, disait-il, il ne faut que de l'ordre, et puis encore de l'ordre. » Ce fut le chevalier de Clerville qui proposa de modérer les droits des cinq grosses fermes, dans l'espoir d'augmenter la consommation, ce qui devait tourner au profit du bien-être général, sans nuire au trésor, puisqu'il réparerait promptement la perte momentanée qu'il aurait faite. Il proposa aussi la suppression ou le remboursement des droits locaux, le rétablissement de toutes les anciennes foires. Il demanda que la construction de casernes exemptât les villes de manufacture du logement des gens de guerre, que le cabotage et le transport du sel sur les côtes fussent réservés de préférence aux matelots français[1], etc.

On comprenait que les conditions de la société n'étaient plus telles qu'au moyen âge, et que la richesse était devenue plus nécessaire que jamais, surtout comme moyen de puissance. Ruinés par le luxe, par la guerre, par l'usure, les nobles devaient recourir au commerce pour réparer les brèches de leurs fortunes. Pourquoi le commerce était-il méprisé en France, au lieu d'être honoré comme en Angleterre et à Venise[2]? Les compagnies formées pour le commerce colonial se plaignaient de leur côté que le désir d'acheter des terres nobles ou des offices pour leurs enfants entraînât la plupart des négociants à retirer les fonds placés chez elles, dès qu'ils avaient acquis une certaine fortune, c'est-à-dire au moment même où leur concours pouvait être le plus utile.

Tels furent les considérants de l'ordonnance de 1669, qui accorda aux gentilshommes l'autorisation de faire le com-

---

[1] Fonds des Cinq-Cents, n° 122. Voyez les pièces justificatives.
[2] Mémoire intitulé : « *Plan véritable de l'état présent des affaires de l'Europe.* »

merce de mer sans déroger. Elle n'eut, au reste, d'autre effet que de généraliser une autorisation déjà donnée pour beaucoup d'entreprises particulières. Elle admit seulement la distinction du commerce de détail et du commerce en gros : si le premier continua d'être interdit à la noblesse, le second, anobli déjà par les priviléges de Lyon et par la coutume de Bretagne, fut déclaré « l'une des plus honnêtes occupations de la vie civile[1]. » L'ordonnance de 1669 fut renouvelée en 1701, et l'on ne fit qu'une seule exception, justifiée d'ailleurs par des raisons assez plausibles, au sujet des magistrats. On dispensa même les nobles de la condition jusqu'alors obligatoire d'être membres des communautés pour devenir éligibles aux charges des juridictions consulaires.

Les derniers ministres de Louis XIV hâtèrent le développement des germes de l'administration commerciale préparés par Henri IV et par Colbert. A côté de l'assemblée consultative, Chamillart institua un pouvoir chargé de l'action. En effet, après avoir converti (arrêt du 29 juin 1700) l'ancienne chambre de commerce en un conseil général permanent, qui avait à peu près la même composition, mais ne comprenait que douze marchands délégués directement par les principales villes, il créa des intendants de commerce, sorte de directeurs généraux, auxquels il confia la préparation des projets de loi et l'administration cen-

---

[1] De la Roque, le champion du droit divin de la noblesse, rappelle à propos de l'ordonnance de 1669 cette phrase de Cicéron : « Mercatura, si tenuis est, sordida putanda est : si magna et copiosa, jure optimo videtur laudari. » Pour mieux défendre l'ancienne ordonnance, il prétend qu'elle n'a pas établi de règle nouvelle ; il veut qu'elle ait conservé une règle ancienne, et il rappelle que Jacques Cœur, qui battait monnaie à son coin, fut réputé noble, malgré le commerce qu'il faisait au Levant. Les exemples qu'il cite ne prouvent, en définitive, qu'une seule chose, c'est que depuis longtemps l'amour de la spéculation et du gain luttait contre le préjugé.

trale du service. Le nombre des charges de ces intendants fut même augmenté en 1708, ainsi que celui des charges d'inspecteurs généraux des manufactures, mais on les réduisit en 1715 à leur chiffre primitif.

La nécessité d'une direction centrale, et celle de confier cette direction à des hommes spéciaux ayant la connaissance du commerce ou formés par lui, étaient généralement reconnues. Le député de Nantes, Du Halley, demandait même dans un mémoire rédigé en 1701, que le nouveau conseil eût une juridiction, et pût terminer les conflits que les rivalités industrielles ou commerciales soulevaient entre les provinces; ce qui lui aurait assuré des attributions assez semblables à celles des différentes cours supérieures de l'administration. En fait, ce vœu fut exaucé dans une certaine mesure par la création des intendants; car ils eurent la juridiction de l'administration commerciale en première instance et sauf l'appel au conseil privé. Le député de Nantes insistait également pour qu'on rétablît partout les chambres de commerce particulières qui avaient cessé de se réunir, et pour que le gouvernement entretînt de continuels rapports avec ces chambres, ou, dans les villes qui n'en auraient pas, avec les juges-consuls. La justesse des observations comprises dans les mémoires que Chamillart fit rédiger en 1701, atteste combien l'intelligence des intérêts commerciaux s'était rapidement développée depuis quarante ans.

Je ne puis omettre un fait remarquable et qui est une preuve manifeste de l'augmentation survenue dans les transactions commerciales de toute sorte; ce fut la construction d'un bâtiment destiné à la Bourse de Paris. Jusqu'en 1685, les marchands s'étaient réunis dans une des salles du Palais de Justice, mais cette salle ne suffisait plus au nombre croissant des vendeurs et des acheteurs[1]. Ainsi l'administra-

[1] Voir le Mémoire de l'intendant de la généralité de Paris

tion centrale du commerce se forma, précisément à l'époque où les opérations de bourse prirent un plus grand développement, reçurent une publicité plus complète, exercèrent enfin une influence plus directe sur les actes du pouvoir.

Telle est en résumé l'histoire des mesures employées par le gouvernement pour protéger et développer le commerce intérieur de la France. Ce commerce, presque nul au moyen âge, reprit quelque vigueur quand la centralisation monarchique eut ramené l'ordre ; mais longtemps abandonné à lui-même, il dut combattre à peu près seul les obstacles qu'il rencontrait dans l'organisation sociale, dans les lois, dans les préjugés. Au milieu d'une société où le privilége faisait la force, il s'éleva par le privilége qui devait le conduire à la liberté, et lorsqu'il eut acquis par ce moyen une puissance suffisante, il implora la direction supérieure du gouvernement, et devint l'objet d'une branche nouvelle de l'administration centrale [1].

---

[1] Il est inutile d'entrer dans le détail des branches particulières du commerce intérieur. Je dois rappeler cependant que le commerce du blé et celui des denrées furent l'objet de réglements spéciaux qui avaient pour but d'assurer les approvisionnements. J'ai montré dans un autre chapitre (chapitre VII, section II, § v), comment le droit d'autoriser l'exportation des denrées d'une province à l'autre avait appartenu d'abord aux pouvoirs locaux, puis avait été accaparé par les rois. Je renvoie à la section suivante pour ce qui concerne le commerce des blés avec l'étranger.

Section II. — *Commerce extérieur.* — *Exportation.* - *Marine marchande.*

§ 1er. La France, dans l'origine, fait peu de commerce avec l'étranger. — § 2. Caractère de ses premiers traités de commerce. — § 3. Essor du commerce maritime sous Louis XIII.— § 4. Mesures de Colbert relatives au commerce extérieur. Organisation des consulats. Développement du système prohibitif.— § 5. Le commerce extérieur ne cesse pas de s'accroître dans la dernière partie du règne de Louis XIV.

§ 1. — La France dans l'origine fait peu de commerce avec l'étranger.

La France ne fit presque aucun commerce à l'extérieur avant le quinzième siècle, et ce qui le prouve le mieux, c'est que les principaux, j'allais dire les seuls documents que nous ayons à ce sujet, sont des ordonnances qui défendent l'exportation.

On craignait de s'affaiblir ou d'enrichir ses voisins, si l'on portait chez eux des denrées ou tout autre objet qui pût leur être de quelque utilité. Philippe le Hardi défendit, en 1277, toute exportation des laines, des vins et des grains ; Philippe le Bel, en 1296, défendit celle de l'or, de l'argent monnayé ou non, des joyaux, des pierres précieuses, des armes, des chevaux et de tout ce qui servait à la guerre. Il est probable qu'on avait fait autrefois des ordonnances semblables pour chaque grand-fief avant d'en faire pour tout le royaume.

La France ne comprenait d'ailleurs à cette époque que le domaine royal, c'est-à-dire, les provinces du centre ; ceux de ses produits dont les étrangers se passent le moins aisément, les grains et les vins, pouvaient être expédiés par la Guyenne en Angleterre, et par les ports de la Méditerranée dans les pays du Midi [1].

---

[1] L'exportation du blé ne paraît elle-même avoir été interdite dans les provinces du centre que dans le cas d'insuffisance des récoltes. (Voir des défenses de 1322, 1330, 1398, 1410, 1419.)

J'ai expliqué, au chapitre des droits de traites, comment Philippe le Bel rendit les prohibitions générales en se réservant de vendre les dispenses, et comment on en vint à dresser des tarifs. La faculté de commercer librement avec les étrangers fut toujours regardée comme un privilége, et ce privilége, restreint dans toute circonstance, le fut surtout quand ces étrangers étaient les ennemis de la foi ou ceux de la France[1] : dans ces deux cas, toute espèce de relations avec eux était interdite. La première interdiction, celle qui concernait les ennemis de la foi, cessa d'être observée rigoureusement à partir du XVe siècle : du moins Charles VI signa, en 1403, avec Tamerlan, une convention qui est un de nos plus anciens traités de commerce, et par laquelle les deux souverains s'engagèrent à garantir réciproquement les droits des sujets français ou tartares qui trafiquaient dans leurs États. Peu de temps après, on voit Jacques Cœur faire le commerce d'Orient; des armateurs du Midi le faisaient aussi, et comme ils avaient été exposés à des poursuites pour ce fait, les États de Languedoc, en 1456, s'en plaignirent très-vivement. Enfin le traité des capitulations signé par François Ier avec Soliman, en 1535, fit disparaître les traces de l'ancienne prohibition. Quant à la seconde règle, elle resta longtemps encore écrite dans le droit international de l'Europe. On l'appliquait même de la manière la plus rigoureuse : ainsi Charles VI défendit, en 1408, de rien transporter dans le pays où résidait Pierre de Luna, que la France avait cessé de reconnaître comme pape, et Charles VII, en 1443, défendit tout commerce

---

[1] Voir des lettres de 1303 autorisant les marchands à sortir de France. Un exemple suffira pour prouver combien la France faisait peu de commerce avec les étrangers. Rouen était la seule ville de Normandie qui pût commercer avec l'Espagne. Cherbourg pouvait aussi y envoyer un vaisseau, mais avec l'obligation pour ce vaisseau d'entrer dans la Seine lors de son retour, et de payer à Rouen même un droit aux agents royaux.

avec les provinces françaises qui étaient encore au pouvoir des Anglais.

Les mers étaient infestées de pirates. Les bâtiments français des ports de la Méditerranée risquaient sans cesse d'être pillés par les Aragonais ou les Génois, et comme ni le roi d'Aragon, ni la république de Gênes n'étaient ordinairement les maîtres de donner satisfaction, la France se vengeait en délivrant à des corsaires des lettres de marque et de représailles. De pareilles lettres étaient souvent accordées par les officiers royaux ; Charles VII déclara, en 1443, que nul autre que lui-même ou le Parlement ne pourrait les octroyer [1]. Ce fait peut montrer combien le commerce maritime éprouvait encore d'obstacles au XVe siècle, et comment on commença vers cette époque à substituer dans tous les rapports de peuple à peuple l'action des gouvernements à celle des provinces limitrophes, ou même à celle des particuliers.

§ II. — Caractère des premiers traités de commerce.

La conclusion d'un assez grand nombre de traités fut le résultat du changement que je viens d'exposer, et tous ces traités renfermèrent des articles spéciaux au sujet des relations commerciales, qui n'avaient guère rencontré jusqu'alors d'autre protection que celle des armes. Deux traités de commerce entre la France et l'Aragon, stipulant des avantages réciproques et un abaissement du tarif des douanes, furent conclus en 1415 et en 1454, et firent, si peu libéraux qu'ils nous paraissent, une première brèche au système de la prohibition absolue. La liberté réciproque du commerce fut stipulée par le traité de Cologne en 1456, en-

[1] Il ne paraît pas cependant que le vœu de Charles VII ait été immédiatement exécuté, car les États du Languedoc demandèrent encore, en 1456, que nul ne pût armer de corsaires sans l'autorisation royale.

tre la France et le Danemark [1]. Elle le fut successivement avec d'autres pays, et principalement avec l'Angleterre [2] et l'Espagne [3]. Le traité de 1498, signé avec Ferdinand et Isabelle, roi et reine d'Aragon et de Castille, statua que des *conservateurs de la paix* siégeraient alternativement sur l'une et l'autre frontière, pour prévenir les difficultés que les affaires de commerce feraient naître, et le traité de Blois de 1505 stipula la liberté de commerce entre la France et l'Espagne, *tant par terre que par mer*; stipulation reproduite dans la plupart des traités subséquents. François Ier ajouta aux anciens traités avec l'Angleterre ou l'Espagne diverses clauses relatives, les unes à la capture des pirates, [4] les autres à la liberté des pêcheries [5]. Le traité de Madrid (janvier 1526) établit, après les stipulations ordinaires, que les sujets de la couronne d'Aragon auraient, pour leurs draps de laine et autres marchandises et denrées, la liberté du transit par la France, sans payer d'autres droits que les péages anciens de plus de vingt ans, à la condition de n'y rien déballer et de n'y rien vendre. Je ne parle pas de l'abolition du droit d'aubaine, stipulé dans le traité de Cambrai en 1529, et dans beaucoup d'autres [6].

Cette tendance des peuples vers le libre établissement des relations commerciales, dans un siècle que signalèrent la formation du système d'équilibre, le perfectionnement

---

[1] Voir d'autres traités entre la France et le Danemark en 1498 et en 1518. *Corps diplomatique* de Dumont.

[2] Voir le traité de 1475 prorogé en 1477; la convention de 1497; le traité de 1514 et celui de 1515.

[3] Voir encore les traités de 1499 et de mars 1514 avec Venise ; de 1500 avec le roi de Hongrie et de Bohême, et avec le roi de Pologne; de 1512 avec le roi de Navarre.

[4] Convention de 1515 avec Henri VIII.

[5] Traité de Calais signé en 1521 avec Charles-Quint. La pêche y est déclarée libre réciproquement pour les sujets des deux princes, même en temps de guerre,

[6] Voir le chapitre X, *Du Domaine*, section III.

de la navigation et la découverte du Nouveau Monde, est un fait peu remarqué par les historiens, et qui assurément méritait de l'être. Toutefois la liberté du commerce étranger ne tarda pas à se heurter contre deux obstacles, l'intérêt fiscal, qui cherchait à créer de nouveaux impôts, et l'intérêt des industries nouvelles qui voulaient s'assurer la possession exclusive du marché national. Ces deux intérêts se réunirent pour défendre ou pour soumettre à des droits élevés l'entrée des marchandises étrangères.

J'ai exposé ailleurs comment on avait résolu la question fiscale [1], et celle de la protection pour l'industrie [2]. Des trois intérêts mis en présence, celui du commerce avec l'étranger était de beaucoup le plus faible, car il était le plus récent, et il avait à lutter contre la coalition des deux autres. Il fut sacrifié. Les traités de commerce conclus depuis le règne de François Ier devinrent plus rares [3], tandis que les ordonnances prohibitives se multiplièrent. Ajoutez à cela que les peuples étrangers répondirent aux prohibitions par d'autres prohibitions, et que toute guerre politi-

---

[1] Voir le chapitre XI, *Des Impositions*, section dernière.
[2] Voir le chapitre XVII, *De l'Industrie*.
[3] Les stipulations commerciales sont très-rares dans les traités de la seconde moitié du XVIe siècle. On n'en trouve d'importantes que dans le traité d'avril 1572, conclu entre Charles IX et Élisabeth. On voit que les Anglais y stipulaient d'une manière générale pour les marchands de leur nation les avantages accordés autrefois individuellement à ceux des autres pays par les rois de France, comme la faculté d'avoir en France des magasins, d'y élire leurs gouverneurs, d'y professer librement leur religion, le privilége de n'être soumis à aucune taxe arbitraire. Ce traité renferme une clause encore plus singulière. Charles IX s'engage à faire respecter aux Pays-Bas, en Prusse et ailleurs encore, les biens et les personnes des marchands anglais ; si ces derniers éprouvent quelques dommages, il promet de faire adresser des représentations par ses ambassadeurs aux gouvernements auteurs de ces dommages, et de faire arrêter au besoin, par représailles, dans ses États, les marchands sujets de ces gouvernements. Élisabeth contracte un engagement tout semblable au sujet des marchands français.

que ne tarda pas à être accompagnée d'une guerre de tarifs. Pour comble de malheur, la France, dans sa lutte commerciale contre les deux puissances qui étaient ses voisines et ses rivales, l'Espagne et l'Angleterre, éprouvait une infériorité manifeste, celle de la marine.

Il était inévitable que le vice des prohibitions fût démontré et reconnu ; à défaut d'autres preuves, il suffira de citer deux faits rapportés dans les Économies royales de Sully. Du temps d'Henri IV, l'Espagne soumit à un droit de 30 p. 0/0 les marchandises apportées chez elle par des bâtiments français, sous prétexte que ces bâtiments servaient au transport des marchandises hollandaises, alors prohibées dans tous ses ports. La France, par représailles, prohiba d'une manière absolue toutes les marchandises espagnoles, et les Espagnols établirent à leur tour une prohibition semblable de toutes les marchandises françaises. Qu'arriva-t-il ? Les Anglais s'emparèrent du commerce de commission entre les deux pays. « On nous mande de toutes parts, écrivait à Sully Villeroi, envoyé d'Henri IV en Angleterre, qu'ils enlèvent nos toiles et nos blés à furie pour les transporter en Espagne, et que cela ruinera toute la navigation française. » Villeroi était d'avis de menacer les Anglais d'un tarif; Sully pensa que ce serait une faute nouvelle; il aima mieux négocier avec l'archiduc gouverneur des Pays-Bas pour la levée réciproque des prohibitions (1604).

Dans une autre circonstance, Henri IV avait établi sur les vaisseaux étrangers qui entraient dans nos ports un droit d'ancrage proportionnel à celui qui était levé dans les ports étrangers sur les vaisseaux français. Cette prétendue égalité réciproque n'atteignit pas le but que l'on s'était proposé. La faiblesse de la marine française rendait la présence des étrangers dans nos ports indispensable ; ils trouvèrent moyen de s'indemniser du droit en élevant le prix de leurs marchandises, ou le prix du transport des marchandises françaises[1]. Sully dut proposer aux Anglais pendant son ambassade de Londres la suppression réciproque des droits, comme plus avantageuse de part et d'autre; les Anglais n'eurent garde d'y consentir. La France obtint cependant que ces droits fussent abaissés successivement.

Le principal commerce de la France était alors celui de la Méditerranée et du Levant, parce que les traités conclus avec la Porte ottomane, durant le xvi° siècle, lui avaient ouvert en général les ports de la Turquie. Toutefois les États de 1614 se plaignirent que ces traités n'offrissent pas de garanties suffisantes contre le danger des avanies, et n'assurassent pas aux Français les avantages de la nation la plus favorisée dans l'empire Turc, avantages réservés aux Vénitiens. C'était alors une opinion admise à peu près par tout le monde, à tort ou à raison, que le commerce de la France avec l'étranger, surtout dans le Levant, avait été autrefois beaucoup plus florissant. Louis XIII dut renvoyer à une commission de députés des trois ordres l'examen de plusieurs projets qui lui avaient été soumis pour le relever, et Richelieu chargea encore, en 1633, le baron de Séguiran, président de la cour des aides de Provence, de faire une enquête à ce sujet[2].

§ III. — Essor du commerce maritime sous Louis XIII.

Ce fut Richelieu qui entreprit de donner au commerce extérieur et maritime la plus énergique et la plus féconde impulsion.

Les mémoires rédigés au commencement du règne de

---

[1] C'était peut-être en prévision de ce résultat que les Parlements de Rouen et de Rennes avaient attendu le commandement exprès du roi pour enregistrer l'édit.
[2] Fonds des Cinq-Cents, n° 203.

Louis XIII par des navigateurs ou des marchands, représentent la France comme tributaire de l'Espagne pour le commerce maritime, et lui proposent l'exemple de la Hollande qui s'est affranchie de cette vassalité. Ils mettent le peu de succès des Français dans leurs entreprises de mer sur le compte de l'indiscipline; ils accusent l'isolement de leurs efforts, la petitesse de leurs bâtiments, mal fournis des choses nécessaires et exposés à se perdre au premier danger. Ils accusent encore le manque de marins, le mauvais état des ports, principalement dans la Normandie. La mer était infestée de pirates, surtout depuis les années 1614 et 1615 : on calculait que depuis cette époque la plupart des navires du Havre, de Fécamp, de Honfleur et des autres ports de Normandie, étaient tombés entre leurs mains, et que les voyages pour la pêche de la morue avaient été souvent empêchés.

On demandait donc au roi de contribuer lui-même à la construction de plus grands bâtiments [1], de fournir des armes pour ces expéditions, d'augmenter le nombre des marins, en réservant aux Français une partie du cabotage, en obligeant, par exemple, les fermiers des gabelles à faire transporter le sel sur les côtes par des navires français [2].

Richelieu, nommé en 1626 surintendant général du commerce et de la navigation de France, réalisa la plupart de ces vœux. Quand il eut terminé la guerre de 1627 contre les Anglais, il leva l'interdiction du commerce maritime, qu'il avait prononcée malgré les réclamations des États de Bretagne; il poursuivit les pirates, fit escorter les navi-

---

[1] On voit que, d'après l'ordonnance de 1584, l'amiral devait déjà remettre des primes aux armateurs qui feraient construire des navires de plus de trois cents tonneaux.

[2] Fonds des Cinq-Cents, n° 203. Voir deux Mémoires sans date, mais antérieurs à l'an 1626, dont le premier adressé à l'amiral de Montmorency.

res marchands par ses bâtiments de guerre[1], et s'efforça d'attirer les étrangers, en supprimant les droits locaux ou en abaissant les tarifs. Il défendit de charger ou de fréter aucun navire étranger, soit pour l'exportation des produits français, soit pour le cabotage. Toutes marchandises transportées par un étranger au compte de marchands français, durent être saisies, moitié au profit du gouvernement et moitié à celui des dénonciateurs. Des compagnies d'assurances maritimes s'établirent bientôt en France, sur le modèle de celles qui existaient déjà en Hollande, en Angleterre et à Venise[2].

Mais le plus grand acte de la surintendance de Richelieu, fut la réalisation du vœu de Henri IV, la création d'une Compagnie des Indes, semblable à celle qui existait en Hollande. (Voir la section suivante.)

§ IV. — Mesures de Colbert relatives au commerce extérieur. Organisation des consulats. Développement du système prohibitif.

Le commerce extérieur fut négligé par le gouvernement durant les premières années de Louis XIV. Mazarin y songea cependant, quand il eut apaisé les troubles de la Fronde, et Colbert s'occupa de le relever. Colbert favorisa tout à la fois, dans ce but, les entreprises particulières et la formation de compagnies avec le concours plus ou moins actif de l'État. Il essaya d'augmenter aussi les garanties que les négociants pouvaient avoir à l'étranger.

[1] Richelieu fit un édit en 1627 pour l'entretien perpétuel de quarante-cinq vaisseaux chargés en temps de paix de protéger le commerce et de faire des croisières, sans compter les pataches et autres moindres bâtiments. Chacun de ces vaisseaux devait être de quatre ou cinq cents tonneaux, tandis qu'autrefois les navires de commerce n'allaient guère au delà de cent cinquante. Pour faciliter la construction de plus grands navires, il fit assigner en don aux armateurs une certaine quantité de coupes de bois dans les forêts de la couronne.

[2] Fonds des Cinq-Cents, n° 45. Mémoire présenté en 1630 à Richelieu par le sieur Deville.

Il commença par accorder des primes pour la construction et l'entretien des grands navires de commerce, comme il en avait accordé pour la fondation des manufactures. Celui qui construisait un bâtiment de cent tonneaux et au-dessus, recevait une prime de cent sous par tonneau; celui qui l'achetait aux étrangers, une prime de quatre livres. Tout capitaine d'un bâtiment français dont l'équipage serait exclusivement composé de Français, dut recevoir une prime pour chaque voyage entrepris dans les mers du Nord, et une autre prime par tête de colons transportés dans l'Amérique française[1].

De nouvelles compagnies d'assurances maritimes se formèrent sous le patronage de Colbert[2]. La noblesse qui commençait à placer ses capitaux dans le commerce, les plaçait de préférence dans le commerce maritime, et le chevalier de Clerville, qui visita la Normandie, rapporte que tous les marchands du Havre faisaient valoir les fonds de hauts personnages.

Colbert organisa aussi d'une manière uniforme les consulats, destinés à protéger le pavillon français et à faciliter les affaires des nationaux à l'étranger.

L'existence des consulats était déjà fort ancienne; dès le temps des croisades, les villes maritimes de la Méditerranée occidentale entretenaient pour la plupart des consuls dans les ports de l'empire grec ou des pays musulmans[3]. Mais ces consuls étaient nommés soit par les villes elles-mêmes,

[1] Fonds des Cinq-Cents, n° 203.
[2] Par exemple, le chevalier de Clerville en créa une à Rouen. Cependant, en 1664, l'intérêt des prêts à la grosse aventure était encore de 25 p. 0/0. Melon affirme, de son côté (Essai sur le commerce), que les assurances maritimes ne commencèrent à être d'un usage général et les compagnies qui les exploitaient à réussir qu'au commencement du xviii° siècle.
[3] Marseille avait un consul à Tunis en 1250; Narbonne en avait un à Constantinople en 1340, à Rhodes en 1340, et en Égypte en 1397. Montpellier en avait un en Palestine et à Constantinople en 1243, à Chypre en 1254, en Égypte en 1267 et à Rhodes en 1356.

soit par les armateurs et les marchands. On n'en voit pas d'institués par le roi avant l'époque des capitulations signées entre la France et la Turquie ; la France eut alors un consul général pour tous les pays ottomans, et les attributions de ce consul furent d'autant plus étendues que François Ier, l'auteur des premières capitulations, n'avait pas stipulé en son nom seul, mais au nom de toutes les puissances chrétiennes. Peu à peu le nombre des consuls français s'augmenta, et leur nomination fut attribuée au roi. Leurs charges devinrent même vénales, et l'on voit que sous Louis XIII beaucoup d'entre eux les affermaient et venaient vivre en France, ce qui leur fit imposer l'obligation de résider [1].

Colbert renouvela cette injonction [2] ; il fit aussi vérifier tous les titres des consuls qui existaient alors ; il les répartit d'une manière plus conforme aux besoins du commerce, et régla leurs attributions politiques, administratives ou purement commerciales, par un titre de l'ordonnance maritime de 1681. Il leur conféra d'une manière définitive le caractère d'agents de l'État, et leur interdit d'être négociants pour leur propre compte [3]. Il commença encore à exiger d'eux des avis réguliers sur le commerce des pays qu'ils habitaient, et des renseignements d'autant plus nécessaires qu'il n'y avait alors aucune publicité qui pût y suppléer. Chaque État vivait dans une parfaite ignorance de ce qui se passait chez ses voisins ; ainsi Colbert écrivait aux ambassadeurs et aux consuls pour leur demander de lui envoyer les tarifs des douanes étrangères, lorsqu'ils pourraient se les procurer.

Au reste cette lacune ne tarda pas à être comblée. Trente ans après, Desmarets avait un assez grand nombre de docu-

---

[1] Le 20 mai 1618. — [2] 29 mars 1669.
[3] Voir le Fonds Harlai, n° 116.

ments étrangers, et principalement les tarifs. On le voit discuter les usages administratifs de l'Angleterre et de la Hollande, et les comparer avec ceux de la France en homme qui les connaissait à fond : le vœu de Colbert à cet égard avait été parfaitement rempli.

Colbert exerça aussi sur le développement commercial de la France, par les traités qu'il signa et par les lois prohibitives dont il fut l'auteur, une influence très-réelle qu'il est nécessaire d'apprécier ici.

On avait toujours fait des conditions meilleures dans les ports français au pavillon national qu'au pavillon étranger [1]. Cependant la marine marchande de France était encore au XVIIe siècle, par un concours de circonstances très-diverses, proportionnellement inférieure à celle de toutes les nations voisines ; elle ne pouvait surtout entrer en concurrence avec la marine hollandaise, qui lui enlevait la plupart de ses transports. Fouquet entreprit de faire disparaître cette infériorité, par un acte analogue au fameux acte de navigation, qui assura le développement du commerce maritime de l'Angleterre. Un édit de 1659 interdit aux navires étrangers de faire le commerce d'importation, d'exportation ou de cabotage dans les ports de France, à moins de payer un droit de 50 sous par tonneau, dont les nationaux furent exempts. Les étrangers, et les Hollandais les premiers, répondirent bien par quelques actes de représailles ; mais tous leurs efforts pour faire abolir ce droit n'aboutirent qu'à obtenir des modérations partielles et insuffisantes, comme celles qui furent accordées à la Hollande par le traité de 1662. La France persista dans une mesure qui, tout en diminuant pour quelque temps le chiffre de son commerce extérieur, lui procura au bout de peu d'années

---

[1] Je me suis beaucoup servi pour tout ce § du travail plein de sagacité et de conscience de M. Clément sur la vie et l'administration de Colbert.

une marine capable d'entrer en lutte contre ses rivales. Colbert refusa d'abandonner l'œuvre de Fouquet, et, suivant l'expression d'un envoyé hollandais, Boreel, « il remua ciel et terre pour ôter aux étrangers la navigation et le commerce, et faire passer l'une et l'autre aux sujets du roi. »

On comprend que Colbert, animé d'un pareil désir et tout plein de l'idée de favoriser par des prohibitions les manufactures françaises, ait rencontré de grandes difficultés dans ses négociations commerciales avec les étrangers. Les Anglais et les Hollandais se plaignirent très-vivement à Louis XIV; on leur prouva qu'ils mettaient autant d'obstacles à la navigation française dans leurs ports qu'ils en éprouvaient eux-mêmes pour leur navigation dans les ports français depuis l'édit de 1659, et que cet édit était pour la France un acte de simples représailles. Mais c'était la France qui la première élevait ses tarifs [1]. L'Angleterre et la Hollande, après en avoir demandé en vain la réduction, prirent le parti d'élever les leurs [2]. Ce fut ainsi que les mesures de Colbert firent prendre en peu de temps et dans toute l'Europe un grand développement à la pratique du système prohibitif, et c'est pour cela que les économistes ont souvent donné à ce système, d'ailleurs bien plus ancien, le nom de Colbertisme [3].

[1] Les tarifs de 1664 et de 1667 imposaient à la sortie de beaucoup d'objets, et surtout des draps et des étoffes, des droits si élevés qu'ils équivalaient à une prohibition.

[2] L'établissement du droit de 50 sous par tonneau n'empêcha pas de faire quelques traités de commerce assez avantageux avec des puissances secondaires. Ainsi, Colbert obtint du Danemark (traité du 14 février 1663) que les patrons de navires français qui passeraient par le Sund seraient crus sur parole pour la nature et la valeur de leurs chargements, sans être soumis à aucun droit de visite (art. 10). L'article 13 stipulait que les Danois paieraient en France, comme les autres étrangers, le droit de 50 sous par tonneau.—Voir le *Recueil des traités de commerce* depuis 1648, par MM. d'Hauterive et de Cussy, t. I*er*.

[3] Le système prohibitif, appliqué à cette époque d'une manière

Si la prohibition eût entièrement prévalu, elle aurait entraîné, comme conséquence dernière, la cessation des relations internationales; la France eût cessé d'exporter ses produits agricoles, ses vins, par exemple. Il fallut donc admettre quelques tempéraments aux rigueurs des taxes et des tarifs. La France et l'Angleterre entamèrent des négociations longues et difficiles, pour rétablir leur commerce interrompu[1]; enfin, en 1678, la France céda; elle renonça, lors de la paix de Nimègue, à son tarif de 1667 pour s'en tenir à celui de 1664 qui était beaucoup plus modéré. Elle fit la même renonciation vis-à-vis de la Hollande, avec laquelle son commerce avait été interrompu de la même manière. Observons à ce sujet que tous les efforts de Colbert ne purent réussir à faire prévaloir le système prohibitif d'une manière absolue, à l'époque où la situation de l'Europe était pourtant le plus favorable à ce système. Ajoutons que si les traités signés par Louis XIV consacrèrent les succès politiques de la France, ils constatèrent aussi l'échec qu'elle éprouva dans ses prétentions commerciales. Le droit de 50 sous par tonneau fut même abandonné à la paix de Ryswick, en 1697, comme le tarif de 1667 l'avait été à celle de Nimègue. Ce sont là des revers que les histo-

---

très-rigoureuse et inattendue par la France et l'Angleterre, entraîna la ruine de la Hollande, dont la marine et le commerce se trouvèrent paralysés en peu d'années. Mais la France et l'Angleterre n'en souffrirent-elles pas elles-mêmes? Il serait, je crois, facile de le démontrer.

[1] Il est curieux de remarquer que plusieurs traités furent signés entre l'Angleterre et la France dans cet intervalle; ainsi le traité de Bréda du 31 juillet 1667, le traité de commerce de Saint-Germain du 24 février 1677; plus tard, celui de neutralité du 16 novembre 1686. Ces traités ne renferment pas une seule clause relative à la question des taxes prohibitives; on n'y trouve que la reproduction des anciennes stipulations pour la liberté et les garanties réciproques des marchands anglais en France, et des marchands français en Angleterre.

riens ont peu remarqués. Heureusement, il est permis de croire qu'ils furent, après tout, plus avantageux que funestes.

L'exagération du système prohibitif avait pour le pays un résultat doublement fâcheux. Elle arrêtait l'exportation aussi bien que l'importation. La correspondance de Colbert atteste que le commerce des vins eut beaucoup à souffrir pendant son ministère; il en fut de même de celui des blés. Ce dernier commerce, indépendamment de la gêne à laquelle le soumettaient les prohibitions ordinaires et les guerres de tarifs, fut encore entravé par Colbert lui-même, qui craignait de voir se renouveler la famine et les désastres de l'année 1662. La législation antérieure ne permettait l'exportation des blés que lorsque l'approvisionnement du pays était assuré; cependant les défenses étaient rares, surtout depuis Sully, qui s'était montré très-inquiet d'augmenter les débouchés de l'agriculture. Colbert fut beaucoup plus rigoureux : il découragea les producteurs en suspendant sur leur tête la menace perpétuelle des défenses d'exportation qu'il multiplia outre mesure. Le résultat d'une pareille rigueur fut désastreux ; ce ne fut rien moins que l'appauvrissement général de toutes les classes d'habitants dans la plupart des provinces, et par une conséquence naturelle la diminution du commerce et des consommations. Colbert lui-même, dans une lettre qu'il écrivait à Louis XIV en 1681, signalait le mal sans en reconnaître la cause. « Ce qu'il y a, disait-il, de plus important, et sur quoi il y a plus de réflexions à faire, *c'est la misère très-grande des peuples.* »

§ V. — Le commerce extérieur ne cesse pas de s'accroître dans la dernière partie du règne de Louis XIV.

Le développement du système prohibitif devait être fatal aux relations de la France avec les étrangers. Il l'obligeait à n'avoir d'autre commerce que celui des colonies, et encore celui de ses seules colonies. Colbert croyait que l'État le plus puissant était celui qui pouvait se passer des autres et ne dépendre que de soi-même. Les mesures à l'aide desquelles il avait espéré atteindre ce but, avaient produit, comme on vient de le voir, de funestes résultats; elles étaient même loin d'avoir eu le succès désiré, puisque la France avait été forcée d'abaisser au traité de Nimègue ses barrières prohibitives. Mais elles avaient engagé le gouvernement de Louis XIV dans une direction qu'il n'abandonna pas sur-le-champ. Si les tarifs furent réduits, la liberté des relations commerciales trouva d'autres obstacles dans les guerres que la France soutint après Colbert contre l'Europe coalisée, et qui fermèrent l'Océan.

Cette époque fut donc encore soumise à l'empire du système prohibitif; et cependant ni la continuité des guerres, ni l'élévation des tarifs anglais ou hollandais, ni les variations du crédit public durant les dernières années de Louis XIV, n'empêchèrent le commerce de la France avec l'étranger d'entrer dans une voie rapide de développement et de progrès. Ce progrès tenait à plusieurs causes. L'extension de la marine militaire avait réagi nécessairement sur la marine marchande, et le commerce était déjà par sa seule force plus puissant que la guerre et les prohibitions[1]. Dans cet état de choses, le gouvernement n'hésitait pas à faire pour lui des exceptions à ses lois générales et aux règles favorites de sa politique. En 1686, l'année même qui suivit la révocation de l'Edit de Nantes, l'interdiction de séjourner en France, prononcée contre les protestants étrangers, fut levée en faveur de ceux qui faisaient le commerce. Cette époque fut aussi celle où

---

[1] Il suffira de rappeler un fait. En 1709, les négociants de Saint-Malo reçurent d'Amérique trente millions par un seul convoi.

la France négocia avec plusieurs puissances l'abolition réciproque du droit d'aubaine, et où les tarifs de douanes commencèrent à être réglés d'une manière plus libérale, au moins vis à vis des États avec lesquels Louis XIV n'était pas en guerre. Le tarif de 1701 est surtout remarquable en ce sens ; les droits de sortie y furent l'objet d'une diminution considérable, et tendirent depuis lors à devenir peu à peu ce qu'ils sont aujourd'hui, un simple moyen de connaître le chiffre des exportations. Les traités de commerce furent conçus dans un esprit beaucoup plus libéral. Celui de 1703, signé avec l'Espagne, assura moyennant un droit très-faible la liberté du transit, même pendant la guerre, aux marchandises des Pays-Bas envoyées à la destination de l'Espagne ou de l'Italie. Une convention signée avec l'Angleterre, en 1713, après le traité d'Utrecht, affranchit de toute visite les marchandises françaises vendues en Angleterre et réciproquement.

On était donc amené forcément à modifier le système restrictif pour le commerce extérieur. Ce vœu était celui de tous les négociants, et on le trouve exprimé d'une manière très-vive dans les cahiers de la chambre de commerce. Les députés de cette chambre proclament que le commerce doit être libre, partout où il n'exige pas des efforts trop considérables pour des particuliers. « La liberté, dit le député de Nantes, Du Halley, dans un mémoire de l'an 1701, est l'âme et l'élément du commerce. Elle excite le génie et l'application des négociants, qui, méditant sans cesse des moyens nouveaux de faire des découvertes et des entreprises, opèrent un mouvement perpétuel qui produit l'abondance partout[1]. » Il demande la création de débouchés, la permission

---

[1] Et plus loin : « Le commerce est trop gêné dedans et dehors faute de liberté. Il y a dans nos ports grand nombre de vaisseaux marchands à rien faire et qui périssent, ce qui fait que plusieurs jeunes gens de famille qui s'étaient jetés à la navigation s'en retirent.

d'exporter l'or et l'argent, et même tous les autres objets quels qu'ils soient, car il est certain que ce qui sort par une porte rentre par une autre. Le député de La Rochelle, après avoir prouvé que la France pour ôter aux étrangers l'usage d'une main s'était coupé les deux bras, ajoute que la liberté du commerce est la boussole dont il faut suivre la direction[1]. Enfin, c'est dans un Mémoire manuscrit, de 1710 environ, dont l'auteur exerçait sans doute des fonctions administratives importantes, que les actes commerciaux de Colbert ont été le mieux appréciés et jugés, et que l'on est encore aujourd'hui réduit à chercher leur explication[2].

SECTION III. — *Du Commerce colonial.*

§ 1er. Formation de compagnies pour le commerce colonial sous Henri IV et Louis XIII. — § 2. Compagnie des Indes occidentales ; première organisation des îles d'Amérique sous Louis XIV. Rapports des colonies avec la métropole. — § 3. Autres compagnies formées sous Louis XIV.

§ I. — Formation de compagnies pour le commerce colonial, sous Henri IV et Louis XIII.

Le système prohibitif et l'obligation où chaque État croyait être de se fournir à soi-même tout ce qui lui était nécessaire, entraînaient comme conséquence inévitable la création de colonies. Autrement le commerce extérieur n'é-

aussi bien que ce grand nombre de matelots qui cessent d'être occupés, ne pouvant subsister. » — Voir aux pièces justificatives.

[1] Le député de Lyon soutient cependant la doctrine de la balance du commerce. — Le Mémoire rédigé sous Mazarin, que j'ai déjà cité plus haut et qui porte le titre de *Plan véritable de l'état présent des affaires de l'Europe*, renferme déjà des observations curieuses sur l'effet des prohibitions à propos du commerce étranger.

[2] Bibliothèque royale. Supplément français, manuscrits n° 1792. Ce Mémoire a été analysé par M. Clément, dans son *Histoire de Colbert*, chapitre XV.

tait pas possible, ou dépendait de trop de circonstances variables. Plus tard l'obligation pour chaque État de défendre ses colonies et de veiller à leurs intérêts, servit au maintien du système prohibitif, de sorte que tous les gouvernements entrèrent dans un cercle vicieux d'où il leur fut difficile de sortir.

Henri IV avait créé en 1604 une première compagnie pour l'exploitation du Canada. Il voulait assurer à la France des avantages commerciaux semblables à ceux dont jouissaient l'Angleterre et la Hollande, et un tel résultat ne pouvait être obtenu que par la formation d'une compagnie. Mais les fonds de cette première compagnie ne furent pas assez considérables pour assurer son succès. Le manque de marins et de pilotes était un autre obstacle; on chargea le président Jeannin, ambassadeur en Hollande, d'en engager dans ce pays au service de la France. Malheureusement les États généraux, voyant que plusieurs des actionnaires ou des agents de la compagnie d'Amsterdam s'étaient laissés gagner, craignirent qu'Henri IV ne travaillât à la dissoudre pour la reconstituer plus tard à Paris; ils envoyèrent le marquis d'Arsens près du roi pour empêcher à tout prix la formation d'une compagnie française, et le résultat de leurs efforts fut que jusqu'à Richelieu tout se réduisit à de simples projets. Parmi ces projets, il faut citer celui d'un juif de Tournai, nommé Isaac Lemaire, qui habitait la Hollande, et qui proposait que le roi et toutes les grandes villes prissent des actions de la compagnie à créer, qu'elle fût indépendante à l'égard du gouvernement, et qu'elle jouît d'un monopole de plusieurs années, pour lutter avec avantage contre sa rivale des Pays-Bas. Les inconvénients du monopole devaient tomber devant le droit reconnu à l'État de fixer un maximum pour le prix des objets vendus[1].

[1] Fonds Saint-Germain. Manuscrits Harlai, n° 116.

Plusieurs essais furent tentés pendant la minorité de Louis XIII. En 1611, un Français du nom de Godefroi, et un Flamand du nom de Gérard le Roi, fondèrent une compagnie avec privilége. Cette compagnie, dissoute en 1615, fut réorganisée la même année avec un privilége de douze ans, pour le commerce des Indes orientales. Les nobles purent en faire partie sans déroger, et les étrangers qui y entraient obtinrent d'être naturalisés.

Mais ce n'étaient là qu'autant d'essais : la première grande compagnie des Indes ne fut formée qu'en 1626; on l'appela *Compagnie du Morbihan*. Richelieu lui céda hors de la France le Canada et toutes les terres dont elle ferait la conquête. Il lui assura le monopole exclusif du commerce français dans les pays du Nord, tels que la Moscovie, la Norwége, le Danemark, la Suède et Hambourg. C'est une chose remarquable que la multiplicité des objets que se proposait la compagnie. Elle devait exploiter les pêcheries, fabriquer des vaisseaux avec tout leur équipement; elle s'engageait à créer un grand nombre de manufactures, à semer le riz dans les colonies, à y établir des sucreries, des fabriques d'armes, etc...., elle pouvait faire des fouilles, creuser des mines, construire des forges comme elle le jugerait à propos, et même en expropriant les propriétaires du sol.

Elle reçut l'autorisation de bâtir deux villages qui deviendraient deux ports, l'un sur la Méditerranée et l'autre sur l'Océan [1]; les propriétaires des terrains désignés furent expropriés pour cause d'utilité publique. Ces deux ports furent destinés à l'entrepôt, déclarés marchés francs, et on déchargea leurs habitants de toute imposition quelle qu'elle fût, directe ou indirecte, soit taille, aide, gabelle ou logement des gens de guerre. Non-seulement le roi permit aux nobles d'entrer dans la compagnie sans déroger, mais il anoblit sur-

---

[1] Le second de ces ports devint la ville de Lorient.

le-champ trente-deux des intéressés et tous les actionnaires qui verseraient la première année un capital de 20,000 livres non remboursable avant six ans. Il se réservait d'accorder le même privilége à ceux dont l'industrie pourrait être considérée comme un apport équivalent à cette mise de fonds. Il lui abandonnait toutes les terres vaines, les landes, les marais qu'elle aurait défrichés et fertilisés, moyennant un cens et un droit de mutation (droit de lods et ventes). Le service de la compagnie était considéré comme un service public : aussi « tous les mendiants, vagabonds, et gens sans aveu et sans vacation, ni autres exercices que ceux de la gueuserie » étaient-ils tenus de se mettre volontairement à sa disposition ; sinon, après un délai de deux mois depuis la publication de l'édit, la compagnie pouvait s'emparer d'eux et les garder six ans à son service, sans leur devoir autre chose que la nourriture et le vêtement. Ce n'était au fond que le système de la presse, appliqué à la marine marchande.

La compagnie était du reste souveraine, et le gouvernement ne pouvait se servir de ses vaisseaux sans sa permission. Elle avait ses troupes particulières ; elle pouvait traiter avec les puissances alliées de la France, sous la réserve de ne résoudre aucun article qu'elle n'eût communiqué au surintendant. Sa souveraineté était entière pour sa police intérieure et la direction de ses travaux ; elle était obligée seulement de soumettre ses statuts à l'approbation du ministre. Elle avait obtenu, comme toutes les autres sociétés formées pour des entreprises industrielles, la faculté de ne pas se soumettre aux réglements des maîtrises et des jurandes. La nomination de presque tous les fonctionnaires appartenait aux fondateurs, et Richelieu se contentait d'exiger que le premier pourvu dans chaque siége de justice prêtât serment devant lui. Cette aliénation de droits souverains est un fait d'autant plus remarquable que jusqu'alors tous les rois avaient combattu pour s'emparer de ces droits, pour s'en assurer la jouissance exclusive, et que leur inaliénabilité était devenue comme une des lois fondamentales tacites de la monarchie.

Si j'ai insisté sur l'organisation de cette compagnie, c'est qu'elle servit plus tard de modèle à toutes les autres, car elle eut une durée fort courte, elle ne vécut que deux ans à peine. Elle succomba sous la multiplicité de ses entreprises, et ne put suffire aux frais qu'entraînait la première culture des terres d'Amérique.

La compagnie des Indes occidentales, qui la remplaça en 1628, reçut de même en don du roi Québec, le Canada, et toute la côte de l'Amérique septentrionale, depuis la Floride jusqu'au cercle arctique. Elle eut le monopole perpétuel du commerce des cuirs et des pelleteries, et celui de toutes les autres marchandises pour quinze ans dans la nouvelle France, avec un affranchissement absolu pour les objets de ses transports pendant le même espace de temps. Le roi lui fit plusieurs présents, entre autres celui de deux vaisseaux de guerre, et lui reconnut tous les attributs de la souveraineté, à la seule condition de faire foi et hommage et de donner une couronne d'or à chaque nouvel avénement. Ses charges étaient à peu près les mêmes que celles de la compagnie de 1626, ainsi que ses priviléges; seulement le but proposé était moins vague et plus restreint. Pour encourager la colonisation, on accordait la maîtrise à tout artisan qui aurait séjourné six ans dans les colonies. La compagnie devait y transporter chaque année un nombre déterminé de personnes, qu'elle se chargeait de nourrir et d'entretenir pendant trois ans : au bout des trois ans, elle ne leur devait plus que la quantité de terres défrichées nécessaire pour assurer leur subsistance.

La compagnie des Indes occidentales avait donc la colonisation pour but principal et à peu près unique. Ses priviléges et ses obligations furent renouvelés en 1635, et on lui imposa encore la condition de faire passer aux îles en un temps donné un nombre déterminé d'émigrants. En 1642, elle les fit renouveler une seconde fois ; mais elle avait alors besoin de solliciter de l'État l'emploi des mesures nécessaires pour combattre la contrebande qui gênait l'exercice de son monopole.

Son administration appartenait à quatre directeurs qui rendaient compte tous les ans à l'assemblée générale des actionnaires. Les actions ne pouvaient se vendre que d'associé à associé : elles ne pouvaient passer entre les mains de personnes étrangères à la compagnie qu'avec l'autorisation de la compagnie elle-même.

Outre cette concession générale faite à la compagnie des Indes occidentales, Richelieu fit plusieurs concessions particulières pour les îles d'Amérique, sous des conditions à peu près semblables. Il donna, par exemple, en toute propriété au sieur Decaen (1633), cinq petites îles situées au nord de Saint-Domingue, avec privilége exclusif, moyennant l'obligation de faire hommage, celle de travailler à la conversion des Indiens, et celle de n'établir aucun impôt, ni aucun péage sans le consentement du roi [1].

Ce système des compagnies souveraines prit au reste tant de faveur, qu'il ne fut pas appliqué au commerce extérieur seul ; il le fut aussi aux entreprises de travaux publics pour lesquelles il ne s'était guère formé jusqu'alors que des compagnies particulières [2]. Ainsi une compagnie souveraine, organisée à peu près sur le même modèle, reçut en 1629 le privilége nécessaire pour l'exécution des travaux publics et

---

[1] Moreau de Saint-Merry. *Recueil des lois concernant les colonies*, t. Ier.

[2] Voir le chapitre XIV, *Des Travaux publics*. Quelques droits de souveraineté avaient été déjà cédés, en 1552, à la compagnie qui s'était chargée de l'exploitation des mines.

l'exploitation de la plupart des richesses naturelles de la France.

La compagnie des Indes occidentales jeta tous les fondements des premiers établissements coloniaux de la France dans l'Amérique du nord. Elle finit par succomber à son tour, ruinée par une contrebande qui portait le plus grand préjudice aux profits de son monopole, et par la grandeur même de ses entreprises qui exigeaient des avances énormes dans lesquelles elle ne pouvait de longtemps espérer de rentrer. Elle vendit donc peu à peu ses possessions à des particuliers pendant la minorité de Louis XIV. Elle avait cependant rendu un grand service au pays, en formant des établissements qui devaient lui survivre, prendre un jour un grand développement, et favoriser le progrès de la marine marchande. Il faut remarquer aussi que ce fut elle qui ébaucha la première organisation administrative des colonies, et que, malgré les droits abandonnés à cet égard aux directeurs, la métropole intervint dans cette organisation. Ce fut, par exemple, une déclaration du 1ᵉʳ août 1645 qui établit, que chaque gouverneur de colonie présiderait un tribunal composé de huit gradués, et si les gradués ne se trouvaient pas en nombre suffisant, de huit habitants notables. Le grand prévôt de France reçut aussi le pouvoir de nommer dans chaque colonie un lieutenant général de la prévôté, assisté d'exempts et d'archers; mais cette dernière mesure ne fut pas heureuse : comme on ne pouvait guère distinguer la police civile de la police militaire, le lieutenant général de la prévôté fut sans cesse en conflit avec le lieutenant général commandant des troupes coloniales et président des conseils de guerre.

Ces mauvais succès, dont une partie était inévitable dans des entreprises nouvelles et hérissées de difficultés de toute sorte, enhardirent les détracteurs des compagnies souveraines ; or, il y en avait eu dès l'origine. La suppression de tout monopole ou privilége pour le commerce avec le Canada était déjà demandée par les États de 1614. Les compagnies étaient cependant d'une nécessité absolue, puisque le gouvernement n'avait aucun moyen d'entreprendre la colonisation à ses frais, et les inconvénients des monopoles pouvaient n'être que temporaires. Aussi y eut-il plus d'adversaires des abus de ce système que du système lui-même. Une autre question qui fut agitée sous Louis XIV, et qui était d'un intérêt plus pratique, fut celle de savoir si l'État devait former lui-même les compagnies, intervenir dans leur constitution et les tenir sous sa dépendance, ou si ce soin pouvait être laissé aux particuliers. Les négociants de Rouen étaient de ce dernier avis; ils espéraient s'affranchir de la tutelle de l'État, et ils disaient au chevalier de Clerville que « le commerce en France veut être indépendant. »

§ II. — Compagnie des Indes occidentales; première organisation des îles d'Amérique sous Louis XIV. Rapports des colonies avec la métropole.

Colbert révoqua toutes les concessions faites précédemment pour les colonies; et comme les îles d'Amérique étaient tombées aux mains de propriétaires isolés, incapables de résister soit aux attaques, soit à la concurrence des autres nations, il les racheta[1] et créa deux nouvelles compagnies, l'une pour les Indes occidentales, l'autre pour les Indes orientales.

La compagnie des Indes occidentales fut organisée sur le modèle des précédentes[2]. Le gouverneur général et les gou-

[1] La Guadeloupe et les îles qui en dépendaient furent rachetées pour 125,000 livres, la Martinique pour 40,000 écus, la Grenade pour 100,000 francs, toutes les possessions de l'Ordre de Malte pour 500,000 livres.
[2] Colbert opéra une fusion entre la compagnie des Indes occidentales et quelques compagnies particulières moins considérables, qui avaient été fondées pour l'Afrique, pour Cayenne, etc.

verneurs particuliers, tous nommés par le roi, formaient, avec un directeur que la compagnie nommait, le conseil souverain, et ce conseil souverain, chargé de publier les ordonnances royales, avait aussi le pouvoir d'en faire lui-même.

Pour favoriser le développement des colonies naissantes qui étaient dépourvues de tout, ainsi que pour y accroître la population, le gouvernement accorda ou plutôt continua d'accorder l'exemption d'impôts personnels à tous les créoles, aux gentilshommes d'extraction, aux fondateurs de manufactures, de sucreries et d'établissements utiles pendant un certain nombre d'années [1]. On n'exigea que dix-huit mois, au lieu de trois ans d'engagement, des émigrants français qui obtenaient le passage gratuit; les armateurs furent astreints à en transporter un plus grand nombre [2]. Des primes furent offertes aux négriers [3]. Le manque de population était tel que les religionnaires furent presque tolérés, et que les Juifs le furent tout à fait [4].

On abolit successivement tous les droits levés soit dans l'intérieur de la France, soit à la sortie, sur les objets destinés aux Antilles (1665, 1671). Colbert, dans le département duquel les colonies furent placées en 1669, ordonna que les marchandises portées aux îles cesseraient d'y être

[1] 1665.
[2] On assurait aux soldats congédiés qui émigraient dans les colonies des secours de diverses espèces et l'exemption de la capitation pendant deux ans (1697).
[3] On faisait faire la traite par des compagnies. Cependant la plupart des nègres transportés aux Antilles y arrivaient sur des bâtiments étrangers.
[4] Louis XIV écrit au gouverneur général (mai 1671) de leur laisser la liberté de conscience, à cause de la part qu'ils ont prise à la colonisation. En 1683, on chassa les juifs, et après 1685 on persécuta les religionnaires. Louis XIV engagea cependant les gouverneurs à user de modération à leur égard, « parce que leur retraite eût été très-préjudiciable aux îles mêmes. »

vendues, comme cela s'était fait avant lui, au prix fixé par l'administration, et le seraient de gré à gré, « considérant, disait-il, combien cet usage est contraire à la liberté qui doit être dans le commerce et qui doit produire toujours l'abondance. »

La monnaie était rare aux îles; les salaires s'y acquittaient en nature; et le gouverneur ordonnait encore, en 1685, que les expéditions des huissiers, des greffiers et des notaires fussent payées en sucre. Louis XIV dut y faire transporter, en 1670 et dans les années suivantes, de l'argent, surtout de la monnaie de billon. Le gouvernement fixait les salaires des ouvriers, *à cause de leur insolence*[1], comme faisaient en France autrefois les rois du xiii° siècle. Il semblait en effet que les colonies fussent destinées à passer par toutes les phases économiques que la métropole avait traversées.

Cependant le monopole cessa dès l'origine d'être exclusif. La compagnie avait le pouvoir d'accorder des autorisations pour le commerce aux particuliers et même aux étrangers. Le roi s'arrogea, en 1669, le droit d'accorder ces autorisations et de les accorder seul[2], ce qui était une première dérogation au privilége. Enfin le privilége fut lui-même retiré à la compagnie en 1674, et entraîna sa dissolution. Elle aurait fait banqueroute, si le roi n'eût payé ses dettes et remboursé son capital, à condition de rester le maître et le propriétaire des colonies.

L'administration établie dans les colonies d'Amérique ne fut pas changée pour cela; seulement elle dépendit du roi, au lieu de dépendre de la compagnie. Les trois agents principaux de la compagnie gardèrent leur pouvoir, sous le titre

[1] Réglement de mars 1666, renouvelé en 1667 et en 1678.
[2] Ainsi, le transport des vins de Madère est excepté du privilége de la compagnie, en 1671, et déclaré libre; de nombreux passe-ports sont délivrés aux marchands de Nantes.

de Directeurs à l'administration des domaines et affaires des îles de l'Amérique. On créa de plus dans ces îles un intendant de police, justice et finance, création qui avait pour but de balancer et de contrôler le pouvoir du gouverneur. L'intendant, quoique marchant après le gouverneur dans les cérémonies, jouissait d'attributions au moins égales et de la nature la plus diverse. Il assistait aux conseils de guerre et exerçait l'autorité suprême en matière de police; il présidait les conseils souverains, faisait les réglements et pouvait même « juger souverainement seul en matière civile et criminelle. » Il exerçait une haute surveillance sur les fonctionnaires; dans l'ordre militaire, il était chargé de la comptabilité, des subsistances, des fortifications; dans l'ordre financier, des emprunts. Il décidait toutes les questions de colonisation; enfin ses attributions étaient trop multipliées pour avoir des limites précises[1]. Les conflits furent donc perpétuels; trois pouvoirs, le gouverneur, l'intendant et le conseil souverain étaient en présence ou plutôt en lutte, et le roi, qui les exhortait à la concorde, ne pouvait réussir à fixer leurs attributions respectives à tout jamais[2].

La régularité ne commença à s'établir dans l'administration coloniale que lorsque les différents services y furent distingués et classés à peu près de la même manière que ceux de la métropole. Ce classement ne s'opéra qu'avec beaucoup de lenteur et de tâtonnements; il fut surtout bien loin d'être complet.

Les gouverneurs restèrent simplement chefs de la force militaire, dans laquelle on ne tarda pas à introduire la distinction des troupes réglées et des milices. Le système des

---

[1] Il pouvait, ajoute l'édit de sa création, « faire au surplus et ordonner ce qu'il verrait être nécessaire et à propos pour le bien et avantage du service du roi. »

[2] Il fut statué cependant, en 1681, que si le gouverneur et l'intendant étaient d'avis opposés, ce serait à l'intendant de céder.

milices fut étendu de la métropole aux colonies, et les milices coloniales furent enrégimentées sur le pied des troupes de marine, le roi nommant leurs chefs et donnant des brevets à leurs capitaines. Les officiers de chaque grade étaient classés immédiatement après ceux du grade correspondant de l'armée régulière [1].

L'administration proprement dite de la marine fut soumise à des règles analogues à celles de la métropole [2].

Le service des ponts et chaussées reçut son premier réglement en 1700. Le conseil colonial, tout en adoptant le système des corvées, permit aux habitants de les racheter à prix d'argent, et demanda au roi l'autorisation de les remplacer par un impôt général.

L'organisation judiciaire de la métropole fut également étendue aux colonies par l'établissement d'un conseil souverain à la Martinique, en 1664 [3], avec le droit de juger les appels des autres tribunaux coloniaux [4]. La législation coloniale comprit, indépendamment des lois de la métropole, les ordonnances que faisaient les gouverneurs généraux ou particuliers. Mais l'État ne tarda pas à enlever ce droit aux gouverneurs particuliers [5], et à faire lui-même les lois dans

---

[1] Raynal. *Histoire des Établissements européens dans les Indes.* Voir aussi les ordonnances de 1695 et 1705 sur le service militaire dans les colonies.

[2] Création d'un garde-magasin général à Léogane en 1710.

[3] Ce conseil ne fut installé qu'en 1679.

[4] Saint-Domingue eut, en 1685, des sièges royaux avec un premier conseil souverain, et, en 1701, un second conseil souverain, établi au Cap Français. Les négociants du Cap demandèrent, en 1708, l'établissement d'un tribunal de commerce. Le ministre refusa, prétendant qu'un pareil tribunal n'était pas nécessaire dans les colonies où les tribunaux ordinaires jugeaient sommairement. Le gouverneur et l'intendant passèrent outre, et instituèrent au Cap une chambre de commerce en 1712. Le conseil supérieur s'en plaignit au roi qui la fit supprimer.

[5] En 1680.

CHAP. XVIII. — DU COMMERCE. 273

la plupart des cas où le pouvoir en avait été remis au gouverneur général. C'est ainsi qu'il promulgua le Code noir, en 1685, pour fixer la condition des esclaves. Quelle que fût la dureté, la cruauté même de ce Code, il convertit du moins l'esclavage en un état légal ; les esclaves furent inscrits sur les registres des paroisses et baptisés ; il leur assura le repos du dimanche et des fêtes ; plusieurs de ses dispositions peuvent même sembler humaines, si l'on songe qu'à cette époque les supplices avaient encore conservé en France leur ancienne barbarie, que, par exemple, on coupait le nez et les oreilles aux déserteurs [1].

L'État, redevenu maître des colonies d'Amérique, ne cessa pas pour cela de leur appliquer le système prohibitif, sous l'empire duquel toutes les relations commerciales étaient encore placées. Il leur défendit d'avoir aucun commerce d'exportation ou d'importation avec les étrangers. Il leur imposa même l'obligation de ne faire sortir les marchandises de France que par certains ports et sur des bâtiments français : ces bâtiments étaient tenus de faire leurs retours dans les ports mêmes d'où ils étaient sortis. Toutes ces précautions étaient prises contre la fraude et pour empêcher l'intervention de la marine étrangère, mais elles eurent peu d'effet, et la contrebande demeura toujours très-active [2].

Dès que les colonies s'affermirent, elles commencèrent à protester contre un régime qui les tenait dans une dépendance complète de la métropole. On leur avait défendu d'élever des manufactures de soie, afin que la métropole

---

[1] Il faut rappeler aussi que la présence des nègres était regardée comme un danger permanent pour les colonies. A Saint-Domingue, le nombre des engagés devait toujours être, d'après les ordonnances, au moins égal à celui des nègres, et l'excédant des nègres devait être confisqué.

[2] Raynal. *Histoire des établissements européens dans les Indes*.

trouvât chez elles pour les soieries qu'elle manufacturait elle-même un débouché nécessaire et réglât les conditions du marché; on dut lever cette défense en 1687. On les avait aussi obligées de faire raffiner leur sucre en France, quoique la raffinerie dans les îles mêmes fût moins coûteuse, et on leur avait imposé cette loi dans l'espérance de faire jouir la métropole des avantages de cette raffinerie [1]; les colonies protestèrent avec d'autant plus d'énergie que l'effet d'une disposition semblable était de limiter forcément leurs cultures. Elles n'avaient aucun intérêt à produire plus de sucre que n'en consommait la métropole, parce que les frais de raffinerie en France rendaient les sucres français plus chers que les sucres étrangers, et les excluaient dès lors des marchés de l'Europe. Le gouvernement, qui ne voulait pas céder sur ce point, s'efforça, pour indemniser les colonies, de favoriser chez elles le développement d'autres cultures, telles que celles du coton, du cacao, du tabac. Il en résulta une perpétuelle variété de tarifs sur les sucres raffinés ou non raffinés pendant toute la durée du ministère de Pontchartrain. Ainsi, du vivant même de Louis XIV, l'opposition des intérêts des colonies à ceux de la mère-patrie faisait naître déjà de sérieuses difficultés. Force fut à la métropole de céder à la longue et d'ajourner par là des embarras plus graves. C'est dans cette pensée qu'une révision générale des tarifs fut entreprise au commencement du règne suivant en 1716; cette révision, évidemment favorable au débit des denrées coloniales, fit une brèche sensible au système du commerce exclusif, qui devait recevoir encore, dans le courant du XVIIIe siècle, des atteintes plus complètes et plus sérieuses.

---

[1] Ordonnance de 1684.

§ III. — Autres compagnies formées sous Louis XIV.

La compagnie des Indes orientales fut en tout semblable à celle des Indes occidentales. Elle obtint seulement quelques priviléges de plus [1]. Elle avait à sa tête une chambre de neuf directeurs qui faisait tous les six mois le compte de son actif et de son passif, et se renouvelait par tiers chaque année [2].

Son monopole était de cinquante ans, et s'étendait à toutes les Indes et les mers orientales depuis le Cap de Bonne-Espérance. Elle avait la propriété de l'île de Madagascar, celle de tous les pays à découvrir, et des droits de souveraineté. Elle nommait les gouverneurs militaires que le roi se contentait d'investir. Elle obtint aussi un entrepôt franc, une diminution de taxes pour les objets de son commerce avec la métropole, une prime par chaque tonneau de marchandises transportées de France dans les colonies orientales, ou des colonies orientales en France.

On essaya d'assurer l'avenir de cette compagnie en y associant les Portugais, auxquels on voulut persuader qu'ils n'avaient pas d'autre moyen de rétablir leur commerce, détruit par les Hollandais. L'ambassadeur de France

---

[1] Ses actions étaient de mille livres. Tout étranger qui en prenait dix était naturalisé de plein droit, et les actions prises par des étrangers non naturalisés ne pouvaient être confisquées, survînt-il une guerre entre leur pays et la France. Les effets de la compagnie n'étaient pas susceptibles d'hypothèque, et l'État avait seul le droit de les saisir. Les pourvus d'offices qui prenaient pour vingt mille livres d'actions, étaient exemptés de l'obligation de résidence.

[2] « Si la pierre philosophale, dit le panégyriste de Colbert, qui a épuisé tant de bourses et de cerveaux, se trouve en quelque lieu, il ne la faut chercher qu'en cette compagnie. C'est là que les barres de fer sont couverties en lames d'argent, et les masses de plomb en lingots d'or. » Fonds des Cinq-Cents, n° 197 (*Économe de la couronne*). Au reste, ces expressions n'attestent que la grandeur des espérances que l'on avait conçues et qui ne se réalisèrent pas.

en Portugal, de Saint-Romain, fut chargé d'entamer des négociations à cet égard; mais elles n'eurent pas les résultats désirés, et la compagnie des Indes orientales ne fut composée que de Français [1].

Ainsi constituée, la compagnie, malgré les espérances qu'elle avait fait concevoir, ne se soutint qu'avec l'appui du gouvernement, et celui-ci dut lui abandonner deux fois en pur don toutes les avances qu'il lui avait faites. Son privilége, modifié en 1682 par l'autorisation accordée aux particuliers d'entreprendre eux-mêmes le commerce des Indes orientales, pourvu qu'ils se servissent de ses navires, fut complétement rétabli en 1684. Mais la nécessité de faire des demandes de fonds aux actionnaires et de contracter des emprunts, l'infidélité de certains agents, la concurrence de produits coloniaux répandus en France par le moyen des prises, enfin les guerres à soutenir contre les Hollandais, furent autant de causes de ruine pour la Compagnie. Elle se vit forcée, en 1707, d'abandonner presque en entier l'exercice de son privilége à quelques négociants de Saint-Malo ou d'autres ports. Elle obtint cependant en 1714, à l'expiration des cinquante ans qui lui avaient été accordés, une prorogation pour dix nouvelles années.

Outre ces deux grandes compagnies, Louis XIV en créa quelques autres moins considérables qu'il suffira presque de nommer : la compagnie du Nord, en 1670 [2]; celle du Sénégal, en 1674. La compagnie du Sénégal perdit son privilége en 1684, ou du moins le vit limiter à une portion

[1] Fonds des Cinq-Cents, n° 204.
[2] Il y avait eu déjà une première compagnie du Nord établie par Fouquet, et à laquelle celle de Colbert succéda. On voulait faire une concurrence sérieuse aux Hollandais dans les mers septentrionales et surtout dans la Baltique. C'est dans ce but qu'un traité de commerce très-avantageux, et dont j'ai rapporté une clause ailleurs, fut signé avec le Danemark en 1663. Mais la compagnie du Nord, malgré de grands avantages que lui avait faits le roi, eut peu de succès.

de la côte de ce pays[1]. Elle vendit ensuite son fonds et ses actions à une seconde compagnie qui la remplaça en 1696. En 1685, une compagnie de Guinée reçut un privilége exclusif pour l'exploitation des côtes d'Afrique depuis la rivière de Sierra Leone jusqu'au Cap de Bonne-Espérance. Le principal but de ces dernières créations était d'assurer le transport des nègres en Amérique, sans qu'on fût obligé de recourir aux étrangers, et cependant il ne fut atteint que d'une manière très imparfaite. La compagnie de Guinée dut se faire autoriser, en 1701, à traiter avec le roi d'Espagne précisément pour l'*asiento*, c'est-à-dire pour la traite [2].

Enfin Saint-Domingue et la Louisiane, qui avaient été compris d'abord dans le privilége accordé à la compagnie des Indes occidentales, devinrent, plusieurs années après sa dissolution, la propriété de deux compagnies nouvelles, Saint-Domingue en 1698[3], et la Louisiane en 1714. La compagnie de Saint-Domingue reçut l'obligation de transporter chaque année un nombre déterminé de blancs et de nègres aux Antilles. Elle obtint que l'on dérogeât en sa faveur à l'interdiction prononcée contre le commerce des colonies avec l'étranger : elle se fit autoriser en 1698 à faire le commerce avec le Mexique, et en 1700 avec Hambourg, Anvers et la Hollande. Elle protesta même contre le monopole des tabacs, dont elle se plaignait d'éprouver un grave préjudice.

Telle est, présentée dans un résumé succinct, l'histoire de

---

[1] A la côte qui s'étend depuis le Cap Blanc jusqu'à la rivière de Sierra-Leone.

[2] Louis XIV fut intéressé dans ce traité pour un quart, et nomma Pontchartrain son procureur spécial chargé de défendre ses intérêts près de la compagnie.

[3] Du moins la compagnie dont je parle reçut un privilége pour exploiter la côte de Saint-Domingue, depuis le Cap Tiberon jusqu'à la rivière de Neybe.

la formation des colonies et de la première organisation qu'elles reçurent jusqu'à la mort de Louis XIV. Ce fut le développement du système prohibitif qui jeta la France, comme tous les autres pays occidentaux de l'Europe, dans les entreprises coloniales, ou plutôt qui donna à ces entreprises un caractère exclusif et les fit concevoir dans un esprit de monopole. La nécessité de compagnies puissantes pour doter la France d'établissements dans les deux Indes fut comprise de très-bonne heure. Des compagnies se formèrent donc, dans lesquelles l'État prit un intérêt et une part de direction, parce que le haut commerce et la banque n'avaient pas encore la force d'initiative nécessaire pour agir sans une impulsion supérieure ; ces compagnies reçurent des priviléges, parce qu'elles n'auraient pu vivre autrement dans une société où le privilége régnait, et qu'il fallait les indemniser des rigueurs que les lois prohibitives de la métropole faisaient souvent peser sur elles. Elles succombèrent cependant l'une après l'autre par le manque de fonds, car la richesse privée était encore peu considérable et les capitaux montraient une grande défiance ; par l'inexpérience des entrepreneurs, par l'effet même des lois prohibitives, enfin par la continuité des guerres que Louis XIV eut à soutenir. Au commencement du XVIIIe siècle, la plupart d'entre elles avaient péri : cependant les colonies qu'elles avaient fondées existaient, et, rachetées presque toutes par la métropole, commençaient une existence nouvelle. Ces colonies, bien que devenues la propriété de l'État, tendaient déjà à s'affranchir de la tutelle et de l'infériorité où le gouvernement les retenait. Jalouses de vivre sous le même régime que la mère-patrie, elles étaient entrées dans une voie d'assimilation successive ; elles marchaient vers leur émancipation graduelle, et renversaient jour par jour les premières barrières imaginées par le système prohibitif. A l'époque où nous abandonnons leur histoire, elles avaient déjà brisé quelques-uns de leurs liens.

Les députés de la chambre de commerce réunie sous Chamillart s'étaient rendu un compte très-net de cette révolution. Ils avaient protesté contre la longue durée des monopoles et l'importance des privilèges accordés par l'État aux compagnies; ils voyaient dans l'existence de ces compagnies, tout en reconnaissant les raisons qui avaient pu les rendre autrefois nécessaires, un obstacle grave pour le commerce [1]; ils sollicitaient une application moins rigoureuse du système prohibitif, pour augmenter la consommation dans les colonies et indemniser ainsi le pays de ses longs sacrifices [2].

CHAPITRE XIX.

ADMINISTRATION MILITAIRE.

SECTION Ire. — *Depuis le XIIe siècle jusqu'au commencement du XVIe.*

§ 1er. Institutions militaires dans les temps féodaux. Ban et arrière-ban. — § 2. Des compagnies soldées. Réglements successifs auxquels elles furent soumises. — § 3. Officiers supérieurs chargés du commandement et de l'administration. Pouvoirs militaires des sénéchaux et des baillis. — § 4. Tentatives faites au XVe siècle pour créer une armée permanente. Gens d'armes. Francs-archers. Compagnies étrangères.

§ I. — Institutions militaires dans les temps féodaux. Ban et arrière-ban.

Les institutions militaires ont été les premières, ce sem-

---

[1] Fonds Saint-Germain, n° 394. Avis du député de Rouen en 1701. — Voir aux pièces justificatives.
[2] Idem. Avis du député de Nantes.

ble, que la société du moyen âge ait senti le besoin de régler. La monarchie féodale les accepta d'abord telles qu'elle les trouva établies et sans les modifier. Saint Louis en rédigea le code dans ses lois écrites [1], et il les confirma en quelque sorte en déclarant qu'il appartenait à l'autorité royale de veiller à l'accomplissement des obligations qu'elles imposaient.

Le service militaire était la première condition attachée à la possession d'un fief. On distinguait la *chevauchée*, obligatoire quand il fallait défendre le seigneur, et l'*ost*, obligatoire quand il fallait défendre le pays.

Si le pays était attaqué, le roi pouvait convoquer le ban et l'arrière-ban. Le ban s'adressait à tous les nobles, c'est-à-dire à tous les détenteurs de fiefs. L'arrière-ban s'adressait à toutes les personnes capables de porter les armes [2]; il n'y avait alors que peu de motifs d'exemption, parmi lesquels il faut citer l'exercice des métiers nécessaires à la subsistance publique [3]. Le prévôt d'un vassal menait ses hommes au prévôt du seigneur; celui-ci au prévôt du seigneur supérieur, et ainsi de degré en degré jusqu'au prévôt du roi.

Les barons et les hommes du roi devaient, sauf les conventions spéciales, le servir quarante jours et quarante nuits, avec le nombre de chevaliers dû par leurs fiefs et réglé suivant l'usage [4]. Ils ne pouvaient être retenus plus longtemps que dans un seul cas, celui d'une guerre défensive, quand le royaume était menacé; et alors ils devaient recevoir des gages. Ils étaient d'ailleurs tenus de remplir cette obliga-

---

[1] Établissements de Saint-Louis.
[2] Voir une charte latine de Philippe le Bel. Recueil d'Isambert.
[3] Tels que ceux de fourniers ou de meuniers.
[4] Saint Louis étendit la durée du service dû par les barons à soixante jours, mais il n'est pas probable que cette ordonnance ait été exécutée. Philippe le Bel ordonna, en 1303, que le service eût lieu pour quatre mois; mais ce fut un fait extraordinaire et une dérogation à la règle commune.

tion sous peine d'amende [1]. On sait combien la législation féodale avait pris de précautions pour empêcher les fiefs de tomber aux mains des femmes, ou du moins pour assurer dans cette occurrence l'exécution d'un engagement inhérent à la possession des terres nobles [2].

Les milices communales faisaient la partie principale de l'arrière-ban; elles paraissent avoir formé la seule infanterie des temps féodaux, jusqu'à l'époque où l'on solda des archers génois [3]. C'était une règle que toute commune dépendante du roi fût assujettie au service militaire direct; cependant le mode d'accomplissement de cette obligation pouvait varier. En général, le contingent de chaque ville était fixé dans sa charte constitutive et proportionné à sa population. Quelquefois, dans certaines circonstances prévues, tous les habitants devaient sortir en armes, excepté ceux-là seuls que les magistrats municipaux désignaient pour garder les murs [4].

Malgré l'esprit guerrier du temps et les peines qui lui servaient de sanction, l'obligation du service militaire, étant une des plus onéreuses, était aussi une des plus mal remplies et de celles auxquelles on cherchait le plus à se soustraire. Les uns espéraient s'indemniser de la dépense

[1] Voir les Établissements de Saint-Louis qui en déterminent le taux.

[2] Les rois avaient des rôles contenant les noms de tous ceux qui leur devaient le service militaire. Nous possédons encore plusieurs rôles du XIIIᵉ siècle, et, entre autres, celui de l'année 1214, où fut livrée la bataille de Bouvines. Ceux qui doivent à Philippe-Auguste le service militaire y sont rangés dans l'ordre suivant : 1° les archevêques et les évêques, 2° les abbés, 3° les ducs et les comtes, 4° les barons, 5° les châtelains, 6° les simples vassaux et vavasseurs, possesseurs de fiefs, 7° les chevaliers bannerets de Normandie, 8° les simples chevaliers des autres duchés. Tous devaient amener leurs hommes avec eux. — Voir le traité du *Ban et de l'arrière-ban*, faisant suite au *Traité de la Noblesse*, par De la Roque.

[3] Les roturiers combattaient tantôt à cheval, tantôt à pied.

[4] A Rouen, par exemple.

qu'il leur imposait par le pillage; d'autres sollicitaient comme indemnité la jouissance de divers priviléges. Ainsi, Philippe-Auguste accorda en 1195 aux membres de l'arrière-ban l'exemption complète de toutes poursuites judiciaires, et cette déclaration fut souvent renouvelée.

La convocation ne pouvait s'adresser non plus qu'aux personnes capables de s'équiper et de s'entretenir à leurs frais : il y avait un cens au-dessous duquel le service militaire cessait d'être dû [1].

Il était permis également de se racheter dans plusieurs circonstances : or, ces circonstances durent se multiplier, et la seule force des choses amena peu à peu de cette manière la substitution d'un impôt à un service. C'est en 1303 que le service personnel paraît avoir été remplacé pour la première fois par une subvention générale. Cette subvention fut répartie sur tout le territoire; les nobles et les clercs devaient contribuer à l'équipement d'hommes à cheval et les roturiers à celui de sergents de pied. Elle fut levée, comme au reste tous les autres impôts l'étaient alors, par les officiers royaux dans la terre du roi, et dans les terres des prélats et des barons, par eux-mêmes assistés d'un officier royal. La répartition devait être proportionnelle à la fortune de chacun, « faite compensation du riche au pauvre. »

Dans la réaction qui eut lieu en faveur des pouvoirs féodaux après l'avénement de Louis le Hutin, les nobles obtinrent que la subvention fût abolie (1315). Ceux de la Bourgogne et du Forez stipulèrent que les vassaux directs et immédiats du roi seraient seuls soumis à la convocation ordinaire, tandis que les vassaux médiats en seraient

---

[1] Voir entre autres deux ordonnances de Philippe le Bel, celles du 12 juin 1302 et du 29 mai 1303. La première fixe ce cens à cent livres parisis en meubles et deux cent livres tournois en immeubles.

exempts et ne marcheraient qu'aux convocations de l'arrière-ban.

Depuis cette époque le nom d'arrière-ban paraît avoir désigné d'une manière plus exclusive le corps formé des arrière-vassaux. Les milices communales disparurent successivement de la scène ; elles ne restèrent plus chargées que de la police intérieure des villes, ou furent réduites à un temps de service illusoire. Ainsi les priviléges de Mâcon, de 1346, portaient que les habitants ne serviraient à leurs frais qu'autant qu'ils pourraient rentrer le soir dans leur ville ; on doit croire qu'il en fut partout à peu près de même.

Au XIVᵉ siècle, à l'époque où ce changement s'accomplit, les lois déclarèrent que le droit de guerre n'appartenait qu'au roi seul ; les guerres privées des nobles commencèrent à être considérées comme une atteinte à l'ordre public (V. le chap. de la Noblesse). « Nul, porte l'ordonnance de 1355, nul ne fera arrière-ban que le roi et son fils. » Ce droit que les rois s'attribuèrent exclusivement annonça qu'une révolution complète s'était opérée dans les institutions militaires, et que l'armée féodale allait faire place à une armée monarchique.

§ II. — Des compagnies soldées. Réglements successifs auxquels elles furent soumises.

Quand les rois s'attribuèrent le droit exclusif de convoquer l'arrière-ban, ils réservèrent cette convocation elle-même pour les cas graves. En temps ordinaire, leur armée était composée de troupes soldées. Le ban et l'arrière-ban ne servaient qu'en seconde ligne, ce qui a pu les faire comparer avec quelque raison à une landwehr.

L'usage de troupes soldées, composées d'hommes qui faisaient leur métier de la guerre, était très-ancien. La France était déjà remplie au douzième siècle de *routiers*, de *cotereaux*, aventuriers enrôlés sous des chefs de leur choix et toujours prêts à se mettre au service de qui les payait le mieux. D'abord, les pillages qui marquaient leur trace, les désordres de tout genre auxquels ils livrèrent la France méridionale pendant la minorité de Philippe-Auguste, durent détourner les rois de les prendre à leur solde. Cependant, ils avaient plusieurs avantages sur les troupes féodales ordinaires; ils restaient plus longtemps sous le drapeau; la longueur des entreprises ne les arrêtait pas, et ils n'y mêlaient pas autant de considérations étrangères et personnelles que les vassaux nobles. Ces raisons décidèrent donc Philippe-Auguste à s'en servir, et tout contribua sous ses successeurs à assurer leur prépondérance. La continuité des guerres soutenues contre les étrangers, l'indiscipline des armées féodales, le désir qu'éprouvaient les vassaux eux-mêmes de se soustraire à une obligation onéreuse, enfin, la nécessité de retenir les troupes sous les armes plus de quarante jours, entraînèrent peu à peu la conversion du service direct en une obligation pécuniaire, du moins pour les roturiers, et depuis lors les troupes soldées firent le fonds de l'armée ordinaire. Non-seulement la première subvention générale fut établie à cet effet sous le règne de Philippe le Bel, mais encore, comme une grande partie des troupes soldées étaient levées à l'étranger, des traités furent conclus dans ce but sous ce même règne avec la plupart des princes voisins. Les provinces et les villes acceptèrent ce changement avec empressement, et firent les fonds de ce nouveau budget en payant des aides qui ne tardèrent pas à devenir périodiques [1]. Ce fait est peut-être un de ceux qui caractérisent le mieux le XIV° siècle, car l'époque où une nation pose les armes pour charger plus spécialement quelques-uns de ses membres du soin de sa défense, est

---

[1] Les conditions de l'octroi de ces aides furent d'ailleurs très-variables dans leur principe, comme je l'ai exposé au chapitre XI.

aussi celle où la société sort tout à fait des agitations de la barbarie, pour entrer dans son développement pacifique et régulier.

La différence même qui existait entre les milices du ban ou de l'arrière-ban et les compagnies de routiers fut peut-être moins grande qu'on ne le croirait d'abord; car une ordonnance de 1338, rendue à la suite d'une convention passée entre le roi et les nobles, porte que toute personne mandée pour la guerre du roi recevra au départ un prêt proportionnel au chemin qu'elle devra faire et à la *solde de son grade*. Or, les articles suivants prouvent jusqu'à l'évidence qu'il s'agit des barons[1]. Plus tard on voit les nobles du Dauphiné stipuler, sous Charles V[2], que dans toutes les chevauchées et autres expéditions ils recevront des gages raisonnables, qu'on leur paiera la valeur des chevaux qu'ils auront perdus, qu'on les rachètera s'ils sont faits prisonniers, etc... Enfin les nobles entrèrent en grand nombre dans les compagnies soldées : ceux du Limousin se firent reconnaître en 1355 le privilége d'y être enrôlés comme gens d'armes, de préférence aux roturiers.

Il se passa au reste beaucoup de temps avant que la levée des troupes soldées fût rendue uniforme et se fît partout au nom du roi. Longtemps encore il arriva que les provinces ou les villes traitassent directement avec les capitaines. C'est ainsi que firent les États généraux de la langue d'Oïl sous le roi Jean; ils choisirent eux-mêmes les capitaines, et leur dis-

---

[1] L'ordonnance de 1318 (pour le gouvernement de l'hôtel) enjoignait déjà aux trésoriers de la guerre d'avoir les noms des gens d'armes à cheval, et la désignation de leurs chevaux, en même temps que les rôles des gens de pied. C'est sans doute de la solde du ban et de l'arrière-ban qu'il s'agit.

[2] Privil. du Dauphiné, 1367. — Les nobles du Languedoc stipulent aussi en 1408 que le roi, toutes les fois qu'il les mandera pour la guerre, leur donnera, à eux et à leurs sujets, nobles ou non nobles, un prêt proportionné au temps de leur service.

tribuèrent les différentes provinces. Les capitaines furent tenus de lever leurs gens d'armes, chacun dans la province qui lui était assignée; on ne leur permit de faire d'enrôlements ailleurs qu'autant qu'ils n'y auraient pas trouvé le nombre d'hommes suffisant. Les enrôlements avaient lieu par le moyen d'engagements volontaires.

Cependant, d'après une ordonnance de Charles V, les capitaines durent tous tenir leurs lettres du roi ou des princes du sang. Ils durent, ainsi que tous leurs soldats, prêter un serment de fidélité. C'étaient eux qui se chargeaient de toute l'administration de leurs compagnies, et qui y réglaient soit les fournitures et la dépense, soit la police et la discipline. Les trésoriers des guerres [1], auxquels les États de 1355, pendant la captivité du roi Jean, substituèrent des généraux-surintendants qu'ils nommaient eux-mêmes, leur remettaient les sommes destinées à la solde des gens d'armes. Les États de 1358 poussèrent la prévoyance plus loin encore, car ils établirent dans chaque province une commission nommée par les députés des trois ordres, pour valider toutes les décisions que prendraient les capitaines, au sujet des dépenses de leurs troupes. Les gages devaient être proportionnés au temps du service, et l'usage était que la solde de guerre fût double de la solde de paix.

Pour empêcher les capitaines de spéculer en dégarnissant leurs compagnies, on les soumit à la surveillance d'officiers supérieurs nommés par le roi, et chargés des inspections et des revues. Le roi Jean ordonne, en 1351, que tous les gens

---

[1] Voir les ordonnances de 1318 et de 1351 sur la comptabilité de ces trésoriers, celle de janvier 1374 sur la comptabilité des capitaines. Charles V veut que les paiements se fassent séparément, par corps ou par compagnies de cent hommes chaque. — L'ordonn. de 1413 établit qu'il n'y aura qu'un seul trésorier des guerres, et que tous les paiements se feront argent comptant.

CHAP. XIX. — ADMINISTRATION MILITAIRE. 287

d'armes « soient mis par grosses routes, » c'est-à-dire que les compagnies soient au complet ; il veut que les revues ou *montres* se fassent au moins deux fois le mois régulièrement [1], sans préjudice des revues extraordinaires. Les ordonnances royales s'attachent à prévenir les fraudes, prononcent des amendes contre les capitaines qui se servent de *passe-volants*, ou qui empruntent des soldats aux autres compagnies pour compléter leurs cadres devant les inspecteurs. Elles les obligent à jurer qu'ils ne changeront pas de compagnies sans un congé valable.

En général, les troupes devaient subvenir elles-mêmes avec leur solde à leur entretien ; les ordonnances royales recommandent souvent que les vivres leur soient vendus à un prix raisonnable [2]. Cependant, à une époque où l'argent était rare, la solde était fréquemment remplacée par des fournitures ; on voit, en effet, en 1363, Jean décider que les habits restés sans emploi seront rendus aux villes qui les auront fait faire à leurs dépens. On a aussi conservé un traité conclu en 1383 par Charles VI avec un bourgeois de Paris, qui s'engageait à fournir du blé pour la subsistance de quatre mille hommes pendant quatre mois. Mais le paiement de la solde n'était rien moins que régulier, et quand il fut remplacé par des fournitures, ces fournitures elles-mêmes ne furent guère plus régulières à leur tour. Les soldats, ré-

---

[1] « Voulons et ordonnons que lesdites montres soient revues souvent, armées et désarmées, et au moins deux fois le mois, et si soudainement leur soit commandé (quand même il leur serait commandé) de faire la montre, et en tel lieu qu'ils ne puissent emprunter chevaux ni harnais étrangers. » Ordonn. de 1351.— Celle de janvier 1374 défend aux officiers supérieurs de recevoir les gens de guerre dans les revues, s'ils n'y sont en personne, montés et armés suffisamment, avec leurs propres harnais, avec leurs chevaux ou ceux de leurs maîtres, et aussi « Si en faisant la montre ils ne jurent sur les saints Évangiles de Dieu qu'en tel état serviront pour le temps qu'ils recevront nos gages. »

[2] Ordonn. de février 1357.

duits presque constamment à s'entretenir à leurs frais, traitaient la France en pays conquis. Les ordonnances suffisent pour donner une idée du désordre. Les États de 1355 défendent aux soldats, sous peine de la hart, de prendre ou de piller le blé, le vin, les vivres ou quelque chose que ce soit, et permettent de leur résister par voies de fait, s'ils contreviennent à cette défense [1]. On rendait bien, il est vrai, les capitaines responsables des délits et des crimes de leurs soldats; on les obligeait de les punir, de faire réparer les dommages commis, et de veiller à ce que l'armée ne fût pas suivie de gens inutiles pour le service [2]; mais cette responsabilité était peu efficace.

§ III. — *Officiers supérieurs chargés du commandement et de l'administration. Pouvoirs militaires des sénéchaux et des baillis.*

Les officiers supérieurs que le roi nommait et à qui appartenait la haute direction des troupes étaient le connétable, les maréchaux, le grand maître des arbalétriers, et leurs prévôts ou lieutenants.

Le connétable, l'un des quatre anciens grands officiers de la couronne, avait le commandement suprême de toutes les forces militaires [3]. Mais son office était extraordinaire, et conféré seulement dans les circonstances importantes; le commandement ordinaire appartenait aux maréchaux de France, et dans un rang inférieur aux maréchaux de camp.

La charge de maréchal de France fut instituée sous Phi-

[1] « Et se pourront les bonnes gens et les villes aider l'un à l'autre, et assembler selon ce que bon leur semblera, sans son de cloches, pour contrester auxdits pilleurs. »

[2] Voir les ordonn. du 28 décembre 1355, d'avril 1363, de 1374.

[3] Voir le chap. Ier, § III. Le connétable avait droit, du moins en temps de guerre, à un prélèvement sur la solde de « toutes manières de gens d'armes et de pied qui prenaient des gages du roi. » (Ordonn. de février 1341.)

CHAP. XIX. — ADMINISTRATION MILITAIRE.   289

lippe-Auguste. Elle était et elle demeura charge amovible[1]. Le nombre des maréchaux était de deux sous saint Louis, et s'augmenta plus tard. Les droits pécuniaires dont ils jouissaient furent remplacés sous le règne de Philippe de Valois par un traitement annuel de 500 livres, qu'ils ne touchaient au reste que les années de guerre; mais ces droits furent rétablis successivement, et les priviléges considérables que les maréchaux se firent attribuer, augmentèrent la valeur de leurs charges. C'étaient eux qui nommaient, sous Charles V, les inspecteurs militaires chargés de faire les revues [2].

Le grand maître des arbalétriers existait dès le temps de saint Louis, et quoiqu'il fût soumis au connétable ou au maréchal à qui appartenait le commandement en chef d'une armée, il était investi du commandement des corps spéciaux, tels que ceux des arbalétriers, des archers, maîtres ingénieurs, charpentiers, maîtres de l'artillerie [3], etc.

La juridiction sur les gens de guerre appartenait au connétable, qui la déléguait aux maréchaux. Le connétable, les maréchaux ou leurs lieutenants siégeaient à la table de marbre, dans une des chambres du Parlement de Paris; ils connaissaient de tous les délits militaires, de toutes les causes concernant les prisonniers, les rançons, le butin, les désertions; des actions personnelles et des poursuites intentées par des particuliers contre des hommes d'armes ou contre les membres du ban et de l'arrière-ban. Outre la juridiction militaire proprement dite, ce tribunal avait

---

[1] Voir dans la Collection des anciennes lois françaises d'Isambert, le serment de Jean Clément, jurant en 1223, au roi Louis Cœur de Lion, que ni lui, ni ses hoirs, ne réclameront la maréchaussée pour la tenir à titre héréditaire.

[2] Ordonn. de 1374. Chacun des maréchaux nommera quatre lieutenants « pour recevoir les montres de toutes gens. »

[3] Les maîtres de l'artillerie, dont on rencontre déjà le nom en 1291, répondent à nos officiers du génie.

encore la juridiction administrative du service de la guerre; il jugeait toutes les causes relatives au paiement des troupes ou à la gestion des trésoriers.

La juridiction des prévôts ou lieutenants des maréchaux fut toujours très-étendue. Les chefs de corps n'exerçaient leurs attributions de police et leur pouvoir judiciaire qu'à un degré inférieur et comme en première instance. Mais elle ne comprenait pas seulement les causes des troupes royales; elle se fit attribuer, malgré les protestations des sénéchaux et des baillis, celles des milices communales et des confréries d'arbalétriers des différentes villes [1]. Elle s'exerçait dans toute la France, même dans le Languedoc, qui avait prétendu en être exempt. Elle jugeait les causes civiles des gens d'armes, comme la juridiction ecclésiastique jugeait les causes civiles des clercs [2].

Les sénéchaux, les baillis et les prévôts ordinaires avaient eu dans le principe, comme chefs du ban et de l'arrière-ban, juridiction sur les membres de ces milices : ils essayèrent de défendre leur droit ancien contre les empiétements des prévôts des maréchaux; mais ils n'y réussirent que d'une manière très-imparfaite [3].

Les sénéchaux et les baillis étaient investis cependant de pouvoirs très-étendus pour l'administration militaire. C'étaient eux qui devaient maintenir la police parmi les troupes du ban et de l'arrière-ban, faire exécuter les ordonnances royales qui proscrivaient les réunions de gens armés, ou prononçaient la dissolution des troupes rassemblées par les seigneurs, celles qui interdisaient les guerres privées [4].

---

[1] Il en était du moins ainsi sous Charles VI. (Voir des lettres de 1380.)

[2] Id. de 1406.

[3] Ils obtinrent à différentes reprises quelques ordonnances en leur faveur. (Voy. celle de 1357.)

[4] Voir le chap. VII, section Ire.

Il leur était enjoint d'employer les voies de fait, en cas de résistance, et de punir les délinquants par la confiscation des biens, par la prison ou par l'envoi de *mangeurs* et de *gâteurs*, qui vivaient chez eux à discrétion.

Ces pouvoirs ne s'exerçaient même pas sur les seules milices du ban et de l'arrière-ban; les sénéchaux et les baillis en exerçaient de semblables sur les troupes qui séjournaient dans l'étendue de la sénéchaussée ou du bailliage, et ils veillaient à l'exécution des ordonnances royales sur la police des gens de guerre, attribution que rendaient fort importante la multiplicité de ces ordonnances, sans cesse renouvelées, et la mauvaise discipline des corps, résultat nécessaire d'une mauvaise organisation [1].

Quoiqu'il y ait toujours un grand péril à comparer le passé au présent, on peut dire qu'ils faisaient à certains égards l'office de nos commandants de divisions militaires, car ils exerçaient à peu près les mêmes fonctions, du moins lorsque le roi n'envoyait pas dans leur ressort des capitaines généraux investis de pouvoirs extraordinaires [2].

A l'obligation de maintenir l'ordre dans les provinces, ils joignaient encore celle de veiller à leur défense. Ils veillaient donc à ce que les seigneurs entretinssent des sergents en garnison dans leurs châteaux, pour résister à toute attaque des ennemis. Une lutte assez vive à ce sujet s'engagea au XIVe siècle entre les seigneurs et le roi. Le roi s'attribua le droit de placer, d'entretenir lui-même les garnisons qui devaient défendre les châteaux des frontières. Les seigneurs s'opposèrent sans succès à l'établissement de cet usage, et tout ce qu'ils purent obtenir fut que leurs

---

[1] Ces ordonnances furent renouvelées à vingt reprises différentes, et entre autres, en 1421, par Henri V d'Angleterre, alors maître de la France. — Cf. les ordonn. d'avril 1468 et de 1470.

[2] Ducange cite deux commissions semblables, l'une de 1302, l'autre de 1349, cette dernière pour la Saintonge et les pays voisins.

propres tribunaux conservassent une juridiction de première instance sur les sergents des garnisons royales (1347). Le droit des seigneurs éprouva une autre atteinte sous les règnes de Jean et de Charles V, pendant les guerres contre les Anglais ; la destruction de tous ceux de leurs châteaux qui ne pouvaient être suffisamment gardés, fut ordonnée à plusieurs reprises [1]. Enfin, en 1367, après une assemblée d'États tenue à Chartres, Charles V décida que chaque bailli de ses provinces de Champagne, de Berry, de Bourgogne, d'Auvergne, de Bourbonnais et de Nivernais, visiterait avec deux chevaliers les forteresses de son bailliage, et mettrait des garnisons aux frais des seigneurs propriétaires, dans celles qui pourraient être défendues, mais que ces garnisons seraient composées de gens d'armes levés et commandés par les capitaines royaux. Les villes devaient être soumises à une obligation semblable.

Les rois désarmèrent ainsi peu à peu les milices seigneuriales ou communales. A la fin du xv⁰ siècle, ces milices avaient généralement disparu.

En 1390, Charles VI exempta jusqu'à nouvel ordre les habitants de la campagne de faire le guet dans les châteaux situés entre la Somme et la Loire, et n'admit d'exception que pour ceux qui se trouvaient trop voisins de la mer. Il étendit, en 1396, cette défense à tout le royaume, et n'admit qu'une exception analogue pour les pays de frontières : d'ailleurs ces guets, onéreux aux populations qui y étaient soumises, présentaient pour la paix publique un danger plutôt qu'une garantie. Charles VII et Louis XI déclarèrent que l'obligation du guet serait toujours rachetable [2], et l'on fit, en 1479, un dénombrement des places,

---

[1] Ordonn. de 1358, de 1367.
[2] Ordonn. de 1451 et de 1479. Louis XII fixa différemment le prix du rachat en temps de guerre et en temps de paix.

§ IV. — Tentatives faites au xve siècle pour créer une armée permanente. Gens d'armes, francs-archers, compagnies étrangères.

J'ai fait le tableau des institutions militaires de la France antérieures au règne de Charles VII.

Sous ce règne, où la France fut reconquise et reconstituée, d'importants changements furent introduits dans l'organisation de l'armée.

Dès que Charles VII fut rentré dans Paris, il entreprit une réforme que l'évêque de Poitiers avait demandée dans les États réunis, en 1426, à Mehun-sur-Yèvre ; c'était de substituer des troupes soldées permanentes aux troupes soldées irrégulières. Cette irrégularité était elle-même le vice principal des anciennes compagnies ; elle empêchait que la discipline pût jamais s'y établir : elle introduisait le désordre dans celui des services publics qui avait le plus besoin de règles fixes et invariables. La réforme de Charles VII fut plus efficace pour l'établissement de la discipline militaire qu'aucun des moyens employés jusqu'alors. Les hommes d'armes qui ne furent pas admis dans les nouveaux corps se trouvèrent isolés, et furent souvent dans l'obligation de se disperser. L'historien Mathieu de Coucy prétend que deux mois après l'ordonnance, il y avait plus de sûreté dans le royaume que trente ans auparavant [1].

Charles VII institua donc, en 1439, les gens d'armes, et en 1445, les francs-archers ou francs-taupins.

Les compagnies de gens d'armes, appelées aussi compagnies d'ordonnance, étaient en général composées de nobles ; chacune d'elles comprenait cent lances, et la lance comprenait à son tour six personnes, savoir : l'homme d'ar-

---

[1] M. Michelet, *Hist. de France*, tome v.

mes, son page, trois archers et un coutelier, qui recevaient tous une solde. Ces compagnies, réunies à d'autres compagnies nombreuses de nobles volontaires servant à leurs frais, formaient la grosse cavalerie de l'armée française [1]. Ce fut pour assurer leur entretien permanent que la taille fut rendue permanente.

Les francs-archers formèrent l'infanterie régulière, dont la composition fut toute différente. A Paris le prévôt, et partout ailleurs les élus, choisissaient parmi les habitants de chaque paroisse ceux qu'ils trouvaient le plus propres au métier des armes [2]. Les hommes ainsi désignés devaient ensuite être équipés aux frais de la paroisse, faire l'exercice les jours de fêtes, et se préparer à répondre au premier appel. Ils recevaient une solde en temps de service, et jouissaient de l'exemption de plusieurs impôts. Les élus étaient chargés de surveiller l'éxécution de toutes ces mesures, et il leur était recommandé de répartir le contingent des archers entre les diverses paroisses, de la même manière que celui des tailles [3]. Les habitants d'une paroisse répondaient de leur archer, comme ils étaient tenus solidairement pour la quotité de taille qui leur était imposée. Des commissaires royaux inspectaient, et au besoin commandaient le corps des archers. Tout seigneur châtelain devait remettre à ces commissaires une note mensuelle sur les archers de la châtellenie qu'il inspectait, soit en personne, soit par l'entremise de son capitaine. Les capitaines des francs-archers furent nommés par le roi, prêtèrent ser-

---

[1] Daniel, *Hist. de la milice française*, tom. 1, liv. 4.

[2] Voir les ordonn. de 1445 et 1448. — « Qu'en chacune paroisse de notre dit royaume, il y aura un archer, qui sera et se tiendra continuellement en habillement suffisant, et armé de salade, dague, épée, arc, trousse, et jaques ou bruques de brigandines, etc. »

[3] « Toutefois, ajoute l'ordonn., en l'assiette de ces archers ne peut être telle équalité gardée comme en partage d'argent. »

ment aux baillis et aux sénéchaux, et reçurent toutes les attributions qui avaient appartenu aux capitaines des anciennes compagnies [1].

Cependant le corps entier ne s'élevait qu'à 2600 hommes, ce qui empêcha quelque temps encore les anciennes compagnies de disparaître. Les capitaines de francs-archers furent, en outre, l'objet de vives plaintes, à cause des contributions qu'ils exigeaient. Le gouvernement répondit à ces plaintes en fixant par diverses ordonnances l'époque et le mode des fournitures, ainsi que la quantité des corvées exigibles pour les transports militaires. Chaque paroisse eut le choix de payer le prix de l'équipement ou de le fournir elle-même, pourvu qu'elle le fît accepter dans ce dernier cas par le capitaine. Les francs-archers furent désarmés en temps de paix, et on leur assura, même pendant ce temps, une solde permanente. Leur service fut déclaré personnel : on rendit les peines contre la désertion très-sévères.

Ces mesures furent sans doute mal exécutées, ou l'obligation imposée aux compagnies parut trop rigoureuse; en effet, le corps des francs-archers, ainsi constitué, fut supprimé par Louis XI en 1480; mais le système d'une infanterie soldée et permanente ne fut pas abandonné pour cela ; on en revint aux anciennes compagnies que l'on maintint plus longtemps sous le drapeau et que l'on soumit à des règles plus fixes. L'infanterie s'accrut même d'une manière d'autant plus rapide que les changements introduits alors dans l'art militaire lui donnaient plus d'importance. Elle était à la fin de ce règne formée d'un corps suisse de six mille hommes, et d'un corps français de dix mille. Les Suisses reçurent de nombreux priviléges, tels que des exemptions de tailles, de contributions, de droit d'aubaine, priviléges qui s'étendaient jusqu'à leurs femmes et à leurs

---

[1] Ordonn. de 1451.

enfants, et qu'ils firent confirmer sous chaque règne [1]. Il fallait encore ajouter à ces troupes les gardes Écossaises, organisées depuis 1461 en compagnies régulières. Le nombre des compagnies d'infanterie suisses s'augmenta considérablement sous Charles VIII et Louis XII, qui soldèrent aussi des lansquenets allemands. L'infanterie se trouva de cette manière, au commencement du xvi° siècle, composée presque tout entière d'étrangers, sans qu'il soit facile d'en donner la raison : pendant longtemps on crut justifier cet usage en soutenant que les nations étrangères chez lesquelles se faisaient les recrues, s'habituaient à regarder la France comme une seconde patrie. Peut-être serait-il plus vrai de dire que les étrangers, surtout les Suisses et les Écossais, étaient mieux disciplinés; qu'ils obéissaient mieux, surtout dans les guerres civiles, et les guerres civiles furent fréquentes dans le siècle qui vit périr les dernières souverainetés féodales; peut-être enfin était-ce un moyen d'éviter les difficultés et le mécontentement soulevés sous Charles VII par l'établissement d'un recrutement régulier dans les campagnes. Il fut bien question à plusieurs reprises de rétablir les francs-archers ; mais les projets formés à cet égard n'eurent qu'une exécution très-imparfaite [2].

La cavalerie légère, qui commença à être organisée du temps de Charles VIII, fut, comme l'infanterie, composée en grande partie d'étrangers, tels que les Albanais ou Estradiots.

D'ailleurs, l'arrière-ban formait encore au besoin une

---

[1] Voir des lettres de 1481, les premières qui aient été rendues sur ce sujet.

[2] Charles VIII écrit en 1485 au bailli de Caen de convoquer les élus de son bailliage avec cinq ou six chevaliers ou écuyers pour aviser aux moyens de réunir des troupes d'infanterie. Plusieurs autres baillis furent consultés de la même manière. Le rétablissement des francs-archers ou de corps analogues fut proposé uniformément. Un arrêt du conseil de 1534 prouve que le corps des francs-archers existait alors.

CHAP. XIX. — ADMINISTRATION MILITAIRE.   297

cavalerie nationale facile à rassembler : ressource qui n'existait pas pour l'infanterie. Il est vrai que le nombre des exemptions du service de l'arrière-ban se multiplia très-vite pendant tout le xv° siècle, et que les exemptions, accordées d'ordinaire pour un temps, finirent par devenir permanentes, à force d'être renouvelées [1]. Les officiers des cours souveraines, les bourgeois anoblis des grandes villes, surtout depuis le règne de Louis XI, briguèrent à l'envi un privilége aussi considérable. Tous les nobles dont le revenu n'atteignait pas un chiffre fixé [2], en jouirent également.

Plusieurs réglements royaux déterminèrent par qui le service était dû, et quels devaient être l'équipement et la solde proportionnelle de chaque grade [3].

J'ai déjà remarqué que le progrès de la discipline avait été un des plus heureux résultats de l'établissement des troupes permanentes. Il faut ajouter que, depuis Louis XI, on vit surtout se multiplier, parmi ces réglements, ceux qui concernaient la police des troupes et assujettissaient leurs mouvements à un ordre plus régulier. Les gens de guerre ne purent être logés que dans les villes closes ayant justice. Chaque compagnie, en temps de marche, fut surveillée par un commis des maréchaux, ou commissaire des guerres, chargé de « la mener et faire vivre en bon ordre et police. » Après chaque étape, et avant de reprendre la marche, le commissaire devait faire crier à son de trompe de contenter les hôtes : les chefs de chambre étaient responsables des délits commis par la chambrée ; l'homme d'armes, des

---

[1] En 1412, les officiers du Parlement sont exemptés de l'arrière-ban *pour la guerre présente*. La même clause est reproduite dans la plupart des concessions semblables. Souvent ces concessions sont faites pour tout un règne.

[2] En 1489, ce chiffre était de vingt-cinq livres de rente. Cf. l'ordonnance rendue en 1484 sur les plaintes des États du Languedoc.

[3] Entre autres sous Charles VII.

délits des deux archers logés avec lui [1]. Les lieutenants et capitaines s'engageaient par lettres cachetées en recevant leurs brevets, à réparer les dommages que commettraient leurs hommes, à casser aux gages les délinquants, et à faire un rapport de quartier en quartier. Les baillis, à leur tour, devaient accompagner eux-mêmes ou faire accompagner par des lieutenants de leur choix les troupes qui traversaient leurs bailliages [2]. François Ier régla combien de temps les capitaines seraient tenus de résider chaque année au sein de leurs compagnies, et comment ils seraient remplacés durant leur absence [3]; il détermina aussi quelles seraient la durée et les causes des congés. Mais la division de la France en gouvernements militaires fut à ce sujet la mesure la plus efficace.

SECTION II. — *Depuis le commencement du XVIe siècle jusqu'au règne de Louis XIII.*

§ 1er. Division de la France en gouvernements militaires. — § 2. Changements introduits au XVIe siècle dans la composition de l'armée. Légions et régiments. — § 3. Corps spéciaux. Surveillance de l'artillerie et surintendance des fortifications. — § 4. Comptabilité, approvisionnements, invalides.

§ I. — Division de la France en gouvernements militaires.

Quand la réunion de la Bourgogne, de la Provence et de la Bretagne [4] au domaine royal eut fait disparaître l'indépendance des derniers grands fiefs, on s'occupa de tracer un système uniforme de divisions militaires, ayant chacune à sa tête un gouverneur investi d'une autorité analogue à

---

[1] Régl. de 1485.
[2] Id. de 1486.
[3] Ordonn. de 1515 et de 1530.
[4] Les ordonnances relatives à l'administration militaire furent déclarées, en 1477, applicables à la Bourgogne, et en 1493 à la Bretagne.

celle qu'avaient exercée autrefois les ducs indépendants et dans certains cas les baillis.

Les sénéchaux, les baillis, et le prévôt de Paris, comme premier bailli de France, avaient commencé par réunir des attributions militaires très-étendues, qui ont pu les faire comparer à de véritables commandants de division. Il est vrai que leurs pouvoirs furent successivement restreints, et qu'on les réduisit peu à peu au rôle de chef des milices de l'arrière-ban. D'une autre part, le titre de lieutenant général avait été donné avec le commandement du Languedoc à plusieurs princes du sang en différentes circonstances, au duc d'Anjou sous Charles V, au duc de Berri après l'avénement de Charles VI, et des pouvoirs extraordinaires avaient été attachés à ce titre. On trouve à la fin du xv° siècle trois créations, extraordinaires également, de lieutenants généraux pour l'Ile de France, une sous Louis XI, et deux sous Charles VIII [1]. Enfin la Bourgogne avait, depuis sa réunion à la couronne, un maréchal qui commandait toutes les troupes de sa circonscription, et sans l'avis duquel aucune levée d'hommes d'armes ne pouvait avoir lieu.

Cette organisation irrégulière des commandements supérieurs dans les provinces fit place sous Louis XII à un système général. Les provinces reçurent toutes des gouverneurs auxquels la direction des forces militaires fut attribuée et dont les charges, considérées comme un démembrement des offices des grands baillis d'épée, furent pour la plupart, à cause de leur importance, confiées à des princes [2]. Représentants du pouvoir dans leurs provinces, ces gouverneurs exercèrent, sous leur responsabilité personnelle,

---

[1] En 1472, 1493 et 1496.
[2] Elles le furent quelquefois à des cardinaux. En 1536, le cardinal du Bellay, évêque de Paris, fut nommé gouverneur de l'Ile de France, et un autre cardinal lieutenant général dans les provinces du Lyonnais, de l'Auvergne, du Forez et du Beaujolais.

une autorité à peu près discrétionnaire, et l'on ne peut douter que cette autorité n'ait servi puissamment, dans le siècle de son institution, la cause de la centralisation monarchique. D'un autre côté, elle pouvait devenir un jour menaçante pour le succès de cette cause : il arriva souvent que le gouvernement successif d'une même province fut confié à plusieurs générations de princes de la même maison ; ces princes acquirent de cette manière une position nouvelle : comme ils étaient les représentants du roi vis-à-vis des provinces, ils devinrent aussi ceux des provinces vis-à-vis du roi. Ils servirent d'appui à la couronne, et ils purent cependant lui inspirer de sérieuses craintes, en la menaçant de faire un jour revivre en eux les anciennes dynasties provinciales. Il n'était pas rare de les voir s'attribuer l'exercice des droits régaliens [1].

L'institution des gouverneurs de province, quoique rendue générale par Louis XII, ne devint uniforme que sous François Ier ; car à l'époque de leur création, chacun d'eux avait reçu des pouvoirs différents d'après les lettres de son investiture. Sous François Ier, un édit de 1545 établit cette uniformité, et attribua exclusivement le titre de lieutenants généraux aux gouverneurs de la Normandie, de la Bretagne, de la Guyenne, du Languedoc, de la Provence, du Dauphiné ; de la Bresse, de la Savoie et du Piémont ; de la Bourgogne ; de la Champagne et de la Brie ; de la Picardie et de l'Ile de France. Henri II le donna encore au gouverneur du Lyonnais, et plus tard on l'étendit à ceux des provinces centrales. Le nombre des gouvernements ou divisions militaires de toute la France fut réduit à douze en 1579,

---

[1] Ordonn. de Blois de 1579, art. 271 et 274. Sans cesse et surtout dans les temps de guerre civile, les rois défendent aux gouverneurs de provinces l'exercice des droits régaliens. En 1580, Henri III interdit au gouverneur du Dauphiné de faire publier les arrêts du Parlement de Grenoble en son nom propre.

mais augmenté dans la suite par l'adjonction des pays conquis[1].

Les villes et les places fortes passèrent aussi, pour la plupart, de la garde des seigneurs à celle de gouverneurs royaux subordonnés aux gouverneurs de provinces. Les maisons royales formèrent ce qu'on appela des capitaineries. Presque tous ces commandements furent réservés à la noblesse et brigués par elle[2]. Du reste, il fut aussi difficile d'imposer l'obligation de la résidence à ceux qui en étaient revêtus qu'aux possesseurs des offices de justice ou de finance[3].

Sans doute, l'action des lieutenants généraux dans les départements qui leur furent confiés dut être efficace dès l'origine. Cependant comme les attributions étaient mal réglées de part et d'autre, ils se trouvèrent dans un conflit perpétuel avec les prévôts des maréchaux, soit pour la police des troupes[4], soit pour la justice militaire. Non-seulement les maréchaux et leurs prévôts n'avaient rien perdu de leurs anciens pouvoirs, mais on avait même étendu leur juridiction qui comprit, depuis 1538, les délits de chasse, et qui finit par être reconnue comme entièrement indépendante. Ils furent aussi chargés, pendant dix-huit ans, concurremment avec

---

[1] On doit observer que cette division ne correspondait pas à la division financière en généralités, établie à peu près à la même époque. Les attributions des gouverneurs consistaient « à conserver en l'obéissance du roi les provinces et les places de leurs gouvernements, à les maintenir en paix, à les défendre contre les ennemis de l'État, à veiller à ce qu'elles fussent bien fortifiées et munies de toutes choses nécessaires, à prêter main-forte à la justice, quand ils en étaient requis. » Mémoires des intendants de 1698, généralité de Paris. — Depuis 1692, chaque gouverneur de province eut un lieutenant nommé par le roi.

[2] Sous Louis XIV la plupart des gouverneurs particuliers des places frontières ou des châteaux ne dépendaient directement que du roi.

[3] Voy. l'ordonn. de 1561.

[4] Ordonn. de 1537.

les prévôts du roi, du soin de la police ordinaire[1]. Leurs offices étaient exceptés de la vénalité, réservés exclusivement aux gentilshommes[2], et l'on en créait de nouveaux dans les provinces nouvellement réunies[3].

Il y avait deux maréchaux sous saint Louis, et trois sous François Ier; mais l'un s'appelait maréchal de Bourgogne, l'autre maréchal de Bretagne, etc., dénominations qui disparurent. Le nombre des maréchaux de France, successivement augmenté, s'éleva jusqu'à vingt à la fin du règne de Louis XIV, en 1703.

La création des gouvernements militaires ne parut probablement pas suffire pour remplir le but que les rois s'étaient proposé; car Henri II divisa, en 1547, les provinces frontières de France en trois départements, et confia dans chacun d'eux le commandement et la police des gens de guerre à trois maréchaux de France responsables, ayant chacun sous leurs ordres un certain nombre de prévôts. Au reste, chaque maréchal, tout en exerçant son autorité d'une manière plus spéciale dans une province déterminée, n'en conservait pas moins le droit de commander dans les provinces des autres maréchaux, « attendu, portait l'ordonnance, que ce sont membres joints et unis, formant un collége sous un même chef qui est le connétable. » Les prévôts des maréchaux et les autres officiers, dans les pays placés en dehors de ces trois départements militaires, ne dépendirent plus directement que du connétable.

La police militaire en vue de laquelle toutes ces créations avaient lieu, devait être et fut en effet l'objet d'ordonnances

---

[1] De 1536 à 1554. Voyez le chap. VII, *De la Police*, section Ire, § 11.
[2] Ordonn. de 1564.
[3] La Bretagne eut un maréchal depuis l'an 1534. — Sous Louis XIV les prévôts des maréchaux reçurent de nouvelles attributions; ils devinrent juges du point d'honneur, lorsque le roi voulut assurer l'exécution des Édits contre les duels.

très-fréquentes, qu'on recommanda aux capitaines de faire lire souvent dans leurs compagnies. On s'efforça d'assurer l'exactitude des paiements[1] et même d'élever la solde, afin que les soldats pussent payer de gré à gré tout ce qui leur serait nécessaire, y compris les journées d'hommes et d'animaux employés aux corvées du service, et ne jamais rien exiger, *fors seulement le logis et l'ustensile*[2] ; on accorda en 1549 aux habitants de chaque bailliage ou sénéchaussée la faculté de choisir tous les ans un syndic, pour porter leurs plaintes sur les désordres des gens de guerre devant le connétable et les maréchaux de France. On exigeait cependant que ces syndics fussent élus parmi les nobles, et quatre ans après, en 1553, le roi s'attribua le droit de les nommer lui-même en titre d'office. Les villages qui auraient logé des troupes obtinrent d'être dégrevés pour certaines contributions, telles que le taillon, les frais des étapes, etc., etc.[3]. Un assez grand nombre de déclarations placèrent les paysans et les laboureurs avec leurs troupeaux sous la garde du roi ; tous les chefs de corps furent obligés de faire connaître d'avance aux gouverneurs des pays qu'ils traverseraient leur commission royale, et le chiffre de leurs troupes, afin que les gouverneurs eussent à régler les étapes et les logements « à la moindre foule et oppression du pauvre peuple que faire se pourrait, avec une bonne police et discipline[4]. » Si cet ordre n'était pas exécuté par les chefs de corps, les lieutenants généraux et particuliers

---

[1] Quoique le produit des tailles fût spécialement affecté au paiement des gens de guerre, il n'était pas rare de le voir détourné pour d'autres usages ou soumis à des prélèvements considérables.

[2] Mais le mal ne fut qu'imparfaitement guéri. Dès le règne d'Henri II, les gens de guerre étaient encore accusés de « tenir la campagne et de manger le bonhomme. » — Les guerres civiles religieuses amenèrent bien d'autres désordres.

[3] Ord. de Blois de 1579, art. 298.

[4] Voir diverses ord. d'Henri III et d'Henri IV.

devaient assembler au son du tocsin les nobles, les gens des communautés, les habitants des paroisses, et les sommer de courir sus à tous les hommes d'armes tenant la campagne, pour les tailler en pièces ou pour les livrer à la justice des Parlements. Henri IV demanda qu'un rapport lui fût adressé sur la manière dont se serait opéré chaque mouvement de troupes dans les provinces.

§ II. — Changements introduits au xvi° siècle dans la composition de l'armée. Légions et régiments.

La composition de l'armée éprouva quelques changements au xvi° siècle. On voulait avoir une armée permanente et régulière, peut-être même une armée nationale, et le système des francs-archers était jugé insuffisant. François Ier imagina celui des légions. La France fut divisée en sept départements, 1° la Bretagne; 2° la Normandie; 3° la Picardie; 4° la Bourgogne, la Champagne et le Nivernais; 5° le Dauphiné, la Provence, le Lyonnais et l'Auvergne; 6° le Languedoc, 7° la Guyenne. Chacun de ces départements dut fournir une légion de six mille hommes : il n'y avait au reste aucune espèce de conscription; les enrôlements étaient volontaires, et l'on essayait d'attirer les roturiers au service par une exemption totale ou partielle de la taille, les gentilshommes par divers avantages comme celui de ne plus faire partie de l'arrière-ban. La formule du serment pour les légionnaires, et les règles de police qui leur furent imposées, rappellent les ordonnances rendues à propos des francs-archers : les légionnaires furent justiciables des juges ordinaires en temps de paix, en campagne ou sous le drapeau, des prévôts des maréchaux. Le roi nomma dans chaque légion les six capitaines, qui commandaient chacun mille hommes et disposaient des grades inférieurs; le premier d'entre eux avait le titre de colonel. François Ier

institua comme récompense militaire des distributions d'anneaux d'or auxquels le moindre soldat pouvait prétendre, tandis que les ordres de chevalerie n'avaient été accessibles jusqu'alors qu'à la noblesse seule. L'avancement dans certaines limites, la faculté pour les roturiers d'être anoblis, devaient encore entretenir l'émulation et le bon ordre dans l'armée.

Au reste, ce système, qui n'était qu'une modification de celui des francs-archers avec quelques emprunts faits à l'ancienne organisation de l'armée romaine, ne réussit pas entièrement. Les provinces ne fournirent pas toutes un contingent égal; les capitaines de leur côté ne firent pas difficulté d'admettre dans leurs compagnies des hommes de différents pays; enfin ils aimèrent mieux pour la plupart, en leur qualité de propriétaires et de maîtres de ces compagnies, demeurer isolés les uns des autres que de faire partie d'une légion.

Quoi qu'il en soit, François Ier, ayant formé avec ces corps auxquels il joignit les anciennes troupes d'*aventuriers*, les cadres d'une infanterie régulière, créa pour la commander un capitaine et colonel général des gens de guerre à pied, et attribua à ce nouvel officier la juridiction et la police de toute l'arme, ainsi que le choix des officiers qui remplissaient les principaux grades [1].

Henri II ordonna encore (1558) de réunir les compagnies et de former ainsi des légions. Quelques légions se formèrent en effet, mais elles furent plus faibles que celles que François Ier avait voulu établir; elles ne comptaient guère que trois ou quatre cents hommes par compagnie au

---

[1] Cette charge fut érigée en titre d'office en 1584 en faveur du duc d'Épernon et supprimée en 1661. Si le colonel général de l'infanterie nommait les officiers inférieurs, son droit n'était pas exclusif : car on voit Catherine de Médicis disposer sans cesse, sous Charles IX, des grades de l'armée.

lieu de mille. Elles changèrent bientôt leur nom contre celui de régiment, qui était en usage depuis Louis XII dans la cavalerie. Le nombre des régiments fut d'abord peu considérable, puisqu'il n'était que de quatre en 1595. Henri IV le porta plus tard à onze, en 1604 ; Louis XIII l'éleva jusqu'à trente, et introduisit la division des régiments d'infanterie en bataillons, et de ceux de cavalerie en escadrons. En 1714, à la fin de la guerre de la succession d'Espagne, le nombre des régiments montait à deux cent soixante-quatre. Les chefs portèrent depuis 1568 le titre de maîtres de camp, et depuis 1661 celui de colonels.

La cavalerie eut depuis 1548 un colonel général comme l'infanterie ; au reste cette charge fut démembrée par la création successive de colonels généraux pour les corps spéciaux [1].

On cessa par là de se trouver à la merci des soldats étrangers dont on n'était jamais sûr, et on ne leur laissa plus dans l'armée que le second rang. Cependant, les guerres civiles religieuses jetèrent la division au milieu des troupes françaises à peine créées : chacun des chefs de bande commença par s'isoler et demeura plus ou moins libre de toute direction supérieure, jusqu'à l'époque où Henri IV réunit les différents corps pour en faire une armée. Henri IV eut le talent de rallier autour de son panache blanc toutes les bandes isolées, et de leur inspirer la fidélité, le dévouement monarchique. C'est surtout à former et à développer le moral des troupes qu'ont réussi les rois qui ont joui, comme François Ier et comme lui, d'une grande popularité militaire. Il y eut dans l'armée, à partir de leur règne, plus d'élan, plus de patriotisme, plus d'unité.

Le ban et l'arrière-ban furent encore réunis au XVIe siècle, et eurent même pendant quelque temps un colonel gé-

---

[1] Exemple : Création d'un colonel général des dragons en 1668.

néral. François Iᵉʳ avait ordonné qu'on en fît une revue annuelle, où chacun des nobles fût obligé de comparaître en personne, armé et équipé comme l'exigeait le devoir de son fief (1534). Il détermina à cet effet le mode d'évaluation des fiefs, le taux des gages, et la durée du service, qu'il fixa à trois mois dans l'intérieur de la France, à six semaines à l'étranger. Il laissait d'ailleurs à ces compagnies le droit de nommer leurs officiers et leurs trésoriers, sous la surveillance des baillis et des sénéchaux, leurs chefs naturels. Mais ni ses efforts, ni ceux d'Henri II, ni la sévérité de leurs ordonnances[1], ne purent réussir à empêcher la décadence de l'arrière-ban. Henri II admit lui-même des motifs d'exemption et la faculté de remplacement en cas d'excuse légitime. Henri III supprima la charge du colonel général qui le commandait[2], et l'arrière-ban finit par être réduit à un petit nombre de corps de volontaires.

Ajoutons que quelques compagnies ou régiments d'élite furent distingués pour former la maison militaire du roi, et jouirent de très-nombreux priviléges[3].

§ III. — Corps spéciaux : surveillance de l'artillerie et surintendance des fortifications.

Le développement successif de l'armée permanente fut accompagné, comme il devait l'être, de celui des corps spéciaux. On supprima la charge du grand maître des arbalé-

---

[1] Ord. de François Iᵉʳ. — « Veut Sa Majesté que ceux qui aux premières montres répondront par suppositions sous le nom d'autrui, soient pendus et étranglés, et que celui ou ceux qui les auront substitués en leurs places, soient dégradés des armes, et leurs biens confisqués. » — D'après une ordonnance d'Henri II, rendue en janvier 1548, tout gentilhomme qui ne se rend pas à la convocation, doit être puni par la confiscation de ses biens.

[2] Ord. de Blois de 1579, art. 317.

[3] Ainsi les officiers étrangers de la maison du roi étaient considérés comme français. (Ord. de 1547.)

triers[1], et l'on en transporta les attributions à celle du grand maître de l'artillerie[2]. Ce dernier remplit bientôt les fonctions d'un véritable ministre; il fut même compris, sous Henri IV, au nombre des grands officiers de la couronne. Il eut sa juridiction particulière à l'arsenal de Paris; il était chargé de la nomination aux emplois de son service; il ordonnait les mouvements du matériel, passait les marchés, arrêtait les comptes. Il avait sous lui un surintendant des poudres et salpêtres, et des garde-magasins pour l'artillerie dans différentes villes[3]. On prit même occasion de la formation de ces magasins pour déclarer que le droit de fabriquer et de conserver des armes était exclusivement royal (1572). Depuis cette époque, nul seigneur ne put conserver de canons dans son château, sans une permission spéciale du roi.

Les premiers règlements complets pour le service de l'artillerie dans les villes, les citadelles et les autres places de la France, furent l'œuvre de François I[er][4]. On établit quelques servitudes particulières pour assurer la régularité de ce service; par exemple, les habitants de chaque province furent tenus de fournir les chevaux qui seraient mis en réquisition, et de faire au besoin les convois. Cette dernière servitude fut regardée comme très-onéreuse; elle souleva les plaintes les plus vives, et Henri II crut devoir, pour rendre la mesure plus tolérable, en confier l'exécution à vingt capitaines qu'il institua exprès et qui portèrent le nom de capitaines du charroi de l'artillerie. Ces capitaines devaient réunir les chevaux de trait et les charretiers, pourvoir ensuite

---

[1] Le dernier grand maître des arbalétriers fut nommé en 1523.
[2] On trouve déjà un grand maître de l'artillerie sous Louis XI, mais on ne voit pas que ses attributions fussent dès cette époque aussi étendues.
[3] On comptait sous Henri II onze magasins d'artillerie, à Paris, Amiens, Troyes, Dijon, Lyon, Pignerol, Aix, Toulouse, Bordeaux, Tours et Rouen.
[4] Édits de février 1537 et de 1538.

à leur entretien au moyen d'un fonds spécial que le trésorier de l'extraordinaire de l'artillerie leur remettait, et indemniser les propriétaires des chevaux tués ou blessés.

L'usage que les seigneurs et les villes avaient conservé d'entretenir des garnisons dans leurs châteaux et dans leurs murs, fut combattu fortement après les guerres de religion. On commença vers la même époque à établir des garnisons royales dans toutes les villes de France, malgré les anciens priviléges qu'elles pouvaient faire valoir pour en être exemptes[1]. En 1558, Henri II créa une charge de surintendant des fortifications en France, tandis qu'il n'y avait eu jusqu'alors de surintendance semblable que dans le domaine seul, où elle avait été confiée aux trésoriers généraux.

§ IV. — Comptabilité. Approvisionnements. Invalides.

La comptabilité militaire devint, après le procès de Semblançai et les détournements opérés par Louise de Savoie, l'objet d'une surveillance plus active; on prit les mesures nécessaires pour la soumettre à un sérieux contrôle de la part de la chambre des comptes et du conseil privé[2]. On multiplia les époques du paiement des troupes : ce qui rendit ces paiements plus réguliers; la solde, au lieu d'être distribuée deux fois ou quatre fois par an, le fut depuis Sully dans des revues mensuelles, devant les commissaires et les contrôleurs ordinaires des guerres.

Pour faciliter l'approvisionnement des armées, on exemptait des droits de péages les marchands qui consentaient à s'en charger[3]. Ce privilége conduisait à adopter le système des approvisionnements par entreprises, qui ne commen-

---

[1] Ce fait est attesté par le père Daniel, qui cite entre autres exemples celui d'Amiens sous Henri IV.
[2] Voir l'ordonnance de 1528.
[3] Voir une déclaration d'Henri II de 1553.

cèrent au reste que sous Henri III et pour les temps de guerre seulement. Ce fut au camp de Lusignan, en 1574, qu'un habitant de Niort, appelé Amaury Bourguignon, fit pour la première fois l'office de munitionnaire, et conclut le premier traité pour la fourniture des vivres et des fourrages. On voit trois ans après, en 1577, un conseiller secrétaire des finances porter les titres de général et surintendant des vivres [1].

Quant aux vieux soldats, l'usage était dès le xv° siècle de leur conserver, après le temps de vétérance, une part de leur solde [2]. Plus souvent les vétérans et les invalides étaient mis à la charge de communautés religieuses. Divers édits d'Henri III et d'Henri IV [3] eurent pour but d'obliger les chefs de ces communautés à remplir fidèlement cette obligation, à ne pas remplacer les vieux soldats par quelques-uns de leurs propres serviteurs. Sous Henri IV, l'hôpital de la Charité fut ouvert aux officiers et aux soldats invalides, et des secours furent assurés aux gentilshommes ruinés par le service militaire.

Il y avait depuis 1558 un aumônier en titre dans chaque régiment. Ces aumôniers étaient sous la juridiction et à la nomination du grand aumônier de France

SECTION III. — *Règnes de Louis XIII et de Louis XIV.*

§ 1ᵉʳ. De l'administration militaire et des changements qui y furent introduits sous Louis XIII. — § 2. De la même administration et de ses changements sous Louis XIV. — § 3. Développement que prirent les corps spéciaux sous Louis XIV. Conclusion.

C'est sous le règne de Louis XIII que l'administration

---

[1] Voir une déclaration d'avril 1577, citée dans la *Collection des anciennes lois françaises* d'Isambert.

[2] « Et quand aucun, qui longuement aura servi, sera cassé par impotence, les maréchaux et commissaires le feront mettre en l'ordonnance des petites payes. » (Ordonnance de 1467, art. 3.)

[3] Voir entre autres ceux de 1585 et de 1606.

militaire fit le plus de progrès. Richelieu, pour assurer à la France une prépondérance décisive dans les affaires de l'Europe, dut augmenter considérablement l'armée permanente, et de même qu'il joua le premier dans la politique générale, le rôle adopté plus tard par Mazarin et par Louis XIV, il traça aussi le premier le plan des réformes qu'achevèrent dans l'administration militaire Letellier et Louvois.

§ 1. — De l'administration militaire et des changements qui y furent introduits sous Louis XIII.

Dès 1619, la guerre eut un ministre spécial. Tandis que jusqu'alors les différents secrétaires s'étaient partagé la direction des affaires militaires suivant leur département, l'un d'entre eux fut seul chargé depuis cette époque des intérêts de ce service et de la direction des armées à l'étranger.

Richelieu augmenta, comme je l'ai dit, l'effectif des troupes; mais il fit plus : il réorganisa toutes les parties de l'administration militaire. « Pour bien faire la guerre, dit-il dans son testament politique, ce n'est pas assez que d'en bien choisir l'occasion, que d'avoir bon nombre de gens de guerre, abondance de vivres et de munitions; le principal est que les hommes soient propres à ce à quoi ils sont destinés, qu'on sache les contenir en discipline, les faire vivre avec règle, et qu'on dépense son argent, ses vivres et ses munitions à propos. »

Richelieu commença donc par rembourser, en 1627, au duc de Lesdiguières la charge de connétable, qui avait été abandonnée longtemps, puis qu'on avait récemment rétablie en faveur du duc de Luynes. Cette charge, à laquelle étaient attachés des droits lucratifs et des gages considérables, conférait à celui qui en était revêtu un pouvoir qui empêchait l'action du roi de s'exercer librement tant sur les troupes elles-mêmes que sur l'administration militaire. Elle fut donc supprimée à tout jamais, et le roi garda seul le commandement des armées. Les maréchaux de France exercèrent désormais en leur propre nom la juridiction qui était censée auparavant leur être déléguée par le connétable.

La finance des offices subalternes fut en grande partie remboursée, et Richelieu se réserva de pourvoir à ces offices par de simples commissions.

Pour la composition des troupes permanentes, ou tout au moins de l'infanterie, deux systèmes étaient en présence. L'un consistait à charger chaque province de fournir et de recruter elle-même un ou plusieurs régiments : l'autre abandonnait ce soin d'une manière exclusive à l'État. En fait, on était parti du premier de ces deux systèmes, mais on s'en écartait tous les jours davantage pour se rapprocher du second.

On avait dû longtemps recourir aux administrations provinciales pour les levées de troupes, parce qu'elles offraient souvent plus de ressources à cet égard-là que l'État lui-même : ce système avait donc des partisans qui proposaient encore, en 1624, de confier à chaque province le soin de réunir son contingent, de lui reconnaître le droit de choisir ses maréchaux de camp pour l'infanterie et la cavalerie, et d'attribuer aux maréchaux de camp la nomination des capitaines, aux capitaines celle des officiers et de leurs lieutenants, etc.[1]. Cependant le système opposé finit par prévaloir; le premier fut abandonné, sans rien laisser après lui que l'usage de donner à chaque régiment le nom de sa province, bien qu'ils comprissent en général des hommes pris dans toutes les provinces indistinctement. On ne peut s'empêcher de remarquer combien cette réunion sous le

---

[1] Mémoire présenté au roi par Gombaut, écuyer, en 1624.—Fonds des Cinq-Cents, n° 255.

même drapeau d'hommes originaires de toutes les parties de la France était propre à servir la cause de l'unité française, en faisant disparaître peu à peu toutes les diversités de langage, de mœurs, de costume même, en affaiblissant surtout les rivalités provinciales qui avaient subsisté jusque dans les rangs de l'armée.

Les capitaines, chargés du soin de recruter leurs compagnies et de remplir leurs cadres, employaient des raccoleurs. Ils reçurent, en 1629, l'ordre de faire les levées d'hommes en personne, directement et en communiquant aux gouverneurs de province leur commission du roi ; il est vrai que cet ordre ne fut pas toujours rigoureusement exécuté. On resta d'ailleurs fidèle au système des engagements volontaires, auquel on se contenta d'ajouter l'enrôlement forcé des hommes qui ne pouvaient justifier de leurs moyens d'existence [1].

Le service militaire était obligatoire pour tous les nobles, même pour ceux qui ne possédaient que des terres roturières. On agitait déjà la question de savoir si ce service ne devait pas être remplacé par une contribution proportionnée à la fortune de chacun, ce qui devait se réaliser tôt ou tard. En attendant, comme on avait un plus grand besoin d'infanterie que de cavalerie, beaucoup de nobles furent simplement chargés de recruter des gens de pied, et dispensés du service personnel à cheval.

Les troupes de l'arrière-ban étaient d'ailleurs fort mal montées : l'impossibilité d'imposer à tous les nobles l'obligation d'un même service personnel avait rendu les exemptions indispensables, et ces exemptions étaient une source de difficultés et de décisions très-arbitraires. Les permissions

---

[1] Ainsi Louis XIII, levant des reitres à Paris en 1639, pour renforcer l'armée de Picardie, ordonne de faire partir tous les vagabonds, en leur donnant douze livres par tête, dont six au départ et six à l'arrivée, avec huit sous de solde par chaque jour de route.

accordées à plusieurs nobles possesseurs de fiefs de s'unir pour équiper un cavalier à frais communs, n'étaient pas moins arbitraires à leur tour. Équipés de la manière la moins uniforme, les compagnies de l'arrière-ban étaient encore soumises à une cause permanente de désorganisation, chacun de leurs membres s'absentant à son gré pour ses affaires personnelles. Richelieu écrivait, en 1635, à M. Molé, alors procureur général, de faire poursuivre par ses substituts tous les gentilshommes qui avaient quitté le service avant le temps fixé. Il exigea, pour légitimer les absences, des congés en forme accordés par les maîtres de camp et les colonels, et il chargea l'intendant d'informer toutes les fois que l'absence aurait lieu sans congé préalable [1]. Il fit lui-même dégrader plusieurs officiers qui s'étaient ainsi absentés sans permission.

Cependant les difficultés de ce genre de service continuèrent de s'accroître sous Louis XIV. Il fallut, en 1674, n'employer pour la campagne qu'une moitié de l'arrière-ban, et faire entrer l'autre moitié dans la réserve, régler la question de préséance entre les compagnies en décidant qu'elles marcheraient dans leur ordre d'arrivée, ordonner qu'il serait sursis d'une manière générale à tous les procès que leurs membres pourraient avoir. Enfin, presque aussitôt après la publication de ces mesures, qui n'eurent probablement pas toute l'efficacité voulue, ces troupes cessèrent d'être convoquées (1675); leur indiscipline et leur caractère encore féodal contrastaient trop vivement avec l'organisation simple et régulière du reste de l'armée.

Richelieu comprit aussi qu'il fallait augmenter la solde ou fournir aux régiments les moyens de ne plus vivre, même en partie, aux dépens des villes et des campagnes de chaque cantonnement. Un des Mémoires qui lui furent

---

[1] Ordonnances des 27 et 29 mars 1639.

adressés à ce sujet proposa d'assigner un traitement à tous les grades, de supprimer les contributions en nature, ce qui devait permettre de punir plus sévèrement encore tous les pillages commis par les gens de guerre. La France, disait l'auteur [1], devait payer vingt-six millions pour entretenir cinquante mille hommes; mais elle était assez riche pour fournir une pareille somme, compensée d'ailleurs largement par l'avantage d'être délivrée des exactions des troupes. Il proposait aussi d'emprunter divers usages à l'armée hollandaise, tels que celui d'avoir des étapes réglées dans les marches, et celui de faire délivrer des billets de logement aux soldats par les fourriers. Louis XIII accepta ce plan; il fit la première application du système des étapes, ou du moins il traça le premier plusieurs grandes lignes qui coupaient la France, et sur chacune desquelles les soldats devaient trouver de distance en distance des logements pendant les routes; on les obligeait d'ailleurs à vivre de leur solde et à payer toutes leurs fournitures à un prix fixé de gré à gré. Le taux des vivres devait être établi contradictoirement par les commissaires conducteurs et les officiers de justice des lieux [2].

Le système des fournitures était encore très-imparfait; il n'y en avait qu'un petit nombre qui fussent faites régulièrement; le soin en appartenait alors aux capitaines ou à l'État. Si la compagnie était au compte du capitaine, il devait fournir les habits et les vivres, payer la solde [3], etc.; mais les capitaines pouvaient spéculer sur ces entreprises, ou tenir le chiffre effectif de leurs hommes inférieur au chiffre nominal. Les commissaires des guerres furent chargés d'empêcher ces abus, et, pour faciliter cette nouvelle sur-

---

[1] Gombaut, qui fut également l'auteur du mémoire cité plus haut.
[2] Ordonnance de 1623.
[3] Monteil. *Histoire des Français des divers États*, t. VII.

veillance, on les établit à demeure auprès des armées. D'après le code Marillac, chaque régiment dut avoir son payeur spécial. Une ordonnance de 1637 enjoignit à tous les officiers et capitaines de servir avec le nombre d'hommes d'armes que portait leur commission, sous peine d'être cassés honteusement à la tête de l'armée, et de souffrir sur leurs biens la répétition de tout ce qu'ils auraient détourné des sommes que l'État leur aurait remises [1].

L'État ne se chargeait lui-même des fournitures qu'en temps de guerre, sauf un petit nombre qu'il faisait aussi en temps de paix [2]. Ainsi l'on voit que les arrêts du conseil obligeaient souvent telle ou telle ville de fournir une quantité déterminée d'habillements militaires; les habits devaient alors être uniformes pour chaque compagnie [3]. Sous Louis XIII, cela fut jugé insuffisant : l'État commença à prendre en tout temps à sa charge toute la fourniture des vivres, et il établit une manutention à la suite de chaque armée. On ne peut dire à quelle époque furent institués les commissaires généraux des vivres; mais leur nombre fut porté, en 1627, de deux à quatre, et l'administration des subsistances militaires reçut une organisation complète en 1631. Elle eut à sa tête un grand maître et un surintendant général des vivres, munitions, magasins, étapes et avitaillements de France. Le grand maître eut au-dessous de lui comme adjoints deux intendants commissaires généraux des vivres aux camps et armées, et un contrôleur général des vivres. Comme les autres chefs de services publics, il eut la nomination de ses agents, une juridiction spéciale, et une part

---

[1] Voir le Fonds des Cinq-Cents, n° 117.

[2] Voir divers arrêts du conseil, rendus en 1615. — Fonds des Cinq-Cents, n° 117.

[3] Une lettre de Louis XIII à M. Molé, datée de 1627, renferme une commande de 10,500 habits de bure faite à la ville de Paris, et d'un nombre proportionnel aux autres villes pour l'armée de La Rochelle. — Fonds des Cinq-Cents, n° 5.

d'intérêt dans la gestion des fonds ; il touchait 4 p. 0/0 de son maniement. Dans chaque élection dut résider un conseiller intendant des vivres et étapes, et dans chaque paroisse un commissaire garde particulier. Nous avons de la fin du règne de Louis XIII des instructions pour tous ces officiers, et des mémoires dont Letellier paraît l'auteur[1], où tout est soigneusement réglé, le mode d'adjudication pour les fournitures, la comptabilité des munitionnaires, la formation de magasins dans les grandes places. Richelieu s'est occupé longuement de la question des magasins fixes et des magasins portatifs.

Comme ce nouveau service exigeait qu'on lui affectât un fonds spécial, le conseil d'État adopta, en 1636, ce principe, que les collecteurs percevraient en sus de la taille un impôt nouveau pour l'entretien des troupes dans chaque province ayant garnison, si mieux n'aimait la province payer en nature, au prix ordinaire des marchés, après une revue de l'effectif faite en présence des maires et officiers des bourgs et des villes où les garnisons étaient cantonnées[2]. Le roi se réservait de diminuer l'impôt dans les provinces qui auraient des garnisons, et d'en reporter une partie sur celles qui n'en auraient pas, ce qui devait rendre le fardeau plus égal. Le maréchal de Châtillon contribua de tous ses efforts, pendant les campagnes de 1636 et de 1637, à faire accepter ce système. Pour ne pas ruiner dans la Champagne le plat pays où ses troupes séjournèrent plusieurs mois, il réunit les députés des villes de la province, obtint d'eux une cotisation, fit payer par l'Ile de France une partie des sommes

---

[1] Fonds Béthune, n° 9586.
[2] C'est là ce qu'on appelait l'ustensile. Louis XIV déclara, en 1648, que l'ustensile serait fourni en nature, à moins que la province n'aimât mieux le fournir en argent, mais que jamais les troupes ne pourraient, de leur propre mouvement, exiger qu'il leur fût payé en argent. — 22 décembre 1648. Fonds des Cinq-Cents, n° 45.

nécessaires, et réussit enfin à soumettre à la contribution toutes les autres provinces [1].

Tout régiment dut avoir, d'après le code Marillac, un hôpital [2], des chirurgiens et des jésuites. Mais l'acte le plus considérable peut-être du ministère de Richelieu, en ce qui concerne l'administration militaire, fut la création des intendants de police, justice et finance dans les armées. Cette création eut pour effet de séparer le commandement des troupes et l'administration proprement dite. Quoique les intendants eussent un rang dans la hiérarchie des grades ordinaires, ils n'étaient en réalité que de simples administrateurs. En revanche, ils jouirent comme administrateurs d'une autorité très-étendue, plus étendue surtout que ne l'avait été celle des anciens commissaires des guerres : ils eurent l'administration du personnel et du matériel ; ils surveillèrent le recrutement, les fournitures, la solde ; ils perçurent les contributions de guerre imposées aux pays conquis. La police des troupes et l'exécution des ordonnances royales leur appartinrent également [3].

Toutes ces mesures permirent de réunir des armées bien plus nombreuses que par le passé. Le chiffre des troupes, tant françaises qu'étrangères, dépassait en 1635 cent cinquante mille hommes [4].

---

[1] Un réglement de Letellier, du 25 octobre 1656, nous apprend que pour indemniser de la fourniture de l'ustensile les habitants des généralités où hivernaient les troupes, on les déchargeait d'une quotité proportionnelle de tailles pour l'année suivante. — Fonds des Cinq-Cents, n° 255.

[2] Au reste, cette disposition se trouve déjà dans une ordonnance de Henri II.

[3] Voir sur les intendants des armées un Mémoire curieux du maréchal de Bassompierre. Fonds des Cinq-Cents, n° 255.

[4] Fonds des Cinq-Cents, n° 45.

§ II. — De l'administration militaire et des changements qui y furent introduits sous Louis XIV.

Letellier, auquel le département de la guerre avait été confié sous Richelieu, et qui le conserva sous Mazarin, s'occupa surtout de faire marcher régulièrement cette administration, telle qu'elle venait d'être reconstituée, et d'en faire exécuter tous les réglements. Il y parvint, à force d'activité et de persévérance. Louvois fit encore de plus importantes innovations.

Depuis 1661, tous les ordres du jour de l'armée furent proclamés au nom du roi, seul chef de toutes les forces militaires du royaume. En effet, la charge de connétable était supprimée; celle de colonel général de l'infanterie le fut cette année même, après la mort du duc d'Épernon; celle de colonel général de la cavalerie continua seule d'exister, mais restreinte dans ses attributions et démembrée successivement[1].

On introduisit quelque régularité dans la hiérarchie des grades supérieurs. Depuis 1638, tout officier supérieur ayant le commandement en chef d'une armée prit le titre de lieutenant général. Au dessous des lieutenants généraux, Louvois créa le grade des brigadiers, correspondant à nos maréchaux de camp. Il y eut ainsi des brigadiers de cavalerie en 1665 et d'infanterie en 1668; en 1695, il y en eut pour les dragons : les maréchaux de camp d'alors avaient des fonctions spéciales, presque toujours en dehors de la hiérarchie. Tandis que l'usage avait été avant lui de confier les inspections à des officiers supérieurs, sans qu'elles constituassent de service distinct, Louvois créa, en 1668, des charges d'inspecteurs généraux direc-

[1] Ainsi, il y avait eu, vers la fin du règne de Louis XIII, un colonel général de la cavalerie allemande; il y eut sous Louis XIV un colonel général de dragons, etc.

teurs des troupes pour l'infanterie et la cavalerie. Plus tard, en 1694, ces fonctions furent elles-mêmes divisées.

Louvois cessa de convoquer l'arrière-ban, et il institua en 1682, sans doute pour le remplacer, des compagnies de gentilshommes ou *cadets*, à Besançon, à Brisach, à Strasbourg, à Metz, à Tournai, à Charlemont. C'est avec l'école d'artillerie créée à Douai en 1679, et qui du reste ne put réussir, le premier exemple que l'on rencontre d'écoles militaires. Mais les compagnies de cadets cessèrent dès 1692 de se recruter, et ne tardèrent pas à disparaître; elles présentaient les mêmes vices que l'arrière-ban; tout le monde y voulait commander, et personne n'y voulait obéir. Les écoles militaires ne furent réorganisées que sous le règne de Louis XV, dans le but de former des sous-lieutenants instruits qui devaient ensuite être répartis parmi les anciens corps.

La levée des troupes ordinaires fut soumise à des règles positives et à une constante surveillance. Les ordonnances de Louvois portent que les soldats doivent être enrôlés volontairement[1]; que l'engagement doit être de six ans au moins[2], le réengagement d'un an[3]; qu'il ne pourra jamais être promis de plus forte solde que la solde fixée par les ordonnances[4]; que les hommes valides pourront seuls être engagés, et que les recrues seront visitées par des commissaires[5].

On obligea aussi, en 1688, les communautés de marchands et d'artisans des villes à lever elles-mêmes des recrues pour les troupes d'infanterie; ces recrues composèrent les régiments de la milice. On répartit le nombre d'hommes qui devaient composer ces régiments entre les provinces et les généralités, et l'on détermina le con-

---

[1] Ordonnance de 1692. Code militaire de Briquet.
[2] Ordonnance de 1692. — [3] Idem de 1686.
[4] Ordonnance de 1686. — [5] Idem de 1680.

tingent de chacune d'elles. En effet, on commençait alors à concevoir un meilleur système de recrutement, un partage plus égal de l'impôt. On voulait échapper à l'emploi des raccoleurs qui n'eussent été conservés que dans les campagnes. Selon Vauban, le roi devait gagner douze millions à se charger des recrues qui se faisaient au nom des capitaines ou des colonels.

Les levées de la milice avaient beaucoup de ressemblance avec le recrutement actuel. C'était l'intendant qui répartissait le contingent entre les paroisses, et le gouverneur ou son lieutenant qui, avec l'assistance des maires, procédait dans les campagnes au tirage et à l'inspection des recrues[1].

Les milices, au nombre de trente régiments, étaient cependant placées en dehors de l'armée régulière et créées pour un temps; en fait, elles devinrent permanentes et durèrent jusqu'à l'époque où la conscription s'établit.

Chaque paroisse devait fournir un nombre d'hommes déterminé; mais on ne lui reconnaissait pas la faculté d'entretenir des soldats étrangers à leur place : on avait craint que cette faculté ne fût une occasion de trop fortes dépenses et ne fît contracter aux communes de nouvelles dettes[2]. Les milices n'étaient composées que d'infanterie, et tous les hommes n'y servaient pas à la fois. On tirait au sort chaque année pour désigner les soldats qui iraient à la guerre, et ceux qui resteraient dans les campagnes où ils pouvaient, tout en s'exerçant aux armes, reprendre les travaux de la culture.

La permanence de ces milices effaça cependant la principale distinction qui existait entre elles et les troupes ordinaires. En 1701, Louis XIV allégea le fardeau des paroisses en les déchargeant de l'équipement et de la subsistance

---

[1] Ordonnance de 1701.
[2] Ordonnance du 17 janvier 1689.

des hommes qu'elles devaient fournir; il leur accorda aussi, en 1709, la permission de se racheter à raison de 75 livres par homme. Enfin, les compagnies de milices furent réparties à la longue dans les régiments ordinaires.

Le Tellier avait remplacé les *montres* mensuelles de Sully par le paiement du prêt, qui était remis aux troupes tous les huit jours. La solde des fantassins fut fixée en 1660 à cinq sous par jour (15 ou 20 sous d'aujourd'hui), mais les soldats obligés de payer l'ustensile. En 1666, on fit une retenue de trente sous pour l'habillement et la chaussure, et les mises à la masse commencèrent.

L'État, qui s'était déjà chargé, sous Richelieu, de fournir les vivres[1], fournit sous Louis XIV l'habillement, au moins celui de la plupart des corps, ou plutôt il le fit fournir par les provinces et les villes. L'uniforme, déjà recommandé sous le règne précédent, devint obligatoire pour chaque régiment. Le nombre des étapes fut augmenté; Louvois en fit dresser une carte générale. Il régla aussi l'ordre des convois, confiés à des officiers spéciaux ou vaguemestres, dont les fonctions comme le nom furent empruntées aux armées allemandes. On défendit aux officiers de faire voiturer leur bagage ou celui des troupes par les chevaux et les charrettes des paysans, sorte de corvée que rendaient plus onéreuse encore les violences de tout genre exercées par les soldats[2]. Ces défenses eurent au reste peu d'effets, car l'abus qu'elles devaient faire disparaître excitait encore vivement, soixante ans plus tard, les plaintes de Turgot.

Des plaintes non moins vives, et surtout de fréquents procès, s'élevaient aussi au sujet des garnisons, quoiqu'on prît soin de ne les placer que dans les villes, les bourgs et

---

[1] On peut remarquer, au sujet des fournitures de vivres, que l'usage du pain de munition commença en 1701, et que la création d'inspecteurs généraux des vivres pour les armées eut lieu en 1703.

[2] Ordonnances de 1693 et de 1701.

les villages fermés. On avait attribué aux maires et échevins des communautés et même aux gouverneurs le droit d'assister à la distribution des logements; mais cela ne suffisait pas, et il fallait accorder des exemptions particulières. Les intendants, auxquels on avait reconnu une compétence spéciale pour le jugement de ces procès[1], déclarèrent ne pouvoir y suffire. On entreprit alors de bâtir des casernes pour loger les troupes; c'était un projet très-ancien et qui avait été proposé pour la première fois sous le règne de François Ier, mais qui, oublié depuis longtemps, fut repris et appuyé avec énergie par les représentants des villes[2]. L'établissement de casernes à Paris fut décrété en janvier 1692; des dispositions semblables furent adoptées pour la plupart des autres villes dans le cours des années suivantes, quoique leur exécution, généralement différée, n'ait guère eu lieu que sous le règne de Louis XV.

Le système de la justice militaire était encore plein d'incertitude; Le Tellier le fixa par un règlement de 1651. La connaissance des délits ordinaires commis par les soldats continua d'appartenir aux juges ordinaires des villes[3], qui furent seulement tenus de s'adjoindre dans certains cas le prévôt des troupes : on sait que chaque régiment avait son prévôt et sa compagnie d'archers. Le prévôt militaire jugeait seul tous les délits de soldat à soldat. Les fautes contre la discipline furent soumises aux conseils de guerre, et la composition de ces conseils fut réglée par l'ordonnance de 1665, à peu près comme elle l'est aujourd'hui. Le Code pénal de l'armée fut revisé à cette époque, et la justice qui y était autrefois rendue au nom des colonels généraux, le fut depuis lors au nom du roi.

[1] Ordonnance de 1684.
[2] Voir le Mémoire du député de La Rochelle au conseil de commerce, en 1701.
[3] Voir les ordonnances de Louis XI, de 1467 et de 1470.

Il n'y avait pas encore de pensions de retraite ; des récompenses militaires, accordées arbitrairement, en tenaient lieu [1]; mais les ministres de Louis XIV assurèrent la subsistance des vétérans et des invalides beaucoup mieux qu'elle ne l'avait été auparavant. Les prieurés et les abbayes demandèrent et obtinrent de remplacer par des contributions en argent l'obligation qui leur était imposée d'entretenir de vieux soldats. Ces contributions formèrent le premier fonds qui servit à élever l'Hôtel des Invalides (1670). On affecta ensuite aux dépenses de cet établissement une retenue de deux sous pour livre sur tous les traitements militaires, retenue qui fut augmentée d'un troisième denier en 1682. L'Hôtel des Invalides reçut des priviléges considérables, et son administration fut confiée à un directeur général, assisté d'un conseil [2].

Le service des hôpitaux militaires, dont la tradition faisait regarder Anne d'Autriche comme la fondatrice, fut uniformément réglé en 1691.

Enfin, pour encourager le zèle des troupes et faire de l'honneur le premier mobile de l'armée, Louis XIV imagina d'établir, comme l'avait essayé François Ier, un système de récompenses militaires, auxquelles le dernier soldat pût prétendre. Il créa en 1693 l'ordre de Saint-Louis ; la croix de Saint-Louis ne devait connaître aucune distinction de rang ni de grade : or c'était une remarquable innovation que de rendre un ordre de chevalerie, institution essentiellement aristocratique, accessible à tous, sans autres conditions que celles du courage et des actions d'éclat. C'était en quelque sorte inaugurer dans l'armée la véritable égalité compatible avec la hiérarchie. Louis XIV atteignit d'une manière complète le but qu'il s'était proposé.

[1] Des pensions furent cependant attachées au port de la croix de Saint-Louis.
[2] Louvois était membre de ce conseil lors de sa fondation.

§ III. — Développement que prirent les corps spéciaux sous Louis XIV. Conclusion.

A ce tableau de l'organisation de l'armée sous Louis XIV il faut ajouter que le progrès de l'art militaire amena la création ou le développement des armes spéciales. Louvois institua les grenadiers dont il mit, en 1676, une compagnie dans chaque régiment. Il augmenta le corps des dragons et créa celui des hussards[1]. Vauban forma en 1673 des compagnies de mineurs. Jusqu'alors la garde de l'artillerie avait été confiée aux troupes les plus diverses; six compagnies spéciales furent créées en 1668, et en 1671 il y eut un régiment de fusiliers du roi, composé de quatre compagnies, l'une de sapeurs, la seconde de canonniers, les deux autres d'ouvriers. Le nombre de ces troupes s'éleva bientôt; Louvois institua, en 1684, un régiment de bombardiers, et celui des fusiliers prit en 1693 le nom de Royal-artillerie. La création d'une école spéciale d'artillerie à Douai, en 1679, n'eut pas de succès, et les écoles semblables ne furent organisées que sous la régence de Philippe d'Orléans; mais on créa de nouveaux magasins et de nouveaux arsenaux. En 1699, l'artillerie avait dix arsenaux, dix-neuf moulins pour la fabrication des poudres et cinq fonderies. Les arsenaux étaient placés à Paris, à La Fère, à Douai, à Auxonne, à Metz, à Strasbourg, à Lyon, à Grenoble, à Perpignan et à Bayonne. Rien, du reste, ne fut changé à l'organisation du service jusqu'à la suppression de la charge de grand maître en 1755.

Le dépôt de la guerre fut créé à Versailles en 1681.

Les établissements militaires se multiplièrent donc, sous

---

[1] Dès le règne de Louis XIII, on distinguait dans la cavalerie les régiments de mousquetaires, de fusiliers à cheval, de carabiniers, de hussards.

le règne de Louis XIV, d'une manière remarquable. Citons encore l'institution des premiers haras en 1667; la question des remontes soulevait alors les mêmes difficultés qu'aujourd'hui [1]. On avait, dès 1665, acheté des étalons à l'étranger; en 1669 on acheta des chevaux barbes. Le roi encouragea fortement la noblesse à s'occuper de l'élève du cheval, et il lui réserva toutes les places de l'administration des haras.

Toutes ces fondations et toutes ces réformes eurent pour résultat de constituer l'armée à peu près telle qu'elle est aujourd'hui. La suppression des anciennes charges féodales l'avait soumise à une direction unique, celle du roi et du secrétaire d'État chargé de la guerre. Ce dernier, assisté du conseil des maréchaux, était le dépositaire de l'action administrative. Déjà le recrutement régulier avait été admis pour les milices, à côté des enrôlements volontaires conservés dans les régiments. On avait remplacé l'arrière-ban par des écoles où l'on formait des officiers. L'État avait pris définitivement à sa charge toutes les fournitures, les remontes, l'entretien du matériel. Il ne restait guère qu'à développer, à fortifier tous ces germes d'une organisation nouvelle encore, à mieux constituer le service de l'administration centrale que Louvois venait de créer, à effacer enfin les traces du système féodal dans l'armée; ainsi on avait conservé l'usage de vendre les régiments et les compagnies; de cette manière le choix des officiers appartenait, pour les grades inférieurs, aux colonels et aux capitaines, et les troupes étaient maintenues sous l'influence réelle de la noblesse [2]. Cette dernière œuvre ne devait être accomplie que par la révolution de 1789 et par les ordonnances de l'Empire.

[1] Voir les rapports du chevalier de Clerville.
[2] Louis XIV s'était contenté de fixer un maximum pour le prix des charges.

CHAPITRE XX.

ADMINISTRATION DE LA MARINE.

§ 1er. De la marine jusqu'à la suppression de l'amirauté, en 1626. — § 2. Créations de Richelieu. — § 3. De la marine sous le règne de Louis XIV.

§ 1. — De la marine jusqu'à la suppression de l'amirauté en 1626.

La puissance maritime de la France n'a commencé qu'avec Richelieu, et l'administration de la marine n'a pas eu de véritable organisation avant Colbert.

Jusqu'au XVIIe siècle, la France eut quelque marine marchande, mais peu ou point de marine militaire, hormis de rares circonstances. Les historiens du temps des croisades parlent des dix-sept cents vaisseaux de Philippe-Auguste, et des dix-huit cents voiles qu'avait saint Louis, lorsqu'il partit de l'île de Chypre pour se rendre en Égypte ; mais ces bâtiments n'étaient guère alors que de grandes barques, louées même en partie à des étrangers. Après les croisades, on trouve encore quelques exemples de flottes très-nombreuses : celle que commandait Jean de Vienne, en 1388, et qui était destinée à faire une descente sur les côtes d'Écosse, comprenait douze cent quatre-vingt-sept bâtiments ; mais le nombre même de ces bâtiments n'est qu'une nouvelle preuve du peu de perfectionnement de la navigation.

On avait cependant placé les forces navales sous le commandement et la direction de l'amirauté de France, dont l'institution paraît remonter au règne de saint Louis¹. L'amiral était un des grands officiers de la couronne; il avait le commandement suprême des troupes de mer et la direction de l'administration maritime dans la Picardie et la Normandie, c'est-à-dire dans les provinces du domaine où se trouvaient les côtes. La surveillance et la répression de la piraterie faisaient une partie, et même la partie principale, de ses attributions. Il recevait le serment des maîtres et des patrons de navires; il délivrait des congés aux bâtiments armés en corsaires; il jugeait la validité des prises, par lui-même ou par ses lieutenants qui avaient un siége à la table de marbre de Paris. Toutes les dépenses du service maritime étaient à sa charge, et il y subvenait par la perception de certains droits spéciaux, tels qu'une part dans les prises, la propriété des prisonniers de guerre, le produit des amendes qu'il prononçait, etc... L'amiral était donc, sous le rapport financier, un véritable entrepreneur de l'administration de la marine ².

La Bretagne, la Guienne et la Provence eurent des amirautés distinctes jusqu'à l'époque de leur réunion à la couronne, et même plus tard encore, car le titre d'amiral fut conservé dans chacune d'elles et porté par le gouverneur; ces amirautés étaient constituées d'une manière analogue, et jouissaient de différents droits qui variaient au reste suivant les usages locaux.

Toute l'administration maritime, pendant les temps féodaux, consista dans cette organisation des amirautés. Elle n'était encore rien moins que centralisée au XVᵉ siècle, et cela même excitait les plaintes des États du Languedoc sous

---

[1] On n'a cependant pas de provisions de cette charge plus anciennes que celles de 1322 (citées dans la Collection d'Isambert.)

[2] J'ai déjà eu lieu de faire la même remarque pour les chefs de plusieurs autres administrations, par exemple, pour le directeur général des postes.

Charles VII. Ces États se plaignirent des pirateries auxquelles la Méditerranée était en proie, ce qui y ruinait le commerce, et surtout de la multiplicité des corsaires français qui attirait de la part des étrangers d'inévitables représailles ; ils proposèrent, pour y remédier, que le roi s'attribuât le pouvoir de donner seul les lettres de marque (1456).

Presqu'aussitôt après, dès le règne de Louis XI, on rencontre un certain nombre d'actes royaux sur l'administration maritime. Les ordonnances maintiennent la juridiction des tribunaux spéciaux contre les prétentions rivales des tribunaux ordinaires [1], et surtout contre celles des justices seigneuriales [2]. Les prises en mer sont défendues, et les équipages sont déclarés solidaires à cet égard de tous les délits commis. Le congé (la permission) de l'amiral est déclaré nécessaire pour les vaisseaux étrangers qui entrent dans les ports de France et pour les vaisseaux français qui en sortent. L'amiral peut ordonner des convois pour accompagner les bâtiments marchands ; il doit faire faire deux fois par an la montre des marins dans les paroisses sujettes au guet de la mer [3]. En effet, les habitants des côtes étaient soumis depuis fort longtemps à l'obligation de faire le guet ; ils pouvaient cependant racheter ce service par le paiement d'une somme d'argent que les ordonnances fixèrent.

Sous Louis XII et François Ier, diverses expéditions entreprises dans l'Océan et la Méditerranée entraînèrent un certain développement des forces maritimes, et ce développement, joint au progrès de la centralisation dans les autres services, attira l'attention sur l'administration navale. L'amiral de France reçut alors le titre de lieutenant général

---

[1] Ordonnance de 1480. — [2] Ordonnance de 1517.
[3] Ordonnance de 1517.

sur la mer, et le commandement suprême de toutes les forces maritimes du royaume lui fut attribué, nonobstant les prétentions des autres amiraux. Il n'y eut même pendant quelque temps qu'un seul amiral, qui fut à la fois amiral de France, de Bretagne, de Guyenne et de Provence ; mais cela ne dura pas.

En 1540, la dégradation civique à laquelle venait d'être condamné l'amiral de Chabot fournit l'occasion de tarifer les droits pécuniaires levés par l'amirauté, et de régler plus strictement ses obligations. L'amiral fut déclaré responsable vis-à-vis du roi des actes de ses subalternes, et même des empêchements éprouvés par la navigation qu'il devait maintenir libre [1]. Le droit de nommer aux emplois de la marine lui fut contesté, et le roi l'exerça lui-même depuis 1554 jusqu'en 1582.

L'amirauté de France subsista ainsi jusqu'au règne de Louis XIII, soumise plus directement à l'action royale, mais encore indépendante au fond. Pendant cet intervalle, le service de la marine fut réglé par diverses ordonnances, et entre autres par celle de 1584.

L'armée navale que l'amiral commandait tout entière se composait de la flotte ordinaire et des *galères* de l'État, distinction qui existait depuis saint Louis. Les galères étaient les plus grands des vaisseaux d'alors, et portaient, outre les soldats de la marine, un nombre déterminé de forçats pour la manœuvre [2]. Des trésoriers spéciaux étaient chargés de la solde de ces troupes et de l'approvisionnement des galères [3].

L'amiral nommait les vice-amiraux, les commissaires de la marine, les juges d'amirauté, et d'une manière générale tous les officiers subalternes ; l'ordonnance de 1584 lui avait

---

[1] Ordonnances de 1540 et de 1543.
[2] Ordonnance de 1548 — [3] Ordonnance de 1557.

rendu et reconnu ce droit. Sa juridiction comprenait tous les délits commis par les troupes de mer ; mais elle s'étendait encore 1° aux causes des pêcheries et à celles du commerce maritime, comme les causes relatives au fret, aux ventes et bris de navires, aux contrats, chartes-parties, etc.[1] ; 2° à la plupart des causes civiles et criminelles des étrangers en France, soit qu'ils fussent en procès entre eux ou avec des nationaux[2].

Le personnel maritime se recrutait comme celui de l'armée de terre, par des engagements ; il n'y avait pas d'inscription. Les paroisses situées sur le littoral dans une zone d'une demi-lieue devaient seulement le guet de la mer. Les nobles qui servaient dans la marine étaient exempts du ban et de l'arrière-ban.

Au reste, le principal but des armements maritimes était encore, même à cette époque, de combattre les pirates et d'en nettoyer les côtes. C'est pour cela que furent tracées toutes les règles relatives au droit de bris, à la police maritime, aux prises, etc. : on voulait avoir une force navale capable de garantir les intérêts du commerce ; on songeait peu à s'en servir pour soutenir les intérêts et l'influence politique de la France. L'amiral avait dans ses attributions la marine marchande comme la marine militaire ; c'était lui qui donnait aux bâtiments de commerce leurs pavillons, délivrait leurs saufs-conduits pour la pêche ; il était chargé de faire à ce sujet avec les étrangers les *trèves pêcheresses*. Henri III prend soin de régler en détail, dans son ordonnance de 1584 sur l'amirauté, l'équipement et l'armement

---

[1] Les tribunaux de commerce connurent pourtant exclusivement de certaines causes du commerce maritime, telles que celles qui concernaient les polices d'assurance.

[2] Le Parlement, en enregistrant l'ordonnance de 1584, y mit pour réserve qu'il recevrait lui-même les officiers du siége principal de la table de marbre.

des navires de commerce, qu'il déclare être « non-seulement » d'utilité privée, mais d'intérêt public. »

Malgré ces ordonnances, et malgré quelques essais tentés dans le but de former des marins, la France se trouvait encore, au temps d'Henri IV, inférieure, sous le rapport de la marine, à la Toscane et au moindre des États Italiens. Le cardinal d'Ossat, ambassadeur à Rome en 1601, écrivait à Villeroi pour lui conseiller d'augmenter le nombre des galères dans les ports de Marseille et de Toulon : « Ce serait une chose de grande sûreté, commodité, ornement et réputation à la couronne de France, et mettrait fin à la honte que c'est à un si grand royaume flanqué de deux mers de n'avoir de quoi se défendre par mer contre les pirates et corsaires, tant s'en faut que contre les princes [1]. » La faiblesse de la France sous ce rapport paraissait encore plus déplorable, comparée à la grandeur croissante de l'Angleterre et de la Hollande. On sait que lorsque Sully fut envoyé comme ambassadeur à Londres, le sieur de Vic, commandant du bâtiment sur lequel il était monté, fut forcé de baisser pavillon devant un amiral anglais qui menaçait de le couler bas.

Toutefois Henri IV ne forma guère, pour relever la marine, que des projets ; ses efforts se bornèrent à encourager la fondation des colonies ; il pensait que la France deviendrait puissance maritime, dès qu'elle serait puissance coloniale. Il voulait aussi créer trois flottes qui auraient fait le voyage des Indes, chacune à leur tour, tous les six mois, comme les flottes du roi d'Espagne. Il se fit présenter un tableau annuel du matériel naval, et il décida que toutes les surenchères des fermes seraient affectées spécialement aux constructions des navires [2]. En 1609, Sully lui soumettait un plan des travaux nécessaires pour empêcher l'ensablement des ports et faciliter la navigation.

---

[1] D'Ossat. Lettres.
[2] Déclar. de janvier, 1708 (Fonds Harlai).

Sous Louis XIII l'assemblée des notables de 1617, demanda l'établissement de vaisseaux de guerre garde-côtes. En 1621, le roi acheta quelques bâtiments marchands, les fit armer et les transforma en vaisseaux de guerre capables de lutter contre les Rochellois, qui avaient acquis, grâce à leurs relations avec l'Angleterre et la Hollande, une certaine force maritime. Depuis cette année une flotte fut toujours entretenue sur l'Océan, et les succès du duc de Guise inaugurèrent cette première apparition de la marine militaire française.

Enfin, la charge d'amiral fut supprimée en 1626, en même temps que celle de connétable; on la remboursa à M. de Montmorency, les inconvénients étaient les mêmes. Toutes les charges inférieures furent remboursées à leur tour et rétablies par commissions. Richelieu renversa ainsi tout l'ancien système, puis, nommé surintendant de la navigation et aidé d'un secrétaire général, il s'empara de la direction du département de la marine et s'occupa de développer dans un système plus large les forces navales du pays. Les amiraux du Levant et du Ponant, correspondant avec le ministre dont ils recevaient les ordres, ne conservèrent que des fonctions assez analogues à celles de nos préfets maritimes, à l'exception de quelques droits particuliers, et de leur juridiction spéciale, qu'ils continuèrent de réunir, comme tous les chefs de services, aux attributions purement administratives.

§ II. — Créations de Richelieu.

Après avoir ainsi établi l'unité de direction et la hiérarchie, Richelieu constitua le personnel et le matériel d'une armée navale.

Il continua de recruter le personnel maritime par des engagements et par un système assez analogue à celui de la presse anglaise. Il envoyait chaque année aux siéges d'amirautés la fixation du contingent que leurs provinces devaient fournir. L'État se chargea seulement d'entretenir des écoles gratuites de pilotes qui furent créées dans tous les ports et dirigées par des pilotes hydrographes. Des prix et des récompenses diverses furent imaginés pour stimuler le zèle des pilotes, des canonniers et des matelots. Tous les marins qui avaient pris du service à l'étranger furent obligés de rentrer en France, sous peine de voir confisquer leurs biens [1]. Richelieu créa le premier régiment de marine en 1627, et le régiment royal des vaisseaux en 1639. La composition des équipages fut réglée, en 1641, par le commandeur De la Porte, qui prit pour modèle celle des vaisseaux hollandais. Chaque navire dut avoir un état exact de son équipage et de son matériel. Les capitaines, dont la rareté avait excité les plaintes de l'amiral de Montmorenci, ne tardèrent pas à se former.

C'était un ancien usage que celui de faire ramer les forçats sur les galères et de les employer aux travaux des ports, mais il en fallut un bien plus grand nombre que par le passé. On réduisit donc au service de la chiourme la plupart des prisonniers de guerre : tous les Turcs et les renégats que l'on pouvait prendre y étaient impitoyablement envoyés. On fit subir ce traitement, en 1637, à l'équipage entier d'un bâtiment marocain, échoué près de La Rochelle. On y condamnait aussi les soldats espagnols, qui, se rendant des Pays-Bas en Espagne, traversaient la France sans passeports du gouvernement français. Enfin un ordre d'un ministre suffisait pour que l'on dirigeât au besoin sur les galères les prisonniers détenus dans les différentes villes, et

---

[1] On manqua longtemps de matelots pour la marine militaire ; on défendit donc, en 1644 et en 1645, à tous les matelots en général de prendre du service sur les navires de commerce sans autorisation royale, à moins que ce ne fût sur ceux des compagnies autorisées.

qu'on fît la presse des vagabonds et des gens sans aveu qui ne se seraient pas conformés aux réglements établis sur la mendicité [1].

Richelieu régla les limites de la juridiction des amirautés dont le nombre fut augmenté successivement [2]. Tous les droits particuliers qui appartenaient à des villes, des communautés et des seigneurs furent soumis à révision, et supprimés, si la navigation devait en souffrir. De nombreux arrêts du conseil renouvelèrent la défense déjà faite aux habitants des côtes de piller les effets naufragés.

Richelieu créa aussi un matériel naval. J'ai déjà cité l'édit de 1627, qui ordonna la construction d'un grand nombre de vaisseaux. En 1639, la France eut une flotte considérable, qui put tenir la mer avantageusement contre les Espagnols, et dont la création fut inaugurée par les victoires de MM. de Lavalette et de Sourdis. Elle avait en mer, cette année, suivant l'état que Colbert a conservé parmi les papiers de Richelieu, dans le Ponant, c'est-à-dire dans l'Océan, un vaisseau de deux mille tonneaux, un de mille, un de sept cents, sept de six cents, sept de cinq cents, cinq de quatre cents, douze de trois cent cinquante à deux cents, outre six plus petits, vingt brûlots et dix flûtes. Elle avait dans le Levant, c'est-à-dire dans la Méditerranée, un vaisseau de mille tonneaux, trois de cinq cents, trois de quatre cents, un de trois cents, sept de deux cents, un plus petit et six brûlots.

Mais laissons parler le bailli de Forbin, témoin oculaire,

---

[1] Voir les ordonnances de 1683 et de 1686 sur la conduite des chaînes et des forçats condamnés aux galères, les mesures prises pour les empêcher de se mutiler, pour arrêter les évasions, etc.

[2] Ainsi un tribunal d'amirauté fut créé à Dunkerque, en 1647. Voir aussi le réglement de 1660 pour la compétence des différents tribunaux d'amirauté, et celui de 1676 fixant les droits et les salaires des officiers qui les composaient.

des progrès accomplis sous ce règne. « L'on a vu, disait-il, fortifier les côtes, augmenter le nombre des galères, construire les plus beaux vaisseaux et les plus puissants équipages que la France ait jamais eus, et au lieu qu'une poignée de rebelles contraignit naguère de composer nos armées navales de forces étrangères, et d'implorer le secours d'Espagne, d'Angleterre, de Malte et de Hollande, nous sommes à présent en État de leur rendre la pareille, s'ils persévèrent dans notre alliance, ou de les vaincre lorsqu'ils en seront détachés. » Le bailli de Forbin voulait que la France entretînt dans la Méditerranée trente galères et dix vaisseaux de cinq à six cents tonneaux, forces destinées à servir en temps de paix contre les corsaires. L'accroissement du commerce devait, selon lui, compenser et au-delà l'accroissement de dépenses que cette mise de fonds exigerait.

Les ports, visités à plusieurs reprises[1], commencèrent à être mieux entretenus. Le sieur Deville, celui qui fit établir les compagnies d'assurances maritimes en France, obtint qu'on établît aussi dans les différents ports des commissaires subordonnés au surintendant, et qui portèrent le titre de conseillers du roi directeurs de la navigation.

Les magasins de marine furent créés sous ce règne, quoiqu'on ne puisse dire à quelle date. Le mémoire qui prépara leur création, proposait d'en former trois au moins pour les côtes de l'Océan, ceux de Brest, de Brouage et du Havre. La dépense n'en était estimée qu'à 86,000 livres, dont 60,000 pour le port de Brest et 13,000 pour chacun des deux autres. Richelieu traça aussi les règles de la comptabilité du matériel de la marine, et se fit faire de nombreux rapports sur toutes les parties de ce service.

---

[1] Entre autres ceux de Normandie en 1612 et en 1629.

§ III. — De la marine sous le règne de Louis XIV.

Après Richelieu, la surintendance de la navigation et du commerce, car on ne faisait pas encore la distinction de la marine militaire et de la marine marchande, fut donnée à la reine-mère Anne d'Autriche, qui la fit gérer par le duc de Loynes. On ne la considérait plus que comme une charge de cour lucrative; aussi les progrès de la marine française furent-ils arrêtés jusqu'au temps de Colbert. On rétablit même, en 1650, le titre d'amiral en faveur du duc de Vendôme [1]; on prit cependant la précaution, en rendant à l'amiral le commandement des forces maritimes et son droit de juridiction, de ne pas lui rendre celui de nommer aux charges inférieures. Les droits pécuniaires de l'amirauté furent également très-restreints, et l'on obligea les seigneurs qui prétendaient en exercer de semblables, à en faire encore une fois vérifier les titres.

Il n'y a guère à signaler pendant cette époque que les efforts qui eurent pour but d'assurer aux étrangers la liberté de la navigation sur les côtes de France; on réussit à diminuer la piraterie, et comme les tribunaux ordinaires de l'amirauté n'offraient pas de garanties suffisantes pour le jugement des prises, on créa en 1659, à cet effet, un tribunal de commissaires spéciaux.

Lorsque Louis XIV eut pris lui-même les rênes du gouvernement, la charge de surintendant de la navigation et du commerce fut donnée au duc de Beaufort; mais le duc de Beaufort étant alors à la tête d'une escadre, ce fut Colbert qui fit les fonctions de ministre. Colbert, étant surchargé de travail, et réunissant les attributions de presque

---

[1] Voir aussi les provisions de la charge d'amiral, données, le 12 octobre 1669, au comte de Vermandois. Le roi se réservait spécialement la nomination du trésorier, et celle des agents chargés du matériel.

tous les ministères à la fois, demanda que le secrétaire d'État de Lyonne eût à sa place la direction du commerce et de la marine. Louis XIV n'y consentit qu'à la condition expresse que Colbert prendrait lui-même connaissance de tout et dicterait les décisions [1].

Colbert présenta plus tard à Louis XIV son fils, le marquis de Seignelay, pour lequel il a pris soin d'écrire des instructions célèbres qui sont encore un modèle aujourd'hui [2]; il obtint pour lui une charge de secrétaire d'État et le département de la marine. Sous le ministère de Seignelay, Louis XIV créa une assemblée de marine, qui fut comme un conseil suprême d'administration, et au sein de laquelle toutes les mesures durent être délibérées. Cette assemblée fut aussi chargée de juger les prises et le contentieux administratif en dernier ressort [3].

Colbert assura à la marine un personnel régulier en établissant le système de l'inscription. Avant cette mesure, on avait déclaré les habitants de chaque paroisse tenus solidairement pour le nombre de matelots qu'ils devaient fournir; on avait décidé que tout refus d'engagement de la part des gens de mer serait pour les capitaines préposés à

---

[1] Les attributions de Colbert comprenaient alors : la correspondance avec le duc de Beaufort, avec les commandants de galères, les intendants et les commissaires généraux de la marine, avec les ambassadeurs à l'étranger pour le fait de la marine et des achats; la direction des constructions maritimes, telles que manufactures d'armements, fonderies, arsenaux, magasins; l'entretien des ports, l'administration des chiourmes, la direction générale du commerce de terre et de mer, celle des colonies, celle des compagnies formées par l'État, la correspondance avec les consuls pour toutes les affaires de la marine et pour le rachat des esclaves. — Tiré des archives de la marine, en 1669.

[2] Voir une partie de ces instructions aux Pièces justificatives.

[3] Cette assemblée de marine, instituée le 23 septembre 1676, fut composée d'abord des conseillers de finance Poncet, Colbert et Pussort, des conseillers d'État de Lainé, de la Margrie, de Breteuil et de Bezons, de deux maîtres des requêtes, et du secrétaire d'État chargé du département de la marine.

la levée des équipages un motif d'employer des voies de contrainte; mais le personnel était encore insuffisant : les paroisses remplissaient mal leur obligation, et l'État éprouvait pour les y forcer des difficultés de tout genre. L'inscription et l'enrôlement par classes établis par une ordonnance de 1668, substituèrent l'action de l'État à celle des paroisses, et ce système, appliqué aussitôt dans la Bretagne et dans la Provence, fut étendu en 1673 à toutes les provinces maritimes, qui furent divisées en départements, confiés chacun à un commissaire de marine. Tous les hommes de mer étaient répartis dans trois ou quatre classes; ces classes devaient servir une année chacune à tour de rôle, et recevoir pendant cette année sur les vaisseaux la solde complète, à terre la demi-solde. La convocation se faisait au prône des messes paroissiales; les marins appelés devaient se rendre en dix jours au port de leur département. Pendant leur service actif, ils jouissaient de certains privilèges, tels que celui d'être à l'abri des poursuites et des saisies civiles. On leur laissait la faculté de s'engager dans la marine marchande, pendant les années où l'État ne les réclamait pas. Les hommes d'un même pays servaient ensemble : trois cents était le nombre fixé pour former un équipage, et on avait tracé sur la côte autant de divisions qu'il devait y avoir d'équipages. On enrôlait aussi des enfants au-dessous de quinze ans, qu'on dressait à la manœuvre, afin que l'État trouvât au besoin pour son service une pépinière toute prête de matelots; ces enfants devaient former le dixième de l'enrôlement total [1].

Il fut défendu aux marins français de prendre du service à l'étranger sous peine des galères [2]. Les matelots étrangers

---

[1] Voir encore les ordonnances de 1683 et de 1689 sur la composition des armées navales.
[2] Ordonnance du 10 décembre 1670.

furent déclarés, au contraire, après cinq ans de service en France, régnicoles, et comme tels exempts du droit d'aubaine [1]; les pilotes étrangers étaient naturalisés du jour où ils s'étaient établis dans le royaume [2]. On autorisa aussi les jeunes matelots à s'embarquer sur des navires d'un autre pavillon pour apprendre les langues étrangères [3]. Plus tard on fit entrer dans le service de la marine les jeunes gens, tirés de l'hôpital général, les enfants trouvés, les orphelins [4].

Les habitants des côtes continuèrent au reste d'être soumis *au guet de la mer*, c'est-à-dire à l'obligation de faire la garde de peur d'invasion, dès qu'ils seraient commandés. Les côtes furent divisées dans ce but en capitaineries, composées chacune de plusieurs paroisses [5].

Les troupes de mer étaient, comme celles de terre, levées par des capitaines, et composées de recrues qui n'avaient pas l'expérience du genre de service auquel elles étaient appelées, qui même l'acquéraient rarement. Louis XIV, pour parer à cet inconvénient, créa le 20 novembre 1669 un corps permanent d'infanterie de marine [6], puis quatre jours après (24 décembre) une compagnie de gardes de la marine, composée de nobles et destinée à servir sur les vaisseaux amiraux [7]. Au reste, les compagnies de l'armée navale ne cessèrent pas pour cela d'appartenir à leurs capitaines. Le roi donnait aux soldats le mousquet et la bandoulière; les capitaines recevaient une somme à l'aide de laquelle ils étaient tenus de fournir à leurs hommes le reste de l'équipement.

---

[1] Ordonnance d'avril 1671. — [2] Ordonnance de 1687.
[3] Ordonnance de 1685 — [4] Ordonnance de 1694.
[5] Ordonnance de la marine de 1681.
[6] Cependant les deux régiments d'infanterie de marine ne furent organisés que plus tard.
[7] Voir le Code naval et les archives de la marine.

CHAP. XX. — ADMINISTRATION DE LA MARINE.   341

Louis XIV détermina en 1669 la hiérarchie, le nombre et la solde des officiers de marine; il étendit le maréchalat aux troupes de mer.

En 1669, un collége de marine fut créé à Saint-Malo [1], et on ajouta en 1676 de nouvelles écoles à celles que Richelieu avait établies déjà pour l'artillerie de mer [2]. Les lieutenants, enseignes et gardes de la marine furent tenus d'assister aux exercices de l'hydrographie et du canon, ainsi qu'à des leçons pour la construction des bâtiments [3]. Le commandant de chaque port devait les inspecter deux fois par mois pour s'assurer de leurs progrès [4].

La justice militaire dans le service maritime fut réglée par l'ordonnance de 1673. Chaque port dut avoir un tribunal de sept juges présidé par le vice-amiral ou son lieutenants, et dont le capitaine du vaisseau de l'accusé ferait partie. Le prévôt du port ou l'aide-major instruisait les procès et remplissait les fonctions d'accusateur. L'armée de mer eut donc dès lors, comme celle de terre, ses conseils de guerre particuliers, et les tribunaux d'amirauté demeurèrent simples tribunaux administratifs. Tous les prévôts des ports dépendaient d'un prévôt général dont les attributions furent réglées en 1674.

Louis XIV pourvut à la subsistance des familles des matelots absents, en leur faisant payer régulièrement une portion de la solde. Il assura l'entretien des blessés des armées de mer, et fit construire deux hôpitaux de la marine, l'un

---

[1] Archives de la marine, année 1669.
[2] La police et la discipline des compagnies franches de l'artillerie de marine furent réglées par une ordonnance de 1695. Le 28 mai 1698, on amnistia tous les soldats de ces deux compagnies qui avaient déserté avant le 3 octobre 1697, jour de la signature de la paix de Ryswick. La France avait, en 1705, sept compagnies d'infanterie de marine.
[3] Voir deux ordonnances de 1680.
[4] Ordonnance de 1684.

à Toulon et l'autre à Rochefort (1674), sans compter le vaisseau hôpital que chaque escadre devait avoir. Le fonds de subvention de ces hôpitaux était alimenté par une retenue faite sur les appointements de tous les fonctionnaires de la marine.

Les bâtiments de guerre devaient être accompagnés d'aumôniers, pour lesquels un séminaire fut créé à Toulon en 1686.

Enfin Louis XIV fit dans les dernières années de son règne pour les invalides de la marine ce qu'il avait fait pour ceux des armées de terre ; il créa pour leur entretien une caisse spéciale (1709), et il acheta pour eux des rentes sur les aides et les gabelles, en consacrant à l'achat de ces rentes les sommes qui provenaient des retenues faites sur le traitement des marins.

Pour que le service des ports se fît avec plus de régularité, on délimita, en 1674 et en 1696, les fonctions de tous les officiers que l'on envoyait dans les ports et les places maritimes. La marine avait, comme l'armée de terre, ses commissaires généraux intendants, qui devaient surveiller l'exécution des ordonnances et faire les inspections, ou qui étaient, en d'autres termes, chargés de toute la partie administrative du service [1]. Le pouvoir des intendants s'étendait même sur les navires de commerce : ils devaient forcer les capitaines de ces navires à tenir régulièrement leurs journaux ; c'étaient eux qui accordaient, tantôt seuls, tantôt de concert avec le secrétaire général de la marine, les congés, donnés autrefois par les consuls. Tout fait de commerce

---

[1] Il y en avait déjà deux en 1665, d'Infreville et Colbert du Terron. En 1669, le duc de Beaufort emmenant de Toulon une escadre pour Candie, le commissaire général Brodart est envoyé par le roi pour surveiller l'embarquement avec deux commissaires particuliers et pour monter sur les galères. — Archives de la marine, année 1669.

leur était du reste sévèrement interdit, à eux et à leurs subordonnés.

Les besoins financiers de l'État durant les dernières années du règne de Louis XIV firent créer dans l'administration maritime beaucoup de charges nouvelles. En 1691, on augmenta le nombre des sièges d'amirauté, et, en 1701, on y institua des offices de lieutenants criminels, de commissaires, d'assesseurs, d'avocats, de procureurs, d'huissiers, etc. On nomma, en 1704, huit commissaires généraux de la marine inspecteurs aux classes, et huit inspecteurs des vivres, etc. Une partie de ces charges, qui embarrassaient l'administration plus qu'elles ne la servaient, fut plus tard supprimée.

Telle fut l'organisation de la marine quant au personnel.

Le système des fournitures pour l'armée de mer éprouva les mêmes vicissitudes que celui des fournitures de l'armée de terre. Jusqu'en 1669, les vivres avaient été fournis presque constamment par les capitaines. On créa en cette année un munitionnaire général dont la nomination fut attribuée au conseil ; la charge de munitionnaire était donnée par adjudication, après des soumissions faites au rabais ; l'adjudicataire s'engageait à faire construire des magasins dans tous les ports et à fournir des vivres dans la quantité et de la qualité requises ; on lui imposait l'obligation de tirer de France tous les objets de ses fournitures ; il était, en retour, exempt de tous les droits et péages de l'intérieur. On régla les formes de sa comptabilité, qui devait être soumise aux intendants et aux commissaires généraux, et les différents détails de son service. On lui interdit la faculté de convertir les fournitures en argent dans aucun cas.

La législation des arsenaux de marine date de 1674 [1].

---

[1] Ces arsenaux étaient au nombre de cinq, savoir : Brest, Roche-

Colbert sut tout prévoir et régler : comment seraient construits et distribués les magasins; comment on ferait les achats de marchandises, de bois, d'armes, de munitions. L'intendant signait les traités et arrêtait les dépenses ; les garde-magasins, placés sous ses ordres, recevaient le matériel et en rendaient compte. On fut d'abord obligé de recourir aux étrangers pour la plupart des achats. Colbert, pendant les premières années de son administration, eut sans cesse des envoyés en Hollande et dans le nord pour y acheter tous les objets nécessaires et jusqu'à des vaisseaux[1]. Mais il voulut aussi rendre la France capable de suffire à l'armement de la marine; il favorisa dans ce but l'établissement de forges en Bourgogne, de filatures en Bretagne, etc.[2].

---

fort, Toulon, Dunkerque, le Havre de Grâce. Port-Louis et Bayonne y furent ajoutés après Colbert. L'arsenal des galères était à Marseille.

[1] Dans les traités signés avec les puissances du Nord, et principalement avec la Suède, Colbert s'efforce de faciliter et d'assurer les approvisionnements de la marine.

[2] « Il est nécessaire d'observer soigneusement sur les achats à faire desdites marchandises qu'il faut toujours acheter préférablement en France aux pays étrangers, quand même les marchandises seraient un peu moins bonnes ou un peu plus chères, parce que l'argent ne sortant point du royaume, c'est un double avantage à l'État, en ce qu'il n'appauvrit point, et les sujets de S. M. gagnent leur vie et excitent leur industrie. » — « Il faut encore au dedans du royaume faire quelque distinction : les peuples qui paient la taille et autres impositions, telles qu'il plait au roi, doivent être plus chers et plus considérables à S. M. que les peuples des provinces qui jouissent du privilége des États, c'est-à-dire qu'il faut acheter les marchandises et établir les manufactures en Saintonge, Angoumois, pays d'Aunis et Poitou, préférablement à la Bretagne. » Lettre de Colbert du 3 juin 1666 à l'intendant Colbert du Terron. Fonds des Cinq-Cents, n° 126. — Colbert, en faisant de nouvelles commandes, disait encore dans une autre lettre adressée au même intendant : — « Il faut faire filer incessamment à Saint-Malo et à Brest. Travaillez incessamment à établir en France toutes les sortes de serrures qui sont nécessaires pour le bâtiment des vaisseaux, afin que nous n'ayons plus recours pour cela aux étrangers, étant certain que le fer de quelques-unes de nos provinces est aussi bon que celui de Biscaye, et vous

Il défendit, en 1674, de rien acheter à l'étranger, hormis le bois, le cuivre et le plomb. Dès 1668 et 1669, il avait déchargé des droits et des péages intérieurs tous les bois destinés à la marine, et l'ordonnance des eaux et forêts avait fait des réserves spéciales à ce sujet dans les forêts de l'État.

Colbert établit dans chaque port un conseil de construction qui dut s'assembler deux fois par semaine (mars 1671); il voulut qu'on se servît dans les arsenaux de poids et de mesures uniformes (août 1671); il détermina les dimensions que devait avoir chaque sorte de vaisseaux de guerre, etc.

L'administration du matériel et la police des ports appartinrent aux intendants de marine et à leurs délégués, capitaines de ports, commissaires ordinaires ou contrôleurs.

L'ordonnance de 1674 déterminait aussi les attributions spéciales du pilote royal, du maître d'équipages, du maître charpentier. Les ouvriers de la marine furent comme disciplinés et enrégimentés. Chaque arsenal eut des pilotes jurés chargés de faire sortir et de conduire les vaisseaux en rade [1]. La police de la navigation, celle de l'intérieur des vaisseaux, furent l'objet de règlements également précis, dont le détail n'offrirait qu'un intérêt spécial et secondaire, mais attesterait aussi le génie pratique et patient de leur auteur.

Les vaisseaux de l'État ne devaient pas être frétés aux particuliers. Les intendants furent cependant autorisés à laisser armer en course ceux de cinquième rang [2]. On défendit de vendre aucun vaisseau aux étrangers sans une autorisation spéciale du roi [3].

Dès 1665, Colbert avait demandé aux officiers de l'amirauté de faire sonder la profondeur des havres, des ports,

voyez bien qu'il est ridicule que nous allions chercher chez les étrangers ce que nous avons chez nous avec abondance. »

[1] Ordonnance du 20 août 1676.
[2] Ordonnance de 1677. — [3] Ordonnance de 1695.

des rades, et de l'embouchure des rivières. Il fit entreprendre sur les côtes de nombreux travaux, dont il confia l'inspection au chevalier de Clerville. On peut citer parmi ces travaux ceux du port de Cette, qui était devenu inabordadable et qui fut à cette époque même rouvert aux vaisseaux.

Suivant Voltaire, dans l'année 1672, on eut soixante vaisseaux de ligne et quarante frégates. Dans l'année 1681, il se trouva cent quatre-vingt dix-huit vaisseaux de guerre, en comptant les allèges, et trente galères dans le port de Toulon, armées ou prêtes à l'être. Onze mille hommes de troupes réglées servaient sur les vaisseaux : les galères en avaient trois mille. On comptait cent soixante-six mille hommes classés pour tous les services de la marine [1]. Il faut ajouter que Colbert avait réparti entre les divers ports militaires 7623 bouches à feu. D'après un manuscrit de Colbert lui-même [2], la marine marchande, élément de la marine royale, comptait, en 1664, 2368 bâtiments dont 329 seulement jaugeaient de 100 à 400 tonneaux ; le reste était inférieur.

Mais, à partir de l'an 1692, les forces militaires de la France éprouvèrent un remarquable affaiblissement ; malgré les brillants exploits de Tourville, de Jean Bart, de Duguay-Trouin, la marine française devint inférieure à celle de l'Angleterre, contre laquelle elle avait lutté avec avantage tant que Colbert l'avait administrée. Elle ne devait se

---

[1] M. Monteil (*Histoire des Français des divers États*, t. VIII) évalue de la manière suivante les forces de la France à la fin du xviie siècle. Il n'indique, il est vrai, ni la date de cette évaluation, ni le texte sur lequel elle s'appuie. Cent gros vaisseaux de ligne et environ deux cents frégates, galères ou autres grands bâtiments ; 0,000 matelots classés, 10,000 mousses classés, 10,000 sous-officiers classés, 1,000 officiers, 7,000 hommes de la chiourme ou du service des galères, 10,000 mariniers vétérans, 10,000 soldats de la marine.

[2] Cité par M. Chassériau. *Histoire de l'Administr. de la Marine.*

relever que plus tard, sous le règne de Louis XVI et sous le ministère du comte de Vergennes.

Comme on le voit, c'est Colbert qui a créé ou achevé de créer la plupart des établissements maritimes. C'est lui surtout qui a réglé toutes les parties de l'administration, personnel ou matériel, qui les a soumises à une direction centrale et uniforme; il n'y a pas de service public qui ne lui ait dû quelque progrès et quelque amélioration; le service de la marine est celui qui lui doit le plus. Les règles qu'il a tracées pour la constitution de ses différentes parties, pour l'ordre de la comptabilité et des mouvements de fonds, sont encore aujourd'hui les bases sur lesquelles repose l'administration maritime, et n'ont guère subi que les changements rendus nécessaires par les vicissitudes que la marine elle-même a éprouvées.

CONCLUSION.

J'ai exposé la formation, le développement successif de l'administration monarchique dans son ensemble et dans chacune de ses parties, depuis la fin du XII° siècle jusqu'au commencement du XVIII°. Arrivé au terme de cet ouvrage, je dois, en me conformant d'ailleurs au programme de l'Académie, déterminer le but, les vrais caractères et les résultats positifs de cette révolution.

Le but que les rois se proposèrent, et dans la poursuite duquel ils ne tardèrent pas à obtenir la coopération plus ou moins directe du pays, était très-simple. Dans les temps féodaux, tout le gouvernement était local; la nation n'existait pas en dehors d'une aristocratie de seigneurs entre lesquels le territoire était morcelé. L'œuvre commune de la royauté et du pays fut de substituer au gouvernement local un gouvernement général, de remplacer les intérêts multiples et exclusifs de l'aristocratie des seigneurs par un seul intérêt public, d'abord celui de la royauté, et plus tard celui du pays lui-même.

La formation territoriale du domaine, l'assimilation politique des provinces successivement réunies à la couronne, le triomphe de la souveraineté royale, furent les préliminaires indispensables de ce travail de centralisation; mais le progrès du système administratif lui servit de complément. Chaque fois en effet qu'une victoire fut gagnée ou un territoire conquis, des actes administratifs vinrent consacrer les succès obtenus et en préparer de nouveaux. Il n'y eut pas de brèche faite aux institutions féodales qui ne fût aussitôt réparée par une pierre ajoutée à l'édifice des institutions monarchiques. L'œuvre de la royauté consista bien plus à organiser qu'à détruire; en toute circonstance, elle se servit de la loi plus que de l'épée.

Ce fut la gloire et la force des rois capétiens de comprendre qu'à cette œuvre était attaché l'avenir de leur dynastie. A peine sortis des premières luttes du xii° siècle qui signalèrent le réveil de leur pouvoir éclipsé depuis longtemps, à peine affranchis du joug que leur imposait une aristocratie souveraine, ils reconnurent ce qui manquait au pays et lui imprimèrent sa direction. Où la féodalité avait été impuissante et aveugle, ils se montrèrent habiles et clairvoyants.

La France manquait d'un centre commun, malgré l'existence nominale de ses derniers rois et les récents efforts de l'Eglise pour organiser une sorte de gouvernement général. La royauté redevenue de fait, sous les règnes de Louis le Gros et de ses successeurs, ce centre commun, déclara aussitôt ses prétentions et les fit reconnaître. Elle ne se contenta plus de la suzeraineté à laquelle étaient attachés des droits patrimoniaux ; elle voulut y joindre la souveraineté à laquelle furent attachés des droits politiques. Tandis qu'elle avait été comme suzeraine à la tête d'une hiérarchie de feudataires subordonnés sans doute, mais tirant leur droit d'eux-mêmes et possédant une large sphère d'indépendance, comme souveraine, elle eut sous ses ordres une hiérarchie de fonctionnaires choisis par elle, révocables et obéissant à sa seule impulsion. Elle ne tarda pas à s'en faire une arme, dans la lutte qu'elle soutint contre les pouvoirs locaux, et perfectionnant tous les jours cet instrument de conquête, elle introduisit parmi ses agents la division du travail, la spécialité ; quand l'administration devint une science, elle leur imposa des conditions de capacité et un noviciat ; elle leur assura aussi des garanties et l'autorité nécessaires pour commander aux derniers seigneurs indépendants.

Ces agents travaillèrent sans relâche à fortifier l'ordre intérieur, la police générale, pour employer cette expression dans le sens très-large qu'on lui donnait autrefois, à enlever le pouvoir judiciaire aux tribunaux patrimoniaux, ecclésiastiques ou autres, pour l'attribuer exclusivement aux tribunaux royaux, mais surtout à améliorer, à coordonner, à simplifier les règles judiciaires. Non contents de fortifier l'ordre intérieur, ils s'efforcèrent aussi de favoriser, de hâter le développement de la richesse de l'État, de constituer une administration financière, soit en donnant aux droits royaux plus d'étendue, soit en levant des impositions de toute espèce, arbitraires ou consenties, soit enfin en créant, pour les circonstances où l'État aurait des guerres à soutenir ou de grands travaux à entreprendre, des ressources extraordinaires toutes prêtes. Le système financier, né des besoins successifs que les rois éprouvèrent, dut se perfectionner, se coordonner à son tour, contribuer peut-être un jour au développement de la richesse privée. Les sources de cette richesse privée devinrent elles-mêmes un peu plus tard l'objet de la sollicitude de l'État, qui entreprit de les raviver, et j'ai montré combien au XVIe et au XVIIe siècle, elles avaient préoccupé les gouvernants et l'esprit public. D'un autre côté, aucun des moyens qui pouvaient assurer la défense du pays et sa grandeur extérieure, ne fut négligé, et sans chercher de trop anciens exemples, il suffira de comparer, sous ce rapport, l'état de la France à deux époques, à celle où le roi Jean était prisonnier chez les Anglais, et à celle où Louis XIV recevait à sa cour les princes étrangers, qui venaient y apporter des excuses ou y chercher un exil. Enfin la nation, dont le cercle d'activité ne s'étendit jamais au moyen âge, quoi qu'on en ait dit, au delà des limites d'un bourg ou d'une commune, la nation pensait, agissait par elle-même sous Louis XIV; elle avait à la fois étendu son domaine intellectuel, reculé son horizon politique et agrandi sa sphère d'action ; elle pensait, elle agissait, et déjà sa pensée, son action remuaient le monde. Voilà le but que s'était proposé la royauté et les résultats qu'elle avait obtenus, résultats qui ont pu être produits dans d'autres pays par des causes analogues, mais qui ne l'ont été nulle part aussi complétement qu'en France, parce que nulle part le pouvoir n'en a pris l'initiative avec plus d'habileté et de persévérance.

Au XVIIIe siècle la plupart des pouvoirs locaux avaient disparu, ou subi une transformation complète; clergé, noblesse, Parlements, Universités, villes municipales, avaient perdu peu à peu leur indépendance, pour être réduits au rôle d'agents de l'État. Les derniers pouvoirs locaux qui avaient survécu étaient traités en ennemis, c'est-à-dire, ménagés quand on les croyait forts, écrasés quand ils étaient faibles. Si la lutte n'était pas terminée à cette époque, elle était bien près de l'être. Le principe du gouvernement central n'était méconnu par personne, et ce gouvernement lui-même était très-absolu ; quelques décombres de la féodalité restaient encore, comme des justices seigneuriales, des priviléges pour certaines villes, l'hérédité, la vénalité de charges publiques ou de commandements militaires : mais ce n'étaient que des exceptions à des règles devenues générales, et ces exceptions, qui tendaient à disparaître, disparurent en effet dès le début des assemblées révolutionnaires. La lutte de la royauté contre les pouvoirs locaux ne durait encore que parce qu'elle avait changé de nature : c'étaient les nationalités provinciales qui résistaient aux efforts de la centralisation, et la liberté des administrés qui cherchait une protection et des garanties dans cette résistance. A la révolution de 1789 il était réservé de consacrer le principe de la centralisation, et de l'appliquer d'une manière uniforme qui n'exclût pas la coexistence d'institutions libres.

Les historiens ont souvent agité la question très-controversée d'ailleurs et très-susceptible de controverse, de savoir si les rois avaient accepté le système féodal et travaillé seulement à le dominer pour lui imprimer une marche plus régulière, plus conforme à leurs vues, ou s'ils l'avaient combattu dès le principe comme un système antisocial, qu'il fallait briser pour rendre le progrès possible. Nul doute que la féodalité n'ait été envisagée tour à tour de ces deux manières ; on doit même croire qu'elle a été, suivant les occasions, envisagée sous ces deux aspects par les mêmes personnes. Depuis Philippe-Auguste jusqu'à Louis XIV, tous les rois ont été à la fois suzerains et souverains : comme suzerains, ils ont gouverné la féodalité ; comme souverains, ils l'ont combattue. Placés tantôt à sa tête pour la diriger, et tantôt en dehors d'elle pour la renverser, ils ont donc joué un rôle double, sans cesser de poursuivre un même but. Or, quand les hommes poursuivent, par instinct ou par réflexion, un but unique, ils se règlent bien plutôt dans cette poursuite sur les événements que sur des théories. L'histoire de France en présente des exemples frappants : il suffira d'en citer un : celui de Louis XI.

Mais si la conduite des rois a été sous ce rapport d'une mobilité que le changement seul des circonstances explique, il était cependant inévitable qu'ils fissent un choix parmi les éléments de la féodalité, pour rejeter les uns et accepter les autres d'une manière à peu près constante.

Parmi les éléments que les rois ont rejetés parce qu'ils étaient incompatibles avec leur œuvre, il faut citer d'abord le caractère patrimonial de la souveraineté, ou ce qu'on pourrait mieux appeler les droits politiques des possesseurs de fiefs. La royauté enleva par degrés aux possesseurs de fiefs la part qu'ils prenaient à l'exercice de l'autorité judiciaire, aux diverses fonctions administratives; elle leur contesta plus ou moins ouvertement le pouvoir de siéger aux assemblées provinciales ou générales, et les commandements qui leur étaient réservés dans l'armée. Elle commença par nier la nature de leurs droits ; elle remplaça les droits patrimoniaux inhérents aux familles par des droits octroyés, émanés d'elle-même, par des priviléges, et quand elle fut devenue assez forte pour restreindre ou méconnaître ces priviléges impunément, elle le fit en mainte circonstance. J'ai déjà remarqué qu'en niant le droit, elle avait commis l'erreur de nier aussi la liberté, que l'esprit de liberté avait servi dès lors à défendre les droits patrimoniaux, même en ce qu'ils avaient de plus absolu, et que l'alliance d'institutions libres avec un gouvernement central plein de force n'avait pu s'opérer que dans une époque plus récente.

Un autre élément de la féodalité, c'était la décentralisation, le morcellement avec toutes ses conséquences : c'est-à-dire avec l'isolement, avec l'absence de relations d'aucune espèce, avec l'ignorance et la pauvreté. Chacun vivait, travaillait pour soi ; la vie était étroite, l'horizon borné. La condition matérielle était misérable ; la condition morale ne l'était guère moins, si ce n'est qu'en ce temps la religion, mal comprise toutefois et mal observée par des hommes d'intelligence grossière ou de mœurs brutales, avait plus de prise sur les âmes. La royauté combattit la décentralisation et l'isolement, son œuvre fut d'associer et de réunir. Elle habitua le peuple à regarder au delà des tours du château ou du clocher du village; elle lui apparut de loin comme une force protectrice, puis multipliant ses propres agents, renversant les barrières et les souverainetés locales, favorisant les marchés, les voyages, les entreprises publiques, elle mêla, associa, confondit peu à peu les diversités provinciales, créa une patrie et couronna son œuvre en réunissant dans une armée nationale des recrues enlevées à la jeunesse de toutes ses provinces. Elle permit ainsi au pays, dont elle agrandissait la sphère d'activité, de développer son intelligence et sa richesse.

Enfin la royauté a contribué encore d'une autre manière à la ruine de l'association féodale. En niant les droits politiques des seigneurs, et en combattant l'isolement qui rendait tout progrès moral ou matériel impossible, elle a établi indirectement l'égalité, l'admissibilité de tous aux charges publiques; elle a assuré aux classes inférieures les moyens de travailler à leur élévation ; elle a fondé le tiers-état. Les lois d'égalité et d'affranchissement, déjà admises par la religion, mais contrariées par l'organisation féodale qui leur donnait un perpétuel démenti, sont entrées enfin dans le domaine de la société laïque, et alors a pu commencer ce mouvement ascensionnel des classes inférieures, qui est le caractère le plus manifeste des temps modernes. Le tiers-état, que la féodalité enchaînait à sa source, devait creuser son lit, s'élever avec la rapidité du flot qui monte, et plus tard tout entraîner dans son cours.

Voilà en quoi la royauté s'est séparée de la féodalité, pour la combattre et pour la détruire. Quand elle a reculé dans l'accomplissement d'une pareille œuvre, c'est qu'elle a rencontré un obstacle imprévu; ses concessions ont été forcées, jamais volontaires.

Sur d'autres points elle s'est conformée plus généralement aux idées, aux doctrines féodales. Si elle a enlevé aux seigneurs la plupart de leurs droits féodaux, c'était moins pour faire disparaître ces droits que pour les confisquer à son profit, pour les déclarer, par exemple, droits royaux exclusifs. J'ai eu souvent occasion de montrer comment un abus féodal était devenu ainsi abus royal, comment en mainte circonstance l'intérêt personnel des seigneurs n'avait disparu que pour laisser la place libre à l'intérêt personnel du roi. Ce ne fut qu'à la longue que l'administration en vint à séparer l'intérêt de la nation de l'intérêt royal personnel, et à chercher pour les institutions existantes une origine rationnelle plutôt qu'une origine historique.

En second lieu la royauté qui combattait le caractère patrimonial de la souveraineté des vassaux, était loin de renoncer aux avantages que ce même caractère attachait à la sienne propre. Le régime féodal avait confondu la souveraineté et la propriété dans une foule de cas : cette confusion, plus ou moins effacée aux divers échelons de la hiérarchie nobiliaire, continua de subsister au sommet. Ainsi la législation financière présenta des traces nombreuses de l'action des rois à titre de propriétaires, et il fallait que ces traces fussent bien profondes pour qu'une école de légistes attribuât encore à Louis XIV lui-même la propriété du sol de la France entière, et ne regardât le droit de propriété des particuliers que comme un démembrement du droit royal.

On doit faire à ce sujet une importante remarque, c'est que la royauté s'est abstenue en général de combattre les droits qui étaient inhérents à la propriété féodale elle-même, lorsque ces droits n'avaient pas un caractère politique ou ne conféraient pas d'attributions administratives véritables. Les droits de dîmes, de chasses, de corvées, etc., subsistèrent malgré la centralisation monarchique, soit que les rois craignissent de compromettre le succès de leur cause par des attaques trop multipliées, soit que jouissant eux-mêmes de droits semblables, ils eussent avec les seigneurs accord de préjugés et d'intérêts. Sans doute ces droits furent avec le temps limités, restreints dans leur exercice; beaucoup d'entre eux, tels que les droits de péages, furent successivement supprimés; mais ces mesures furent pour la plupart imposées aux rois par le tiers-état, qui se réservait d'achever lui-même de les compléter dans la nuit célèbre du 4 août.

Enfin, puisque c'est à la Révolution française qu'il faut aboutir pour voir la dernière empreinte de la féodalité disparaître, signalons encore deux faits dont la trace n'a pu être effacée avant cette époque, l'inégalité civile, et l'inégalité entre les villes et les provinces. Ce n'est pas cependant que la royauté n'ait travaillé d'une manière active à créer l'égalité entre les citoyens, et l'uniformité administrative sur toute l'étendue du territoire. Assurément elle fit beaucoup à ce sujet et ce fut elle qui jeta les bases des décrets de nos grandes assemblées. Quoique la société parût constituée au XVIII° siècle sur l'équilibre des priviléges, en fait les priviléges avaient été restreints, minés sourdement ou même détruits pour une forte part : en beaucoup de rencontres ils n'avaient été, comme j'ai eu occasion de le faire voir, que la forme passagère de la liberté, et la liberté était alors déjà assez forte et assez grande pour marcher seule. L'uniformité administrative était aussi très-avancée. Il y avait bien encore des administrations provinciales fondant la diversité de leurs droits sur celle de leurs titres, des pays d'élections, des pays d'États et des pays réputés étrangers. Cependant la plupart des services publics s'exerçaient déjà, dans toute l'étendue de la France, d'après des règles communes : partout ou à peu près, l'action royale avait triomphé de la résistance ou des prétentions des pouvoirs locaux : il suffit presque d'une division nouvelle du territoire pour achever l'uniformité préparée de si loin.

Tels furent les caractères les plus généraux de la centralisation monarchique. En fait et en droit, dans leur conduite et dans leurs principes, les rois se séparèrent de la féodalité, mais ils ne s'en séparèrent pas brusquement; ils laissèrent subsister plus ou moins longtemps, parmi les institutions féodales, celles qui étaient utiles au succès de leur cause, ou celles dont ils n'étaient pas assez forts pour achever la ruine.

Si nous examinons plus particulièrement chacun des services publics, nous aurons encore quelques autres caractères à signaler.

D'abord, la subordination de la noblesse, de l'Église, des Universités et des villes au pouvoir royal n'a pas été un fait simple, mais un fait complexe : elle n'a pas servi seulement la cause de l'ordre, elle a fait aussi prévaloir des idées très différentes de celles qui tenaient à la féodalité.

La noblesse, bien déchue de ses vieilles prétentions à l'indépendance, ne fut plus considérée, ne se considéra plus elle-même au XVIII° siècle que comme l'appui et le soutien du trône ; comme telle, elle contractait envers le prince, dans la pensée politique du temps, des obligations rigoureuses. Faisons un progrès encore, remplaçons la noblesse de naissance par l'aristocratie de la fortune et du rang, les obligations envers le prince par les obligations envers l'État, nous arrivons par une transition naturelle à notre manière de voir ; le germe de toutes nos idées actuelles est dans les idées qui furent prédominantes sous les règnes de Louis XIV et de Louis XV, et que la centralisation monarchique elle-même avait fait éclore.

L'Église tomba comme la noblesse de son indépendance primitive sous la domination et le patronage des rois. La royauté, tout en lui empruntant ses idées les plus généreuses et les plus fécondes, lui enleva presque toute participation au gouvernement temporel ; j'ai montré comment la séparation du temporel et du spirituel avait été préparée indirectement par les ordonnances. Supposons cette séparation déjà accomplie pour une large part, et l'Église ayant changé des priviléges peu efficaces pour la jouissance plus utile d'institutions libres, nous arrivons au XIX° siècle qui n'a fait ici encore que hâter le développement d'idées plus anciennes, et tirer logiquement les conséquences du passé.

Au lieu d'un enseignement fondé par les papes, envahi plus ou moins par la théologie, faisant des religieux à une époque où l'on ne pouvait encore faire des citoyens, on trouve au XVII° siècle un enseignement déjà plus large et plus complet donné au nom de l'État, bien que l'Église y ait encore la principale part. Toutes nos institutions savantes existent et fleurissent sous la protection royale de Louis XIV. On a fait beaucoup depuis, mais on a surtout étendu, généralisé, perfectionné les institutions déjà créées alors ; peut-être la seule chose neuve qui n'eût pas encore été commencée était-elle de constituer l'enseignement libre à côté de l'enseignement officiel.

Dans l'administration communale même résultat. Tumultueuse, multiple à l'origine, elle devient régulière, uniforme ; tandis qu'elle empiétait sur toutes les administrations voisines, elle est renfermée dans un cercle d'attributions plus rationnel et mieux déterminé. L'action royale en ce qui la concerne est déjà réglée au XVIII° siècle dans toutes les parties de son exercice. La seule chose qui n'eût guère été entreprise était de concilier les libertés municipales avec l'action du gouvernement, et c'est aujourd'hui une œuvre accomplie.

La création, l'organisation des différents services publics donnent lieu à des observations toutes semblables.

L'administration intérieure, ou, pour emprunter l'expression ancienne, la police générale était un fait tout nouveau. Ce fut la royauté qui, malgré des difficultés extrêmes, créa des pouvoirs de police réguliers, étendit la sécurité à tout le territoire, essaya de faire de la charité légale un service public. Quand le terrain eut été déblayé et préparé, les intendants entreprirent sous Louis XIV d'organiser cette administration; ils soulevèrent toutes les questions qui s'y rattachaient pour livrer la solution de ces questions à l'État. Au reste, pareille œuvre ne pouvait être achevée que par la création et la participation des assemblées délibérantes, qui devaient soumettre les décisions de l'État au contrôle des intéressés et du pays.

L'administration judiciaire est peut-être celle qui a fait le plus d'honneur à la royauté, car elle fut, dès l'origine, uniformément simple, et il a presque suffi de la suppression de quelques débris des justices patrimoniales pour que la hiérarchie des tribunaux fût constituée, comme elle l'est aujourd'hui, avec plus de régularité, ce semble, qu'en aucun autre pays du monde. L'ancienne monarchie n'avait guère laissé à ce sujet au XIX° siècle que deux réformes importantes à faire : l'une consistant à rédiger enfin, après de longs efforts, des codes uniformes, mais il faut rappeler que cinq ou six siècles de travaux avaient laborieusement préparé et rendu possible ce résultat; l'autre à séparer l'ordre judiciaire de la politique, à restreindre les magistrats en tant que magistrats dans la sphère de leurs attributions, à les éloigner des agitations et des troubles que les passions du jour soulèvent; ce devait être un des résultats du système représentatif. Il ne saurait d'ailleurs être ici question d'autres améliorations non moins réelles, mais secondaires, et qui ont été dues aux progrès du temps.

Dans les finances, la création d'institutions centrales, le développement du mécanisme des budgets et de la comptabilité, toutes choses perfectionnées depuis, ont été l'œuvre de la royauté. Mais son travail le plus persévérant, le plus entouré de difficultés de toute espèce, est celui qui a consisté à rendre plus juste, plus rationnel, plus avantageux au point de vue économique le système d'impôts établi. Ce système, œuvre incohérente de la nécessité et du hasard, devait passer par des transformations lentes et successives. J'ai signalé la plupart des améliorations qui y furent introduites jusqu'à la fin du règne de Louis XIV : d'autres, plus importantes encore, ont été accomplies depuis cette époque. Il s'en faut, cependant, qu'on ait fait disparaître aujourd'hui tous ses vices originels, et que le système des contributions publiques soit arrivé en France à ce point où il n'aura plus à se modifier que suivant les variations de la constitution économique du pays.

J'ai montré le développement successif du crédit de l'État et du crédit privé; celui des entreprises de travaux publics; celui de l'industrie manufacturière, lorsque les siècles féodaux n'avaient connu que l'industrie des métiers; celui du commerce, à l'intérieur de la France, avec les nations étrangères ou avec les colonies, c'est-à-dire les phases par lesquelles a passé la constitution économique de la France, plus curieuse à étudier, à mesure que les temps se rapprochent des nôtres. J'ai dû suivre les progrès de cette révolution, dès son origine, parce qu'elle a subi l'influence de l'administration royale et qu'elle a réagi sur elle à son tour. Le gouvernement n'a pu créer une administration centrale pour tous ces intérêts, pour les travaux publics, pour l'agriculture, le commerce et l'industrie, qu'à une époque relativement récente. Son action, longtemps faible et indécise, après avoir consisté dans l'origine en mesures dictées par l'intérêt personnel ou financier du prince, a été réglée de jour en jour par des vues plus intelligentes et plus habiles. On peut faire, pour le passé et le présent de toutes ces branches d'administration, la même observation que pour le système financier.

En créant une force capable de maintenir l'ordre intérieur, de défendre le pays, de fonder même et de développer au dehors les bases de sa puissance, la royauté a tout à fait rompu avec les traditions féodales; non-seulement elle a empêché que l'armée, ainsi constituée, comme une grande force permanente, pût jamais devenir instrument de désordre; mais elle a fait d'un service dû au suzerain un service dû à l'État; elle a introduit dans les rangs militaires toute l'égalité compatible avec la hiérarchie; elle a remplacé l'ancienne fidélité par le patriotisme, chose presque nouvelle aux XVIe et XVIIe siècles. Les dernières traces de la féodalité conservées dans les institutions militaires sous Louis XIV, ont rapidement disparu, et les modifications que les besoins des temps, que les progrès nécessaires de l'art militaire et de la marine ont fait subir à ces institutions, ne leur ont pas ôté le caractère qu'elles avaient déjà au XVIIe siècle.

Aucune de ces créations, aucun de ces progrès n'eût été possible si le régime féodal n'eût cessé de gouverner la France, si la souveraineté fût restée patrimoniale, si la décentralisation eût continué de produire l'isolement, si le tiers-état ne fût pas sorti du germe où le moyen âge le tenait enfermé.

Maintenant, faut-il attribuer tous ces résultats à la royauté seule? Non; ils ont été à la fois l'œuvre de la royauté et celle du pays. La royauté a pris l'initiative; le pays s'est associé au travail d'organisation et de civilisation entrepris par elle, et comme tous ses intérêts y étaient engagés, sa coopération à ce travail a été tous les jours plus éclairée et plus active. A toutes les époques et avec toutes les formes de constitutions, les gouvernements ont dû subir ce qu'on a souvent appelé la pression extérieure, c'est-à-dire qu'ils ont dû céder plus ou moins à l'opinion publique quand elle leur traçait une direction. Ainsi a fait la royauté ; elle a compris de bonne heure que l'intérêt de la nation tout entière pouvait se confondre avec le sien ; mais l'instinct populaire ne fut pas moins fort, dès qu'on vit un roi aimé et respecté de tous, saint Louis, conduire ce mouvement, et réunir la puissance et le libéralisme. Depuis ce moment, l'intervention du pays a été constante ; elle a pris tour à tour les organes les plus divers, les États généraux, les États provinciaux, les assemblées de notables, le clergé, les jurisconsultes, plus tard encore, les chambres de commerce, enfin, dans les derniers temps, l'organe de la presse et de la publicité.

Sans doute, il n'est pas facile de déterminer jusqu'où s'est étendue l'action royale et où a commencé l'action du pays. Il y a un péril réel à faire trop d'abstraction, à classer trop méthodiquement les causes et les effets dans une œuvre historique ; la réalité n'admet pas toujours ces distinctions vraies en général, subtiles si on leur cherche une application trop rigoureuse. Tenons-nous-en à l'ensemble : observons que la royauté, dans toute l'époque que nous avons étudiée, a seule agi, seule gouverné ; qu'elle a subi le contrôle public, qu'elle ne l'a jamais accepté, encore moins avoué ; elle a toujours été absolue en principe, quand elle était bien loin de l'être de fait. Elle conserva cette direction exclusive jusqu'au xviiie siècle, jusqu'à l'époque où, devant la force croissante de la pression du pays, elle tomba en des mains faibles, comme celles de Louis XV ou de Louis XVI, chancela et fut entraînée par degrés ; la révolution de 1789, en lui faisant alors accepter, avouer, sous toutes les formes, la participation et le contrôle de l'opinion populaire, vint imprimer un sceau légal à un changement tout accompli.

Qu'on ne se trompe pas sur ma pensée : la part de la royauté a été grande, et je ne veux pas l'amoindrir. Avec une forme de gouvernement essentiellement personnelle, il faut d'abord faire honneur au talent des rois, à celui des ministres investis de leur confiance, des résultats obtenus. On a justement rappelé que la famille capétienne est, parmi les familles régnantes, celle qui offre la succession la plus longue de talents, et, ce qui n'est pas moins remarquable, des talents les plus divers : ce serait répéter une vérité banale que de vanter l'habileté politique de Philippe-Auguste, de saint Louis et de Charles V, ou l'habileté administrative de Sully et de Colbert. Ce sont les rois et leurs ministres qui ont réussi à rallier autour du pouvoir royal, comme en un faisceau, toutes les forces matérielles et morales du pays.

Mais l'influence des intéressés était et devait être très-réelle, même dans la sphère indécise où elle s'exerçait. Si petite d'ailleurs que fût la part qui lui était faite, cette part devenait plus considérable tous les jours.

La royauté subit d'abord l'influence morale et religieuse du clergé ; il était naturel que le clergé, seul pouvoir intellectuel existant à l'époque féodale, donnât alors aux princes des conseillers, à l'opinion publique des directeurs et des organes. J'ai montré combien la royauté avait emprunté à l'Église au début de son œuvre d'institutions grandes et utiles, d'idées fécondes et élevées; comment, en se réservant d'agir elle-même et seule, elle avait accepté son patronage. Cette influence qui, après avoir été unique au début, fut quelquefois plus tard effacée par d'autres, s'exerça pourtant sans beaucoup s'affaiblir, pendant toute la durée de l'époque que nous avons parcourue. Elle fut de sa nature très-variable, suivant les circonstances et l'esprit des temps. Elle eut sans doute quelques mauvais effets quand elle fut exclusive ou aveugle ; mais ces mauvais effets furent passagers, tandis que les bons subsistèrent. Ce fut elle qui réussit à faire passer par degrés, dans le gouvernement et dans les lois, le progrès de la religion et de la morale publique.

Une seconde influence fut celle des jurisconsultes, des légistes, qui firent école en France au XIII° siècle, comme ils avaient fait en Italie au XII°. Leurs efforts pour coordonner les lois féodales ou pour retrouver et appliquer les lois Romaines, donnèrent naissance à une science juridique, dont les Parlements et la magistrature devinrent les organes. J'ai eu occasion de caractériser l'action des Parlements sur toutes les branches de l'administration, de montrer comment, favorables au progrès du pouvoir monarchique, ils en avaient été en même temps les régulateurs, comment ils avaient adopté et suivi des traditions communes, coopéré enfin pour une large part à la rédaction des lois administratives. Il faut dire de cette influence ce que nous avons dit de celle de l'Eglise ; elle eut ses périls et ses mauvais jours ; mais quelques difficultés passagères ou quelques prétentions trop ambitieuses ne doivent pas faire oublier qu'elle eut d'utiles et de salutaires effets, qu'elle travailla sans cesse à faire prévaloir dans l'administration monarchique la régle du juste sur celle de l'utile, à remplacer l'arbitraire par le droit, à changer un simple instrument de puissance en une institution savante et rationnelle.

Enfin, sans tenir compte des influences secondaires et qu'il serait trop long d'énumérer, signalons-en une troisième qui n'a pas eu de moindres effets sur le développement de l'administration, l'influence du commerce, de l'industrie. Très-faible à son origine, elle a suivi une progression rapide, et s'est emparée des questions économiques pour en préparer, pour en commander la solution. C'est là assurément un des aspects les moins étudiés de notre histoire ; cependant, sans s'exagérer la valeur des doctrines économiques encore mal arrêtées du xviie siècle[1], il est facile de se convaincre que ces doctrines avaient une force immense, que le gouvernement les subissait déjà en toute occasion. Cette nouvelle influence a été, comme les précédentes, mauvaise ou bonne selon les temps ; mauvaise quand elle fit prendre des mesures dictées par l'intérêt particulier au lieu de mesures dictées par l'intérêt général, ou bien encore quand la législation économique ressentit le contre-coup des variations d'une opinion publique indécise ; mais bonne bien plus souvent, puisque ce fut elle qui contribua surtout à augmenter dans une proportion constante la force, la richesse du pays, et à soumettre par degrés son administration financière aux principes de l'expérience et de la raison.

Somme toute, la pression extérieure exercée par le pays sur le gouvernement a grandi et s'est développée peu à peu sous toutes ses formes. J'ai étudié son développement parallèle à celui de l'administration elle-même, et leur influence réciproque. J'ai montré la liberté grandissant vis-à-vis des pouvoirs publics, jusqu'à l'époque où elle allait se séparer d'eux, pour devenir sous Louis XIV un embarras, et sous Louis XVI une ennemie. Au xviiie siècle les limites étaient mal fixées de côté et d'autre ; le gouvernement ne faisait plus aux influences légitimes et inévitables leur juste part : les institutions libres elles-mêmes, mal dégagées d'un alliage suranné ou féodal, étaient pour le progrès tantôt un instrument et tantôt un obstacle. Il fallut que la révolution de 1789 vînt établir une limitation plus précise et une pondération nécessaire des pouvoirs.

Toutefois, dans la lutte difficile de l'unité et de la liberté mises alors en présence, ce fut l'unité qui triompha. Quand

[1] Voir aux Pièces justificatives.

les dernières traces du régime féodal disparurent, elles emportèrent avec elles une partie des anciennes institutions libres, et ces institutions ne furent pas toujours rétablies. La Révolution et l'Empire ont achevé de donner à l'administration, en France, une uniformité, une régularité qui tout en admettant de nouveaux, d'indispensables perfectionnements, n'existent en aucun autre pays du monde. Mais si elle se trouve par là bien supérieure dans son ensemble à celle des gouvernements qui nous entourent, il ne lui en reste pas moins un progrès à faire, c'est d'assurer encore une part plus large à l'intervention des intéressés, et aux droits des administrés des garanties plus complètes, en dehors de celles que le gouvernement constitutionnel, la liberté de la presse et toutes nos institutions actuelles de publicité, leur offrent déjà d'une manière réelle, mais trop indirecte et trop mêlée aux passions de la politique.

PIÈCES JUSTIFICATIVES.

J'ai cru devoir joindre à mon travail quelques pièces peu nombreuses, mais très-importantes, et que leur étendue ne me permettait pas de citer dans les notes au bas de chaque page. Quelques-unes d'entre elles n'ont d'ailleurs pas encore été publiées, à ma connaissance. J'ai choisi en général celles qui me paraissaient prouver le mieux la part que le pays avait prise à la solution des questions économiques.

N° 1. — DÉPARTEMENT DES SECRÉTAIRES D'ÉTAT.

Le tome 239 du Fonds Saint-Germain, à la Bibliothèque royale, renferme plusieurs départements des secrétaires d'État depuis l'an 1567 jusqu'à l'an 1626. Je citerai seulement comme exemple les deux suivants, ceux de 1567 et de 1626.

1567. — Extrait d'un ancien registre qui s'est trouvé parmi les papiers du feu sieur Gassot, secrétaire du Roy et de ses finances.

Le sieur de l'Aubespine :
    L'Empereur.
    Espagne.
    Portugal.
    France.
    Angleterre et Écosse.
    Metz, etc...
    Champagne.
    Bourgogne.
    L'Ile de France.

Le sieur de l'Aubespine le jeune :
    Suisse.
    Allemagne.
    Normandie.
    Bretagne.
    Picardie.

Le sieur d'Alluye :
    Italie.
    Levant.
    Piémont.
    Dauphiné.
    Provence.
    Lyonnais.

Le sieur de Fizes :
    Danemark.
    Guyenne.
    Orléans.
    Touraine.
    Maine.
    Anjou.
    Chartres.
    Berry.
    Poitiers et La Rochelle.

1626. — Loménie ou le sieur de La Ville aux clercs, son fils, reçu en survivance :

La maison du roi.
Paris.
L'Ile de France.
Orléans.
Berry.
Soissons.
Le Parlement de Navarre.

Le sieur d'Herbault :
Tous les étrangers.
Le Languedoc.
La Guyenne.
Brouage, Aunis, La Rochelle et les affaires générales des Huguenots.

Le sieur d'Ocquerre :
Auvergne.
Bourbonnais.
Nivernais.
Bourgogne.
Champagne et Brie.
Picardie.
Normandie.

Bretagne.
Metz, Toul et Verdun.
Lorraine.
Marine du Ponant.

Le sieur de Beauclerc :
La guerre, suivant le règlement de 1619 pour le dedans du royaume, mais tout entière pour le dehors.
Le taillon.
L'artillerie.
Le Poitou.
Limousin.
La Marche.
Angoumois.
Lyonnais.
Saintonge.
Dauphiné.
La Provence et la marine de Levant.

N° 2. — AVIS SUR LE COMMERCE, 1654.

Extrait d'une pièce imprimée dans le tome 203 du Fonds des Cinq-Cents de Colbert, sous ce titre : *Très-humbles remontrances au roy, par les six corps de marchands de la ville de Paris, sur le fait du commerce et sur plusieurs impositions ordonnées tant par la déclaration du 26 janvier 1654 qu'autres déclarations et arrêts du conseil.*

Après quelques plaintes sur l'élévation récente des tarifs et sur celle des droits d'importation, les marchands démontrent que la France a besoin de vendre ses produits aux étrangers et d'acheter les leurs.

« Les étrangers, ajoutent-ils, ne manqueront pas, pour nous rendre le change, de charger toutes ces marchandises (*les matières premières dont la France a besoin*) de grosses impositions, d'où il arrivera que nous n'en tirerons plus ou qu'ils défendront l'entrée de nos manufactures (*c'est-à-dire de nos objets manufacturés*) ; par ce moyen, nos ouvriers demeureront sans emploi, le nombre des inutiles et des mendiants augmentera ; si à présent on en est incommodé, lorsqu'il aura plu à Dieu donner la paix, une partie de ceux que la guerre occupe fera des désordres que l'on ne peut prévenir plus assurément que dans l'emploi des manufactures. Puisque c'est la bonne fortune d'un État quand tous les sujets ont des moyens pour se mettre à couvert de la nécessité, ou, ne les ayant pas, qu'ils les peuvent acquérir.

» Les plus sages, pour éviter les malheurs que l'oisiveté produit, cherchant partout à s'occuper, porteront nos manufactures aux pays étrangers. »

Suivent quelques citations de faits à l'appui de cette assertion. La déclaration passe ensuite à l'examen des monopoles et expose à ce sujet la doctrine de la liberté du commerce.

« Nos voisins, qui considèrent le commerce comme la principale force de leurs États, n'en usent pas de même : ils connaissent par expérience que la liberté, soit aux marchandises, soit aux personnes, fait fleurir le négoce, qu'aux lieux où elles sont exemptes d'impositions, il s'en trouve abondance.

» Et lorsqu'il est permis indifféremment à toutes personnes d'en faire apporter, que le pays en est fourni à bon compte.

» Mais quand les marchandises sont en traité, qu'elles ne passent que par les mains de quelques particuliers, il est en leur pouvoir d'y mettre tel prix qu'ils veulent ; les conditions d'abord en sont spécieuses, le prix en doit être modique, et les avantages pour l'État très-considérables en apparence, sans que jamais on en ait vu aucun bon effet.

» Un particulier prétend avoir seul la liberté de faire apporter des tapisseries de Flandre, et sous ce prétexte fait arrêter à la campagne les chariots chargés qui viennent de Flandre, et les veut faire déballer, bien qu'il y ait des marchandises de diverses qualités, et que quand son droit serait bien établi, il n'aurait pas néanmoins pouvoir de faire visiter qu'à Paris.

» Ces concessions s'accordent toujours avec des clauses revêtues de l'apparence du bien public, dont aucune ne s'exécute. L'établissement de la manufacture des tapisseries en a été le premier prétexte; la faculté n'en était accordée que pour en faire venir quarante ou cinquante tentures par an, du prix d'environ cinq ou six cents livres au plus, et néanmoins il s'est justifié que l'on en passait jusques à plus de douze cents tentures par an, du prix pour la plupart de trois à quatre mille livres, et l'on sait que de celles qui se sont faites ou se font à Paris, les moindres se vendent deux mille livres. D'où il paraît que le prétexte qui avait donné cause à l'interruption de ce négoce, n'a produit aucun avantage au général ni au particulier.

» Le même effet ayant paru au don de la soude et des huiles de baleine, les suppliants en firent voir il y a quelques années la conséquence; Votre Majesté en accorda la révocation, et par icelle eut encore la bonté d'assurer généralement la liberté du commerce. »

FONDS DES CINQ-CENTS, N° 204.

Advis pour le commerce (Ms.) — Marqué au commencement du volume : *Advis de M. Chanut pour le commerce.*

Le commerce apporte dans les États les richesses et l'abondance des commodités de la vie, l'emploi des sujets en voyage, négociations, manufactures; la multitude des navires qui dans le besoin servent à la guerre.

La France est l'endroit de l'Europe le mieux situé pour se rendre le maître de tout le trafic, le plus riche des choses dont ses voisins ne se peuvent passer, et le plus peuplé d'habitants actifs, entreprenants, industrieux.

Mais pourceque les Français se portent naturellement au négoce, ceux qui ont gouverné l'État ont négligé cette partie, comme se soutenant assez d'elle-même. Nos voisins, qui n'avaient pas les mêmes avantages de la nature, sont néanmoins devenus les supérieurs dans le commerce, pourceque leur régime s'est appliqué à le favoriser et à le promouvoir. Ils se sont faits riches de nos biens, travaillants avec ordre et protection, pendant que nos marchands sans liaison et sans assistance se sont contentés de petits gains.

Relever maintenant le commerce et le rétablir contre les efforts de tant de peuples qui nous ont gagné le dessus, n'est pas un ouvrage de peu d'années. Mais Son Éminence, qui aime le bien du royaume, en peut jeter dès à présent de tels fondements, que sans autre soin le temps y élèvera de soi-même des accroissements très-considérables.

Outre plusieurs choses qui se pourraient faire présentement, la première et comme la racine de toutes les autres, serait d'établir un corps d'une commission perpétuelle de commerce pour veiller à toutes les occasions de l'amplifier, et chercher les moyens de le mettre en lustre et en valeur.

Cette commission ne serait point à charge aux finances du roi ni à ses sujets, ceux qui la composeraient ne recevant aucuns gages, droits ou profits, en quelque manière que ce fût. Elle ne porterait point aussi de préjudice à aucun des magistrats, pourceque les commissaires n'auraient aucune juridiction.

On pourrait y donner pour chefs quatre de messieurs du conseil des plus anciens et de ceux à qui les emplois précédents ont ouvert la connaissance des affaires des marchands. Pour lesdits sieurs il ne serait pas besoin d'autres gages que de ceux du conseil.

Le corps de la commission serait formé de quarante marchands, savoir, quatre de Paris, et deux de chacune des villes de Lyon, Marseille, Toulouse, Montpellier, Bordeaux, La Rochelle, Nantes, Saint-Malo, Rouen, Dieppe, Amiens, Calais, Troies, Dijon, Metz, Limoges, Orléans et Tours.

Les marchands auraient lettres de provision portant qualité de conseillers du roi en la commission du commerce, rang et séance en toutes assemblées, immédiatement après les conseillers des présidiaux, exemption des charges personnelles de ville et de tutelles. Lesquels titres et prérogatives rendraient la condition si désirable parmi des personnes qui, s'étant enrichies au commerce, cherchent de l'honneur pour leurs familles, que ces places sans aucuns gages et profits seraient néanmoins fort recherchées et d'autant plus, si elles étaient à vie comme des offices.

Chacune desdites villes présenterait au roi six nommés des plus anciens riches et expérimentés marchands, d'une probité reconnue et sans tache, desquels six Sa Majesté en choisirait deux et les ferait pourvoir desdites charges. Les places vacantes par le décès des pourvus seraient remplies de la même manière, le roi choisissant un des trois qui lui serait présenté. A Paris, on en userait de même, excepté que le nombre serait doublé.

Les réglements de ladite commission pour la forme et le réglement des assemblées seraient dressés par les commissaires du conseil et confirmés par S. M. Mais il semblerait nécessaire que lesdits conseillers du commerce desdites villes vinssent alternativement à Paris pour y faire séjour et fonction pendant les six semaines de chacune année, et que régulièrement tous les six mois ils écrivissent à la compagnie ce qu'ils auraient remarqué pour le bien et avancement dudit commerce.

Leur fonction serait d'observer continuellement l'état du négoce tant dedans que dehors le royaume, et de tenir une notice générale de ce qui se passe de plus important dans le commerce, la navigation et les pêcheries.

Recueillir et examiner tous les avis et les propositions concernant l'augmentation et les commodités dudit négoce, navigation, pêcheries, et en former des cahiers pour être présentés au roi.

Recevoir les plaintes des marchands sur les troubles et empêchements de leur trafic, chercher et proposer les moyens de les faire cesser.

Donner les avis de l'usage entre les négociants dans les causes où le conseil du roi ordonne, pour l'éclaircissement des différends entre les parties, que l'on entendra de notables marchands.

Informer S. M. et son conseil, quand ils en seront requis, de toutes les choses qui concernent le négoce.

L'utilité de cet établissement sera plus grande qu'elle peut paraître d'abord, pourceque le temps et l'usage y ajouteront continuellement. Il est certain que dès l'entrée on y trouvera ces avantages.

Cette institution, sans charge au public et pour le public, sera voir que le premier ministre pense sérieusement au bien du royaume.

Le commerce sera entendu en perfection, ce qui n'a point été et ne peut être plus facilement que par cette communication de toutes les parties du royaume en un corps d'assemblée, pource-que toutes les espèces de trafic ont rapport et liaison l'une à l'autre.

En cette vue générale de tout le négoce, les marchands découvriront des moyens de faire entre eux et par eux-mêmes ce qu'ils laissent faire aux étrangers, faute de s'entendre.

Les secrets du change de l'argent et de l'évaluation et cours des monnaies, qui ont toujours été très-difficiles à pénétrer, se découvriront aisément en cette compagnie.

L'on y connaîtra le fort et le faible de toutes les traites que font les étrangers, ce qui servira, entr'autres choses, à régler les tarifs des droits du roi, dont on croit que l'imposition n'a point encore été proportionnée exactement.

Les manufactures se communiqueront de province à autre, et l'on en pourra attirer dans le royaume de celles des étrangers.

Les vrais prix de toutes les choses seront connus par lesdits commissaires, et lorsque le roi voudra faire bâtir des vaisseaux, fondre de l'artillerie, munir ses places, établir des magasins, faire des greniers publics et autres dépenses pareilles, on trouvera dans cette commission du commerce les avis nécessaires pour empêcher toutes les surprises dans les marchés.

1664. — *Rapport que faict le chevalier de Clerville des observations générales et particulières qu'il a faictes dans le voyage qui lui a été ordonné par le roy pour la visite des ports et costes maritimes de Picardie et de Normandie, aussy bien que pour les choses qui regarderaient le restablissement du commerce.*

Premièrement il dict qu'ayant, conformément à l'instruction dont il estait chargé, demandé à tous les plus habiles marchands et négotians, avec lesquels il a eu occasion de parler, quels expédients on pourrait tenir pour restablir le commerce qu'il a trouvé entièrement ruiné partout, il luy a esté respondu que pour cela il ne fallait que de l'ordre, et puis encore de l'ordre.

Mais comme il a voulu pousser la question plus avant, et rechercher par le détail à quoi cet ordre estait premièrement et principalement appliquable pour relever le négoce de l'estat déplorable dans lequel il estait présentement tombé, il luy a esté démonstré qu'il n'y avait presque point d'intelligence humaine qui pust le restablir, sans un peu modérer les droits des cinq grosses fermes, et sans corriger les abus effroyables qui se commettent dans l'exaction d'iceux.

Toutefois comme les négotians avec lesquels il a traicté, ont tous esté assez raisonnables pour faire une considération particulière des intérêts du roy, et de ce que peut requérir la nécessité de ses affaires, ils luy ont en même temps démonstré que si S. M. leur avait par sa bonté faict la faveur de rabaisser une partie des droicts icy-dessus mentionnés, il arriverait par l'ordre qu'on soutient être nécessaire au restablissement du commerce, que le service ny l'espargne de sadite Majesté n'en recevraient aucun détriment, parce que les denrées que ses sujets s'abstiennent présentement de tirer hors ou au dedans de son Estat, par la considération des droits excessifs qu'il leur en faut payer, venant par la grâce que S. M. leur aurait faicte, à y entrer et à en sortir avec plus grande affluence, augmenteraient le prix des fermes et répareraient avec usure la diminution qui se serait faicte aux imposts dont elles sont maintenant surchargées.

Et pour prouver que cette diminution ferait entrer dans les douanes de S. M. beaucoup d'argent que la trop grande quantité de droicts qui se payent en France faict passer d'un autre côté, ils ont adjousté que plusieurs négotians français qui pour trouver plus de modification ailleurs font faire les retours de leurs marchandises en Zélande ou en Hollande les amèneraient à droiture en leur pays, les donneraient de la première main à leurs compatriotes, et en payeraient des sommes considérables à S. M., si dans ces droicts il y avait quelque mesure entre leurs excès et l'incommodité que souffrent lesdits négotians, parmy les doucours de la modification qu'ils trouvent en Hollande, de se voir nécessités à commettre toutes leurs facultés à la foy des estrangers, et à en payer deux pour cent, pour la provision des commissionnaires, auxquels ils sont obligés d'en laisser la direction.

Mais comme tout ce qui est icy-dessus énoncé sera encore bien mieux démontré par les observations particulières que le chevalier de Clerville a faictes dans tout le cours de son voyage et par les exemples sensibles qui l'ont convaincu, il dict, en suivant l'ordre du chemin qu'il a tenu, que.... etc.....

Suit la relation de tout ce que le chevalier de Clerville a entendu et observé à Arras, à Dunkerque, à Calais, à Boulogne, à Etaples, à Montreuil, à Abbeville, à Saint-Valery-en-Somme, à Eu et au Tréport, à Dieppe, à Saint-Valery-en-Caux, à Fécamp, au Havre, à Honfleur et à Rouen. Dans l'impossibilité de reproduire cette relation tout entière, j'en citeral seulement la partie qui concerne Rouen et qui est une des plus intéressantes.

ROUEN.

La ville de Roüen est certainement une des plus fameuses escoles où l'on se puisse instruire de tout ce qui regarde le commerce. Celuy de la mer s'y exerce aussy bien que celuy de la terre, et il s'y trouve là des négotians aussy entendus et aussy esclairés des connoissances de l'un et de l'autre, qu'il en puisse estre en tout le reste du royaume. Pour cela le chevalier de Clerville s'étant abouché avec les plus capables d'entr'eux, leur a réitéré les mêmes questions qu'il avoit fait ailleurs sur les expédients qui se pourroient imaginer pour le restablissement du négoce. Et pour les convier à former entr'eux des compagnies pour les commerces estrangers, les plus fortes et les plus puissantes qu'il se pourroit, leur a exposé les raisons qui lui avoient été inspirées par l'instruction dont il avoit esté chargé. Mais pour respondre à ce dernier point qui a esté celuy par lequel ils ont commencé, ils luy ont faict une distinction du nom de compagnie en compagnies d'Estat, c'est-à-dire, celles qui ont pour objet les entreprises nouvelles, où le secours et l'authorité du prince sont absolument nécessaires, aussy bien que le concours de plusieurs associés, et en compagnies particulières, qui ne regardent que l'exercice des commerces connus, pour la continuation desquels il n'est pas toujours besoin de fonds extraordinaires, ni de puissantes associations.

Pour ce qui est des compagnies d'Estat, soubs l'occupation desquelles ils comprennent les découvertes des nouvelles terres, ou les voyages non encore tentés par les Français, comme sont ceux de la Chine, ils déclarent que soubs la confiance des bonnes volontés qu'il plaist au roy de leur faire témoigner, ils sont prêts à s'unir les uns avec les autres, et à y contribuer de toutes leurs facultés et de tous leurs soins. Mais que comme ils sont à cette heure icy foibles et appauvris par la cheute de leur commerce, ils ne sçauraient pas tout seuls mettre ensemble les sommes qui leur sont nécessaires pour cela, ne pouvant présentement qu'adjouster, comme ils le feront volontiers, tout ce qui sera de leur possible, aux avances qu'il plaira au roy ou à quelques personnes puissantes de son Estat de faire pour de semblables desseins. Enfin, l'on peut faire fond d'eux, pour estre joints aux compagnies que l'on aura trouvé moyen de former pour les fins icy-dessus mentionnées, ou pour les mettre à la teste de celles qu'on voudra former, pour y en attirer d'autres par leur exemple, ou pour les charger des plus pesants soins qui seront à porter, pour faire heureusement réussir les desseins de nouvelles navigations, ou de nouveaux establissements que S. M. ou ses ministres se seront proposés.

Et pour ce qui est des commerces particuliers, soubs l'occupation desquels ils comprennent tous les commerces connues, et que les sujets du roi peuvent faire sans aucune association comme font ceux de l'Espagne, de la rivière du Sénéga (*sic*), des Antilles, de l'Amérique, du Canada, et même de la mer Baltique, ils soustiennent que non-seulement les grandes compagnies ne sont pas nécessaires pour cela : mais qu'elles sont mesmes contraires aux intérests du commerce, et à l'essentiel employ des négotiants ; car comme les compagnies nombreuses auroient besoin d'une certaine quantité de directeurs, qui eussent toute la principale administration du commerce qui auroit esté résolu pour leur avantage, il arriveroit que si ces directeurs avoient comme ils devroient avoir, tout l'employ de ce qu'il y auroit à faire, les autres associés demeureroient sans action; ce qui est absolument contraire à la qualité naturelle du négotiant. Outre que comme les marchands trouvent encore cette douceur dans l'exercice de leur commerce qu'ils donnent parfois leurs enfants aux estrangers pour en estre instruits aussy bien que de la langue du pays où ils les mettent, en mesme temps qu'ils en reçoivent d'autres en eschange des estrangers pour les mesmes fins, il arriveroit encore que l'employ des directeurs venant à faire cesser l'action de ceux qui n'auroient pas esté nommés à l'administration des affaires des compagnies, ne pourroient pas avoir d'occasions d'enseigner par pratique aux enfans des estrangers ce qu'ils voudroient qu'on apprist aux leurs ; et qu'ainsy les négotiants perdroient par là un des plus considérables avantages qui les face plaire et qui les entretienne dans le commerce.

Sommairement ils concluent sur le fondement de leur expérience, que hors la loi des compagnies d'Estat, qui exige des associés une soumission déférente à tout ce que les directeurs qui y sont préposés y traictent, le commerce du reste veut en France estre indépendant aussy bien que libre de toutes sortes de liaisons ; et mesmes ils soustiennent qu'il est de l'essence du commerce particulier que chacun selon son caprice et ses desseins puisse espérer de supplanter son compagnon par son industrie ; d'autant que dans cette vue chacun estudie, chacun travaille, chacun remue, et dans cette action l'argent s'espanche, et s'étend aux parties de l'Estat qui en ont besoin, ny plus ny moins que le sang qui va et vient dans les veines pour la consolation et l'entretenement de tout le corps.

Ce n'est pas qu'il n'y ait encore quelques autres obstacles aux compagnies nombreuses que le roy eût désiré de voir former entre les négotiants de ses ports, et les riches marchands de la ville de Paris, et autres qui par le secours de leur argent eûssent peû joindre les moyens à l'industrie, et participer à l'avancement aussy bien qu'au bénéfice du commerce. Or ces obstacles sont, que les négotiants des ports sachant par expérience que les gens qui en sont esloignés, et qui n'ont pas des connoissances bien profondes des affaires et des risques de la mer, ne se payant pas volontiers du récit des mauvais succès qui peuvent quelquefois arriver, leur suscitant des chicanes là-dessus faute d'intelligence, et les accusant parfois de n'avoir pas gardé toutes les précautions qui estoient à tenir pour parer les coups du Ciel, leur font quelques fois des procès en lieux où par le moyen de leur crédit ils les supplantent dans leur bon droict, ou du moins les consomment en des frais et en des chicanes qui les destournent des occupations de leur commerce ; sans conter qu'ils les harassent d'esclaircissements et de demandes de conte si fréquentes et si desraisonnables que les négotiants des ports ne prennent pas plaisir à former de grandes compagnies, ny à y joindre d'autres gens que ceux avec lesquels ils peuvent voir également tout ce qui se passe dans leurs affaires, ou bien que ceux avec lesquels ils sont liés d'amitié, d'intérêt, et mesme d'espérance d'estre à la pareille appelés à quelque part de proffit par ceux auxquels ils en auront donné, dans quelques entreprises qu'ils auront faictes.

Ce n'est pas aussy qu'ils n'admettent parfois des marchands de Paris dans les sociétés particulières qu'ils font, mais cela est fort rare, et ce n'est pour l'ordinaire que quand ils ne peuvent assez recouvrer d'argent sur leur crédit dans les lieux où ils sont, ou que soubs un honnête prétexte d'amitié ils sont obligés de mettre en quelque part de leur négoce les gens de leur correspondance dont ils peuvent avoir besoin pour le débit des denrées qu'ils se proposent de recouvrer.

Ils alèguent encore un autre obstacle qui empesche l'establissement et la durée des compagnies, c'est que comme le commerce est ravalé en France par l'espée et par la robbe (et mesme, adjoustent-ils, par l'empire superbe des commis de la douane), les marchands qui ont gaigné quelque chose dans le négoce, par les grâces de Dieu et de la bonne fortune, retirent tout aussy tost leur fond des compagnies particulières où ils sont entrés, et y renoncent pour achepter des offices de judicature pour leurs enfans ou des terres nobles pour eux ; ce qui cause la dissolution desdites compagnies, l'avilissement du commerce, et parmi leurs compagnons une tentation de jalousie qui les sollicite à faire la mesme chose, et qui destache les marchands du commerce, lorsqu'ils luy pourroient faire honneur, y en attirer d'autres par l'exemple de leurs richesses, et servir à l'Estat par les connoissances qu'ils y ont acquises.

Quoiqu'il en soit, ils ne font guères de sociétés particulières qui excèdent le nombre de huit ou dix, si c'est mesme à condition d'y pouvoir renoncer tout aussy tost que les entreprises pour lesquelles elles ont été formées, sont achevées. Mais si celle qui a esté composée pour la rivière de Sénéga par les nommés Bulteau, Rosée, Le Gendre et quelques autres, a monté jusques à trente-deux parts, c'est qu'elle avoit besoin d'un fonds considérable pour son establissement, dans lequel il y a quelque chose de mixte entre la compagnie d'Estat et la compagnie particulière, en ce que dans le commencement elle a eû pour object une descouverte, qui estoit nouvelle parmi les autres marchands, et un commerce qui n'avoit pas encore esté tenté.

Il est aussy entré un nombre assez considérable d'associés dans la despense des deux frégates qui ont esté basties à Rouen pour le commerce d'Espagne, et si l'on y a mesme appelé quelques marchands de Paris pour celle qui estoit nécessaire à les entretenir et à les charger. Mais ils alèguent qu'il y avoit pour cela une indispensable nécessité d'un grand fond, laquelle ils disent ne se rencontrer pas dans les commerces du nord, d'où un marchand avec une cargaison de vingt ou vingt-cinq mil francs, peut autant ramener des denrées qui s'en raportent d'ordinaire, comme il en sçauroit débiter dans les lieux où il faict ses retours.

Toutesfois, le chevalier de Clerville a reconneû que dans le nombre de gens qui composoient la compagnie d'Espagne, il y en estoit entré plusieurs de ceux qui ont cy devant formé celle de la rivière de Sénéga, il a pris occasion de leur faire remarquer par là qu'il n'estoit point vray que l'engagement qu'un marchand auroit pris en une compagnie fist cesser son action ailleurs, ainsy qu'ils l'avoient cy devant représenté, et qu'elle ne l'empescholt pas mesme d'entrer dans une autre compagnie différente, dans laquelle il auroit encore peû faire un double proffit, en gagnant en gros sur les marchandises qu'elle auroit recouvrées, et en détail sur celles qu'il en pourroit débiter en son particulier.

Mais comme le génie des François n'est asseurément pas si bien tourné aux compagnies, comme celuy des Hollandois ou des Anglois, et qu'il y a mesme des intérests différents qui n'en permettent pas l'imitation, la raison que le chevalier de Clerville a allesguée pour soustenir qu'elles n'empeschoient point l'action du negotiant et ne choquoient en aucune façon le bien du commerce, a esté rétorquée contre luy, et sur ce luy a esté représenté que les compagnies qui se formoient pour le recouvrement des denrées qui ne se trouvoient pas dans le royaume ou ne s'y rencontroient pas avec assez d'abondance, y faisoient glisser un monopole qui assujettissoit les marchands qui n'estoient point de ces compagnies à prendre leurs marchandises au prix qu'elles les vouloient vendre, et privoient le royaume du bon marché que l'émulation de ceux qui vont en leur particulier où bon leur semble peut apporter parmi le peuple.

Cela n'empesche pas toutes fois qu'il n'y ait dans Rouen des gens fort enclins à former une société pour les voyages de la Chine et entr'autres un nommé Jermanet, qui est un des plus habiles et un des plus riches négotiants de cette ville là ; mais, comme par dessus toute chose, la protection du roy leur seroit nécessaire pour surmonter les obstacles que la Hollande a toujours apportés à ce dessein, ils représentent à S. M. que ne prétendant point aller négocier dans les pays occupés par les Hollandois en ces contrées là ny en d'autres, il semble estre bien injuste qu'ils leur empeschent directement ni indirectement l'entrée de ceux qui sont ouverts aux premiers venus, et pour ce qu'ils la supplient de leur vouloir bien ménager par les ambassadeurs et par la monstre de sa puissance, la liberté d'aller négocier dans tous les Estats qui ne seront point aux Hollandois, et dans des mers où ils n'ont aucun droit naturel qui puisse empescher les autres d'y naviguer pour toutes les fins que bon leur semblera.

Mais ensuitte de la proposition qui a esté faicte avec dessein de persuader l'establissement des compagnies pour les commerces estrangers et pour les voyages de longs cours, il en a esté mis par le chevalier de Clerville une autre sur le tapis, qui est celle de former une société pour les asseurements des risques de la mer; sur quoy il n'est de bonne fortune intervenu aucune contestation ni aucun discours problématique, ains, au contraire, une approbation générale et une confession universelle de l'utilité qui en reviendroit à l'Estat. Pour le prouver il a esté dit que le fonds des asseurances estoit si petit à Rouen, que quand elles debvoient passer vingt mil francs, il falloit avoir recours aux asseureurs de Londres et d'Amsterdam, par où il se destachoit toujours une quantité considérable d'argent qui pourroit demeurer dans le royaume, s'il y avoit dans quelques-unes des principales villes de ses costes maritimes des compagnies d'asseurances bien establies; encore a-t-il esté adjousté que si par la jonction des associés de Paris ou d'ailleurs, il s'en pouvoit former une à Rouen, qui pust ramasser jusques à quatre cent mille livres de fonds, non-seulement elle remédieroit à la nécessité d'aller faire asseurer les vaisseaux et les marchandises chez les estrangers, mais encore les appelleroit-elle eux-mêmes en France pour y faire asseurer les leurs, par l'évidence et par la netteté de son fonds qui seroit un leurre bien puissant pour convier aux asseurances tous ceux que l'incertitude de la compensation et les chicanes qui naissent de la répugnance que les asseureurs ont à satisfaire à leurs obligations, rebuttent d'un avantage si nécessaire au commerce, comme est celui d'en faire asseurer les marchandises.

Toutes fois, comme cette proposition semble contraire à la pratique qui s'est tenue jusqu'à cy dans les asseurances, où il n'estoit pas besoin d'aucune avance de fonds, ni d'aucun argent résident en caisse : mais seulement que les asseureurs qui recevoient les primes des asseurances fussent estimés bons par les courretiers de banque, ou par le greffier des juges consuls qui en proposoit le dessein, il a esté dit que l'expédient de faire un fond de content (*comptant*) servirait pour suppléer au défaut des cautions qui seroient à fournir par ceux qui voudroient entrer dans ladite compagnie, pour seureté de la compensation qui seroit à faire en cas de perte ou de naufrage à ceux qui auroient avancé les primes ; et comme il sambleroit que le chômage de cet argent deust estre d'un grand préjudice aux asseureurs qui pour l'ordinaire ne fournissent d'autre gage que celuy de leur parole et de leur crédit, il a esté adjousté qu'en attendant les nécessités de débourser les parties qu'il y auroit à débourser pour le dédommagement de ceux qui en avançant les primes auroient faict asseurer les marchandises, l'on pourroit mettre à proffit, sur le pied de six et quart pour cent, et à condition de retirer à volonté, la quantité du fond qu'on jugeroit y devoir estre mise pour estre ce proffit et celuy des primes distribué aux associés dans les temps dont il seroit convenu dans l'establissement de la compagnie susdite.

De cette manière, chacun, de quelque lieu qu'il fust, pourroit sans autre caution que celle de son argent, entrer en cette compagnie, qui seroit comme une espèce de banque, laquelle en portant proffit aux particuliers pour le hasard des risques (comme en effet il y a toujours compensation faicte du péril et du bénéfice, beaucoup plus à gaigner qu'à perdre), porteroit aussy beaucoup de fruict au public dans le roullement des fonds de ladite compagnie ; laquelle on estime devoir outre cela porter un très-grand avantage au commerce, en ce que s'y trouvant commodité de faire asseurer les marchandises, les vaisseaux et les personnes mêmes des risques de la mer, il y auroit bien plus de gens qui s'adonneroient à la navigation qu'il n'y en a pas : mais surtout en ce que l'argent qui passe aux pays estrangers pour y faire asseurer en pièces et en morceaux ce que l'on est obligé d'y aller faire asseurer, demeureroit dans le royaume, ce qui est d'une très-grande et très-importante considération, en ce que suivant les bonnes maximes nous ne devons viser qu'à y en tirer la plus grande quantité que nous pouvons de celuy des autres, et à en laisser eschapper du nostre que le moindre nombre qu'il est possible.

Sur cela les négotiants de Rouen qui reconnoissent par le cours du change et de l'argent, quelle quantité il en peut à peu près entrer dans nostre Estat, et quelle quantité il en peut sortir, ayant remarqué aussy bien qu'après par leurs correspondances qu'il est parfois sorty jusques à quatre millions du royaume pour les chevaux qui se tirent des pays estrangers, prennent occasion de bénir le roy de tous leurs vœux, de ce que dans ses moindres actions il laisse à ses sujets des exemples utiles, et de ce que par les soins qu'il a pris d'establir des haras à Versailles et dans quelques autres endroicts de son Estat, il enseigne à sa noblesse un illustre mesnage duquel elle se peut fort innocemment enrichir et se rendre tout le royaume obligé de la fourniture des chevaux qui lui seront nécessaires pour la guerre, pour les carrosses et pour d'autres usages.

Partant ils la supplient avec une humilité toute prosternée, de vouloir remarquer le détriment du grand transport d'argent qui se faict par la voie susdite et après avoir considéré la nécessité d'y remédier, de trouver bon, s'il leur plaist, qu'ils puissent désirer qu'elle voulust solliciter par quelques priviléges ou par les moyens qui luy seront plus agréables les plus riches de ses courtisans à entretenir des haras dans leurs terres, au plus grand nombre qu'il seroit possible, et à secourir de quelquesuns de leurs bons estalions les campagnes qui en seroient voisines, affin de susciter par là des races de meilleurs et de plus grands chevaux qu'il ne s'en trouve présentement dans son royaume, lequel passant en fertilité de nourritures tous les Estats qui luy sont voisins, debvroit plustost leur en fournir que d'estre obligé à y en aller mendier, comme il faict aujourd'huy et comme il a faict depuis longtemps.

Après la proposition de cette mesnagerie, dans le discours de laquelle ils n'ont pris la liberté d'entrer que par incident et par la considération des peines immenses avec lesquelles il faut qu'ils travaillent à faire revenir dans le royaume ce qui en sort parfois sans de trop grandes nécessités; et qu'on y pourroit retenir sans de trop grandes peines, il a esté parlé de la mesnagerie et des manufactures qu'ils faisoient eux-mêmes ; surquoy ils ont d'abord exposé la fabrique de leurs toilles, et l'amas qu'ils faisoient des autres pour les envoyer en Espagne, d'où ils tiroient en eschange une bonne partie de l'or et de l'argent qui venoit en France ou en lingots ou en espèces, et mesme plusieurs marchandises des Indes dont elle avoit besoin. Mais ils se sont plainets en mesme temps qu'outre les droits excessifs qui se payoient pour l'avancement d'une eschange aussi avantageuse à l'Estat, les commis de la douane leur faisoient outre plusieurs supercheries dont ils ont donné un mémoire particulier, une vexation qui détérioroit beaucoup leurs marchandises et qui leur déroboit le bel aprest qui les faisoit estimer par dessus toutes celles que les estrangers portoient en Espagne, c'est que nonobstant qu'ils priassent humblement lesdits commis de leur vouloir donner quelques-uns de leurs subalternes pour voir emballer leurs toiles avant qu'elles fussent pressées et liées, affin d'observer si parmi les ballots qui s'en faisoient, il y avoit quelques autres marchandises meslées qui les pûssent faire soubçonner de fraude, ils ne laissoient pas, après leur avoir refusé les témoins de leur légalité qu'ils demandoient, de faire déballer toutes leurs marchandises, de couper tous les cordages dont elles estoient empaquetées et de gouspiller tous leurs ballots, nonobstant qu'il conste aux yeux de tout le monde qu'il seroit impossible de fourrer d'autres denrées parmy leurs toiles sans en oster le lustre, et que payant comme elles font à peu près d'aussy grands droits qu'aucune autre des marchandises qui se débitent hors du royaume, il seroit infructueux d'en mesler d'autres, puisque le proffit qui reviendroit de la fraude qu'on y pourroit faire, ne sçauroit jamais estre tel que le dommage qui en arriveroit ne le surpassast de beaucoup.

Extrait d'une instruction de Colbert à son fils le marquis de Seignelay [1].

POUR LA MARINE.

Cette matière estant d'une très-vaste et très-grande estendue et nouvellement attachée à mon département, et qui donne plus de rapport au Roi qu'aucune autre, il faut aussi plus d'applica-

---

[1] Bib. Roy. Mss. Colbert et Seignelay, t. IV, cote 10, pièce n° 17. Cette pièce a déjà été imprimée dans l'histoire de la marine de M. E. Sue, et dans l'histoire de Colbert de M. L. Clément.

tion et de connoissance pour s'en bien acquitter; et commencer, comme dans les autres matières, par les choses générales avant que de descendre aux particulières.

Si j'ay parlé de la lecture des ordonnances dans les autres matières, il n'y en a point où il soit sy nécessaire de les lire soigneusement que dans celle-cy. Pour cela, il faut sçavoir :

Que de la charge d'admiral de France qui est une portion de la royauté, il émane deux droits, l'un de la justice et l'autre de la guerre. La justice de l'admiral s'estend sur tout ce qui se passe en mer entre les sujets du roy dans toute l'estendue des costes maritimes, et partout où le flot de mars s'estend, et sur toutes les causes maritimes. Cette justice se rend par les officiers des siéges de l'admirauté, qui sont establis sur toutes les costes du royaume, de distance en distance; l'appel de ces justices va aux chambres de l'admirauté, establies dans tous les Parlements, et l'appel de ces chambres va au Parlement; en sorte que ce sont les trois degrés de jurisdiction. Examiner ces trois degrés.

Il faut avoir la liste de tous les siéges de l'admirauté, et de toutes les chambres près les Parlements, et du nombre des officiers dont ils sont composés.

A l'égard de la jurisprudence pour les causes maritimes, nos rois n'ont guère fait d'ordonnances sur cette matière; il est nécessaire avec soin néanmoins de lire tout ce qui a été fait, mais il faut sçavoir en même temps que les juges en ces matières se règlent sur le droit escrit, sur les jugements d'Olléron, et sur les ordonnances qui sont appelées de Wisby et celles de la Hanse teutonique.

Comme toutes ces pièces sont estrangères, le roy a résolu de faire un corps d'ordonnances en son nom, pour régler toute la jurisprudence de la marine; pour cet effect, il a envoyé dans tous les ports du royaume M. d'Herbigny, maistre des requestes, pour examiner tout ce qui concerne cette justice, la réformer, et composer ensuite, sur toutes les connoissances qu'il prendra, un corps d'ordonnances, et pour y parvenir avec d'autant plus de précaution, Sa Majesté a establi des commissaires à Paris, dont le chef est M. de Morangis, pour recevoir et délibérer sur tous les mémoires qui seront envoyés par ledit sieur d'Herbigny, et commencer à composer ledit corps d'ordonnances; il serait nécessaire pour bien faire les fonctions de ma charge, de recevoir les lettres et mémoires du sieur d'Herbigny, en faire les extraits et assister à toutes les assemblées qui se tiendront chez M. de Morangis, et tenir la main à ce que le corps d'ordonnances sur cette matière fust expédié le plus promptement qu'il seroit possible.

A l'égard de la guerre qui est despendante de la charge d'admiral de France, elle consiste en deux choses principales : l'une en tout ce qui est à faire pour mettre les vaisseaux en mer, l'autre en tout ce qui se fait lorsqu'ils y sont.

La première se fait par les intendants et commissaires généraux de marine, officiers des ports, commissaires particuliers, conservateurs généraux et garde-magasins, et la seconde par les vice-amiraux, lieutenants généraux, chefs d'escadre, capitaines de marine et autres officiers particuliers.

La première doit estre particulièrement le soin du secrétaire d'Estat ayant la marine en son département. Pour cet effet :

Il doibt sçavoir les noms des 120 vaisseaux de guerre que le roy veut avoir toujours dans sa marine, avec 30 frégates, 20 bruslots et 20 bastiments de charge;

Sçavoir exactement, et toujours par cœur, les lieux et arsenaux de marine où ils sont distribués;

Lorsqu'ils seront en mer, avoir toujours dans sa pochette le nombre des escadres, les lieux où elles sont et les officiers qui les commandent;

Connoistre les officiers de marine, tant des arsenaux que de guerre, et examiner continuellement leur mérite et les actions qu'ils sont capables d'exécuter;

Avoir toujours présents dans l'esprit les inventaires de tous les magasins, prendre soin que les magasins particuliers soient toujours remplis de toutes les marchandises nécessaires pour l'armement de tous les vaisseaux et les rechanges, et que dans le magasin général il y ayt toujours les mesmes quantités de marchandises et de munitions pour les armer et équiper une seconde fois;

Examiner avec soin et application particulière toutes les consommations, et faire en sorte de bien connoistre tous les abus qui s'y peuvent commettre, pour trouver et mettre en pratique les moyens de les retrancher;

Observer qu'il y ayt toujours une quantité de bois suffisante dans chacun des arsenaux, non-seulement pour les radoubs de tous les vaisseaux, mais mesme pour en construire toujours huit ou dix neufs, pour s'en pouvoir servir selon les occasions;

Observer surtout, et tenir maxime de laquelle on ne se desparte jamais, de prendre dans le royaume toutes les marchandises nécessaires pour la marine, cultiver avec soin les establissements des manufactures qui en ont esté faites, et s'appliquer à les perfectionner, en sorte qu'elles deviennent meilleures que dans tous les pays estrangers;

Ces manufactures principales sont le goldron, establi dans le Médoc, Provence et Dauphiné.

Tous les fers de toutes mesures et qualités pour la marine, establis en Nivernois, Périgord et Bretagne; les gros ancres establis à Rochefort, Toulon, Dauphiné, Brest et Nivernois.

Les mousquets et autres armes en Nivernois et Forestz.

Les canons de fer en Nivernois, Bourgogne et Périgord.

La fonte des canons de cuivre à Toulon, Rochefort et Lion.

Les toiles à voiles, en Bretagne et Dauphiné.

Le fer blanc et noir, en Nivernois.

Tous les ustensiles de pilote et autres, à La Rochelle, Dieppe et autres lieux.

Acheter tous les chanvres dans le royaume, au lieu qu'on les faisoit venir ci-devant de Riga, et prendre soin qu'il en soit semé dans tout le royaume, ce qui arrivera infailliblement, si l'on continue à n'en point acheter dans les pays estrangers.

Cultiver avec soin la Compagnie des Pyrénées, et la mettre en estat, s'il est possible, de fournir tout ce à quoy elle s'est obligée, ce qui sera d'un grand advantage pour le royaume, vu que l'argent pour cette nature de marchandises ne se portera point dans les pays estrangers.

Cultiver avec le mesme soin la recherche des masts dans le royaume, estant important de se passer pour cela des pays estrangers. Pour cet effet, il faut en faire toujours chercher, et prendre soin que ceux qui en cherchent en Auvergne, Dauphiné, Provence et les Pyrénées, soient protégés, et qu'ils reçoivent toutes les assistances qui leur seront nécessaires pour l'exécution de leurs marchés.

Examiner avec le mesme soin et application toutes les autres marchandises et manufactures qui ne sont point encore establies dans le royaume, en cas qu'il y en ait, et chercher tous les moyens possibles pour les y establir.

N'y ayant rien dans toute la marine de plus important que la conservation des vaisseaux, il n'y a rien aussy à quoy l'on doibve donner plus d'application. Pour cet effect, il faut donner des ordres précis et tenir la main à ce qu'ils soient tenus extraordinairement propres, tant dedans que dehors, depuis la quille jusques au baston de pavillon.

Observer avec soin la différence qu'il y a entre les vaisseaux du roi et ceux de Hollande sur ce point de la propreté des vaisseaux; s'informer de tout ce qui se passe en Hollande, et de tout ce qui se fait pour les maintenir en cet estat, et faire observer les mesmes choses en France, et quelque chose de plus s'il est possible.

Il faut considérer cette propreté comme l'âme de la marine, sans laquelle il est impossible qu'elle puisse subsister; et il faut s'y appliquer comme à ce qui est plus important et plus nécessaire pour esgaller et mesmes surpasser les estrangers.

De cette propreté despend encore l'arrangement parfait dans tous les magasins et arsenaux de marine, sur quoy il faut voir en destail chaque chose pour les pouvoir réduire au degré de perfection qu'il est nécessaire.

Il faut de plus examiner avec le plus grand soin le véritable prix de toutes les marchandises et manufactures, et chercher tous les moyens possibles pour les réduire au meilleur prix qu'il pourra; pour cet effect, il faut estre informé de ce que chaque nature de marchandises couste en Hollande et en Angleterre, comme :

Les chanvres, le fer, les toiles royalles, les ancres, etc.

Il faut de plus s'informer particulièrement de l'économie qu'ils observent en toutes choses, les travaux qu'ils font faire à journées, et ceux qu'ils font faire à prix faits, la discipline et police qu'ils observent dans leurs arsenaux, et enfin tout ce qui peut contribuer au bon ménage et économie des deniers du Roy, et tenir pour une maxime certaine sur ce sujet que celui qui fait la guerre à meilleur marché est certainement supérieur à l'autre.

A l'esgard des marchandises qui seront fournies dans les magasins, il faut qu'il soit toujours en garde et qu'il prenne si bien ses mesures que les officiers des ports n'en tirent aucun advantage indirect; et, par les visites fréquentes qu'il fera dans les ports, il faut qu'il y establisse une telle fidélité qu'il soit asseuré que le roy y sera toujours bien servi.

Entre tous les moyens que son application et ses fréquents voyages pourront luy suggérer, celuy de faire faire le marché de toutes les marchandises publiquement et en trois remises consécutives, la première au bout de huit jours, et les autres de quatre en quatre jours, en présence de tous les officiers, et après avoir mis deux ou trois mois auparavant des affiches publiques dans toutes les villes de commerce pour inviter tous les marchands à s'y trouver.

Il y auroit un autre moyen à pratiquer pour faire fournir toutes les marchandises de marine, comme chanvre, goldron, fer de toutes sortes, toiles à voiles, bois, masts, etc., etc.; ce seroit, tous les ans, après avoir examiné la juste valeur de toutes les marchandises, de fixer un prix de chacune, en sorte que les marchands y trouvassent quelque bénéfice, et faire sçavoir en suitte, par des affiches publiques dans toutes les villes du royaume, que ces marchandises seroient payées au prix fixé, en les fournissant de bonne qualité dans les arsenaux.

Il est de plus nécessaire de sçavoir toutes les fonctions des officiers qui servent dans les ports et arsenaux, leur faire des instructions bien claires sur tout ce qu'ils ont à faire, les redresser toutes les fois qu'ils manquent, faire des réglements sur tout ce qui se doibt faire dans lesdits arsenaux, et travailler incessamment à les bien policer.

A l'esgard de la guerre de mer, encore que ce soit plustost le fait des vice-admiraux et autres officiers qui commandent les vaisseaux du roy, il est toutes fois bien nécessaire que le secrestaire d'Estat en soit bien informé, pour se rendre capable de faire tous les réglements et ordonnances nécessaires pour le bien du service du roy, et pour éviter tous les inconvénients qui peuvent arriver.

Pour cet effect, il faut qu'il sçache bien toutes les manœuvres des vaisseaux lorsqu'ils sont en mer, les fonctions de tous les officiers qui sont préposez pour les commander, tous les ordres qui sont donnez par les officiers généraux et par les officiers particuliers de chaque vaisseau, ce qui s'observe pour la garde d'un vaisseau, et généralement toutes les fonctions de tous les officiers, matelots et soldats qui sont sur un vaisseau, dans les rades, en pleine mer, entrant dans une rivière ou dans un port, en paix, en guerre, et en tous lieux et occasions où un vaisseau de guerre se peut rencontrer.

Sur toutes ces choses il faut faire toute sorte de diligences pour estre informé de ce qui se pratique par les officiers généraux et particuliers de marine, en Hollande et en Angleterre, et conférer continuellement avec nos meilleurs officiers de marine pour s'instruire toujours de plus en plus.

Toutes les fois qu'il conviendra changer les commissaires de marine qui servent dans les ports, il faudra observer d'y mettre des gens fidèles et asseurés, d'autant que le secrestaire d'Estat doibt voir par leurs yeux tout ce qui se passe dans les ports, outre le rapport continuel qu'il doibt avoir avec les Intendants.

Il doit estre de mesme des garde-magasins et commissaires généraux.

Il faut s'informer soigneusement de tout ce qui se passe entre toutes les nations pour le fait des saluts, voir les réglements qui ont esté faits par Sa Majesté sur ce sujet; en connoistre toutes les difficultés et toutes les différences avec les estrangers, pour y donner tous les ordres et toutes les explications nécessaires pour éviter tous les inconvénients et soutenir la dignité du Roy.

Il faut travailler à establir dans tous les ports des écoles d'hydrographie ou de pilotage et de canonniers. Cette dernière école particulièrement est d'une telle conséquence que, sy le Roy estoit chargé d'une guerre dans laquelle il eust besoin de mettre en mer la moitié ou les deux tiers de ses vaisseaux, il manqueroit assurément de canonniers. C'est pourquoi il faut s'appliquer à en multiplier le nombre par le moyen de ces écoles.

Tenir la main pour faire faire les revues de tous les équipages des vaisseaux, lorsqu'ils sont mis en mer, et dans tous les lieux où ils se rencontrent; establir pour cet effet un commissaire de marine sur toutes les escadres, avec ordre exprès de faire ces revues dans tous les calmes, et en envoyer les extraits pour en informer le roy.

Examiner tout ce qui s'est fait pour l'établissement d'un munitionnaire dans la marine, en examiner le traité; voir qu'il satisfasse ponctuellement aux conditions y contenues; qu'il soit protégé, et tous ses commis, tant dans les ports que sur les vaisseaux, et faire punir en quelque sorte avec sévérité les capitaines qui maltraisteront ou laisseront maltraister les commis dudit munitionnaire qui seroient sur leur bord.

Examiner la différence de cette fourniture à celle qui se faisoit autrefois par les capitaines des vaisseaux et les advantages que les équipages y trouvent, pour, sur cette connnoissance, travailler incessamment à maintenir et perfectionner cet establissement.

Examiner pareillement toutes les déclarations et ordonnances qui ont esté données, et généralement tout ce qui s'est fait pour l'enrollement général des matelots en Bretagne, Provence, Poitou, pays d'Aunis, Saintonge et Guyenne, en bien connoistre les advantages, maintenir et perfectionner cet establissement, et le continuer dans les autres provinces du royaume où il n'a point esté fait, savoir : en Languedoc, Normandie, Picardie et pays reconquis.

Les intendants, commissaires généraux et particuliers estant les principaux officiers qui doibvent faire agir cette grande machine, il faut avoir continuellement l'œil sur leur conduite, les redresser quand ils manquent, leur donner des ordres bien clairs, et les leur faire bien exécuter, en un mot il faut travailler par tous les moyens possibles à remplir cette place de gens habilles, sages et d'une fidélité esprouvée.

Il faut pareillement bien connoistre tout ce qui concerne la compagnie des gardes de la marine, tenir la main à ce qu'elle soit toujours complette et garnie de bons hommes, que les revues en soient envoyées tous les mois, et n'ordonner le payement qu'après avoir rendu compte au roy des revues.

Voir les ordres qui ont esté donnés par le roy pour la levée des soldats, pour les équipages des vaisseaux; tenir la main à ce qu'ils soient bien exécutés et que ces soldats soient bons, bien habillés et bien armés.

Tenir la main à ce que la revue des officiers de marine qui servent dans les ports soit faite continuellement, en rendre compte au roy et envoyer les fonds pour leur payement.

Prendre soin d'establir des fonctions aux dits officiers pendant le temps qu'ils demeurent dans les ports, soit aux radoubs, carènes, soit pour la garde des vaisseaux, et conférer pour en faire un réglement avec les vice-admiraux et les intendants et commissaires-généraux de la marine, pour leur donner de l'occupation et éviter les maux que l'oysiveté tire après soy.

Tenir soigneusement et seurement la main à ce que les édits concernant les duels soient exécutés dans toutes les dépendances de la marine, n'y ayant rien en quoy l'on puisse rien faire qui soit plus agréable au roy.

Examiner ce qui est à faire pour establir la justice marine dans les ports.

Pour ce qui concerne les galères :

Il faut lire toutes les ordonnances qui ont esté faites concernant les galères, en bien examiner la différence; et, pour le surplus, ce qui est dit sur le sujet des vaisseaux servira pour ce corps.

Analyse et extraits des Mémoires présentés à la chambre de commerce, à Paris, par les députés des provinces, sur le commerce de France, les causes de sa décadence, et les moyens de le rétablir.

FONDS SAINT-GERMAIN, N° 394.

Le député de Rouen, Ménager, expose la théorie de la balance du commerce : « Que le commerce, dit-il, soit utile et même né-

» cessaire pour enrichir l'État, en rendre le prince plus puissant,
» plus craint et plus estimé de ses voisins, c'est un principe dont
» on ne doute point. Il est le seul moyen que nous ayons pour
» débiter ce que nos terres produisent, ce que nos artisans fabri-
» quent et ce que l'industrie des négociants produit soit par leurs
» pesches, soit par leurs négociations. Mais comme le seul but
» des marchands est de gagner et de s'enrichir sans faire aucune
» attention au bien de l'État; que leur commerce peut y être pré-
» judiciable, quoiqu'ils en retirent des profits considérables, il est
» digne de l'application du conseil d'entrer dans l'examen de ce
» qui dans le commerce est avantageux à l'État pour le protéger,
» et de ce qui y cause du dommage pour ne le pas tolérer. Tout
» ce qui augmente la culture et rapport des terres, qui favorise
» nos bonnes manufactures, qui en facilite le débit et le transport
» à l'étranger, qui augmente nos pesches et notre navigation, est
» digne de protection. Ces choses sont également utiles à l'État
» et aux particuliers.

» Au contraire, tout le commerce qui se fait en tirant des étran-
» gers une infinité de marchandises qui ne sont devenues pré-
» cieuses que par le luxe des meubles et des habits et des tables
» (sic), doit être regardé comme le moyen dont nos voisins se
» servent pour attirer notre argent, moyen d'autant plus contraire
» au bien de l'État qu'il est seul capable d'épuiser toute la France
» d'or et d'argent. C'est le commerce ruineux à l'État, mais qui
» ne laisse pas d'être utile au particulier qui gagne sur ces sortes
» de marchandises, qui, bien loin d'être protégé, doit être dimi-
» nué par les voies que le conseil trouvera les plus convenables.

» Tout le commerce qui se fait avec l'étranger se divise en
» deux parties, l'une par laquelle nous lui donnons les produc-
» tions de nos terres et de nos manufactures, l'autre par laquelle
» nous tirons les choses qui nous manquent, dont les plus néces-
» saires sont les matières d'or et d'argent, les laines, les soies, les
» épiceries, la plus grande partie des drogueries pour les teintures
» et pour la médecine. Si nous fournissons aux étrangers, en vin,
» eau-de-vie, sel, toiles et étoffes, pour plus de valeur que ce que
» nous tirons d'eux, alors notre commerce est utile à l'État, parce
» que le débit que nous faisons de nos marchandises excédant la

» valeur de celles qu'ils nous envoyent, cet excédant nous est
» toujours payé en argent, qui est la richesse et la force de l'État.

» Si au contraire nous tirons de l'étranger pour plus de mar-
» chandises que nous ne lui fournissons, nous sommes obligés de
» payer cette différence en argent, ce que nous faisons, soit en
» leur envoyant nos matières d'or et d'argent, quand elles arri-
» vent des Indes en Espagne, au lieu de les faire venir en France,
» soit en y transportant nos espèces.

» M. le cardinal de Richelieu, qui avait des vues si étendues
» pour la grandeur de la monarchie, ne trouva point de moyens
» plus efficaces pour augmenter la puissance du roi et la richesse
» de l'Etat que d'augmenter la navigation et le commerce ; en ef-
» fet, il n'y en a point d'autre qui puisse nous attirer de l'or et de
» l'argent, et ce fut sur ces mêmes principes que M. Colbert pro-
» tégea si fort les arts et les manufactures.

» Depuis ce temps-là on peut dire que le commerce est devenu
» plus préjudiciable qu'utile à l'Etat. La plupart de nos fabriques
» et de nos manufactures ont été transportées par les religionnai-
» res fugitifs chez les étrangers, en sorte que nous avons tiré d'eux
» plus que nous ne tirions, et nous avons cessé de leur envoyer
» quantité de marchandises de nos manufactures et fruits de nos
» terres que nous leur envoyions.

» Ces observations donnent lieu de croire que depuis quinze
» ans il est entré chacune année en France pour des sommes con-
» sidérables de marchandises étrangères plus que nous n'en en-
» voyons. Rien n'est plus important que d'examiner et faire une
» juste balance de ce qui est entré en France et de ce qui en sort ;
» c'est le compte de l'Etat. Si la France tire tous les ans pour dix
» millions de marchandises étrangères plus qu'elle ne leur en-
» voye, la France s'appauvrit chaque année de dix millions ; le
» négociant particulier gagne et l'Etat souffre du dommage. »

Le député de Rouen se fonde pour appuyer son assertion sur
ce que « depuis quinze ans il n'est presque pas venu d'argent en
» France ; — que tout celui qui est venu des Indes espagnoles pour
» le compte des Français, a été envoyé à Cadix, en Hollande, en
» Angleterre et à Gênes, où il est demeuré ; — qu'il s'est trans-
» porté et se transporte encore tous les jours une infinité de nos

» espèces en Hollande et en Angleterre, en Suisse et en Allema-
» gne; — que les changes avec tous ces pays sont toujours bas
» et au-dessous du poids. »

Il propose pour le bien de l'Etat « qu'on diminue la consom-
» mation de plusieurs superflus que nous achetons chèrement des
» étrangers; — que nous conservions et que nous augmentions
» ce qui nous reste des manufactures, principalement celles qui
» s'envoyent en Espagne, et d'Espagne aux Indes, comme étant
» l'aimant qui nous attire un argent et un or nouveau ; — que
» notre navigation et nos pesches soient augmentées, en sorte que
» nous ne soyons pas obligés d'aller acheter chez nos voisins des
» harengs, des morûes, des saumons et des sardines, des huiles
» et des savons de baleine, quand nous pouvons comme eux
» faire ces pesches non-seulement pour notre consommation, mais
» encore pour en fournir à la côte d'Espagne et en Italie.

» Le commerce, ajoute-t-il, ne demande point la suppression
» ni la diminution des droits du roi, mais l'égalité et la facilité
» dans la perception, que l'on réunisse à un seul droit et bureau
» plusieurs impositions. — Que les droits de sortie et d'entrée
» soient égaux, que l'on diminue ceux qui se perçoivent sur
» nos fruits et manufactures qui se transportent chez les étran-
» gers, en augmentant les droits d'entrée sur ceux qui entrent
» et se consomment en France. — Que l'on laisse chaque ville
» négociante dans la liberté de faire le commerce sans tolérer ni
» imposer des droits locaux. » Il cite, à ce sujet, l'exemple de
taxes particulières établies à Rouen et qui gênent le commerce;
il se plaint aussi des priviléges accordés à certaines villes, et
entre autres de celui de Marseille pour le commerce du Levant.

Tout en admettant la nécessité des compagnies pour le commerce colonial, il énumère les marchandises qu'elles doivent
transporter de préférence, pour que la France n'ait pas besoin
de se les procurer en recourant à l'étranger, et celles dont l'importation nuit aux produits indigènes.

« Le tabac est exporté. Le bien du commerce demanderait qu'il
» plût au roi de modérer les droits sur l'entrée de cette marchan-
» dise, et le produit de cette ferme et celui de l'État voudraient

» qu'on en cultivât assez à Saint-Domingue et dans le royaume,
» et que les fermiers ne s'en fournissent pas ailleurs.

» Depuis trente ans, on a trouvé le moyen de faire des gla-
» ces. C'est une manufacture d'autant meilleure que pour les
» fabriquer il n'y entre que pour très-peu de valeur et de ma-
» tière étrangère. Cette fabrique est utile à l'État parce que
» nous ne sommes plus obligés d'en faire venir de Venise. Elle le
» serait infiniment davantage, si au lieu de n'y avoir qu'une
» manufacture, il y en avait trente. Elles seraient à meilleur
» marché, et le commerce s'en ferait comme à Venise ; leur prix
» modique ferait qu'il s'en consommerait beaucoup plus : qu'on
» en enverrait en Hollande, en Allemagne, en Portugal, en Es-
» pagne, peut-être aux Indes dont le roi recevrait des droits de
» sortie. »

Ménager applique les mêmes observations aux manufactures de verres à vitre. Il demande que l'on augmente la production indigène des laines et des vers à soie, pour n'être plus obligé d'acheter en Espagne ou ailleurs les matières premières des fabriques de draps et de soieries. « Si l'on pouvait, dit-il, trouver
» le moyen d'augmenter la récolte des laines du pays, et de di-
» minuer la consommation des draperies fines, en en interdisant
» l'usage aux gens de livrée, artisans, menu peuple et gens des
» campagnes, nous ne serions pas obligés d'acheter pour de si
» grandes sommes de laines étrangères....

» Le commerce aurait encore besoin, ajoute-t-il en terminant,
» que ceux qui le font eussent quelques prérogatives d'honneur
» qui les distinguassent d'un nombre infini de détaillants, ce
» qui se pourrait sans que cela fût à charge au roi et à l'État :
» en Angleterre et en Italie, les gentilshommes peuvent commer-
» cer sans déroger. Si l'état des négociants était de même ho-
» noré, nous verrions les enfants de nos marchands continuer le
» négoce comme leurs pères, au lieu qu'ils quittent aussitôt qu'ils
» ont assez de bien pour se mettre dans les charges. C'est pour-
» quoi il serait très-utile pour le bien de l'État que quelque
» marque d'honneur fît trouver aux négociants quelque agré-
» ment dans leurs professions : ce moyen aiderait même à en

» augmenter le nombre et à réparer la perte des réfugiés dans
» les pays étrangers à cause de la religion. »

Le député de Dunkerque, Piecourt, dit que l'Etat a deux sortes de richesse : le revenu naturel ou revenu de la terre qui appartient presque entièrement au clergé et à la noblesse, et le revenu *artificiel* produit par le travail qui est le partage du tiers-état.

Après quelques considérations sur le commerce en général et sur les moyens de travailler à le rétablir, il s'exprime ainsi :

« Trois choses paraissent opposées à l'établissement du com-
» merce et de la navigation, et à la débouche (*sic*) des denrées et
» des marchandises que nous avons dans le royaume. La pre-
» mière, les droits considérables établis sur les denrées et mar-
» chandises. La seconde, la dureté des fermiers et de leurs
» commis à l'égard du négociant, eurs entreprises dans la per-
» ception et régie de leurs fermes, le peu de protection qu'on lui
» donne contre leurs atteintes, le commerce secret que font nom-
» bre de gens d'autorité, de concert avec les fermiers ou leurs
» commis au préjudice des défenses qui leur en sont faites. La
» troisième, les compagnies exclusives, les désignations de ports
» et priviléges de quelques villes exclusivement aux autres, et les
» atteintes qu'on donne au commerce par les partis que l'on a
» commencé d'y introduire au préjudice de la liberté publi-
» que. »

Toutes ces assertions sont successivement développées et prouvées.

Sur le premier point, l'auteur du Mémoire se plaint que l'élévation des droits favorise une contrebande très-active. « Il en
» résulte, dit-il, que les bons négociants sont contraints d'aban-
» donner un commerce sur lequel ils ne peuvent vaquer sans
» s'exposer à perdre leur réputation, à risquer leurs biens et
» à avoir la honte d'être surpris en fraudant, étant certain que
» s'ils payaient les droits, ils perdraient considérablement, pen-
» dant que les fraudeurs qui ne payent rien, y trouvent leur

» compte avec usure. » La fraude est elle-même aidée par les commis des fermiers. L'élévation des droits a un autre effet tout aussi funeste relativement au commerce avec l'étranger. « Lorsqu'on impose de grands droits à l'entrée, c'est boucher et » interrompre le commerce ; ce qui donne lieu à nos voisins de » nous imiter, d'abandonner le nôtre et d'aller se pourvoir ail- » leurs. Si nous leur imposons une loi, ils nous rendent la pareille. » Par là le commerce est troublé. Le moyen de le rétablir est de » nous concilier leur amitié en les traitant favorablement aux » entrées et leur donnant lieu de venir prendre nos denrées et » manufactures. Il ne faut pas se flatter ; il est presque impos- » sible que notre commerce subsiste sans le secours des étran- » gers. — On ne désire pas qu'on supprime les droits d'entrées » ou issues. Au contraire, il faut en établir sur toutes choses, » mais avec modération, en sorte qu'ils (les fraudeurs) ne puis- » sent supporter les frais et les risques de la fraude ; le roi y » trouvera son compte par leur multiplicité, et ses sujets quelque » douceur ; le commerce augmentera, et tout le monde paiera » les droits sans le secours des commis du fermier. » L'auteur demande un nouveau tarif invariable et uniforme, ainsi que la suppression d'un certain nombre de bureaux.

Sur le second point, il énumère divers abus auxquels se livrent les fermiers et leurs commis. Il les accuse, par exemple, de faire certains commerces en leur nom ou sous des noms supposés, et de persécuter alors les négocians qui leur font concurrence, de profiter des changemens de tarifs, parce qu'ils en ont connaissance les premiers et empêchent que les autres négociants en aient connaissance en temps utile. Il demande qu'on établisse des chambres de commerce dans les provinces, pour recevoir et transmettre au gouvernement les plaintes des intéressés.

L'auteur s'efforce de prouver ensuite que si le commerce a deux objets dans l'apparence très-opposés, le bien de l'Etat et celui du public (c'est-à-dire des sujets), on peut cependant les concilier sans beaucoup de peine. Il rappelle à ce sujet un exemple récent. Le roi avait accordé quatre frégates de 30 à 40 canons, pour servir de convoi aux vaisseaux marchands, depuis la rivière de Bordeaux jusqu'à Dunkerque. Les marchands s'étaient

imposé pour la dépense de ces convois, un droit à la sortie des ports sur chaque tonneau de marchandises à la destination d'un autre port de France. « Nous travaillâmes pendant quelques
» années sous la protection de ces convois avec beaucoup de
» succès, ce qui anima les négocians à augmenter leur naviga-
» tion, et au lieu de barques de 25 à 30 tonneaux, ou de petits
» vaisseaux de 40 à 60 tonneaux, dont la plupart se servaient,
» on se pourvut de gros vaisseaux depuis 100 jusqu'à 300 ou
» 400 tonneaux, qui produisaient des profits immenses pendant
» tout le temps que les convois subsistèrent. Je ne sais par quelles
» raisons ils ont été supprimés, au milieu de cette grande
» guerre.

» L'avantage était égal au roi et à ses sujets. S. M. y trouvait
» son compte par les droits qu'elle percevait aux sorties et entrées
» de son royaume, par les secours que ses armées de Flandre en
» retiraient, et par le grand nombre de matelots qui se formaient
» dans cette navigation, à laquelle se jetaient toutes sortes de
» gens de divers états et conditions qui n'avaient pas pris parti à
» la guerre.

» Les négociants y trouvaient pareillement le leur, par les pro-
» fits qu'ils faisaient tant sur les marchandises qu'ils faisaient
» charger que sur les vaisseaux qu'ils faisaient naviguer, qui
» étaient montés à un si haut prix qu'on a vu plusieurs vaisseaux
» chargés à Bordeaux, La Rochelle et Nantes, destinés pour Bou-
» logne, Calais ou Dunkerque, avoir pour chaque tonneau de
» marchandises qu'ils portaient aux susdits ports, depuis 120
» jusqu'à 140 par tonneaux de fret. »

La cessation des convois détruisit ce commerce, tantôt les vaisseaux tombèrent aux mains des étrangers, tantôt ils se trouvèrent arrêtés ou retardés dans leurs voyages; les armateurs firent ainsi une perte au lieu d'un gain. Ils furent obligés de recourir pour le cabotage au pavillon étranger qui faisait payer un fret énorme.

Le député de Dunkerque examine à ce propos quelques usages qu'il serait bon d'emprunter aux Anglais et aux Hollandais, entr'autres celui de bonnes assurances maritimes. Il fait observer qu'en Hollande les assurances sont faites par plusieurs compagnies qui ne risquent guère chacune que 500 à 1000 livres sur chaque bâtiment, et que les paiements ont lieu sur-le-champ sans discussion, après le rapport des syndics, tandis qu'en France les négociants qui font des pertes, réussissent rarement à se faire payer, et plus rarement encore à obtenir tout ce qui leur est dû.

Sur le troisième point il combat les monopoles en principe; il reconnaît que les compagnies exclusives peuvent être nécessaires pour les grandes entreprises qui ne sauraient être exécutées autrement, mais il veut alors que l'on fixe un terme à leur monopole, il cite à l'appui de cette opinion plusieurs exemples : il montre que l'existence de la compagnie de Guinée, avec privilége pour le transport de certains objets et pour la traite des nègres, nuit au commerce maritime, que la compagnie a intérêt à n'entretenir qu'un très-petit nombre de bâtiments, que ce nombre s'accroîtrait beaucoup si le commerce était libre, que le prix des objets transportés et celui des nègres diminueraient, etc.. Il insiste sur quelques mauvais effets du privilége de la compagnie d'Orient.

Il se plaint que Marseille ait seule le droit de faire le commerce du Levant, que Lyon ait le marché exclusif des soies. « Rouen, Nantes, La Rochelle et Bordeaux, sont les seules qui » jusqu'à présent ont pu aller négocier aux Iles de l'Amérique. » Bayonne, le Hâvre, Saint-Malo, Brest, Morlaix, Calais, Lille, » Dunkerque demandèrent, les uns le commerce d'Espagne, » d'autres celui d'Angleterre, et les autres celui du Nord. Toutes » ces propositions sont odieuses et onéreuses à l'Etat et au public. » Toutes les villes doivent avoir la même liberté : c'est au bien » général qu'il faut s'attacher et non au particulier. »

L'auteur examine ensuite la question de la protection industrielle et expose la théorie du libre échange. « Il est nécessaire, » dit-il, de donner aux manufactures du royaume tous les se- » cours possibles, de chercher même à y établir celles qui n'y » sont pas ; mais il est bon d'observer quelque douceur balan- » çant les choses avec modération, et ne s'attacher pas avec ri- » gueur à établir de grandes impositions sur celles des puissan- » ces voisines.

» Lorsqu'une manufacture est bien établie dans le royaume,
» et que l'ouvrier ne se relâche pas, elle se soutient d'elle-même
» sans le secours de grandes impositions sur celles des étrangers.
» Les manufactures de bas d'Orléans et de Tournai en sont une
» preuve sensible; puisque toutes les nations conviennent qu'il
» ne s'en fabrique pas en Europe de si bons, les Français n'au-
» ront garde de s'en pourvoir dans tout le royaume, tout autant
» que les manufactures ne se relâcheront pas. Il en sera de même
» de toutes les autres manufactures, si on y donne l'application
» nécessaire.

» Le droit modéré dont les nôtres doivent jouir suffirait pour
» donner à nos ouvriers un avantage sur les étrangers de 10 à 15
» pour cent. S'ils demandent de grandes impositions, ils doivent
» être considérés comme gens qui n'ont d'autres vues que de
» s'enrichir aux dépens du public.

» Si les étrangers portent leurs manufactures (apportent leurs
» produits manufacturés) en payant les droits de sortie qu'on
» est obligé de payer chez eux, les frais de transport, droits
» d'entrée en France, commissions et autres frais, et qu'ils puis-
» sent les donner à meilleur marché que celles que nous avons
» en France, n'est-il pas utile au roi et au public de les y re-
» cevoir ?

» Mais pour en éloigner l'étranger et donner préférence à nos
» manufactures sur celles qu'il nous envoie, l'ouvrier doit s'atta-
» cher à perfectionner son ouvrage, et les autres sujets à augmen-
» ter les matières dont on a besoin pour les manufactures, auquel
» cas celles des étrangers tomberont d'elles-mêmes, sans qu'il
» soit besoin de grandes impositions, parce que, si nous avons
» des matières en abondance, le prix en diminuera et l'ouvrier
» pourra les vendre à meilleur marché.

» C'est à leur occasion que le roi se prive des droits qu'il rece-
» vait sur celles des étrangers, si elles entraient ainsi. Nous de-
» vons tous concourir à procurer l'abondance dans le royaume,
» et à nous passer des étrangers, autant qu'il nous sera possible,
» sans néanmoins les irriter contre nous et leur donner lieu de
» nous imiter ou d'aller porter leur commerce ailleurs, comme
» ils l'ont déjà fait. »

Après avoir exposé ces principes, l'auteur s'occupe de leur application immédiate ; il demande l'extension des pâturages, l'amélioration et la multiplication des bêtes à laine, l'établissement de droits de sortie très-élevés sur diverses matières premières. Il sollicite des inspections sévères « pour corriger les abus
» qui se sont glissés dans les manufactures qui emploient de mau-
» vaises laines, et par là donnent une mauvaise réputation, non-
» seulement à leurs ouvrages, mais encore à ceux qui travaillent
» de bonne foi. »

Il présente ensuite quelques remarques sur les chiffres de l'importation et de l'exportation pendant les vingt dernières années. Si la France n'avait que des manufactures, elle aurait raison d'interdire l'entrée des produits semblables des manufactures étrangères, mais elle a un nombre très-considérable de produits qu'il énumère et dont il est nécessaire de favoriser la sortie; or, les étrangers ne viendront pas les prendre si nous fermons la porte aux leurs.

Il soutient qu'il serait avantageux à la France de recevoir les marchandises anglaises dont les manufacturiers français ont obtenu la prohibition, et de vendre en échange aux Anglais ses vins et ses eaux-de-vie. Il le prouve par divers calculs. Ce sont les étrangers qui profitent de cet état de choses, l'Espagne, le Portugal et l'Italie ont planté plus de vignes et vendent leurs vins et leurs eaux-de-vie à l'Angleterre. Si un traité de commerce n'est pas conclu dans ce sens avec l'Angleterre, « avant dix années
» toutes les provinces qui ont des vignobles périront et seront
» hors d'état de payer la taille et autres impositions que l'occur-
» rence pourra obliger S. M. de leur demander, d'autant qu'ils
» ne tireraient pas de leurs vins les frais de culture.... » On ne parviendra jamais à obtenir que les Anglais ne répondent pas à nos prohibitions par des prohibitions équivalentes.

Le dernier traité, celui de Ryswick, a tué la navigation française en accordant aux Hollandais égalité de traitement en France avec les nationaux, sous prétexte que les Français jouissent de la même égalité en Hollande. La navigation est en effet à bien meilleur marché en Hollande qu'en France. La France ferait mieux d'accorder les avantages de ce genre aux Anglais et aux peuples du Nord, comme les Danois et les Suédois, chez lesquels le prix de la navigation est plus voisin du sien, et qui offrirait d'ailleurs à son commerce d'exportation un débouché bien plus considérable que la Hollande. Le député de Dunkerque propose de signer avec ces peuples des traités de commerce dirigés contre la Hollande.

Il examine ensuite la question des monnaies, dont « les va-
» riations, dit-il, rebutent tout le monde. Les Français, comme
» l'étranger, cherchent à éloigner leur bien et leur commerce,
» là où le prix de l'argent qui doit être stable est dans une muta-
» tion continuelle. L'étranger cesse d'y mettre son fonds; les
» Français l'envoient chez l'étranger; ils aiment mieux l'un et
» l'autre le laisser reposer chez nos voisins que de s'exposer à
» essuyer les pertes qu'ils sont en risque de souffrir à chaque
» changement. »

Les mauvais effets des opérations monétaires sont exposés d'une manière assez complète, l'auteur s'attache surtout à la perte que fait la France sur le change; c'est à cause de cette perte que la France fait avec les étrangers un commerce désavantageux.

« On ne doit pas regarder la valeur des monnaies comme une
» chose arbitraire.... La politique des Hollandais est de permettre
» chez eux l'augmentation des espèces étrangères pour se les atti-
» rer, mais ils ne toucheront jamais au cours pour quelque cause
» que ce soit et qui puisse arriver; leur maxime, et ce devrait
» être la nôtre, est que le sceau du prince qui s'applique sur la
» monnaie, fait foi du titre et du poids de l'espèce qu'elle porte,
» et que c'est sur cette foi que doit rouler le commerce. »

L'auteur attaque ensuite les monopoles ou les *partis*. « N'est-il
» pas à craindre qu'enfin tout viendra en parti, et que celui
» qui voudra avoir la liberté de négocier sera obligé de l'a-
» cheter? » Le parti du tabac est celui qu'il attaque de préférence; selon lui l'État a perdu par l'établissement de cette ferme un commerce qui était bien plus avantageux. « Il serait à souhai-
» ter qu'il plût à S. M. de remettre ce commerce au public, en
» imposant un droit d'entrée de 12 à 15 p. 0/0 sur le tabac étran-
» ger et de 5 à 6 p. 0/0 sur celui de nos colonies. Il en résul-
» tera un bien considérable à l'État, en ce que les colonies qui

» méritent quelque attention, se rétabliront, que la navigation
» augmentera et qu'au lieu d'acheter le tabac des étrangers, nous
» serons en état de leur en fournir. » Il demande également
qu'on abandonne le monopole du plomb et de la poudre à gibier,
et celui des eaux-de-vie.

« On a cru jusqu'à présent que le commerce ne pouvait être
» fait que par le peuple, et que la noblesse ne pouvait s'en mê-
» ler sans déroger, ce principe est beaucoup plus nuisible qu'on ne
» s'imagine.

» Si les cadets des gentilshommes pouvaient entrer dans le
» commerce sans déshonneur (à eux) et à leur famille, il en re-
» viendrait un bien considérable à l'État, d'autant que le com-
» merce de soi-même est noble et fondé sur la bonne foi, qui de-
» vrait se trouver dans un fils de bonne famille plutôt que dans
» celui d'une condition obscure. » Le député de Dunkerque termine en invoquant l'exemple de l'Angleterre, où les cadets des
grandes maisons ne dédaignent pas le commerce, et augmentent
souvent par là le patrimoine de leurs familles. Il demande,
comme le député de Rouen, que l'on assure au haut commerce
des marques de distinction, et que l'on modère ainsi l'empressement de tous les négociants enrichis à acheter des charges pour
eux ou pour leurs enfants.

Le député de Nantes, Descazeaux du Hallay, observe que la
France a fait durant la dernière guerre plus de progrès dans le
commerce, par les prises, qu'elle n'en eût fait autrement, en un
siècle entier. Elle a appris à connaître toutes les habitudes et les
ressources commerciales des Anglais et des Hollandais; elle doit
les imiter.

Il réclame la liberté, qui est, dit-il, « l'âme et l'élément du
» commerce; elle excite le génie et l'application des négociants,
» qui, méditant sans cesse des moyens nouveaux de faire des
» découvertes et des entreprises, opèrent un mouvement perpé-
» tuel qui produit l'abondance partout. » Les Hollandais en sont
tellement persuadés qu'ils permettent « jusqu'à la sortie des ma-
» tières d'or et d'argent, que les autres nations défendent si sé-

» vèrement. Ces fins marchands savent que par une issue néces-
» saire, ce qui sort entre par ailleurs, et que le mouvement bien
» suivi produit un bénéfice qui reste dans le pays, et qui en-
» richit celui qui le fait. » La liberté est donc le principe ; elle
peut être restreinte utilement dans certains cas, mais il faut que
ce soit l'exception.

Il demande que l'on constitue l'administration commerciale, en
plaçant à côté du directeur permanent une chambre permanente. « Il serait important que la chambre de commerce subsis-
» tât toujours, que tous les arrêts avec ce qui a du rapport au
» commerce y soient portés et enregistrés, et que les questions
» qui naissent continuellement entre les marchands et messieurs
» les fermiers qui troublent si fort le commerce, y soient aussi
» rapportées et décidées sommairement, sans figure de procès,
» le tout à la connaissance des députés des provinces, afin que
» chacun en particulier y soutienne ses droits, que la balance
» soit observée régulièrement, que tout soit su, et que l'on
» évite les inconvénients où l'on est tombé. Le commerce est
» d'une nature à devoir être accéléré, un négociant se rebute,
» ferme sa bourse et abandonne tout, plutôt que d'essuyer des
» formalités, et les fermes du Roi en diminuent...... »

« Il serait aussi nécessaire d'étendre ce corps dans les provin-
» ces et dans les villes, par des relations particulières avec la
» chambre du commerce des villes qui en ont, ou avec le corps
» des juges-consuls des marchands, dans celles qui n'en ont pas.
» Et comme les corps des communautés des villes se sont fort
» oubliés et sont tombés dans une entière nonchalance sur le
» commerce, il serait bon que la cour eût agréable de les ré-
» veiller, en leur marquant par des lettres circulaires qu'on
» souhaite qu'ils se mettent en attention sur ce qui sera de leur
» ministère pour contribuer à donner de l'émulation dans le
» commerce. »

Le député de Nantes se plaint, comme ses prédécesseurs, de
l'empressement avec lequel les négociants qui ont fait leur fortune quittent le commerce, il ajoute : « Que le négoce et les
» habitudes ne se perpétuent pas dans nos familles, que toutes
» sortes de gens avides s'y jettent, qu'on voit peu de bonne foi,

» beaucoup de banqueroutes ; peu de négocians assez riches et
» assez entendus pour aller négocier en concurrence avec les
» étrangers. »

Il se plaint aussi des commis des douanes, de leur intelligence avec les fraudeurs ou avec les juges des traites. Il voudrait que pour mettre un terme à ces abus on suivît un exemple donné par la ville de Londres, « que la cour eût agréable d'avoir rela-
» tion en chaque bonne ville avec un négociant de probité, en
» qui elle eût confiance, chargé d'entrer en connaissance de la
» conduite des commis et des différends qui naissent, pour en
» rendre compte, avec ordre aux commis et aux juges des traites
» de ne rien décider dans les difficultés sans sa participation. »

Il se plaint que les réformes de Colbert au sujet des douanes intérieures n'aient pas eu tout l'effet désiré, que les fermiers-généraux aient rétabli beaucoup d'anciens droits, qu'il y ait encore de nombreux péages sur les rivières, qu'il y en ait par exemple une trentaine sur la Loire, depuis Roanne jusqu'à Nantes. « Le conseil ne peut douter par ces échantillons que le
» commerce du transport ne soit ruiné : il est réduit à la seule
» et pressante nécessité indispensable de la consommation jour-
» nalière des denrées. » Il ne demande rien moins que la suppression de tous les péages particuliers et celle de plusieurs abus attachés aux péages royaux.

Ces abus, ainsi que la législation douanière prohibitive ont eu sur le revenu public une fâcheuse influence. Plusieurs causes ont empêché durant la dernière guerre que cette influence fût très-sensible ; la France a fait beaucoup de prise sur les bâtimens marchands des étrangers, et en a elle-même très-peu souffertes ; l'interruption de certains commerces que les étrangers faisaient eux-mêmes les oblige de recourir à la France pour les continuer ; ainsi, ils ont recouru à Marseille pour le commerce du Levant. Ces faits et d'autres du même genre ont confirmé en général le gouvernement dans le système du commerce exclusif et de la prohibition.

Mais ce système n'est plus applicable en temps de paix et entraîne de fausses mesures. « On a regardé de même œil le temps
» de paix comme celui de la guerre, un temps d'abondance de

» denrées comme un temps de disette; on a cru qu'il suffisait de
» mettre de gros droits pour faire de gros produits, de prohiber
» pour faire cesser les entrées. On a oublié les inconvénients
» qu'il y avait d'interrompre cette précieuse permutation de nos
» denrées et de nos manufactures qui est le trésor qui fait la
» force de l'État. On a confondu la faveur due aux manufactures
» fabriquées de matières étrangères; on a attribué les entrées aux
» ports qui ne fournissent rien, à l'exclusion de ceux de la bien-
» séance des provinces chargées de denrées, sans considérer que
» par les uns on paye par argent, et par les autres on paye par
» marchandises en déchargeant les provinces. Enfin, notre con-
» sommation a augmenté par le luxe dans les habits, dans les
» meubles et à la table, et le débit de nos denrées a cessé. Les
» étrangers se passent de nos manufactures, et nous ne pouvons
» nous passer des leurs.

» Lorsque MM. les intendants des provinces eurent ordre de
» consulter les négocians sur le commerce, immédiatement après
» la paix, les négocians ne manquèrent pas de représenter qu'on
» ne devait pas regarder la situation du commerce par rapport
» au temps de la guerre, et leur en marquèrent la conséquence
» et les inconvénients. On n'a pas jugé à propos d'y avoir atten-
» tion. »

L'auteur se plaint que les vins de France ne soient plus exportés, ainsi que les eaux-de-vie et les sels, dont les étrangers se fournissent par suite des prohibitions dans les pays du Midi. Les manufactures de soie, de papier et de toiles, autrefois si florissantes en France, manquent aussi de débouchés et commencent à éprouver la concurrence de manufactures semblables établies à l'étranger, surtout en Angleterre et en Allemagne. Si la France trouve quelque avantage à manufacturer les laines qu'elle tire d'Espagne, elle en trouverait un beaucoup plus grand à les acheter toutes manufacturées aux Anglais, et à exporter les autres produits de tout genre. L'auteur demande donc que l'on rétablisse les anciennes communications avec les pays étrangers, à quoi ces pays se prêteraient volontiers puisqu'ils n'ont adopté les prohibitions que par mesure de représailles. Il rappelle toute-

fois qu'il ne demande pas la suppression des droits établis « pour
» soutenir nos établissements utiles. »

Il insiste sur la nécessité d'attirer les étrangers dans les ports
de France pour qu'ils viennent y vendre leurs produits et y
acheter les nôtres : « on finira cette matière par une réflexion
» vraisemblable qui est que, quoique le conseil se puisse porter
» à faciliter l'entrée des manufactures d'Angleterre en faveur de
» nos denrées, on ne doit pas pour cela désespérer que nos ma-
» nufactures ne subsistent. On a en France une facilité si grande
» pour les modes à donner la mode à tout ce qu'on veut, que
» cette marotte peut tenir lieu de toutes les lois du monde.... On
» peut même se représenter que lorsque les ouvriers et les ma-
» nufacturiers de France verront de la concurrence entre leurs
» ouvrages et ceux des étrangers, ils se corrigeront de la défec-
» tuosité qui s'est introduite dans nos manufactures. Ils se per-
» fectionneront en vue de les mettre sur un pied à mériter la
» préférence, et cette émulation fera peut-être plus que toutes
» les autres vues qu'on a eues jusqu'à présent. »

Il demande ensuite qu'on soumette les étrangers à l'obligation
d'enlever de France une quantité de marchandises françaises
égale à celle de leurs propres marchandises qu'ils y importent.
Cette règle, suivie avantageusement selon lui en Portugal, serait
facilement acceptée par les peuples étrangers, excepté par les
Hollandais. Mais la France a précisément intérêt à forcer la
Hollande qui fait la plupart de ses transports maritimes, à faire
ceux de ses exportations comme ceux de ses importations. Le
député de Nantes entre à ce sujet dans une dissertation historique
sur le commerce des Hollandais en France; il reconnaît que les
détailleurs particuliers des denrées coloniales seront lésés, et ne
pourront plus aussi facilement les faire venir de Hollande; mais
il oppose à leur intérêt celui des villes qui, comme Nantes,
vivent du commerce maritime et de l'exportation des produits
français.

Il renouvelle les plaintes exprimées dans les deux Mémoires
précédents au sujet des priviléges de Marseille pour le commerce
du Levant et de ceux de Lyon pour celui des soieries. Il reven-

dique pour Nantes le droit d'envoyer des bâtiments en Orient aux mêmes conditions que Marseille, et celui d'importer les soies nécessaires pour relever les manufactures de Tours, ruinées par le monopole des Lyonnais.

« L'interruption du transport du blé d'une province à une
» autre est encore très-préjudiciable, et ne contribue pas peu à
» entretenir la cherté. La liberté en serait utile au peuple des
» provinces qui en sont chargées. Ce serait d'un grand secours à
» celles qui en manquent.

» La vue qu'on peut avoir d'engager les peuples à semer des
» terres en blé chacun chez soi autant qu'il en faut pour la sub-
» sistance de chaque lieu peut avoir ses inconvénients. Il y a des
» provinces plus propres à produire du blé les unes que les au-
» tres. Chacune a sa propriété, les unes pour la vigne, les autres
» pour le blé. Le vin fait le commerce de l'une et le blé fait le
» commerce de l'autre. Il est à craindre que, gênant le commerce
» du blé, les peuples des provinces qui en produisent au delà de
» ce qu'il leur en faut, voyant qu'ils n'en pourraient faire trans-
» port, ne cessent d'en semer abondamment, et ne se bornent
» au nécessaire de leur subsistance, et que les terres des autres
» provinces moins propres à produire des blés venant à manquer,
» on ne retombe dans une disette. »

Le député de Nantes demande donc que le transport des blés ne soit plus soumis à l'obligation d'une autorisation et d'un passe-port qui font de ce commerce un véritable monopole pour quelques marchands, et gênent les transactions. Le gouvernement continuerait d'ailleurs de régler et de surveiller, comme il le fait, l'exportation des grains chez les étrangers.

Il demande aussi la suppression des priviléges des sept compagnies exclusives fondées pour développer le commerce maritime, savoir, la compagnie des Indes orientales, celle de la Chine, celle de Guinée, celle du Sénégal et des côtes d'Afrique, celle du commerce de castor du Canada, le parti du tabac et la compagnie des fournissemens (sic) de la marine.

Le privilége exclusif, sans lequel on n'eût pu former ces compagnies dans l'origine, est devenu onéreux au roi et au pays, « parce que le commerce de ces compagnies est sur un pied

» avantageux, et qu'on ne fait point de dépenses qui n'ayent leur
» utilité présente; et loin que ce fût au roi à donner des priviléges
» exclusifs et des avantages aux compagnies, ce serait au con-
» traire à elles à financer au profit de S. M. pour y être conser-
» vées.

» Au reste, ces compagnies subsistant, quoique dépouillées de
» leurs priviléges, ne laisseront pas de se trouver bien supérieures
» aux particuliers pour les habitudes et les établissements qu'elles
» ont contractés de longue main. Cela seul doit suffire sans l'ex-
» clusion. »

L'auteur représente que ces compagnies ont intérêt à limiter leur commerce, qu'elles entraînent de grands frais, qu'elles sont à peu près exclusivement composées de Parisiens « qui, fort entendus » d'ailleurs, ne le sont pas sur le fait du commerce, » qu'elles exportent peu et soldent la plupart de leurs importations en argent. « Leurs priviléges étant supprimés en faveur du public donneraient
» occasion en peu d'années d'enrichir le royaume. On verrait bien-
» tôt multiplier la navigation à un point qui occuperait non-seu-
» lement tous nos vaisseaux et tous nos matelots, mais l'un et
» l'autre (sic) augmenterait très-considérablement. Tout le monde
» se jetterait dans le commerce; on ne verrait plus de mendiants
» ni de vagabonds. Le commerce des compagnies remis au public
» augmenterait les colonies, si bien que dans peu d'années insen-
» siblement elles consommeraient assez de nos denrées de France
» pour équipoller à ce que les étrangers s'étudient de n'enlever
» pas. Il se ferait une décharge extraordinaire de notre superflu.
» Les colonies se multiplieraient. Les terres en friche seraient
» dans peu cultivées et en rapport; elles produiraient des matières
» immenses, non-seulement pour la consommation du royaume,
» mais aussi largement pour l'étranger. En un mot, toute la
» France respire cette liberté. Elle relèverait le courage des négo-
» cians, et les revenus du roi augmenteraient à un point qu'on
» en serait surpris, d'autant plus que S. M. reprendrait les droits
» dont elles jouissent par leurs priviléges..... Si les raisons des
» particuliers contre les priviléges des compagnies privatives ne
» prévalent pas, du moins est-il à propos qu'en payant aux com-
» pagnies une certaine rétribution qu'on pourra régler, il soit

» permis aux particuliers de faire le commerce des compagnies. »

Le député de Nantes entre ensuite dans des détails curieux, qu'il serait malheureusement trop long de citer ici, sur le commerce de chacune des compagnies dont il veut faire supprimer le privilége. Il observe, chemin faisant, que les priviléges des compagnies sont beaucoup moins exclusifs en Angleterre qu'en France. La suppression ou la limitation de ces priviléges n'empêchera pas de faire des réglements pour les négociants devenus libres ; il demande cependant qu'on s'abstienne de trop réglementer. « Le » commerce est de la nature du mercure, dont on ne saurait fixer » tous les mouvemens. »

Il représente, à propos de la compagnie qui fournit des bois à la marine, que la diminution des bois en France est très-sensible. « Tous les bois et forêts qui étaient sur le bord des rivières et » qui pouvaient se charger avec facilité sont presque finis et » épuisés. Il n'en reste plus guère qui ne soient fort éloignés dans » les terres, dont le charroi coûterait trop pour pouvoir s'en ser- » vir. En sorte que le bois de construction et des bâtiments de » terre et de mer, aussi bien que le chauffage, est extrêmement » rare et cher. Il est à craindre que cela n'aille à un point qui » nous obligera d'en tirer de la mer Baltique.

» Il s'est fait une grande destruction de bois pour l'usage des » sucreries dans le royaume, depuis l'établissement du droit sur » le charbon de terre d'Angleterre dont elles se servaient aupa- » ravant.

» Nous avons des mines de charbon de terre en Anjou, en Au- » vergne et ailleurs. Mais comme Mme la duchesse d'Uzès a eu la » permission du roi de disposer de toutes ces mines du royaume, » elle a remis ses droits à des gens qui ont fatigué les propriétai- » res des mines et les ont obligés d'abandonner ces mines. Ils se » sont rendus seuls maîtres du débit de ces charbons, en sorte » qu'ils n'en font tirer qu'autant qu'ils en peuvent débiter à un » haut prix, qui empêche les raffineurs de s'en pourvoir et les » oblige à brûler toujours du bois. Cela peut passer pour une es- » pèce de monopole très-préjudiciable.

» Il serait donc très-utile que le roi eût agréable de retirer les » priviléges donnés à madame d'Uzès, et de permettre aux pro-

» priétaires des mines d'en tirer, et même de diminuer les droits
» dus au roi pour le passage, afin d'en faciliter le transport et la
» consommation, et d'arrêter celle des bois que les sucreries con-
» somment.

» Au reste, il y a quantité de communes et terres incultes ou
» inutiles dans les provinces, qu'on pourrait sans inconvénient
» semer et planter en bois, tout ou partie, si S. M. avait agréable
» d'en donner la propriété à ceux qui en voudraient faire la dé-
» pense. Cela opérerait un prompt usage de ces terres, et comme
» il est dû des droits et des rentes sur quelques-unes de ces com-
» munes aux seigneurs de qui elles relèvent, il faudrait permettre
» à ceux qui les prendraient d'en fournir le fonds et d'en servir
» la rente au lieu et place des communiers qui en sont détenteurs,
» auxquels il y en a peu qui servent. »

Le député de Nantes récapitule les principaux points de son Mémoire, et le termine en sollicitant, d'une part, une diminution considérable des droits du roi, et d'autre part « une liberté sans
» bornes donnée aux négocians, avec une protection et une at-
» tention particulières. »

Le député de La Rochelle déplore l'extrême abaissement où le commerce se trouve réduit ; mais « on conviendra que de fausses
» vues en sont la cause, et qu'ayant prétendu nous passer de tou-
» tes les autres nations, et que (tandis que) au contraire elles
» peuvent se passer de nous, nous nous sommes fort abusés ; et
» pour leur ôter l'usage d'une main, nous nous sommes coupé les
» deux bras. »

Ainsi les pays étrangers, l'Angleterre, le Portugal, ont répondu à nos prohibitions par des prohibitions dont nous avons beaucoup souffert, et dont la rigueur, bien que modérée depuis la paix de Ryswick, subsiste encore. L'élévation des tarifs a diminué aussi le commerce de la France avec l'Espagne d'une manière sensible.

La liberté est « le premier mobile du commerce. » Comme elle peut cependant être restreinte dans son exercice par un effet des circonstances ou par des vues politiques, on ne doit pas songer à l'établir sur-le-champ d'une manière absolue. « Il ne la faut con-

» sidérer que comme la boussole sur laquelle nous devons seule-
» ment diriger notre conduite, autant que le temps le permettra.

» Avant que d'entrer dans le détail des moyens de rétablir le
» commerce, il faut poser comme un principe certain que tout
» doit concourir au bien public, qui doit être la véritable fin de
» nos établissemens et de nos entreprises, et que ce bien public
» n'a que deux raisons principales, la première, la conservation
» et l'augmentation des droits du roi ; la seconde, de faire en sorte
» que toutes choses nécessaires pour la subsistance et entretien
» des sujets du royaume soient au plus bas prix qu'il soit possi-
» sible, afin que le peuple vive avec facilité et aisance ; que pour
» y parvenir il faut attirer l'abondance de toutes choses, de quel-
» que part que ce soit; que pour cela il faut ouvrir la porte et la
» liberté aux étrangers, et leur donner un accès favorable en
» payant des droits modiques proportionnés à la valeur des den-
» rées et marchandises, de quelque nature qu'elles soient, qu'ils
» voudront introduire, sans avoir égard aux manufactures ni
» aux particuliers qui en pourront souffrir de préjudice, car le
» bien qui résultera de cette liberté est public. »

L'auteur s'attache à prouver qu'il est de l'intérêt du roi et du public d'ouvrir un libre accès aux étrangers, sans avoir égard aux plaintes des personnes auxquelles profite la prohibition. « Ce
» n'est pas que S. M. ne les puisse favoriser, mais il faut que ce
» soit par des voies insensibles, qui ne soient pas à la charge de
» ses autres sujets et de ses droits. » Il demande que les tarifs soient revisés, et que l'on fasse porter les droits de préférence sur les objets de luxe.

Il présente quelques observations, qui paraissent concerner La Rochelle, sur le commerce de la France avec le Portugal : ce commerce a sensiblement diminué depuis que l'établissement de droits sur les denrées portugaises et brésiliennes empêche les armateurs français de faire avec un chargement de ces denrées les retours des bâtimens qu'ils y envoient. Pour le commerce avec l'Espagne, il demande la libre exportation des blés et la libre importation des fers. « Rien, ajoute-t-il, n'est si nécessaire que
» d'attirer en France toutes sortes de marchandises étrangères
» sans égard particulier ni distinction de droits. C'est l'unique

» moyen d'avoir toutes les choses en abondance et à un prix mo-
» dique, et nous verrions la dépense générale se réduire au tiers
» moins de ce qu'elle est aujourd'hui, et les recettes des bureaux
» s'augmenter à proportion. C'est de là que dépendent la richesse
» et la pauvreté du peuple, parce que leur subsistance (sic) étant
» continue et d'une nécessité absolue, le ménagement qu'on y
» peut apporter est un gain fixe qui pendant le cours de la vie en
» fait la prospérité ou l'adversité. »

La suite de ce Mémoire contient des observations du même genre relatives au commerce de La Rochelle avec les colonies, commerce gêné par l'élévation des droits sur le sucre, à son commerce de vins de Bordeaux, à celui des pelleteries du Canada. Une nouvelle compagnie du Canada est prête à se former à La Rochelle, et peut remplacer à des conditions plus avantageuses pour le roi l'ancienne compagnie qui est en voie de se dissoudre.

Il renferme aussi des plaintes relatives à l'exagération de quelques droits locaux, à des abus commis par les fermiers, à des réformes qui seraient nécessaires dans le service des postes, aux entraves que mettent à l'exercice de la juridiction consulaire les autres tribunaux, enfin au dommage que cause à la ville l'obligation de lever des gens de guerre. « Rien n'est plus contraire au
» bien du commerce que le logement actuel d'une garnison que
» nous avons depuis douze ans dans nos maisons, que nous sommes
» obligés de laisser ouvertes en tout temps et à toutes les heures
» de la nuit à la discrétion de l'officier et du soldat, ce qui cause
» des vols, des troubles, des querelles, et ne contribue pas peu à
» la désertion des principaux habitants, qui, sous prétexte de
» religion, se réfugient dans les pays étrangers, et (ce qui) cause
» même la ruine de quelques-uns, qui, ayant des maisons trop
» petites pour leurs familles, sont obligés de louer à gros prix des
» chambres garnies pour loger les officiers qu'on leur donne. On
» a proposé des magasins inutiles au commerce, qui, en y faisant
» quelque dépense que la ville offre de faire à ses frais, serviront
» de casernes et logeroient très-commodément la garnison. »

Le député de Bordeaux, après quelques généralités, examine

PIÈCES JUSTIFICATIVES.   415

les intérêts du commerce de la France, soit avec les États voisins, soit avec les pays plus éloignés.

Il dit que la France peut très-bien se passer des étrangers, mais qu'elle aurait tort de le faire pour plusieurs raisons, et entre autres parce qu'elle produit plus qu'elle ne consomme. Il ajoute que le commerce est plus avantageux pour la France que pour les autres pays, parce qu'étant au centre de l'Europe, elle n'a généralement pas à faire de longs transports, et parce que produisant à peu près tout ce que produisent les autres pays, « elle reçoit » nécessairement moins qu'elle ne donne. »

Selon lui, la France doit s'attacher à augmenter ceux de ses produits qu'elle peut aisément exporter, et comme il n'y a pas d'exportation sans importation [1], elle doit s'abstenir de produire elle-même ce que les étrangers peuvent lui fournir à des prix avantageux.

Suit une liste des produits de la France, parmi lesquels le député de Bordeaux distingue ceux qui sont en surabondance, ceux qui sont entièrement nécessaires à la consommation indigène et ceux qui ne suffisent pas à cette consommation. Il y ajoute la liste des objets que la France ne produit pas, et de ceux qu'elle a intérêt à se procurer en Angleterre, en Hollande et dans le Nord.

Il s'attache à prouver la nécessité d'attirer les marchandises étrangères, et l'avantage que trouverait la France à ne point tenter contre certaines manufactures anglaises une lutte impossible. Il cite à ce propos les manufactures de draps. Elles ont été obligées de faire venir d'Espagne des laines dont le prix s'est doublé en peu de temps par l'effet de cette demande excessive. Comme l'exportation de produits français en Espagne est très-faible, ces laines sont payées en espèces d'or et d'argent, à douze ou quinze pour cent de perte sur le change; il faut en outre les retenir et les payer un an d'avance. Les draps ainsi fabriqués étant fort chers ne peuvent trouver d'acheteurs qu'en France; ils ne soutiendraient pas ailleurs de concurrence contre ceux des autres pays. Ils ne trouvent même d'acheteurs en France qu'à la con-

---

[1] Ceci est directement en contradiction avec ce qui précède, mais il ne faut pas s'étonner de trouver quelquefois peu de rigueur dans cette première expression de théories économiques.

dition de l'exclusion des draps étrangers. Ainsi, « l'étranger a » été rebuté, le commerce détourné, et les sujets du roi chargés » d'une consommation accablante. » Le roi perd encore des droits d'entrée. Enfin, après avoir nui à l'État de toutes les manières, les manufactures font faillite. « Il y a des directeurs des princi- » pales fabriques qui l'ont faite pour la troisième fois, et pour des » sommes très-considérables qu'ils ne payeront apparemment » jamais. Nous négligeons les biens dont le Ciel nous favorise par » la bonté et la fertilité de nos terres, pour employer des denrées » étrangères avec des dépenses excessives dont tous les frais » retombent sur nous. »

L'auteur énumère les droits dont l'augmentation récente a fait renchérir un grand nombre d'objets utiles.

Au sujet du commerce du Levant, il demande la suppression du privilége de Marseille; il prétend que tous les sujets du roi doivent être traités également et jouir des mêmes grâces, que Marseille doit se contenter du privilége de sa position et de ses avantages naturels.

Entre autres remarques sur le commerce des îles françaises, il observe que ces îles produisent plus de sucre qu'il n'en faut pour leur consommation et celle de la France; il demande qu'un abaissement de droits permette de porter l'excédant sur les marchés étrangers.

Il regarde le commerce des Indes comme très-désavantageux, et conseille d'y renoncer pour tout autre objet que les épiceries.

Le député de Bayonne appelle le commerce « le nerf des États qui ne sauraient subsister autrement avec splendeur. »

Il rappelle que la France a manqué pour le commerce des qualités des Hollandais et des Génois, qu'elle a eu trop de guerres à soutenir, qu'elle a longtemps abandonné son cabotage aux Anglais et aux Hollandais.

« Feu M. Colbert, dont la pénétration et les lumières égalaient » l'application qu'il avait pour la gloire du roi et le bien de » l'État, s'aperçut de ce désordre si ruineux à la nation. Il en-

» couragea les négociants à s'adonner au commerce de mer, et à
» faire bâtir des navires propres pour des voyages de long cours
» et pour des pêches; il forma diverses compagnies pour le com-
» merce du Levant, du Nord et des Indes orientales ou occiden-
» tales. Il s'attacha à perfectionner nos anciennes manufactures,
» Il en établit de nouvelles. Enfin, il protégea puissamment le
» commerce et eut la satisfaction de voir que ses soins ne furent
» pas inutiles, et de le laisser dans un état florissant.

» Les choses ont depuis changé de face. Le commerce s'est
» anéanti insensiblement en France. Les fermes du roi ont di-
» minué, au lieu qu'auparavant elles avaient augmenté considé-
» rablement, et le mal est venu à une si haute période (*sic*) qu'on
» a cru devoir songer tout de bon à y apporter des remèdes. »

Le député de Bayonne renouvelle contre le système prohibitif les mêmes attaques que les précédents, et s'efforce de prouver que la France ne peut vendre sans acheter, qu'elle paralyse par l'élévation des tarifs son agriculture et une partie de son industrie. Il cite pour exemple l'histoire de son commerce avec l'Angleterre. Il signale les effets funestes de l'expulsion des réformés, et la nécessité d'abaisser les droits d'exportation pour les produits des manufactures françaises, auxquelles les manufactures fondées à l'étranger par des religionnaires, font une concurrence dangereuse. Il démontre les inconvénients des compagnies exclusives, et les avantages obtenus déjà par la suppression d'une partie de leurs monopoles. Il demande pour les négociants diverses marques d'honneur et de distinction.

Il demande encore la suppression des priviléges de Lyon pour le commerce des soieries, et de Marseille pour celui du Levant. Il termine en insistant sur quelques intérêts particuliers de la ville de Bayonne dans son commerce avec l'Espagne.

Le député du Languedoc se plaint :

1° De l'élévation des tarifs et de l'existence des péages parti-
culiers. Il demande qu'on ne conserve que trois sortes de droits, celui de sortie, celui de transit, celui d'entrée. « Le droit établi
» pour la sortie serait égal dans toute l'étendue du royaume, et
» l'on donnerait une route certaine dans chaque province fron-

» tière où l'on établirait des bureaux. Celui du transit serait
» aussi égal. Il n'y aurait que le droit d'entrée qui pourrait être
» augmenté ou diminué, suivant que les ports où les marchan-
» dises débarquent seraient plus ou moins éloignés des lieux où
» elles se débitent. Pour cet effet on pourrait dresser un tarif pour
» chaque port en particulier. Et afin de pouvoir faire des tarifs
» justes et raisonnables pour la levée de tous les droits dont on
» vient de parler, il faudrait qu'on fît une juste estimation des
» marchandises et denrées, et à l'égard des denrées évaluer sui-
» vant ce qu'elles se vendent ordinairement, en comparant les
» années abondantes avec les stériles, et ensuite dresser des tarifs
» bien raisonnés et conçus en des termes clairs et précis, où les
» poids et les diverses mesures qui sont en usage dans les pro-
» vinces fussent bien distingués pour éviter les abus qu'en pour-
» raient faire les commis par l'estimation, et ordonner que les
» tarifs seront exactement suivis à peine de concussion. »

2° De la cherté des laines tant françaises qu'étrangères. Il insiste longuement sur les causes de cette cherté et sur les moyens d'y remédier, il demande surtout que l'on augmente en France les pâturages et l'élève du bétail.

3° Du peu d'encouragements donnés aux magnaneries et à la culture du mûrier. Il demande que les propriétaires de mûriers soient exemptés, lorsque leurs champs ne produiront rien, de payer la taille, « qui est une charge qui ne doit être imposée que
» sur les fruits. »

Il propose de nommer dans chaque province quatre commis et quatre inspecteurs, payés par la province elle-même, pour la surveillance de l'agriculture et du commerce; les inspecteurs seraient toujours pris dans le corps des marchands. Les quatre commis et inspecteurs recevraient des instructions supérieures et les feraient exécuter : « Ils feraient leur résidence dans les quatre
» villes les plus considérables de la province pour le commerce, et
» feraient une visite générale chacun dans son département, outre
» les visites particulières qu'ils feraient fréquemment et surtout
» dans les foires. »

Il se plaint encore du monopole exclusif des compagnies, du peu de sévérité des lois contre les banqueroutes, et de la nécessité d'attacher la contrainte par corps à toutes les lettres de change, enfin des prohibitions qui empêchent la France d'exporter ses produits en Angleterre et en Hollande.

Le député de Lyon énumère les causes qui arrêtent le commerce : ce sont l'élévation des droits, les restrictions mises à la sortie et à l'entrée de certains objets par certains ports, « la » fuite des religionnaires, qui ont emporté beaucoup d'argent, » de bonnes têtes capables de commerce, et de bons bras par le » nombre des ouvriers qu'ils ont emmenés avec eux ; » la longue durée des dernières guerres, l'introduction des étoffes de l'Inde en France, où elles sont préférées naturellement pour leur bon marché, la mauvaise régie de la ferme des traites, la multitude des péages particuliers, les priviléges des compagnies exclusives, dont le bien public exige que la durée soit limitée, le peu de considération attachée au commerce; enfin les priviléges accordés à certaines villes aux dépens des autres; ceux de Marseille par exemple.

Il combat ensuite l'opinion de Colbert, que la France peut et doit se passer des étrangers, et il prouve que c'est une chimère que de vouloir vendre aux étrangers sans leur acheter. Il demande, pour favoriser les exportations, la suppression des droits de sortie, et celle des péages particuliers. Les autres moyens qu'il propose pour le rétablissement du commerce, et dont le principal est la création des chambres de commerce dans les grandes villes, sont analogues à ceux des mémoires précédents, et n'ont rien de particulier. Il est seulement d'avis de défendre par des lois somptuaires l'usage des étoffes étrangères que l'intérêt des manufactures françaises ordonne de proscrire.

« Et quand une fois on aura procuré par ces moyens l'abon-
» dance des espèces dans le royaume, MM. les ministres ne se-
» ront plus occupés à chercher des moyens de les y retenir, ni
» d'en procurer au roi dans les besoins ; car en faisant fleurir le
» commerce, on facilitera la distribution des denrées superflues
» à l'État, on augmentera le prix des fermes à la campagne et

» celui des maisons dans les villes, et on enrichira les sujets,
» ce qui fait la puissance des rois et de leurs Etats.

Le député de Lille se plaint que dans les Etats monarchiques les intérêts du commerce soient sacrifiés à ceux de la guerre, et confiés à des gens « qui ne se mettent en peine que de s'enrichir » sur ses ruines. »

Il ajoute : « Rien ne contribue davantage à l'établissement du » commerce dans un Etat que la paix et la liberté, accom- » pagnées de la justice. Les peuples sont industrieux et labo- » rieux, il ne leur manque que des facilités et de la tranquillité; » à la tranquillité il faut absolument joindre la liberté qui soit » commune à tous les sujets de la domination. »

La liberté consiste, suivant le député de Lille, dans la suppression des abus et dans celle des lois vexatoires, l'énumération qu'il fait de ces abus et de ces lois n'a rien de remarquable ; il attaque seulement avec beaucoup de vivacité les arrêts du conseil qui défendent la sortie de l'or et de l'argent, arrêts incompatibles avec toute espèce de commerce. « Pouvons- » nous raisonnablement vouloir que l'on paie ce qui nous est » dû, et ne pas payer quand nous devons ? »

Il s'exprime ainsi au sujet des manufactures que l'on protége :

« Lorsqu'une manufacture est si bien établie dans un royaume » qu'elle peut fournir au dedans et au dehors, elle se soutient » par elle-même, elle n'a pas besoin d'être appuyée par des im- » positions et de grands droits.

» Quand elle commence à s'établir, le droit modéré suffit pour » assister l'ouvrier et lui donner de l'avantage sur l'étranger. » Mais quand il ne sait s'établir ni subsister avec un droit de » 12 ou 15 pour cent qu'il a sur celui qui fabrique hors le » royaume, et qu'il demande qu'on impose un grand droit, il » doit être considéré comme un homme qui veut s'enrichir sur » le public, tous ceux qu'on impose sont en sa faveur ; plus ils » sont grands et onéreux, plus il en tire de profit. »

FIN.

TABLE.

	Pag.
Chapitre X. — Du domaine royal.	1
Section I. — Du domaine proprement dit	2
§ I. — Du domaine. Comment fut constituée son administration.	ib.
§ II. — Des règles de l'administration domaniale. Des aliénations et de leur rachat.	6
§ III. — Des eaux et forêts.	16
Section II. Des droits seigneuriaux ou féodaux.	23
Section III. — Des droits domaniaux	26
§ I. — Droit d'amortissement.	ib.
§ II. — Droit de franc-fief.	29
§ III. — Droits de nouvel acquêt, d'aubaine et de bâtardise.	32
Section IV. — Des droits établis en raison de la police générale qui appartenoit au roi	38
§ I. — Ventes d'offices et de lettres de maîtrise.	ib.
§ II. — Droits ayant pour but d'assurer la validité et la publicité des actes.	42
Chapitre XI. — Des impositions.	44
Section I. — Des tailles et des aides jusqu'au roi Jean.	45
§ I. — En quoi consistaient les impositions dans chaque seigneurie	ib.
§ II. — Premières impositions levées par le roi.	47
Section II. — Des impôts directs depuis le roi Jean.	51
§ I. — Établissement de l'impôt direct octroyé par les provinces. Son assiette, son administration, privilèges qu'il comportait.	ib.
§ II. — Permanence des tailles depuis Charles VII. Nouveaux réglements	57
§ III. — Plaintes des États au sujet des tailles. Augmentations et diminutions successives. Mesures de Sully.	61
§ IV. — xviie siècle. Diminution des privilèges. Assimilation des pays d'État aux pays d'élections. Projet de rendre la taille réelle uniforme. Mesures prises par Colbert.	66
§ V. — Projet de dîme royale de Vauban.	72
Section III. — Du dixième.	74
Section IV. — De la capitation.	75
Section V. — Des impôts indirects depuis le règne de Jean. Aides.	77
§ I. — Établissement des aides sous Jean et Charles V. Leur administration; privilèges qu'elles admettaient.	ib.

	Pag.
§ II. — Permanence des aides depuis le règne de Charles VI. Nouveaux règlements du service.	80
§ III. — Distinction des diverses classes d'aides. Des aides proprement dites.	82
§ IV. — Des aides extraordinaires	84
§ V. — Des octrois	87
§ VI. — Droits annexés à la ferme des aides. Droits de marque des fers ; de marque des objets d'or et d'argent ; de timbre et de contrôle ; droit sur les cartes, etc.	88
§ VII. — Monopoles de l'État. Poudres et salpêtres ; tabacs	91
Section VI. — Gabelles. Impôt du sel.	93
§ I. Origine de l'impôt du sel. Ses différents modes de perception suivant les provinces.	ib.
§ II. — Tentatives de François Ier et de Henri II pour rendre la gabelle uniforme.	97
§ III. — Changements introduits depuis Henri II dans la ferme et l'administration des gabelles. Ordonnance de 1680.	99
Section VII. — Traites. Droits de douanes.	103
§ I. Origine des péages et des prohibitions.	ib.
§ II. — Premières taxes d'exportation. Tarifs. Établissement des bureaux de traites.	105
§ III. — Taxes d'importation.	111
§ IV. Douanes intérieures.	113
§ V. — De la législation douanière au XVIIe siècle. Ordonnance de Colbert	115
CHAPITRE XII. — Ressources extraordinaires	120
Section I. — Ressources extraordinaires de diverse nature.	122
Section II. — Du crédit public	124
§ I. Premiers emprunts. Origine de la dette publique permanente	ib.
§ II. — Première conversion des rentes par Sully.	128
§ III. — Du crédit sous Louis XIII et jusqu'à la mort de Colbert. Nouvelle conversion des rentes.	132
§ IV. — Du crédit sous les successeurs de Colbert. Quel usage en firent Chamillart et Desmarets	136
Section III. — Des monnaies.	143
§ I. — Le droit de battre monnaie est enlevé aux seigneurs et devient droit royal exclusif	ib.
§ II. — Administration des monnaies royales.	145
§ III. — Principales règles du système monétaire. Altération et affaiblissement des monnaies.	149
§ IV. — Décri des monnaies étrangères et défense d'exporter les monnaies françaises.	157
§ V. — Dépréciation successive des monnaies.	162
§ VI. — Modifications introduites sous le règne de Louis XIV.	1

	Pag.
CHAPITRE XIII. — Du crédit privé.	166
CHAPITRE XIV. — Des travaux publics.	171
§ I. — Travaux publics ordinaires. Ponts et chaussées. Canaux.	174
§ II. — Mines.	183
§ III. — Bâtiments. Fortifications.	185
CHAPITRE XV. — Des postes.	187
CHAPITRE XVI. — De l'agriculture.	191
CHAPITRE XVII. — De l'industrie	195
Section I. — De l'industrie des métiers.	ib.
§ I. — Origine des corporations; elles tombent sous la dépendance royale.	ib.
§ II. — Organisation de corps de métiers.	200
§ III. — Vicissitudes qu'éprouva le système des corporations jusqu'à Louis XIV. Les ordonnances royales ont pour effet de le rendre de moins en moins exclusif.	204
Section II. — De l'industrie manufacturière.	214
CHAPITRE XVIII. — Du commerce	225
Section I. — Commerce intérieur et commerce d'importation	ib.
§ I. Compagnies pour l'entreprise des transports	ib.
§ II. — Foires et marchés. Franchises accordées aux marchands	227
§ III. — De l'administration commerciale. Chambres et intendants de commerce.	236
Section II. — Commerce extérieur. Exportation. Marine marchande	244
§ I. — La France dans l'origine fait peu de commerce avec l'étranger.	ib.
§ II. — Caractère des premiers traités de commerce.	246
§ III. — Essor du commerce maritime sous Louis XIII.	250
§ IV. — Mesures de Colbert relatives au commerce extérieur. Organisation des consulats. Développement du système prohibitif.	252
§ V. Le commerce extérieur ne cesse pas de s'accroître dans la dernière partie du règne de Louis XIV.	258
Section III. — Du commerce colonial.	261
§ I. Formation de compagnies pour le commerce colonial sous Henri IV et Louis XIII	ib.
§ II. — Compagnie des Indes occidentales; première organisation des îles d'Amérique sous Louis XIV. Rapport des colonies avec la métropole	268
§ III. — Autres compagnies formées sous Louis XIV.	275
CHAPITRE XIX. — Administration militaire	279
Section I. — Depuis le XII° siècle jusqu'au commencement du XVI°.	ib.
§ I. — Institutions militaires dans les temps féodaux. Ban et arrière-ban.	ib.

	Pag.
§ II. — Des compagnies soldées. Réglements successifs auxquels elles furent soumises.	283
§ III. — Officiers supérieurs chargés du commandement et de l'administration. Pouvoirs militaires des sénéchaux et des baillis.	288
§ IV. — Tentatives faites au xve siècle pour créer une armée permanente. Gens d'armes, francs-archers, compagnies étrangères.	293
Section II. — Depuis le commencement du xvie siècle jusqu'au règne de Louis XIII.	298
§ I. — Division de la France en gouvernements militaires	ib.
§ II. — Changements introduits au xvie siècle dans la composition de l'armée. Légions et régiments	304
§ III. — Corps spéciaux : surveillance de l'artillerie et surintendance des fortifications	307
§ IV. — Comptabilité. Approvisionnements. Invalides.	309
Section III. — Règnes de Louis XIII et de Louis XIV.	310
§ I. — De l'administration militaire et des changements qui y furent introduits sous Louis XIII.	311
§ II. — De l'administration militaire et des changements qui y furent introduits sous Louis XIV	319
§ III. — Développement que prirent les corps spéciaux sous le règne de Louis XIV.	325
Chapitre XX. — Administration de la Marine.	327
§ I. De la marine jusqu'à la suppression de l'amirauté en 1626.	ib.
§ II. Créations de Richelieu.	333
§ III. De la marine sous le règne de Louis XIV.	337
Conclusion.	347
Pièces justificatives.	367
N° 1. Département des secrétaires d'État.	ib.
N° 2. Avis sur le commerce (1654).	368

FIN DU TOME SECOND ET DERNIER.